Matriz de Significados del
Libro de los Cambios

Matriz de significados del Libro de los Cambios

DCB

© y traducción 2024 Daniel C. Bernardo

Todos los derechos reservados bajo las convenciones
Internacional y Pan-Americana de copyright.

ISBN: 978-1-7390445-8-9

Prefacio

Este libro está dirigido a quienes ya conocen el *Libro de los Cambios* y desean comprender mejor su mensaje original. Los caracteres chinos o sinogramas, que fueron usados para escribir el *YiJing*, tienen múltiples significados que no pueden abarcarse en su totalidad al ser traducidos a un lenguaje occidental, porque inevitablemente su gama de significados resulta truncada. Aunque estas limitaciones de las traducciones del *YiJing* no pueden evitarse, este libro ofrece al lector de habla española una herramienta que le permitirá entender con más profundidad los muchos caminos posibles que las sentencias del *YiJing* sugieren.

Esta traducción del *YiJing* incluye: **El Dictamen** (*GuaCi*), **La Imagen** (*DaXiang*) y los comentarios asignados a las líneas de los hexagramas (*YaoCi*), pero en lugar de agregarles nuestra propia interpretación, ofrecemos tablas de significados de los sinogramas, que le permiten al lector tomar nuestra traducción sólo como un punto de referencia. El lector así podrá, combinando de distintas formas los múltiples sentidos de los sinogramas, apreciar mejor los sutiles matices de significado de las sentencias del *YiJing*, como también armar lecturas alternativas de los textos.

Mostramos cada sentencia del *YiJing* en una tabla, o matriz de significados, que se lee desde arriba hacia abajo, tal como se leen los textos chinos tradicionales. Cada línea de la tabla muestra el significado de un sinograma, y se divide en cuatro columnas: en la primera se muestra el sinograma; en la segunda su pronunciación, usando el sistema de romanización *PinYin*; en la tercera su número en el diccionario Chino-Inglés de Mathews y en la cuarta su gama de significados.

Al preparar este libro nos hemos atenido al significado clásico del *YiJing*, tal como se ha interpretado desde la dinastía *Han*, hasta la *Qing*. El texto original usado para esta traducción, es el *Zhouyi Zhezhong*, "Comentarios Balanceados sobre el ZhouYi", editado en 1715 bajo el patrocinio de la dinastía *Qing*. Es el mismo texto utilizado por Wilhelm y por muchos otros sinólogos como la base de sus traducciones.

PinYin utiliza cuatro tonos para indicar la pronunciación de cada sílaba, indicando los mismos ya sea con diferentes acentos o con números, como en nuestra obra. El apéndice sobre pronunciación *PinYin* tiene más información al respecto.

Debido a que esta obra no está dirigida a quienes recién se inician con el *Libro de los Cambios*, sino a los que ya están familiarizados con el mismo, no indicamos como consultar al *YiJing* ni agregamos ningún otro material adicional, excepto una *Concordancia de caracteres* que permite estudiar las repeticiones de los diferentes sinogramas a lo largo de libro, de acuerdo a su número correspondiente en el diccionario de Mathews.

LOS 64 HEXAGRAMAS

1 乾 *qian* – Lo Creativo

El Dictamen

Lo Creativo. Exito sublime. La determinación es favorable.

乾	qian2	3233	Creativo, activo, poder espiritual, padre, soberano, el cielo, fuerte y constante actividad.
元	yuan2	7707	Sublime, elevado, preeminente, superior, el más grande, grande y originante, primordial, cabeza, líder, jefe.
亨	heng1	2099	Exito, logro, satisfacción, crecimiento, penetración; ofrenda, sacrificio.
利	li4	3867	Favorable, propicio, conveniente, beneficioso, afortunado.
貞	zhen1	0346	Determinación (con el doble sentido de decisión y acción firme y continuada), constancia, perseverancia, firmeza; lealtad, devoción, pureza. Originalmente: determinación por adivinación.

La Imagen

La acción del cielo es fuerte y dinámica.
Así el noble nunca deja de fortalecerse a sí mismo.

天	tian1	6361	Cielo, firmamento, cosmos, celestial, divino.
行	xing2	2754	El significado original era camino, movilizar, en el *YiJing* usualmente significa moverse, ir, trasladarse de un lugar a otro, avanzar, actuar, hacer.
健	jian4	0854	Constante, fuerte, saludable, dinámico.
君	jun1	1715	Señor, príncipe, gobernante, noble; hombre superior.
子	zi3	6939	Hijo/a, niño/a; descendencia, prole; posteridad; sufijo; oficial, amo, príncipe.
以	yi3	2932	Así, de esta manera; por, para; por medio de, con; instrumento, medio, método, uso (de), camino (a).
自	zi4	6960	De, desde, viniendo de, seguir, originar, a causa de, por; uno mismo, él mismo.
彊	qiang2	0668	Fuerte, obstinado, que no acepta compromisos; insistente; presionar, forzar.

1   Matriz de Significados del Libro de los Cambios

不	bu4	5379	No, adverbio de negación; sin, ninguno, nada, no lo haré, no lo necesito, no será.
息	xi1	2495	Descanso, descansar, detención, parar, cesar; respirar. En el *YiJing* significa descanso o pausa.

Al comienzo un nueve

> Dragón sumergido. No actúes.

潛	qian2	0918	Oculto, sumergido (oculto bajo el agua), sumergir, ocultar; retirado.
龍	long2	4258	Dragón, poderosa fuerza que emerge de las aguas, asociado con la lluvia e inundaciones, con el trigrama ☰ y el hexagrama 1.
勿	wu4	7208	No. Negativa imperativa.
用	yong4	7567	Usar, aplicar, emplear, implementar; aplicar el oráculo a situaciones reales; actuar; usar como ofrenda, ofrecer en sacrificio.

Nueve en el segundo puesto

> Dragón en el campo. Es favorable ver al gran hombre.

見	jian4	0860	Ver, visto, percibir, observar; revelar, aparecer, encontrado; entrevistar, visitar, encontrarse.
龍	long2	4258	Dragón, poderosa fuerza que emerge de las aguas, asociado con la lluvia e inundaciones, con el trigrama ☰ y el hexagrama 1.
在	zai4	6657	Estar en, adentro, sobre, presente, situado, al lado, a través, involucrado; presencia, existencia, lugar.
田	tian2	6362	Campo, tierra arable, tierras de labranza; cazar. El carácter muestra un campo dividido en cuatro sectores.
利	li4	3867	Favorable, propicio, conveniente, beneficioso, afortunado.
見	jian4	0860	Ver, visto, percibir, observar; revelar, aparecer, encontrado; entrevistar, visitar, encontrarse.
大	da4	5943	Grande, alto, excesivo, arrogante, estirarse y alcanzar por todos lados.
人	ren2	3097	Hombre, persona(s), otro(s), ser humano, individuo.

Nueve en el tercer puesto

> El noble es diligente sin pausa durante todo el día. A la noche es cauteloso, como si estuviera en peligro. Sin defecto.

Lo Creativo (II)

君	jun1	1715	Señor, príncipe, gobernante, noble; hombre superior.
子	zi3	6939	Hijo/a, niño/a; descendencia, prole; posteridad; sufijo; oficial, amo, príncipe.
終	zhong1	1500	Fin, final, al final, completo, entero, término, final de un ciclo; llevar hasta la conclusión, consumación; muerte.
日	ri4	3124	El sol, un ciclo solar, día, un día, horas diurnas.
乾	qian2	3233	Creativo, activo, poder espiritual, padre, soberano, el cielo, fuerte y constante actividad. El aparecer duplicado intensifica su significado.
乾	qian2	3233	
夕	xi4	2485	Atardecer, crepúsculo, anochecer, noche. Es una imagen de la luna creciente.
惕	ti4	6263	Cauteloso, alarmado, preocupado, cuidadoso, alerta, vigilante, precavido.
若	ruo4	3126	Parecido, similar a; concordante; estar de acuerdo, conforme con, aprobar, como; como este; así.
厲	li4	3906	Peligro, amenaza, opresivo, cruel, malvado, brutal, enfermedad, demonio malevolente; piedra de afilar áspera, afilar, machacar, triturar, disciplina.
无	wu2	7173	No, negativa; sin, no tiene, carencia de.
咎	jiu4	1192	Falta, error, defecto, culpa; poco propicio, infortunio, calamidad; mala suerte, mal augurio.

Nueve en el cuarto puesto

Vacila antes de saltar sobre el abismo. Sin defecto.

或	huo4	2402	Si acaso, si (condición o suposición en virtud de la cual un concepto depende de otro u otros), quizás, incierto, posible pero no seguro; alguno(s), alguna vez.
躍	yue4	7504	Saltar, brincar; danza chamánica representando un vuelo, un rito de pasaje.
在	zai4	6657	Estar en, adentro, sobre, presente, situado, al lado, a través, involucrado; presencia, existencia, lugar.
淵	yuan1	7723	Abismo, profundidad, hondura, aguas profundas; solemne sonido del tambor.
无	wu2	7173	No, negativa; sin, no tiene, carencia de.
咎	jiu4	1192	Falta, error, defecto, culpa; poco propicio, infortunio, calamidad; mala suerte, mal augurio.

1   Matriz de Significados del Libro de los Cambios

Nueve en el quinto puesto

Dragón volando en el cielo. Es favorable ver al gran hombre.

飛	fei1	1850	Volar, volando; ir rápidamente.
龍	long2	4258	Dragón, poderosa fuerza que emerge de las aguas, asociado con la lluvia e inundaciones, con el trigrama ☰ y el hex. 1.
在	zai4	6657	Estar en, adentro, sobre, presente, situado, al lado, a través, involucrado; presencia, existencia, lugar.
天	tian1	6361	Cielo, firmamento, cosmos, celestial, divino.
利	li4	3867	Favorable, propicio, conveniente, beneficioso, afortunado.
見	jian4	0860	Ver, visto, percibir, observar; revelar, aparecer, encontrado; entrevistar, visitar, encontrarse.
大	da4	5943	Grande, alto, excesivo, arrogante, estirarse y alcanzar por todos lados.
人	ren2	3097	Hombre, persona(s), otro(s), ser humano, individuo.

Al tope un nueve

Dragón arrogante. Habrá ocasión para el arrepentimiento.

亢	kang4	3273	Arrogante, altanero, rígido, que no se dobla; oponer, defender, proteger, obstruir; barranco (Kunst).
龍	long2	4258	Dragón, poderosa fuerza que emerge de las aguas, asociado con la lluvia e inundaciones, con el trigrama ☰ y el hex. 1.
有	you3	7533	Poseer, tener, en posesión de, haber, existir.
悔	hui3	2336	Arrepentimiento, remordimiento, dolor y pesar por una culpa cometida; problemas.

Se presentan solamente nueves

Aparece un grupo de dragones sin cabeza. ¡Ventura!

見	jian4	0860	Ver, visto, percibir, observar; revelar, aparecer, encontrado; entrevistar, visitar, encontrarse.
羣	qun2	1737	Grupo, rebaño, multitud, hueste, congregación, facción.
龍	long2	4258	Dragón, poderosa fuerza que emerge de las aguas, asociado con la lluvia e inundaciones, con el trigrama ☰ y el hexagrama 1.
无	wu2	7173	No, negativa; sin, no tiene, carencia de.
首	shou3	5839	La cabeza, líder, jefe, superior, primero, más importante.
吉	ji2	0476	Ventura, buena suerte, buena fortuna, propicio, favorable.

2 坤 *kun* – Lo Receptivo

El Dictamen

Lo Receptivo. Elevado éxito favorable por la determinación de una yegua. Si el noble sigue sus propios objetivos se extraviará, pero si va en seguimiento obtendrá un señor. Es favorable conseguir amigos al Oeste y al Sur, apartarse de los amigos al Este y al Norte.
Una determinación tranquila trae ventura.

坤	kun1	3684	La tierra, lo femenino, lo receptivo.
元	yuan2	7707	Sublime, elevado, preeminente, superior, el más grande, grande y originante, primordial, cabeza, líder, jefe.
亨	heng1	2099	Exito, logro, satisfacción, crecimiento, penetración; ofrenda, sacrificio.
利	li4	3867	Favorable, propicio, conveniente, beneficioso, afortunado.
牝	pin4	5280	Hembra (usado para animales de granja y aves); órganos sexuales femeninos; vaca.
馬	ma3	4310	Caballo.
之	zhi1	0935	Pronombre personal: él, ella, ello; esto, esta, estos, etc.; frecuentemente es usado como un posesivo: tiene, tuvo, va a tener, suyo, suya; ir a.
貞	zhen1	0346	Determinación (con el doble sentido de decisión y acción firme y continuada), constancia, perseverancia, firmeza; lealtad, devoción, pureza. Originalmente: determinación por adivinación.
君	jun1	1715	Señor, príncipe, gobernante, noble; hombre superior.
子	zi3	6939	Hijo/a, niño/a; descendencia, prole; posteridad; sufijo; oficial, amo, príncipe.
有	you3	7533	Poseer, tener, en posesión de, haber, existir.
攸	you1	7519	Meta, dirección, propósito; destino, lugar, el lugar donde; por lo cual; aquel que.
往	wang3	7050	Ir, ir hacia, ir a; partir, irse.
先	xian1	2702	Antes, primero, delantero, ir adelante, guiar.
迷	mi2	4450	Extraviarse, perder el camino, engañarse, infatuación, fallar.

後	hou4	2143	Atrás, después; tarde, venir después; seguir; descendientes; sucesor.
得	de2	6161	Conseguir, obtener, agarrar, ganar, ganancia, adquirir el objeto deseado, encontrar, lograr.
主	zhu3	1336	Amo, señor, jefe; anfitrión, posadero.
利	li4	3867	Favorable, propicio, conveniente, beneficioso, afortunado.
西	xi1	2460	Oeste, occidental. Corresponde al otoño.
南	nan2	4620	El Sur. Región asociada con el verano, el trabajo en comunidad y el calor.
得	de2	6161	Conseguir, obtener, agarrar, ganar, ganancia, adquirir el objeto deseado, encontrar, lograr.
朋	peng2	5054	Amigo, camarada, semejante, igual; dos tiras de cauríes (conchas usadas como dinero en la antigüedad China).
東	dong1	6605	El Este.
北	bei3	4974	El Norte.
喪	sang4	5429	Perder, dejar caer, dejar ir, desaparecer, perdido, pérdida, ruina, duelo.
朋	peng2	5054	Amigo, camarada, semejante, igual; dos tiras de cauríes (conchas usadas como dinero en la antigüedad China).
安	an1	0026	Tranquilo, callado, en paz, asentado, sereno; paz, seguridad, quietud, satisfacción con lo que uno tiene, seguridad.
貞	zhen1	0346	Determinación (con el doble sentido de decisión y acción firme y continuada), constancia, perseverancia, firmeza; lealtad, devoción, pureza. Originalmente: determinación por adivinación.
吉	ji2	0476	Ventura, buena suerte, buena fortuna, propicio, favorable.

LA IMAGEN

La condición de la tierra es la receptiva entrega.
Así el noble, de carácter generoso, sostiene todas las criaturas vivientes.

地	di4	6198	Tierra, la superficie sólida de la tierra.
勢	shi4	5799	Condición, fuerza de las circunstancias; poder, capacidad, fuerza, influencia.
坤	kun1	3684	La tierra, lo femenino, lo receptivo.
君	jun1	1715	Señor, príncipe, gobernante, noble; hombre superior.

Lo Receptivo

子	zi3	6939	Hijo/a, niño/a; descendencia, prole; posteridad; sufijo; oficial, amo, príncipe.
以	yi3	2932	Así, de esta manera; por, para; por medio de, con; instrumento, medio, método, uso (de), camino (a).
厚	hou4	2147	Munífico, muy generoso, liberal, amplio, tolerante, tratar amablemente; grueso, grande, sustancial.
德	de2	6162	Virtud, poder espiritual, habilidad para seguir el curso correcto; cualidad, naturaleza, carácter, disposición.
載	zai4	6653	Transportar, llevar, cargar con, contener, sostener.
物	wu4	7209	Cosa/s, ser/es, objeto/s; el mundo físico, todas las cosas vivientes, la multitud, los otros.

Al comienzo un seis

Caminando sobre escarcha se alcanza el hielo firme.

履	lu3	3893	Pisar, hollar, caminar, huellas, pista, recorrer un camino; conducta, porte; zapatos, sandalias.
霜	shuang1	5919	Escarcha.
堅	jian1	0825	Sólido, firme, fuerte, endurecido, solidificado; determinado, obstinado; confirmar, mantener, establecer.
冰	bing1	5283	Hielo.
至	zhi4	0982	Llegar, alcanzar el punto más alto o la cúspide, culminar; el extremo, lo más grande, muy.

Seis en el segundo puesto

Derecho, cuadrado y grande, sin experiencia.
Sin embargo nada que haga dejará de ser favorable.

直	zhi2	1006	Derecho, honorable, recto, directo; simplemente, solamente.
方	fang1	1802	Cuadrado, directo, frontal, justo, correcto; repentino, rápido; lados, sobre todos los lados, en todos lados; barrio, región, lugar, dirección; tomar un lugar; sacrificar a los espíritus de los cuatro lados.
大	da4	5943	Grande, alto, excesivo, arrogante, estirarse y alcanzar por todos lados.
不	bu4	5379	No, adverbio de negación; sin, ninguno, nada, no lo haré, no lo necesito, no será.
習	xi2	2499	Doble, duplicado, repetido, repetir, práctica, experiencia, ensayo. El movimiento rápido y frecuente de las alas al volar, de donde viene la idea de practicar, estudiar, costumbres, prácticas.

无	wu2	7173	No, negativa; sin, no tiene, carencia de.
不	bu4	5379	No, adverbio de negación; sin, ninguno, nada, no lo haré, no lo necesito, no será.
利	li4	3867	Favorable, propicio, conveniente, beneficioso, afortunado.

Seis en el tercer puesto

Resplandor oculto; puede ser determinado.
Si sigues al servicio de un rey no habrán logros, pero habrá un final.

含	han2	2017	Oculto; mantener en la boca; contener, soportar, refrenar
章	zhang1	0182	Excelencia, esplendor, brillantez, talento; ornamento, decoración, composición, diseño; orden, estatuto; elegancia, emblema de distinción; tableta de jade, amuleto.
可	ke3	3381	Poder, ser capaz de, podría, posiblemente; permiso, aprobación; adecuado, satisfactorio.
貞	zhen1	0346	Determinación (con el doble sentido de decisión y acción firme y continuada), constancia, perseverancia, firmeza; lealtad, devoción, pureza. Originalmente: determinación por adivinación.
或	huo4	2402	Si acaso, si (condición o suposición en virtud de la cual un concepto depende de otro u otros), quizás, incierto, posible pero no seguro; alguno(s), alguna vez.
從	cong2	6919	Seguir, seguir una doctrina, seguidor, adherirse, obedecer, perseguir; ocuparse de (negocios).
王	wang2	7037	Rey, príncipe, soberano, regente, autoridad.
事	shi4	5787	Servir, servicio, asunto, cuestión, cosa, evento, negocio, actividad, quehacer, ocupación.
无	wu2	7173	No, negativa; sin, no tiene, carencia de.
成	cheng2	0379	Lograr, realizar, completar, perfeccionar, obra concluida.
有	you3	7533	Poseer, tener, en posesión de, haber, existir.
終	zhong1	1500	Fin, final, al final, completo, entero, término, final de un ciclo; llevar hasta la conclusión, consumación; muerte.

Seis en el cuarto puesto

Bolsa atada. Sin defecto, ningún elogio.

括	kuo4	3519	Atar, atado, cerrado, traído o atado el uno con el otro, juntar, incluir, abrazar.
囊	nang2	4627	Bolsa, saco.

Lo Receptivo (17)

无	wu2	7173	No, negativa; sin, no tiene, carencia de.
咎	jiu4	1192	Falta, error, defecto, culpa; poco propicio, infortunio, calamidad; mala suerte, mal augurio.
无	wu2	7173	No, negativa; sin, no tiene, carencia de.
譽	yu4	7617	Alabanza, elogio, fama, honor, renombre, prestigio, estima.

Seis en el quinto puesto

Falda amarilla. Habrá sublime ventura.

黃	huang2	2297	Amarillo, amarillo-amarronado; color de la tierra en el centro de China. En el *YiJing* el color amarillo siempre es favorable, es el color del centro y de la moderación, fue el color imperial desde la dinastía *Han* en adelante.
裳	chang2	5671	Ropa, falda, vestimentas de la cintura para abajo usadas por ambos sexos, vestidura ceremonial.
元	yuan2	7707	Sublime, elevado, preeminente, superior, el más grande, grande y originante, primordial, cabeza, líder, jefe.
吉	ji2	0476	Ventura, buena suerte, buena fortuna, propicio, favorable.

Al tope un seis

Dragones luchan en la pradera. Su sangre es negra y amarilla.

龍	long2	4258	Dragón, poderosa fuerza que emerge de las aguas, asociado con la lluvia e inundaciones, con el trigrama ☰ y el hexagrama 1.
戰	zhan4	0147	Batalla, guerra, lucha, unirse a la batalla, hostilidades, combate, pelea.
于	yu2	7592	En (sobre, bajo, adentro, al lado, cerca de, por), a, hacia, ir hacia, hasta, de, como.
野	ye3	7314	Pradera, campiña, campo, zona rural, tierra que no ha sido cultivada.
其	qi2	0525	Su, suyo, suya, de ellos, de ellas; el, la, lo, las, los. Un pronombre posesivo y demostrativo.
血	xue4	2901	Sangre, sangrar. El gráfico original es un dibujo de un vaso sacrificial con su contenido.
玄	xuan2	2881	Color oscuro, negro, índigo, negro azulado; profundo.
黃	huang2	2297	Amarillo, amarillo-amarronado; color de la tierra en el centro de China. En el *YiJing* el color amarillo siempre es favorable, es el color del centro y de la moderación, fue el color imperial desde la dinastía *Han* en adelante.

2   Matriz de Significados del Libro de los Cambios

Aparecen puros seis

利	li4	3867	Favorable, propicio, conveniente, beneficioso, afortunado.
永	yong3	7589	Constante, perpetuo, que fluye por siempre; largo, prolongar, que llega lejos.
貞	zhen1	0346	Determinación (con el doble sentido de decisión y acción firme y continuada), constancia, perseverancia, firmeza; lealtad, devoción, pureza. Originalmente: determinación por adivinación.

3 屯 *zhun* – La Dificultad Inicial

El Dictamen

La Dificultad Inicial. Sublime éxito. La determinación es favorable.
No debe tratar de alcanzarse ningún objetivo.
Es propicio nombrar funcionarios.

屯	zhun1	6592	Difícil, dificultad inicial; echar retoños, germinar; acumulación, agrupación, tesoro escondido; establecer una guarnición con soldados.
元	yuan2	7707	Sublime, elevado, preeminente, superior, el más grande, grande y originante, primordial, cabeza, líder, jefe.
亨	heng1	2099	Éxito, logro, satisfacción, crecimiento, penetración; ofrenda, sacrificio.
利	li4	3867	Favorable, propicio, conveniente, beneficioso, afortunado.
貞	zhen1	0346	Determinación (con el doble sentido de decisión y acción firme y continuada), constancia, perseverancia, firmeza; lealtad, devoción, pureza. Originalmente: determinación por adivinación.
勿	wu4	7208	No. Negativa imperativa.
用	yong4	7567	Usar, aplicar, emplear, implementar; aplicar el oráculo a situaciones reales; actuar; usar como ofrenda, ofrecer en sacrificio.
有	you3	7533	Poseer, tener, en posesión de, haber, existir.
攸	you1	7519	Meta, dirección, propósito; destino, lugar, el lugar donde; por lo cual; aquel que.
往	wang3	7050	Ir, ir hacia, ir a; partir, irse.
利	li4	3867	Favorable, propicio, conveniente, beneficioso, afortunado.
建	jian4	0853	Establecer, fundar, nombrar, proponer, designar para un cargo.
侯	hou2	2135	Señor feudal, príncipe vasallo, marqués; arquero experimentado; alto funcionario, gobernador, jefe.

3   Matriz de Significados del Libro de los Cambios

La Imagen

Nubes y trueno: la imagen de la Dificultad Inicial.
Así el noble ordena y regula el tramado de las leyes.

雲	yun2	7750	Nubes.
雷	lei2	4236	Trueno: conmoción, aterrador, poder suscitativo que surge de la tierra.
屯	zhun1	6592	Difícil, dificultad inicial; echar retoños, germinar; acumulación, agrupación, tesoro escondido; establecer una guarnición con soldados.
君	jun1	1715	Señor, príncipe, gobernante, noble; hombre superior.
子	zi3	6939	Hijo/a, niño/a; descendencia, prole; posteridad; sufijo; oficial, amo, príncipe.
以	yi3	2932	Así, de esta manera; por, para; por medio de, con; instrumento, medio, método, uso (de), camino (a).
經	jing1	1123	Clásico, canon, escritura; ley, regulación; la ondulación de una tela, cosas que corren a lo largo como las líneas de significado a través de la tela del tiempo, pasar a través, camino.
綸	lun2	4252	Trama, hilos de seda, retorcer un hilo; coordinar, clasificar, ajustar.

Al comienzo un nueve

Buscando como sobrepasar un obstáculo. Es favorable mantener la determinación. Es favorable designar ayudantes.

磐	pan2	4904	Roca grande; estable, inmovible, obstáculos, dificultades.
桓	huan2	2236	Indecisión, titubeo; dar la vuelta en redondo; alrededor, rodeando, demorando. Pilar o lápida que marca una tumba. Sauce de corteza blanca.
利	li4	3867	Favorable, propicio, conveniente, beneficioso, afortunado.
居	ju1	1535	Quedarse, permanecer, descansar (en), morar, residir; ocupar una posición o lugar; presumido, arrogante, dominante.
貞	zhen1	0346	Determinación (con el doble sentido de decisión y acción firme y continuada), constancia, perseverancia, firmeza; lealtad, devoción, pureza. Originalmente: determinación por adivinación.
利	li4	3867	Favorable, propicio, conveniente, beneficioso, afortunado.
建	jian4	0853	Establecer, fundar, nombrar, proponer, designar para un cargo.
侯	hou2	2135	Señor feudal, príncipe vasallo, marqués; arquero experimentado; alto funcionario, gobernador, jefe.

La Dificultad Inicial (21) 3

Seis en el segundo puesto

Como luchando, como vacilando. Caballo y carro se separan.
No es un bandido, sino un pretendiente.
La doncella tiene determinación, no se compromete.
Después de diez años se compromete.

屯	zhun1	6592	Difícil, dificultad inicial; echar retoños, germinar; acumulación, agrupación, tesoro escondido; establecer una guarnición con soldados.
如	ru2	3137	Así, de esta forma, como, igual que, parecido, si (condicional).
邅	zhan1	8010	Avance dificultoso; dar la vuelta porque no se puede avanzar; giro de 180 grados; abandonar.
如	ru2	3137	Así, de esta forma, como, igual que, parecido, si (condicional).
乘	cheng2	0398	Montar, andar, viajar; carro, carro de guerra; yunta de cuatro caballos; ascenso, subida, superar, reemplazar, estar arriba, por encima; aprovechar una oportunidad. En la época que se compuso el *ZhouYi*, en China los caballos tiraban de carruajes o hacían otras tareas pero no se usaban para cabalgar.
馬	ma3	4310	Caballo.
班	ban1	4889	Dividir, separarse, distribuir, clasificar, ordenados en formación, ordenados conforme al rango.
如	ru2	3137	Así, de esta forma, como, igual que, parecido, si (condicional).
匪	fei3	1820	No, fuerte negativa.
寇	kou4	3444	Bandido(s), invasor(es), enemigo(s), ladrón(es), gente violenta y fuera de la ley, saqueadores.
婚	hun1	2360	Matrimonio, matrimonial, casarse; un novio, pretendiente. Siempre aparece acompañado de 媾: casamiento.
媾	gou4	3426	Matrimonio, un segundo matrimonio, emparejarse, familias unidas por el matrimonio; pretendiente, novio; alianza, amistad, favor.
女	nu3	4776	Mujer, dama, doncella, muchacha, género femenino.
子	zi3	6939	Hijo/a, niño/a; descendencia, prole; posteridad; sufijo; oficial, amo, príncipe.
貞	zhen1	0346	Determinación (con el doble sentido de decisión y acción firme y continuada), constancia, perseverancia, firmeza; lealtad, devoción, pureza. Originalmente: determinación por adivinación.

不	bu4	5379	No, adverbio de negación; sin, ninguno, nada, no lo haré, no lo necesito, no será.
字	zi4	6942	Compromiso matrimonial, promesa de matrimonio, esponsales (de una muchacha); criar, reproducirse; nutrir, alimentar, educar; concepción, preñez.
十	shi2	5807	Diez, completo.
年	nian2	4711	Año/s, estación/es, cosechas.
乃	nai3	4612	Entonces, y, después, además, aparte, acto seguido, inmediatamente (después).
字	zi4	6942	Compromiso matrimonial, promesa de matrimonio, esponsales (de una muchacha); criar, reproducirse; nutrir, alimentar, educar; concepción, preñez.

Seis en el tercer puesto

El que persigue al ciervo sin guardabosques se extraviará en las profundidades del bosque. El noble capta los indicios y prefiere desistir. Si sigue adelante lo lamentará.

即	ji2	0495	Acercarse, avanzar hacia, venir a, ir a; enseguida.
鹿	lu4	4203	Ciervo (maduro, con cuernos).
无	wu2	7173	No, negativa; sin, no tiene, carencia de.
虞	yu2	7648	Guardabosques. Tomar precauciones, prever, estar preocupado.
惟	wei2	7066	Solo, solitario; pensar; meditar; pero, solo que, precisamente, a saber.
入	ru4	3152	Entrar, introducirse (esta es la acepción usada en el *YiJing*); traer, presentar; invadir.
于	yu2	7592	En (sobre, bajo, adentro, al lado, cerca de, por), a, hacia, ir hacia, hasta, de, como.
林	lin2	4022	Bosque, arboleda, bosquecillo.
中	zhong1	1504	Centro, interior, dentro de, medio; acertarle al medio, acertarle al blanco; balanceado, central, correcto.
君	jun1	1715	Señor, príncipe, gobernante, noble; hombre superior.
子	zi3	6939	Hijo/a, niño/a; descendencia, prole; posteridad; sufijo; oficial, amo, príncipe.
幾	ji1	0409	Casi, por poco; acercarse; sutil, recóndito, escondido; señal sutil, casi imperceptible; la primer señal.

La Dificultad Inicial (23)

不	bu4	5379	No, adverbio de negación; sin, ninguno, nada, no lo haré, no lo necesito, no será.
如	ru2	3137	Así, de esta forma, como, igual que, parecido, si (condicional).
舍	she3	5699	Dejar, abandonar, soltar, poner en libertad, dejar irse, dejar a un lado; descansar, detenerse, albergue temporario.
往	wang3	7050	Ir, ir hacia, ir a; partir, irse.
吝	lin4	4040	Arrepentimiento, humillación, vergüenza, angustia, aflicción, sufrimiento; mezquindad, avaricia.

Seis en el cuarto puesto

Caballo y carro se separan. Busca la unión. Avanzar trae ventura.

乘	cheng2	0398	Montar, andar, viajar; carro, carro de guerra; yunta de cuatro caballos; ascenso, subida, superar, reemplazar, estar arriba, por encima; aprovechar una oportunidad. En la época que se compuso el *ZhouYi*, en China los caballos tiraban de carruajes o hacían otras tareas pero no se usaban para cabalgar.
馬	ma3	4310	Caballo.
班	ban1	4889	Dividir, separarse, distribuir, clasificar, ordenados en formación, ordenados conforme al rango.
如	ru2	3137	Así, de esta forma, como, igual que, parecido, si (condicional).
求	qiu2	1217	Buscar, seguir, solicitar, intentar, anhelar, implorar, suplicar, pedir, mendigar, rogar, orar.
婚	hun1	2360	Matrimonio, matrimonial, casarse; un novio, pretendiente. Siempre aparece acompañado de 媾: casamiento.
媾	gou4	3426	Matrimonio, un segundo matrimonio, emparejarse, familias unidas por el matrimonio; pretendiente, novio; alianza, amistad, favor.
往	wang3	7050	Ir, ir hacia, ir a; partir, irse.
吉	ji2	0476	Ventura, buena suerte, buena fortuna, propicio, favorable.
无	wu2	7173	No, negativa; sin, no tiene, carencia de.
不	bu4	5379	No, adverbio de negación; sin, ninguno, nada, no lo haré, no lo necesito, no será.
利	li4	3867	Favorable, propicio, conveniente, beneficioso, afortunado.

3   Matriz de Significados del Libro de los Cambios

Nueve en el quinto puesto

屯	zhun1	6592	Difícil, dificultad inicial; echar retoños, germinar; acumulación, agrupación, tesoro escondido; establecer una guarnición con soldados.
其	qi2	0525	Su, suyo, suya, de ellos, de ellas; el, la, lo, las, los. Un pronombre posesivo y demostrativo.
膏	gao1	3296	Grasa, carne gorda, riquezas, favores, dispensar favores.
小	xiao3	2605	Pequeño, común, humilde, mediocre, insignificante, sin importancia.
貞	zhen1	0346	Determinación (con el doble sentido de decisión y acción firme y continuada), constancia, perseverancia, firmeza; lealtad, devoción, pureza. Originalmente: determinación por adivinación.
吉	ji2	0476	Ventura, buena suerte, buena fortuna, propicio, favorable.
大	da4	5943	Grande, alto, excesivo, arrogante, estirarse y alcanzar por todos lados.
貞	zhen1	0346	Determinación (con el doble sentido de decisión y acción firme y continuada), constancia, perseverancia, firmeza; lealtad, devoción, pureza. Originalmente: determinación por adivinación.
凶	xiong1	2808	Desventura, malo, mala suerte, gran infortunio, peligro mortal, nefasto, malos augurios, caer en una trampa.

Al tope un seis

乘	cheng2	0398	Montar, andar, viajar; carro, carro de guerra; yunta de cuatro caballos; ascenso, subida, superar, reemplazar, estar arriba, por encima; aprovechar una oportunidad. En la época que se compuso el *ZhouYi*, en China los caballos tiraban de carruajes o hacían otras tareas pero no se usaban para cabalgar.
馬	ma3	4310	Caballo.
班	ban1	4889	Dividir, separarse, distribuir, clasificar, ordenados en formación, ordenados conforme al rango.
如	ru2	3137	Así, de esta forma, como, igual que, parecido, si (condicional).
泣	qi4	0563	Llanto, lágrimas, sollozo.
血	xue4	2901	Sangre, sangrar. El gráfico original es un dibujo de un vaso sacrificial con su contenido.
漣	lian2	4012	Flujo como ondas esparciéndose sobre el agua, en flujo, goteando, a chorros.
如	ru2	3137	Así, de esta forma, como, igual que, parecido, si (condicional).

4 蒙 *meng* – La Necedad Juvenil

El Dictamen

La Necedad Juvenil tiene éxito. No soy yo quien busca al joven necio,
el joven necio me busca a mi. Al primer oráculo le informo,
pero una segunda o una tercera vez es una impertinencia.
Cuando molesta no doy información. Es favorable la determinación.

蒙	meng2	4437	Ignorante, sin cultivar, inexperto, inmaduro, necio; avanzar con los ojos tapados; cubrir, cubierto, oculto, oscurecido, ocultar, engañar. Hierba parásita y quizás mágica (gen. *Cuscuta*).
亨	heng1	2099	Exito, logro, satisfacción, crecimiento, penetración; ofrenda, sacrificio.
匪	fei3	1820	No, fuerte negativa.
我	wo3	4778	Nosotros, yo, mi, mío, nuestro.
求	qiu2	1217	Buscar, seguir, solicitar, intentar, anhelar, implorar, suplicar, pedir, mendigar, rogar, orar.
童	tong2	6626	Niño, persona joven (de ambos sexos); alumno, paje, sirviente (niño o niña) de menos de 15 años; joven, virgen, incorrupto/a; animal joven que todavía no tiene cuernos (especialmente ternero o cordero).
蒙	meng2	4437	Ignorante, sin cultivar, inexperto, inmaduro, necio; avanzar con los ojos tapados; cubrir, cubierto, oculto, oscurecido, ocultar, engañar. Hierba parásita y quizás mágica (gen. *Cuscuta*).
童	tong2	6626	Niño, persona joven (de ambos sexos); alumno, paje, sirviente (niño o niña) de menos de 15 años; joven, virgen, incorrupto/a; animal joven que todavía no tiene cuernos (especialmente ternero o cordero).
蒙	meng2	4437	Ignorante, sin cultivar, inexperto, inmaduro, necio; avanzar con los ojos tapados; cubrir, cubierto, oculto, oscurecido, ocultar, engañar. Hierba parásita y quizás mágica (gen. *Cuscuta*).
求	qiu2	1217	Buscar, seguir, solicitar, intentar, anhelar, implorar, suplicar, pedir, mendigar, rogar, orar.
我	wo3	4778	Nosotros, yo, mi, mío, nuestro.

初	chu1	1390	Al principio, comienzo, incipiente, primero.
筮	shi4	5763	Adivinación con tallos de milenrama (*Achillea millefolium*).
告	gao4	3287	Informar, anunciar, reportar, proclamar.
再	zai4	6658	Dos veces, repetido, de nuevo.
三	san1	5415	Tres, tercero, triple, tres veces.
瀆	du2	6515	Molestar, acosar, irritar, fastidiar, impertinencia, abuso, falta de respeto; mancillar, manchar; zanja, sumidero, canal.
瀆	du2	6515	Molestar, acosar, irritar, fastidiar, impertinencia, abuso, falta de respeto; mancillar, manchar; zanja, sumidero, canal.
則	ze2	6746	Entonces, así, después, luego, además, consecuentemente, inmediatamente, por consiguiente, por lo tanto; ley, regla, patrón, causa.
不	bu4	5379	No, adverbio de negación; sin, ninguno, nada, no lo haré, no lo necesito, no será.
告	gao4	3287	Informar, anunciar, reportar, proclamar.
利	li4	3867	Favorable, propicio, conveniente, beneficioso, afortunado.
貞	zhen1	0346	Determinación (con el doble sentido de decisión y acción firme y continuada), constancia, perseverancia, firmeza; lealtad, devoción, pureza. Originalmente: determinación por adivinación.

La Imagen

Al pie de la montaña surge un manantial: la imagen de la Necedad Juvenil. Así el noble actúa con resolución y cultiva su virtud.

山	shan1	5630	Montaña, colina, pico.
下	xia4	2520	Debajo de, abajo, descender.
出	chu1	1409	Salir afuera, venir afuera; emerger, surgir, elevarse, generar, producir; abandonar, reducir, eliminar, expeler.
泉	quan2	1674	Manantial, fuente.
蒙	meng2	4437	Ignorante, sin cultivar, inexperto, inmaduro, necio; avanzar con los ojos tapados; cubrir, cubierto, oculto, oscurecido, ocultar, engañar. Hierba parásita y quizás mágica (gen. *Cuscuta*).
君	jun1	1715	Señor, príncipe, gobernante, noble; hombre superior.
子	zi3	6939	Hijo/a, niño/a; descendencia, prole; sufijo; oficial, amo, príncipe.

La Necedad Juvenil (27)

以	yi3	2932	Así, de esta manera; por, para; por medio de, con; instrumento, medio, método, uso (de), camino (a).
果	guo3	3732	Fruto, realización, resultado, consecuencias; obtener resultados, resuelto, determinado, bravo (capaz de seguir hasta el amargo final); el fruto de una planta.
行	xing2	2754	El significado original era camino, movilizar, en el *YiJing* usualmente significa moverse, ir, trasladarse de un lugar a otro, avanzar, actuar, hacer.
育	yu4	7687	Criar, cultivar, educar, nutrir, alimentar; dar a luz.
德	de2	6162	Virtud, poder espiritual, habilidad para seguir el curso correcto; cualidad, naturaleza, carácter, disposición.

Al comienzo un seis

Para desarrollar al necio es favorable disciplinar al hombre.
Deben quitarse las trabas. Si continúa así lo lamentará.

發	fa1	1768	Desarrollar, expandir, abrir, descubrir, despertar.
蒙	meng2	4437	Ignorante, sin cultivar, inexperto, inmaduro, necio; avanzar con los ojos tapados; cubrir, cubierto, oculto, oscurecido, ocultar, engañar. Hierba parásita y quizás mágica (gen. *Cuscuta*).
利	li4	3867	Favorable, propicio, conveniente, beneficioso, afortunado.
用	yong4	7567	Usar, aplicar, emplear, implementar; aplicar el oráculo a situaciones reales; actuar; usar como ofrenda, ofrecer en sacrificio.
刑	xing2	2755	Castigo, disciplina, sanción.
人	ren2	3097	Hombre, persona(s), otro(s), ser humano, individuo.
用	yong4	7567	Usar, aplicar, emplear, implementar; aplicar el oráculo a situaciones reales; actuar; usar como ofrenda, ofrecer en sacrificio.
說	tuo1	5939	Remover, soltar.
桎	zhi4	0993	Grilletes, trabas, esposas; maniatar, restringir los movimientos.
梏	gu4	3484	Esposas (de madera), grilletes, cadenas.
以	yi3	2932	Así, de esta manera; por, para; por medio de, con; instrumento, medio, método, uso (de), camino (a).
往	wang3	7050	Ir, ir hacia, ir a; partir, irse.
吝	lin4	4040	Arrepentimiento, humillación, vergüenza, angustia, aflicción, sufrimiento; mezquindad, avaricia.

Nueve en el segundo puesto

> Tolerar la Necedad Juvenil trae buena fortuna.
> Es venturoso tomar una esposa.
> Un hijo puede hacerse cargo de la familia.

包	bao1	4937	Envoltorio, envolver, paquete; contener, sostener, tomar responsabilidad sobre, soportar.
蒙	meng2	4437	Ignorante, sin cultivar, inexperto, inmaduro, necio; avanzar con los ojos tapados; cubrir, cubierto, oculto, oscurecido, ocultar, engañar. Hierba parásita y quizás mágica (gen. *Cuscuta*).
吉	ji2	0476	Ventura, buena suerte, buena fortuna, propicio, favorable.
納	na4	4607	Traer, entregar, presentar, conducido a, recibir, dejar entrar, tomar, admitir.
婦	fu4	1963	Mujer casada, esposa, una mujer.
吉	ji2	0476	Ventura, buena suerte, buena fortuna, propicio, favorable.
子	zi3	6939	Hijo/a, niño/a; descendencia, prole; posteridad; sufijo; oficial, amo, príncipe.
克	ke4	3320	Poder, ser capaz, llevar adelante; conquistar, dominar, prevalecer.
家	jia1	0594	Familia, clan (familia extendida), hogar, morada, casa, mantener una casa.

Seis en el tercer puesto

> No te cases con una muchacha que cuando ve un hombre de metal, pierde la posesión de sí misma.
> Ningún lugar [objetivo] es favorable.

勿	wu4	7208	No. Negativa imperativa.
用	yong4	7567	Usar, aplicar, emplear, implementar; aplicar el oráculo a situaciones reales; actuar; usar como ofrenda, ofrecer en sacrificio.
取	qu3	1615	Tomar una esposa, tomar, ir a buscar, obtener.
女	nu3	4776	Mujer, dama, doncella, muchacha, género femenino.
見	jian4	0860	Ver, visto, percibir, observar; revelar, aparecer, encontrado; entrevistar, visitar, encontrarse.
金	jin1	1057	Metal, bronce, oro, dorado, monedas, riqueza.

La Necedad Juvenil

夫	fu1	1908	Hombre, hombre adulto, esposo; aquel, aquellos.
不	bu4	5379	No, adverbio de negación; sin, ninguno, nada, no lo haré, no lo necesito, no será.
有	you3	7533	Poseer, tener, en posesión de, haber, existir.
躬	gong1	3704	Uno mismo, cuerpo, persona, individuo.
无	wu2	7173	No, negativa; sin, no tiene, carencia de.
攸	you1	7519	Meta, dirección, propósito; destino, lugar, el lugar donde; por lo cual; aquel que.
利	li4	3867	Favorable, propicio, conveniente, beneficioso, afortunado.

Seis en el cuarto puesto

Atrapado por su necedad sufrirá vergüenza.

困	kun4	3688	Opresión, bloqueo, trampa, asedio, acoso, estar rodeado (por enemigos), confinamiento; agotamiento, aflicción, desánimo, fatiga, empobrecimiento; molestado, golpeado, atrapado.
蒙	meng2	4437	Ignorante, sin cultivar, inexperto, inmaduro, necio; avanzar con los ojos tapados; cubrir, cubierto, oculto, oscurecido, ocultar, engañar. Hierba parásita y quizás mágica (gen. *Cuscuta*).
吝	lin4	4040	Arrepentimiento, humillación, vergüenza, angustia, aflicción, sufrimiento; mezquindad, avaricia.

Seis en el quinto puesto

La necedad infantil trae ventura.

童	tong2	6626	Niño, persona joven (de ambos sexos); alumno, paje, sirviente (niño o niña) de menos de 15 años; joven, virgen, incorrupto/a; animal joven que todavía no tiene cuernos (especialmente ternero o cordero).
蒙	meng2	4437	Ignorante, sin cultivar, inexperto, inmaduro, necio; avanzar con los ojos tapados; cubrir, cubierto, oculto, oscurecido, ocultar, engañar. Hierba parásita y quizás mágica (gen. *Cuscuta*).
吉	ji2	0476	Ventura, buena suerte, buena fortuna, propicio, favorable.

Al tope un nueve

Castigar La Necedad Juvenil.
No es favorable actuar como un bandido [cometer abusos], pero es favorable defenderse de los bandidos [de los abusos].

擊	ji1	0481	Golpear, atacar; repeler, derrotar.
蒙	meng2	4437	Ignorante, sin cultivar, inexperto, inmaduro, necio; avanzar con los ojos tapados; cubrir, cubierto, oculto, oscurecido, ocultar, engañar. Hierba parásita y quizás mágica (gen. *Cuscuta*).
不	bu4	5379	No, adverbio de negación; sin, ninguno, nada, no lo haré, no lo necesito, no será.
利	li4	3867	Favorable, propicio, conveniente, beneficioso, afortunado.
爲	wei2	7059	Hacer, causar; por, porque; ser; actuar para, ayudar.
寇	kou4	3444	Bandido(s), invasor(es), enemigo(s), ladrón(es), gente violenta y fuera de la ley, saqueadores.
利	li4	3867	Favorable, propicio, conveniente, beneficioso, afortunado.
禦	yu4	7665	Resistir, defenderse, oponerse, rechazar; tomar precauciones contra.
寇	kou4	3444	Bandido(s), invasor(es), enemigo(s), ladrón(es), gente violenta y fuera de la ley, saqueadores.

5 需 *xu* – La Espera

El Dictamen

La Espera. Con sinceridad tendrás esplendor y éxito.
La determinación es favorable. Es propicio cruzar el gran río.

需	xu1	2844	Esperar, demorarse, servir. El carácter lluvia y detenerse, de ahí el significado de mojarse y de esperar (a que pase la lluvia).
有	you3	7533	Poseer, tener, en posesión de, haber, existir.
孚	fu2	1936	Verdad; confiable, sincero; inspirar confianza a otros.
光	guang1	3583	Luz, brillo, iluminar, brillantez; gloria, esplendor.
亨	heng1	2099	Exito, logro, satisfacción, crecimiento, penetración; ofrenda, sacrificio.
貞	zhen1	0346	Determinación (con el doble sentido de decisión y acción firme y continuada), constancia, perseverancia, firmeza; lealtad, devoción, pureza. Originalmente: determinación por adivinación.
吉	ji2	0476	Ventura, buena suerte, buena fortuna, propicio, favorable.
利	li4	3867	Favorable, propicio, conveniente, beneficioso, afortunado.
涉	she4	5707	Vadear o cruzar una corriente de agua; pasar a través o por encima.
大	da4	5943	Grande, alto, excesivo, arrogante, estirarse y alcanzar por todos lados.
川	chuan1	1439	Río, corriente de agua, inundación.

La Imagen

Nubes ascienden al cielo: la imagen de La Espera.
Así el noble bebe, come y festeja.

雲	yun2	7750	Nubes.
上	shang4	5669	Arriba, sobre, encima; ascender, subir, elevar, ir para arriba; más alto, superior; sobrepasar, primero.
於	yu2	7643	Sobre, en, con, por.

MATRIZ DE SIGNIFICADOS DEL LIBRO DE LOS CAMBIOS

天	tian1	6361	Cielo, firmamento, cosmos, celestial, divino.
需	xu1	2844	Esperar, demorarse, servir. El carácter lluvia y detenerse, de ahí el significado de mojarse y de esperar (a que pase la lluvia).
君	jun1	1715	Señor, príncipe, gobernante, noble; hombre superior.
子	zi3	6939	Hijo/a, niño/a; descendencia, prole; posteridad; sufijo; oficial, amo, príncipe.
以	yi3	2932	Así, de esta manera; por, para; por medio de, con; instrumento, medio, método, uso (de), camino (a).
飲	yin3	7454	Beber, tragar; bebida, dar de beber.
食	shi2	5810	Comer, alimentarse, consumir; comida, dar alimento a; subsistencia; salario de un oficial; disfrutar; eclipse (la luna o el sol es 'comido').
宴	yan4	7364	Descansar, reposar; festín, banquete, disfrutar.
樂	le4	4129	Música; regocijo, felicidad.

Al comienzo un nueve

Esperando en el campo. Es favorable tener perseverancia. Ningún defecto.

需	xu1	2844	Esperar, demorarse, servir. El carácter lluvia y detenerse, de ahí el significado de mojarse y de esperar (a que pase la lluvia).
于	yu2	7592	En (sobre, bajo, adentro, al lado, cerca de, por), a, hacia, ir hacia, hasta, de, como.
郊	jiao1	0714	Suburbios, campo, periferia, páramo, frontera; altar suburbano y sacrificio.
利	li4	3867	Favorable, propicio, conveniente, beneficioso, afortunado.
用	yong4	7567	Usar, aplicar, emplear, implementar; aplicar el oráculo a situaciones reales; actuar; usar como ofrenda, ofrecer en sacrificio.
恆	heng2	2107	Constante duradero, perdurable, persistente, continuo, largo tiempo.
无	wu2	7173	No, negativa; sin, no tiene, carencia de.
咎	jiu4	1192	Falta, error, defecto, culpa; poco propicio, infortunio, calamidad; mala suerte, mal augurio.

Nueve en el segundo puesto

Esperando en la arena. Se dicen cosas sin importancia.
Finalmente habrá ventura

La Espera (33)

需	xu1	2844	Esperar, demorarse, servir. El carácter lluvia y detenerse, de ahí el significado de mojarse y de esperar (a que pase la lluvia).
于	yu2	7592	En (sobre, bajo, adentro, al lado, cerca de, por), a, hacia, ir hacia, hasta, de, como.
沙	sha1	5606	Arena, gravilla, banco de arena, playa.
小	xiao3	2605	Pequeño, común, humilde, mediocre, insignificante, sin importancia.
有	you3	7533	Poseer, tener, en posesión de, haber, existir.
言	yan2	7334	Palabras, chismes, dichos; interrogación.
终	zhong1	1500	Fin, final, al final, completo, entero, término, final de un ciclo; llevar hasta la conclusión, consumación; muerte.
吉	ji2	0476	Ventura, buena suerte, buena fortuna, propicio, favorable.

Nueve en el tercer puesto

Esperar en el fango atrae a los bandidos.

需	xu1	2844	Esperar, demorarse, servir. El carácter lluvia y detenerse, de ahí el significado de mojarse y de esperar (a que pase la lluvia).
于	yu2	7592	En (sobre, bajo, adentro, al lado, cerca de, por), a, hacia, ir hacia, hasta, de, como.
泥	ni2	4660	Barro, lodo, fango, lodazal, cieno, ciénaga; encenagado, embarrado, impedido, obstruido.
致	zhi4	0984	Causar, producir, aplicar, presentar, entregar, enviar, transmitir, involucrar, implicar, llevar hasta las últimas consecuencias, un objetivo.
寇	kou4	3444	Bandido(s), invasor(es), enemigo(s), ladrón(es), gente violenta y fuera de la ley, saqueadores.
至	zhi4	0982	Llegar, alcanzar el punto más alto o la cúspide, culminar; el extremo, lo más grande, muy.

Seis en el cuarto puesto

Esperando en la sangre. ¡Fuera de la cueva [hoyo]!

需	xu1	2844	Esperar, demorarse, servir. El carácter lluvia y detenerse, de ahí el significado de mojarse y de esperar (a que pase la lluvia).
于	yu2	7592	En (sobre, bajo, adentro, al lado, cerca de, por), a, hacia, ir hacia, hasta, de, como.
血	xue4	2901	Sangre, sangrar. El gráfico original es un dibujo de un vaso sacrificial con su contenido.

出	chu1	1409	Salir afuera, venir afuera; emerger, surgir, elevarse, generar, producir; abandonar, reducir, eliminar, expeler.
自	zi4	6960	De, desde, viniendo de, seguir, originar, a causa de, por; uno mismo, él mismo.
穴	xue2	2899	Hoyo, pozo, morada subterránea, cueva, agujero, tumba, bóveda.

Nueve en el quinto puesto

Esperando junto al vino y la comida. La determinación es favorable.

需	xu1	2844	Esperar, demorarse, servir. El carácter lluvia y detenerse, de ahí el significado de mojarse y de esperar (a que pase la lluvia).
于	yu2	7592	En (sobre, bajo, adentro, al lado, cerca de, por), a, hacia, ir hacia, hasta, de, como.
酒	jiu3	1208	Bebida, vino, licor, bebidas espirituosas.
食	shi2	5810	Comer, alimentarse, consumir; comida, dar alimento a; subsistencia; salario de un oficial; disfrutar; eclipse (la luna o el sol es 'comido').
貞	zhen1	0346	Determinación (con el doble sentido de decisión y acción firme y continuada), constancia, perseverancia, firmeza; lealtad, devoción, pureza. Originalmente: determinación por adivinación.
吉	ji2	0476	Ventura, buena suerte, buena fortuna, propicio, favorable.

Al tope un seis

Uno cae en el hoyo. Llegan tres huéspedes sin invitación.

Trátalos con respeto y finalmente llegará la ventura.

入	ru4	3152	Entrar, introducirse (esta es la acepción usada en el *YiJing*); traer, presentar; invadir.
于	yu2	7592	En (sobre, bajo, adentro, al lado, cerca de, por), a, hacia, ir hacia, hasta, de, como.
穴	xue2	2899	Hoyo, pozo, morada subterránea, cueva, agujero, tumba, bóveda.
有	you3	7533	Poseer, tener, en posesión de, haber, existir.
不	bu4	5379	No, adverbio de negación; sin, ninguno, nada, no lo haré, no lo necesito, no será.
速	su4	5505	Invitación, invitar, rápido, con urgencia.

之	zhi1	0935	Pronombre personal: él, ella, ello; esto, esta, estos, etc. Frecuentemente es usado como un posesivo: tiene, tuvo, va a tener, suyo, suya; ir a.
客	ke4	3324	Huésped, invitado, visitante, desconocido, extranjero, viajero de lejanas tierras.
三	san1	5415	Tres, tercero, triple, tres veces.
人	ren2	3097	Hombre, persona(s), otro(s), ser humano, individuo.
來	lai2	3768	Venir, llegar; traer; volver.
敬	jing4	1138	Respetar, honrar, atención reverente, respeto, estimar, valorar; ser cuidadoso, discreto; sostener nivelado con las dos manos.
之	zhi1	0935	Pronombre personal: él, ella, ello; esto, esta, estos, etc. Frecuentemente es usado como un posesivo: tiene, tuvo, va a tener, suyo, suya; ir a.
終	zhong1	1500	Fin, final, al final, completo, entero, término, final de un ciclo; llevar hasta la conclusión, consumación; muerte.
吉	ji2	0476	Ventura, buena suerte, buena fortuna, propicio, favorable.

6 訟 *song* – El Conflicto / El Pleito

El Dictamen

El Conflicto: eres sincero pero te frenan. Detenerse con cautela a mitad de camino trae ventura. Seguir hasta el final trae desventura. Es favorable ver al gran hombre. No es favorable atravesar el gran río.

訟	song4	5558	Litigio, pleito, disputa, conflicto, argumento, demandar justicia; reprimenda.
有	you3	7533	Poseer, tener, en posesión de, haber, existir.
孚	fu2	1936	Verdad; confiable, sincero; inspirar confianza a otros.
窒	zhi4	0994	Obstruir, detener, resistir, restringir.
惕	ti4	6263	Cauteloso, alarmado, preocupado, cuidadoso, alerta, vigilante, precavido.
中	zhong1	1504	Centro, interior, dentro de, medio; acertarle al medio, acertarle al blanco; balanceado, central, correcto.
吉	ji2	0476	Ventura, buena suerte, buena fortuna, propicio, favorable.
終	zhong1	1500	Fin, final, al final, completo, entero, término, final de un ciclo; llevar hasta la conclusión, consumación; muerte.
凶	xiong1	2808	Desventura, malo, mala suerte, gran infortunio, peligro mortal, nefasto, malos augurios, caer en una trampa.
利	li4	3867	Favorable, propicio, conveniente, beneficioso, afortunado.
見	jian4	0860	Ver, visto, percibir, observar; revelar, aparecer, encontrado; entrevistar, visitar, encontrarse.
大	da4	5943	Grande, alto, excesivo, arrogante, estirarse y alcanzar por todos lados.
人	ren2	3097	Hombre, persona(s), otro(s), ser humano, individuo.
不	bu4	5379	No, adverbio de negación; sin, ninguno, nada, no lo haré, no lo necesito, no será.
利	li4	3867	Favorable, propicio, conveniente, beneficioso, afortunado.
涉	she4	5707	Vadear o cruzar una corriente de agua; pasar a través o por encima.
大	da4	5943	Grande, alto, excesivo, arrogante, estirarse y alcanzar por todos lados.
川	chuan1	1439	Río, corriente de agua, inundación.

El Conflicto (37)

La Imagen

Cielo y agua mueven en direcciones opuestas: la imagen del Conflicto.
Así el noble, en todas las tareas que toma a cargo,
planea bien antes de comenzar.

天	tian1	6361	Cielo, firmamento, cosmos, celestial, divino.
與	yu3	7615	Con, y; acompañar, aliarse, compañeros, combinar, cooperar, interactuar, de acuerdo con.
水	shui3	5922	Agua, río, corriente, flujo, líquido, fluido.
違	wei2	7093	Oponerse; desobedecer, ir en contra; salir, separarse; desviarse de; error; perverso.
行	xing2	2754	El significado original era camino, movilizar, en el *YiJing* usualmente significa moverse, ir, trasladarse de un lugar a otro, avanzar, actuar, hacer.
訟	song4	5558	Litigio, pleito, disputa, conflicto, argumento, demandar justicia; reprimenda.
君	jun1	1715	Señor, príncipe, gobernante, noble; hombre superior.
子	zi3	6939	Hijo/a, niño/a; descendencia, prole; posteridad; sufijo; oficial, amo, príncipe.
以	yi3	2932	Así, de esta manera; por, para; por medio de, con; instrumento, medio, método, uso (de), camino (a).
作	zuo4	6780	Actuar, hacer, fabricar, formar, llevar a cabo, trabajar, ponerse en actividad, encargarse de una tarea; ponerse de pie, levantarse; componer (literatura o música), manifestarse creativamente; proyecto, ceremonia, sacrificar. 作事: ocuparse de asuntos o negocios.
事	shi4	5787	Servir, servicio, asunto, cuestión, cosa, evento, negocio, actividad, quehacer, ocupación.
謀	mou2	4578	Plan, idea, esquema, deliberación, consulta, discutir algo.
始	shi3	5772	Comienzo, inicio, primero.

Al comienzo un seis

Si uno no perpetúa el asunto, habrá algunas críticas,
pero finalmente llegará la ventura.

不	bu4	5379	No, adverbio de negación; sin, ninguno, nada, no lo haré, no lo necesito, no será.
永	yong3	7589	Constante, perpetuo, que fluye por siempre; largo, prolongar, que llega lejos.

所	suo3	5465	Asunto, manera, causa o lugar habitual, residencia, lugar de trabajo.
事	shi4	5787	Servir, servicio, asunto, cuestión, cosa, evento, negocio, actividad, quehacer, ocupación.
小	xiao3	2605	Pequeño, común, humilde, mediocre, insignificante, sin importancia.
有	you3	7533	Poseer, tener, en posesión de, haber, existir.
言	yan2	7334	Palabras, chismes, dichos; interrogación.
終	zhong1	1500	Fin, final, al final, completo, entero, término, final de un ciclo; llevar hasta la conclusión, consumación; muerte.
吉	ji2	0476	Ventura, buena suerte, buena fortuna, propicio, favorable.

Nueve en el segundo puesto

Uno no puede triunfar en el pleito y escapa regresando a su casa. Los habitantes de su ciudad, trescientas familias, no sufrirán infortunio.

不	bu4	5379	No, adverbio de negación; sin, ninguno, nada, no lo haré, no lo necesito, no será.
克	ke4	3320	Poder, ser capaz, llevar adelante; conquistar, dominar, prevalecer.
訟	song4	5558	Litigio, pleito, disputa, conflicto, argumento, demandar justicia; reprimenda.
歸	gui1	3617	Volver, regresar. Entregar una mujer para su matrimonio; el casamiento de una mujer.
而	er2	1756	Y, entonces, pero, sin embargo. Une y contrasta dos palabras.
逋	bu1	5373	Escapar, huir, fugarse.
其	qi2	0525	Su, suyo, suya, de ellos, de ellas; el, la, lo, las, los. Un pronombre posesivo y demostrativo.
邑	yi4	3037	Ciudad, pueblo; ciudad con murallas de protección, sede del gobierno de un distrito.
人	ren2	3097	Hombre, persona(s), otro(s), ser humano, individuo.
三	san1	5415	Tres, tercero, triple, tres veces.
百	bai3	4976	Cien, centena.
戶	hu4	2180	Puerta, casa, familia. Es la puerta interior que da entrada a la casa, en tanto que 門 es la puerta exterior, que separa el patio de la calle.
无	wu2	7173	No, negativa; sin, no tiene, carencia de.
眚	sheng3	5741	Grave error, desastre, calamidad; infortunio, falta u ofensa debido a la ignorancia. Ceguera o falta de luz, un error de juicio.

EL CONFLICTO (39) **6**

Seis en el tercer puesto

Alimentarse de antigua virtud. Determinación. Al final del peligro, ventura. Si sigues al servicio de un rey no podrás completar tu obra.

食	shi2	5810	Comer, alimentarse, consumir; comida, dar alimento a; subsistencia; salario de un oficial; disfrutar; eclipse (la luna o el sol es 'comido').
舊	jiu4	1205	Antiguo, viejo, pasado, arcaico, obsoleto (se aplica a personas, lugares y cosas); en el pasado, antiguamente, hace largo tiempo; por un largo tiempo.
德	de2	6162	Virtud, poder espiritual, habilidad para seguir el curso correcto; cualidad, naturaleza, carácter, disposición.
貞	zhen1	0346	Determinación (con el doble sentido de decisión y acción firme y continuada), constancia, perseverancia, firmeza; lealtad, devoción, pureza. Originalmente: determinación por adivinación.
厲	li4	3906	Peligro, amenaza, opresivo, cruel, malvado, brutal, enfermedad, demonio malevolente; piedra de afilar áspera, afilar, machacar, triturar, disciplina.
終	zhong1	1500	Fin, final, al final, completo, entero, término, final de un ciclo; llevar hasta la conclusión, consumación; muerte.
吉	ji2	0476	Ventura, buena suerte, buena fortuna, propicio, favorable.
或	huo4	2402	Si acaso, si (condición o suposición en virtud de la cual un concepto depende de otro u otros), quizás, incierto, posible pero no seguro; alguno(s), alguna vez.
從	cong2	6919	Seguir, seguir una doctrina, seguidor, adherirse, obedecer, perseguir; ocuparse de (negocios).
王	wang2	7037	Rey, príncipe, soberano, regente, autoridad.
事	shi4	5787	Servir, servicio, asunto, cuestión, cosa, evento, negocio, actividad, quehacer, ocupación.
無	wu2	7173	No, negativa; sin, no tiene, carencia de.
成	cheng2	0379	Lograr, realizar, completar, perfeccionar, obra concluida.

Nueve en el cuarto puesto

No puede llevar adelante el pleito. Uno se vuelve atrás y acepta el destino. Cambia su actitud y encuentra paz. La determinación aporta ventura.

不	bu4	5379	No, adverbio de negación; sin, ninguno, nada, no lo haré, no lo necesito, no será.

克	ke4	3320	Poder, ser capaz, llevar adelante; conquistar, dominar, prevalecer.
訟	song4	5558	Litigio, pleito, disputa, conflicto, argumento, demandar justicia; reprimenda.
復	fu4	1992	Volver, regresar, volver para atrás; repetir, restaurar, revertir.
即	ji2	0495	Acercarse, avanzar hacia, venir a, ir a; enseguida.
命	ming4	4537	Destino, voluntad del cielo, autoridad más alta (ya sea celestial o terrena, como un rey o un gobierno), órdenes, directiva, mandato, investidura, voluntad, vida.
渝	yu2	7635	Cambio (de actitud u opinión), corrección, revisión, cambio para corregir algo o cambio para peor.
安	an1	0026	Tranquilo, callado, en paz, asentado, sereno; paz, seguridad, quietud, satisfacción con lo que uno tiene, seguridad.
貞	zhen1	0346	Determinación (con el doble sentido de decisión y acción firme y continuada), constancia, perseverancia, firmeza; lealtad, devoción, pureza. Originalmente: determinación por adivinación.
吉	ji2	0476	Ventura, buena suerte, buena fortuna, propicio, favorable.

Nueve en el quinto puesto

> Pleiteando. Sublime ventura.

訟	song4	5558	Litigio, pleito, disputa, conflicto, argumento, demandar justicia; reprimenda.
元	yuan2	7707	Sublime, elevado, preeminente, superior, el más grande, grande y originante, primordial, cabeza, líder, jefe.
吉	ji2	0476	Ventura, buena suerte, buena fortuna, propicio, favorable.

Al tope un nueve

> Si uno recibe como premio un cinturón de cuero,
> para el final de la mañana se lo habrán arrancado tres veces.

或	huo4	2402	Si acaso, si (condición o suposición en virtud de la cual un concepto depende de otro u otros), quizás, incierto, posible pero no seguro; alguno(s), alguna vez.
錫	xi1	2505	Otorgar o conceder (un premio), conferir (dignidad, empleo, facultades o derechos), recompensa, regalo.
之	zhi1	0935	Pronombre personal: él, ella, ello; esto, esta, estos, etc. Frecuentemente es usado como un posesivo: tiene, tuvo, va a tener, suyo, suya; ir a.
鞶	pan2	8005	Cinturón grande de cuero; cinturón con bolsillo o bolsa.

帶	dai4	6005	Cinturón, faja, banda, correa.
終	zhong1	1500	Fin, final, al final, completo, entero, término, final de un ciclo; llevar hasta la conclusión, consumación; muerte.
朝	zhao1	0233	Mañana, amanecer, mañana temprana antes del amanecer. Mañana es el significado original, pero se le agrega al significado de audiencia, porque el rey atendía los negocios de estado temprano en la mañana.
三	san1	5415	Tres, tercero, triple, tres veces.
褫	chi3	1028	Privar de, arrancar, desvestir usando la fuerza.
之	zhi1	0935	Pronombre personal: él, ella, ello; esto, esta, estos, etc. Frecuentemente es usado como un posesivo: tiene, tuvo, va a tener, suyo, suya; ir a.

7 師 *shi* – El Ejército

El Dictamen

El Ejército. La determinación es venturosa para un hombre severo. Sin defecto.

師	shi1	5760	Ejército, legiones, tropas, multitud organizada; jefe, director, líder; seguir a un amo, imitar, seguir una norma.
貞	zhen1	0346	Determinación (con el doble sentido de decisión y acción firme y continuada), constancia, perseverancia, firmeza; lealtad, devoción, pureza. Originalmente: determinación por adivinación.
丈	zhang4	0200	Hombre fuerte, maduro, esposo, mayor. Uno que debe ser respetado.
人	ren2	3097	Hombre, persona(s), otro(s), ser humano, individuo.
吉	ji2	0476	Ventura, buena suerte, buena fortuna, propicio, favorable.
无	wu2	7173	No, negativa; sin, no tiene, carencia de.
咎	jiu4	1192	Falta, error, defecto, culpa; poco propicio, infortunio, calamidad; mala suerte, mal augurio.

La Imagen

La Tierra contiene agua en su interior: la imagen del Ejército. Así el noble alberga e incrementa la multitud.

地	di4	6198	Tierra, la superficie sólida de la tierra.
中	zhong1	1504	Centro, interior, dentro de, medio; acertarle al medio, acertarle al blanco; balanceado, central, correcto.
有	you3	7533	Poseer, tener, en posesión de, haber, existir.
水	shui3	5922	Agua, río, corriente, flujo, líquido, fluido.
師	shi1	5760	Ejército, legiones, tropas, multitud organizada; jefe, director, líder; seguir a un amo, imitar, seguir una norma.
君	jun1	1715	Señor, príncipe, gobernante, noble; hombre superior.
子	zi3	6939	Hijo/a, niño/a; descendencia, prole; posteridad; sufijo; oficial, amo, príncipe.

El Ejército

以	yi3	2932	Así, de esta manera; por, para; por medio de, con; instrumento, medio, método, uso (de), camino (a).
容	rong2	7560	Soportar, sostener, contener, tolerar, aguantar, abrazar, conservar, mantener, valorar, aceptar; generosidad; magnanimidad. 容民: contener o tolerar a la gente.
民	min2	4508	Gente, pueblo, la gente común, las masas, multitud.
畜	chu4	1412	Acumular; alimentar, sostener, mantener, criar; cultivar; domesticar.
眾	zhong4	1517	Multitud, todos, mayoría.

Al comienzo un seis

El Ejército debe partir siguiendo las reglas.
Si la disciplina es mala habrá desventura.

師	shi1	5760	Ejército, legiones, tropas, multitud organizada; jefe, director, líder; seguir a un amo, imitar, seguir una norma.
出	chu1	1409	Salir afuera, venir afuera; emerger, surgir, elevarse, generar, producir; abandonar, reducir, eliminar, expeler.
以	yi3	2932	Así, de esta manera; por, para; por medio de, con; instrumento, medio, método, uso (de), camino (a).
律	lu4	4297	Ley, reglas, disciplina.
否	fou3	1902	Negar; desmentir; no; voto negativo.
臧	zang1	6704	Bueno, correcto, buen orden.
凶	xiong1	2808	Desventura, malo, mala suerte, gran infortunio, peligro mortal, nefasto, malos augurios, caer en una trampa.

Nueve en el segundo puesto

En medio del Ejército. Ventura. Ningún error.
El rey le encomienda tres veces el mandato.

在	zai4	6657	Estar en, adentro, sobre, presente, situado, al lado, a través, involucrado; presencia, existencia, lugar.
師	shi1	5760	Ejército, legiones, tropas, multitud organizada; jefe, director, líder; seguir a un amo, imitar, seguir una norma.
中	zhong1	1504	Centro, interior, dentro de, medio; acertarle al medio, acertarle al blanco; balanceado, central, correcto.
吉	ji2	0476	Ventura, buena suerte, buena fortuna, propicio, favorable.
无	wu2	7173	No, negativa; sin, no tiene, carencia de.

咎	jiu4	1192	Falta, error, defecto, culpa; poco propicio, infortunio, calamidad; mala suerte, mal augurio.
王	wang2	7037	Rey, príncipe, soberano, regente, autoridad.
三	san1	5415	Tres, tercero, triple, tres veces.
錫	xi1	2505	Otorgar o conceder (un premio), conferir (dignidad, empleo, facultades o derechos), recompensa, regalo.
命	ming4	4537	Destino, voluntad del cielo, autoridad más alta (ya sea celestial o terrena, como un rey o un gobierno), órdenes, directiva, mandato, investidura, voluntad, vida.

Seis en el tercer puesto

Quizás el Ejército lleve cadáveres en el carruaje. Desventura.

師	shi1	5760	Ejército, legiones, tropas, multitud organizada; jefe, director, líder; seguir a un amo, imitar, seguir una norma.
或	huo4	2402	Si acaso, si (condición o suposición en virtud de la cual un concepto depende de otro u otros), quizás, incierto, posible pero no seguro; alguno(s), alguna vez.
輿	yu2	7618	Carruaje, vagón, carro, carro de guerra (arrastrado por cuatro caballos), vehículo; transporte, transportar, acarrear.
尸	shi1	5756	Cadáver, persona (usualmente un niño) sentada como representante del espíritu del finado durante un sacrificio.
凶	xiong1	2808	Desventura, malo, mala suerte, gran infortunio, peligro mortal, nefasto, malos augurios, caer en una trampa.

Seis en el cuarto puesto

El Ejército acampa a la izquierda. Sin defecto.

師	shi1	5760	Ejército, legiones, tropas, multitud organizada; jefe, director, líder; seguir a un amo, imitar, seguir una norma.
左	zuo3	6774	Lado izquierdo, a la izquierda; ayudar, asistir. 左次: retirarse (del campo de batalla).
次	ci4	6980	Tomar una posición, llegar a, detenerse, acampar, hospedarse, posada, choza; penoso, tambaleante o difícil avance; secuencia, orden, próximo, poner en orden.
无	wu2	7173	No, negativa; sin, no tiene, carencia de.
咎	jiu4	1192	Falta, error, defecto, culpa; poco propicio, infortunio, calamidad; mala suerte, mal augurio.

El Ejército (45) 7

Seis en el quinto puesto

En el campo hay presas de caza. Es propicio capturarles para interrogarles. Sin defecto. El hijo mayor debería conducir el ejército, si lo hiciera el menor los carruajes serán usados para llevar cadáveres. La determinación es ominosa.

田	tian2	6362	Campo, tierra arable, tierras de labranza; cazar. El carácter muestra un campo dividido en cuatro sectores.
有	you3	7533	Poseer, tener, en posesión de, haber, existir.
禽	qin2	1100	Caza, presas, animales, pájaros, captura (puede ser un venado, aunque ese no es su significado específico).
利	li4	3867	Favorable, propicio, conveniente, beneficioso, afortunado.
執	zhi2	0996	Agarrar, asir, capturar, retener, controlar.
言	yan2	7334	Palabras, chismes, dichos; interrogación.
无	wu2	7173	No, negativa; sin, no tiene, carencia de.
咎	jiu4	1192	Falta, error, defecto, culpa; poco propicio, infortunio, calamidad; mala suerte, mal augurio.
長	zhang3	0213	Más viejo, mayor, jefe, superior, líder, maduro, experimentado; largo, alto, de larga duración, larga vida.
子	zi3	6939	Hijo/a, niño/a; descendencia, prole; posteridad; sufijo; oficial, amo, príncipe.
帥	shuai4	5909	Liderar (un ejército), comandante, oficial; dirigir, ordenar; seguir a un guía, obedecer, imitar
師	shi1	5760	Ejército, legiones, tropas, multitud organizada; jefe, director, líder; seguir a un amo, imitar, seguir una norma.
弟	di4	6201	Hermano menor, subalterno, respetuoso hacia los hermanos mayores.
子	zi3	6939	Hijo/a, niño/a; descendencia, prole; posteridad; sufijo; oficial, amo, príncipe.
輿	yu2	7618	Carruaje, vagón, carro, carro de guerra (arrastrado por cuatro caballos), vehículo; transporte, transportar, acarrear.
尸	shi1	5756	Cadáver, persona (usualmente un niño) sentada como representante del espíritu del finado durante un sacrificio.
貞	zhen1	0346	Determinación (con el doble sentido de decisión y acción firme y continuada), constancia, perseverancia, firmeza; lealtad, devoción, pureza. Originalmente: determinación por adivinación.
凶	xiong1	2808	Desventura, malo, mala suerte, gran infortunio, peligro mortal, nefasto, malos augurios, caer en una trampa.

Al tope un seis

El gran soberano tiene el mandato para fundar reinos y ennoblecer a las familias. No deben utilizarse hombres inferiores.

大	da4	5943	Grande, alto, excesivo, arrogante, estirarse y alcanzar por todos lados.
君	jun1	1715	Señor, príncipe, gobernante, noble; hombre superior.
有	you3	7533	Poseer, tener, en posesión de, haber, existir.
命	ming4	4537	Destino, voluntad del cielo, autoridad más alta (ya sea celestial o terrena, como un rey o un gobierno), órdenes, directiva, mandato, investidura, voluntad, vida.
開	kai1	3204	Abrir, establecer, fundar, comenzar.
國	guo2	3738	Estado, país, nación, reino, una dinastía; capital de un estado.
承	cheng2	0386	Asistir; recibir, heredar.
家	jia1	0594	Familia, clan (familia extendida), hogar, morada, casa, mantener una casa.
小	xiao3	2605	Pequeño, común, humilde, mediocre, insignificante, sin importancia.
人	ren2	3097	Hombre, persona(s), otro(s), ser humano, individuo.
勿	wu4	7208	No. Negativa imperativa.
用	yong4	7567	Usar, aplicar, emplear, implementar; aplicar el oráculo a situaciones reales; actuar; usar como ofrenda, ofrecer en sacrificio.

8 比 *bi* – La Solidaridad

El Dictamen

La Solidaridad trae ventura.
Sigue el oráculo hasta la fuente, ve si tienes elevación, duración y determinación; si es así no habrá defecto.
Llegarán de las tierras sin paz.
Los hombres que lleguen tarde tendrán desventura.

比	bi3	5077	Solidaridad, aliarse con, combinar, unir, asociarse con, ir junto con, seguir, partidario; par, igual, similar; comparar.
吉	ji2	0476	Ventura, buena suerte, buena fortuna, propicio, favorable.
原	yuan2	7725	Temprano, primero, original, fuente, origen, comienzo, causa o razón, seguir el rastro hasta la fuente, sondear; repetir.
筮	shi4	5763	Adivinación con tallos de milenrama (*Achillea millefolium*).
元	yuan2	7707	Sublime, elevado, preeminente, superior, el más grande, grande y originante, primordial, cabeza, líder, jefe.
永	yong3	7589	Constante, perpetuo, que fluye por siempre; largo, prolongar, que llega lejos.
貞	zhen1	0346	Determinación (con el doble sentido de decisión y acción firme y continuada), constancia, perseverancia, firmeza; lealtad, devoción, pureza. Originalmente: determinación por adivinación.
无	wu2	7173	No, negativa; sin, no tiene, carencia de.
咎	jiu4	1192	Falta, error, defecto, culpa; poco propicio, infortunio, calamidad; mala suerte, mal augurio.
不	bu4	5379	No, adverbio de negación; sin, ninguno, nada, no lo haré, no lo necesito, no será.
寧	ning2	4725	Pacífico, paz, tranquilidad; sereno, descansar, paz de cuerpo y mente.
方	fang1	1802	Cuadrado, directo, frontal, justo, correcto; repentino, rápido; lados, sobre todos los lados, en todos lados; barrio, región, lugar, dirección; tomar un lugar; sacrificar a los espíritus de los cuatro lados.
來	lai2	3768	Venir, llegar; traer; volver.

MATRIZ DE SIGNIFICADOS DEL LIBRO DE LOS CAMBIOS

後	hou4	2143	Atrás, después; tarde, venir después; seguir; descendientes; sucesor.
夫	fu1	1908	Hombre, hombre adulto, esposo; aquel, aquellos.
凶	xiong1	2808	Desventura, malo, mala suerte, gran infortunio, peligro mortal, nefasto, malos augurios, caer en una trampa.

La Imagen

Sobre la tierra hay agua: la imagen de la Solidaridad.
Así los reyes de antaño asignaban los diez mil diferentes Estados y mantenían trato amistoso con todos los príncipes vasallos.

地	di4	6198	Tierra, la superficie sólida de la tierra.
上	shang4	5669	Arriba, sobre, encima; ascender, subir, elevar, ir para arriba; más alto, superior; sobrepasar, primero.
有	you3	7533	Poseer, tener, en posesión de, haber, existir.
水	shui3	5922	Agua, río, corriente, flujo, líquido, fluido.
比	bi3	5077	Solidaridad, aliarse con, combinar, unir, asociarse con, ir junto con, seguir, partidario; par, igual, similar; comparar.
先	xian1	2702	Antes, primero, delantero, ir adelante, guiar.
王	wang2	7037	Rey, príncipe, soberano, regente, autoridad.
以	yi3	2932	Así, de esta manera; por, para; por medio de, con; instrumento, medio, método, uso (de), camino (a).
建	jian4	0853	Establecer, fundar, nombrar, proponer, designar para un cargo.
萬	wan4	7030	Literalmente: diez mil; miríada, gran cantidad, muchos, innumerables.
國	guo2	3738	Estado, país, nación, reino, una dinastía; capital de un estado.
親	qin1	1107	Padres, parientes, cercano, íntimo; amor, afecto; unión, emparentarse, conectarse, adjuntarse, afiliarse.
諸	zhu1	1362	Muchos, todos, cada uno, numerosos.
侯	hou2	2135	Señor feudal, príncipe vasallo, marqués; arquero experimentado; alto funcionario, gobernador, jefe.

Al comienzo un seis

Si hay sinceridad la unión será sin defecto. Lleno de sinceridad como una rebosante vasija de barro. Finalmente, llegan otros felices augurios.

有	you3	7533	Poseer, tener, en posesión de, haber, existir.

La Solidaridad (49)

孚	fu2	1936	Verdad; confiable, sincero; inspirar confianza a otros.
比	bi3	5077	Solidaridad, aliarse con, combinar, unir, asociarse con, ir junto con, seguir, partidario; par, igual, similar; comparar.
之	zhi1	0935	Pronombre personal: él, ella, ello; esto, esta, estos, etc. Frecuentemente es usado como un posesivo: tiene, tuvo, va a tener, suyo, suya; ir a.
无	wu2	7173	No, negativa; sin, no tiene, carencia de.
咎	jiu4	1192	Falta, error, defecto, culpa; poco propicio, infortunio, calamidad; mala suerte, mal augurio.
有	you3	7533	Poseer, tener, en posesión de, haber, existir.
孚	fu2	1936	Verdad; confiable, sincero; inspirar confianza a otros.
盈	ying2	7474	Llenar, lleno, satisfecho.
缶	fou3	1905	Olla, vasija de barro.
終	zhong1	1500	Fin, final, al final, completo, entero, término, final de un ciclo; llevar hasta la conclusión, consumación; muerte.
來	lai2	3768	Venir, llegar; traer; volver.
有	you3	7533	Poseer, tener, en posesión de, haber, existir.
它	tuo1	6439	Otro, otra; peligro, daño, calamidad.
吉	ji2	0476	Ventura, buena suerte, buena fortuna, propicio, favorable.

Seis en el segundo puesto

La Solidaridad procede de nuestro interior.
La determinación es venturosa.

比	bi3	5077	Solidaridad, aliarse con, combinar, unir, asociarse con, ir junto con, seguir, partidario; par, igual, similar; comparar.
之	zhi1	0935	Pronombre personal: él, ella, ello; esto, esta, estos, etc. Frecuentemente es usado como un posesivo: tiene, tuvo, va a tener, suyo, suya; ir a.
自	zi4	6960	De, desde, viniendo de, seguir, originar, a causa de, por; uno mismo, él mismo.
內	nei4	4766	Interior, adentro; traer adentro, tomar adentro, entrar.
貞	zhen1	0346	Determinación (con el doble sentido de decisión y acción firme y continuada), constancia, perseverancia, firmeza; lealtad, devoción, pureza. Originalmente: determinación por adivinación.
吉	ji2	0476	Ventura, buena suerte, buena fortuna, propicio, favorable.

Seis en el tercer puesto

Solidaridad con la gente incorrecta.

比	bi3	5077	Solidaridad, aliarse con, combinar, unir, asociarse con, ir junto con, seguir, partidario; par, igual, similar; comparar.
之	zhi1	0935	Pronombre personal: él, ella, ello; esto, esta, estos, etc. Frecuentemente es usado como un posesivo: tiene, tuvo, va a tener, suyo, suya; ir a.
匪	fei3	1820	No, fuerte negativa.
人	ren2	3097	Hombre, persona(s), otro(s), ser humano, individuo.

Seis en el cuarto puesto

Solidaridad con gente del exterior. La determinación es venturosa.

外	wai4	7001	Exterior, afuera, externo, extranjero.
比	bi3	5077	Solidaridad, aliarse con, combinar, unir, asociarse con, ir junto con, seguir, partidario; par, igual, similar; comparar.
之	zhi1	0935	Pronombre personal: él, ella, ello; esto, esta, estos, etc. Frecuentemente es usado como un posesivo: tiene, tuvo, va a tener, suyo, suya; ir a.
貞	zhen1	0346	Determinación (con el doble sentido de decisión y acción firme y continuada), constancia, perseverancia, firmeza; lealtad, devoción, pureza. Originalmente: determinación por adivinación.
吉	ji2	0476	Ventura, buena suerte, buena fortuna, propicio, favorable.

Nueve en el quinto puesto

Solidaridad manifiesta. El rey usa batidores para las presas de caza por tres lados, y deja ir a los animales que van enfrente de él. Los habitantes del distrito no desconfían. Ventura.

顯	xian3	2692	Manifestar, mostrar, algo claro y evidente, bien conocido.
比	bi3	5077	Solidaridad, aliarse con, combinar, unir, asociarse con, ir junto con, seguir, partidario; par, igual, similar; comparar.
王	wang2	7037	Rey, príncipe, soberano, regente, autoridad.
用	yong4	7567	Usar, aplicar, emplear, implementar; aplicar el oráculo a situaciones reales; actuar; usar como ofrenda, ofrecer en sacrificio.
三	san1	5415	Tres, tercero, triple, tres veces.
驅	qu1	1602	Batidor(es) a caballo (o no), perseguidor(es); acicatear o conducir caballos, echar, expeler, ahuyentar.

失	shi1	5806	Perder, dejar ir, descuidar, perder control.
前	qian2	0919	Adelante, al frente, delantero, en frente de; anterior, antiguo (antes en el tiempo); primero.
禽	qin2	1100	Caza, presas, animales, pájaros, captura (puede ser un venado, aunque ese no es su significado específico).
邑	yi4	3037	Ciudad, pueblo; ciudad con murallas de protección, sede del gobierno de un distrito.
人	ren2	3097	Hombre, persona(s), otro(s), ser humano, individuo.
不	bu4	5379	No, adverbio de negación; sin, ninguno, nada, no lo haré, no lo necesito, no será.
誡	jie4	0628	Advertencia, prohibición, orden; estar en guardia.
吉	ji2	0476	Ventura, buena suerte, buena fortuna, propicio, favorable.

Al tope un seis

Solidaridad sin un líder. Desventura.

比	bi3	5077	Solidaridad, aliarse con, combinar, unir, asociarse con, ir junto con, seguir, partidario; par, igual, similar; comparar.
之	zhi1	0935	Pronombre personal: él, ella, ello; esto, esta, estos, etc. Frecuentemente es usado como un posesivo: tiene, tuvo, va a tener, suyo, suya; ir a.
无	wu2	7173	No, negativa; sin, no tiene, carencia de.
首	shou3	5839	La cabeza, líder, jefe, superior, primero, más importante.
凶	xiong1	2808	Desventura, malo, mala suerte, gran infortunio, peligro mortal, nefasto, malos augurios, caer en una trampa.

9 小畜 *xiao xu* – La Fuerza Domesticadora de lo Pequeño

El Dictamen

La Fuerza Domesticadora de lo Pequeño tiene éxito. Densas nubes, ninguna lluvia desde nuestras fronteras del Oeste.

小	xiao3	2605	Pequeño, común, humilde, mediocre, insignificante, sin importancia.
畜	chu4	1412	Acumular; alimentar, sostener, mantener, criar; cultivar; domesticar.
亨	heng1	2099	Exito, logro, satisfacción, crecimiento, penetración; ofrenda, sacrificio.
密	mi4	4464	Denso, espeso; muy juntos; oculto, secreto, confidencial; silencioso.
雲	yun2	7750	Nubes.
不	bu4	5379	No, adverbio de negación; sin, ninguno, nada, no lo haré, no lo necesito, no será.
雨	yu3	7662	Lluvia, chaparrón, chubasco.
自	zi4	6960	De, desde, viniendo de, seguir, originar, a causa de, por; uno mismo, él mismo.
我	wo3	4778	Nosotros, yo, mi, mío, nuestro.
西	xi1	2460	Oeste, occidental. Corresponde al otoño.
郊	jiao1	0714	Suburbios, campo, periferia, páramo, frontera; altar suburbano y sacrificio.

La Imagen

El viento recorre el cielo: la imagen de la Fuerza Domesticadora de lo Pequeño. Así el noble cultiva la manifestación de su poder espiritual.

風	feng1	1890	Viento.
行	xing2	2754	El significado original era camino, movilizar, en el *YiJing* usualmente significa moverse, ir, trasladarse de un lugar a otro, avanzar, actuar, hacer.
天	tian1	6361	Cielo, firmamento, cosmos, celestial, divino.

La Fuerza Domesticadora de lo Pequeño (53)

上	shang4	5669	Arriba, sobre, encima; ascender, subir, elevar, ir para arriba; más alto, superior; sobrepasar, primero.
小	xiao3	2605	Pequeño, común, humilde, mediocre, insignificante, sin importancia.
畜	chu4	1412	Acumular; alimentar, sostener, mantener, criar; cultivar; domesticar.
君	jun1	1715	Señor, príncipe, gobernante, noble; hombre superior.
子	zi3	6939	Hijo/a, niño/a; descendencia, prole; posteridad; sufijo; oficial, amo, príncipe.
以	yi3	2932	Así, de esta manera; por, para; por medio de, con; instrumento, medio, método, uso (de), camino (a).
懿	yi4	2999	Excelente, bueno, admirable, ejemplar, virtuoso, excelencia moral; hermoso; reprimir, disciplinar, mejorar, cultivar.
文	wen2	7129	Diseño, ornamentación, estilo, elegancia; carácter escrito; literatura; embellecer.
德	de2	6162	Virtud, poder espiritual, habilidad para seguir el curso correcto; cualidad, naturaleza, carácter, disposición.

Al comienzo un nueve

Retorno al propio camino. ¿Como podría ser un error? Ventura.

復	fu4	1992	Volver, regresar, volver para atrás; repetir, restaurar, revertir.
自	zi4	6960	De, desde, viniendo de, seguir, originar, a causa de, por; uno mismo, él mismo.
道	dao4	6136	Camino, carretera, ruta, método, principio, mostrar el camino, guiar, explicar.
何	he2	2109	Llevar, sostener, acarrear.
其	qi2	0525	Su, suyo, suya, de ellos, de ellas; el, la, lo, las, los. Un pronombre posesivo y demostrativo.
咎	jiu4	1192	Falta, error, defecto, culpa; poco propicio, infortunio, calamidad; mala suerte, mal augurio.
吉	ji2	0476	Ventura, buena suerte, buena fortuna, propicio, favorable.

Nueve en el segundo puesto

Dirigido hacia el retorno. Ventura.

牽	qian1	0881	Guiado a mano, guiar, halado, arrastrar, tirar de, arrastrar un animal con una cuerda; implicar; conectar.
復	fu4	1992	Volver, regresar, volver para atrás; repetir, restaurar, revertir.
吉	ji2	0476	Ventura, buena suerte, buena fortuna, propicio, favorable.

Nueve en el tercer puesto

Se remueven los rayos de las ruedas del carruaje.
El hombre y la mujer evitan mirarse a los ojos.

輿	yu2	7618	Carruaje, vagón, carro, carro de guerra (arrastrado por cuatro caballos), vehículo; transporte, transportar, acarrear.
說	tuo1	5939	Remover, soltar.
輻	fu2	1980	Los rayos de una rueda.
夫	fu1	1908	Hombre, hombre adulto, esposo; aquel, aquellos.
妻	qi1	0555	Esposa, compañera, consorte, casarse. Una esposa legal (primera esposa).
反	fan3	1781	Dar marcha atrás, dar la vuelta, volver para atrás, regresar, voltear(se).
目	mu4	4596	Ojo/s, mirar, ver.

Seis en el cuarto puesto

Si eres sincero, desaparece la sangre
y las preocupaciones son echadas de lado. Sin defecto.

有	you3	7533	Poseer, tener, en posesión de, haber, existir.
孚	fu2	1936	Verdad; confiable, sincero; inspirar confianza a otros.
血	xue4	2901	Sangre, sangrar. El gráfico original es un dibujo de un vaso sacrificial con su contenido.
去	qu4	1594	Irse, salir(se); remover, apartar, librarse de, estar apartado de, eliminar.
惕	ti4	6263	Cauteloso, alarmado, preocupado, cuidadoso, alerta, vigilante, precavido.
出	chu1	1409	Salir afuera, venir afuera; emerger, surgir, elevarse, generar, producir; abandonar, reducir, eliminar, expeler.
无	wu2	7173	No, negativa; sin, no tiene, carencia de.
咎	jiu4	1192	Falta, error, defecto, culpa; poco propicio, infortunio, calamidad; mala suerte, mal augurio.

Nueve en el quinto puesto

Si eres sincero, la alianza con tus vecinos traerá prosperidad para todos.

有	you3	7533	Poseer, tener, en posesión de, haber, existir.
孚	fu2	1936	Verdad; confiable, sincero; inspirar confianza a otros.
攣	luan2	4300	Conectar, atar, unir; continuar.

La Fuerza Domesticadora de lo Pequeño (55)

如	ru2	3137	Así, de esta forma, como, igual que, parecido, si (condicional).
富	fu4	1952	Rico, riqueza, abundancia, prosperidad, enriquecer.
以	yi3	2932	Así, de esta manera; por, para; por medio de, con; instrumento, medio, método, uso (de), camino (a).
其	qi2	0525	Su, suyo, suya, de ellos, de ellas; el, la, lo, las, los. Un pronombre posesivo y demostrativo.
鄰	lin2	4033	Vecino, vecindario, familia extendida, asociado, asistente.

Al tope un nueve

Cayó la lluvia y puede descansar. Acumula admirable virtud.
La determinación es peligrosa para una esposa. La luna está casi llena.
Si el noble marcha habrá desventura.

既	ji4	0453	Consumado, completo, ha ocurrido, hecho, ya sucedió, después.
雨	yu3	7662	Lluvia, chaparrón, chubasco.
既	ji4	0453	Consumado, completo, ha ocurrido, hecho, ya sucedió, después.
處	chu3	1407	Descansar, detenerse, quedarse en un lugar por un tiempo, alojarse.
尚	shang4	5670	Alto, ascender, admirable, superior, sobrepasar, estimado, reconocimiento, premio; todavía, por otra parte, en adición a.
德	de2	6162	Virtud, poder espiritual, habilidad para seguir el curso correcto; cualidad, naturaleza, carácter, disposición.
載	zai4	6653	Transportar, llevar, cargar con, contener, sostener.
婦	fu4	1963	Mujer casada, esposa, una mujer.
貞	zhen1	0346	Determinación (con el doble sentido de decisión y acción firme y continuada), constancia, perseverancia, firmeza; lealtad, devoción, pureza. Originalmente: determinación por adivinación.
厲	li4	3906	Peligro, amenaza, opresivo, cruel, malvado, brutal, enfermedad, demonio malevolente; piedra de afilar áspera, afilar, machacar, triturar, disciplina.
月	yue4	7696	La Luna, mes lunar.
幾	ji1	0409	Casi, por poco; acercarse; sutil, recóndito, escondido; señal sutil, casi imperceptible; la primer señal.
望	wang4	7043	Luna llena; el día 15 del calendario lunar; esperanza, expectación, imaginarse.

君	jun1	1715	Señor, príncipe, gobernante, noble; hombre superior.
子	zi3	6939	Hijo/a, niño/a; descendencia, prole; posteridad; sufijo; oficial, amo, príncipe.
征	zheng1	0352	Marchar (iniciar una campaña). Castigar, disciplinar, atacar, invadir, conquistar; ir, venir, traer.
凶	xiong1	2808	Desventura, malo, mala suerte, gran infortunio, peligro mortal, nefasto, malos augurios, caer en una trampa.

10 履 *lu* – Pisar / El Comportamiento

El Dictamen

Pisa la cola del tigre. Éste no muerde al hombre. Exito.

履	lu3	3893	Pisar, hollar, caminar, huellas, pista, recorrer un camino; conducta, porte; zapatos, sandalias.
虎	hu3	2161	Tigre. Emblema de bravura y crueldad: fuerte, salvaje, bravo, vigoroso.
尾	wei3	7109	Cola, trasero, parte trasera; último.
不	bu4	5379	No, adverbio de negación; sin, ninguno, nada, no lo haré, no lo necesito, no será.
咥	die2	2456	Morder, hendir, desgarrar.
人	ren2	3097	Hombre, persona(s), otro(s), ser humano, individuo.
亨	heng1	2099	Exito, logro, satisfacción, crecimiento, penetración; ofrenda, sacrificio.

La Imagen

Arriba el cielo, abajo el lago: la imagen de Pisar.
Así distingue el noble entre alto y bajo
y establece el propósito del pueblo.

上	shang4	5669	Arriba, sobre, encima; ascender, subir, elevar, ir para arriba; más alto, superior, sobrepasar, primero.
天	tian1	6361	Cielo, firmamento, cosmos, celestial, divino.
下	xia4	2520	Debajo de, abajo, descender.
澤	ze2	0277	Lago, cuerpo de agua, charca, pantano; fertilizar, ungir, beneficiar, favorecer; húmedo, brillante, pulido; gracia, brillantez.
履	lu3	3893	Pisar, hollar, caminar, huellas, pista, recorrer un camino; conducta, porte; zapatos, sandalias.
君	jun1	1715	Señor, príncipe, gobernante, noble; hombre superior.
子	zi3	6939	Hijo/a, niño/a; descendencia, prole; posteridad; sufijo; oficial, amo, príncipe.

以	yi3	2932	Así, de esta manera; por, para; por medio de, con; instrumento, medio, método, uso (de), camino (a).
辨	bian4	5240	Discriminar, distinguir, discernir, identificar; dividir, distribuir; el marco que divide una cama de su soporte.
上	shang4	5669	Arriba, sobre, encima; ascender, subir, elevar, ir para arriba; más alto, superior; sobrepasar, primero.
下	xia4	2520	Debajo de, abajo, descender.
定	ding4	6393	Establecer, afirmar, poner en su lugar, estable, seguro, tranquilo.
民	min2	4508	Gente, pueblo, la gente común, las masas, multitud.
志	zhi4	0971	Propósito, voluntad, determinación, meta; mantener la mente enfocada; tratado; anales.

Al comienzo un nueve

    Comportamiento sencillo. Avance sin defecto.

素	su4	5490	Sencillo, simple, sin adornos, blanco, seda blanca.
履	lu3	3893	Pisar, hollar, caminar, huellas, pista, recorrer un camino; conducta, porte; zapatos, sandalias.
往	wang3	7050	Ir, ir hacia, ir a; partir, irse.
无	wu2	7173	No, negativa; sin, no tiene, carencia de.
咎	jiu4	1192	Falta, error, defecto, culpa; poco propicio, infortunio, calamidad; mala suerte, mal augurio.

Nueve en el segundo puesto

    Pisando un camino llano y fácil.
  La determinación de un ermitaño es venturosa.

履	lu3	3893	Pisar, hollar, caminar, huellas, pista, recorrer un camino; conducta, porte; zapatos, sandalias.
道	dao4	6136	Camino, carretera, ruta, método, principio, mostrar el camino, guiar, explicar.
坦	tan3	6057	Parejo, reposado, fácil, suave, tranquilo. Que aparezca por duplicado intensifica su significado, y también puede indicar "llano y extendido".
坦	tan3	6057	
幽	you1	7505	Oscuro; un ermitaño, solitario, aislado, secreto, retirado; difícil de comprender.

PISAR (59) **10**

人	ren2	3097	Hombre, persona(s), otro(s), ser humano, individuo.
貞	zhen1	0346	Determinación (con el doble sentido de decisión y acción firme y continuada), constancia, perseverancia, firmeza; lealtad, devoción, pureza. Originalmente: determinación por adivinación.
吉	ji2	0476	Ventura, buena suerte, buena fortuna, propicio, favorable.

Seis en el tercer puesto

Un tuerto puede ver, un tullido puede pisar.
Pisa la cola del tigre y este muerde al hombre. Desventura.
Un guerrero actúa como si fuera un gran príncipe.

眇	miao3	4476	De vista débil, tuerto, mirar con un ojo.
能	neng2	4648	Poder, ser capaz, habilidad.
視	shi4	5789	Ver, mirar, inspeccionar, observar, considerar.
跛	bo3	5317	Cojo, caminar cojeando, rengo.
能	neng2	4648	Poder, ser capaz, habilidad.
履	lu3	3893	Pisar, hollar, caminar, huellas, pista, recorrer un camino;
履	lu3	3893	conducta, porte; zapatos, sandalias.
虎	hu3	2161	Tigre. Emblema de bravura y crueldad: fuerte, salvaje, bravo, vigoroso.
尾	wei3	7109	Cola, trasero, parte trasera; último.
咥	die2	2456	Morder, hendir, desgarrar.
人	ren2	3097	Hombre, persona(s), otro(s), ser humano, individuo.
凶	xiong1	2808	Desventura, malo, mala suerte, gran infortunio, peligro mortal, nefasto, malos augurios, caer en una trampa.
武	wu3	7195	Militar, guerrero, marcial.
人	ren2	3097	Hombre, persona(s), otro(s), ser humano, individuo.
爲	wei2	7059	Hacer, causar; por, porque; ser; actuar para, ayudar.
于	yu2	7592	En (sobre, bajo, adentro, al lado, cerca de, por), a, hacia, ir hacia, hasta, de, como.
大	da4	5943	Grande, alto, excesivo, arrogante, estirarse y alcanzar por todos lados.
君	jun1	1715	Señor, príncipe, gobernante, noble; hombre superior.

Nueve en el cuarto puesto

Pisa la cola del tigre con suma cautela. Al final habrá ventura.

履	lu3	3893	Pisar, hollar, caminar, huellas, pista, recorrer un camino; conducta, porte; zapatos, sandalias.
虎	hu3	2161	Tigre. Emblema de bravura y crueldad: fuerte, salvaje, bravo, vigoroso.
尾	wei3	7109	Cola, trasero, parte trasera; último.
愬	su4	5494	Miedo, sobresalto, cautela, suplicar, implorar; acusar.
愬	su4	5494	El estar duplicado intensifica su significado.
終	zhong1	1500	Fin, final, al final, completo, entero, término, final de un ciclo; llevar hasta la conclusión, consumación; muerte.
吉	ji2	0476	Ventura, buena suerte, buena fortuna, propicio, favorable.

Nueve en el quinto puesto

Comportamiento decidido. La determinación es peligrosa.

夬	guai4	3535	Pasar a través, avance resuelto, partir, separar, tajante decisión, tajar, dividir, atravesar rompiendo.
履	lu3	3893	Pisar, hollar, caminar, huellas, pista, recorrer un camino; conducta, porte; zapatos, sandalias.
貞	zhen1	0346	Determinación (con el doble sentido de decisión y acción firme y continuada), constancia, perseverancia, firmeza; lealtad, devoción, pureza. Originalmente: determinación por adivinación.
厲	li4	3906	Peligro, amenaza, opresivo, cruel, malvado, brutal, enfermedad, demonio malevolente; piedra de afilar áspera, afilar, machacar, triturar, disciplina.

Al tope un nueve

Examina tu conducta y considera los signos favorables.
Con el nuevo ciclo llegará elevada ventura.

視	shi4	5789	Ver, mirar, inspeccionar, observar, considerar.
履	lu3	3893	Pisar, hollar, caminar, huellas, pista, recorrer un camino; conducta, porte; zapatos, sandalias.
考	kao3	3299	Antiguo, finado padre o antecesor; examinar, verificar, inspeccionar.
祥	xiang2	2577	Presagio, agüero o auspicios favorables.
其	qi2	0525	Su, suyo, suya, de ellos, de ellas; el, la, lo, las, los. Un pronombre posesivo y demostrativo.

旋	xuan2	2894	Volver, girar, rotar, dar una vuelta en redondo, completar un circuito, moverse en una órbita.
元	yuan2	7707	Sublime, elevado, preeminente, superior, el más grande, grande y originante, primordial, cabeza, líder, jefe.
吉	ji2	0476	Ventura, buena suerte, buena fortuna, propicio, favorable.

11 泰 *tai* – La Prosperidad

El Dictamen

Prosperidad. Lo pequeño se va, lo grande viene. Ventura y éxito.

泰	tai4	6023	Gran, grande, grandioso, exaltado, abundante, próspero, exitoso; excesivo, extremo, arrogante; influenciar, impregnar, esparcirse y alcanzar todos los lados; un tipo de recipiente ritual.
小	xiao3	2605	Pequeño, común, humilde, mediocre, insignificante, sin importancia.
往	wang3	7050	Ir, ir hacia, ir a; partir, irse.
大	da4	5943	Grande, alto, excesivo, arrogante, estirarse y alcanzar por todos lados.
來	lai2	3768	Venir, llegar; traer; volver.
吉	ji2	0476	Ventura, buena suerte, buena fortuna, propicio, favorable.
亨	heng1	2099	Exito, logro, satisfacción, crecimiento, penetración; ofrenda, sacrificio.

La Imagen

El Cielo y la Tierra se relacionan estrechamente: la imagen de la Prosperidad. Así el soberano regula y completa el curso del Cielo y la Tierra, y asiste al Cielo y la Tierra de la forma adecuada; con lo cual ayuda al pueblo.

天	tian1	6361	Cielo, firmamento, cosmos, celestial, divino.
地	di4	6198	Tierra, la superficie sólida de la tierra.
交	jiao1	0702	Unión, relación, encuentro; entregar; intercambiar; cruzado, intercambio, negociación, interacción.
泰	tai4	6023	Gran, grande, grandioso, exaltado, abundante, próspero, exitoso; excesivo, extremo, arrogante; influenciar, impregnar, esparcirse y alcanzar todos los lados; un tipo de recipiente ritual.
后	hou4	2144	Soberano, señor, príncipe, reina; descendientes, herederos.
以	yi3	2932	Así, de esta manera; por, para; por medio de, con; instrumento, medio, método, uso (de), camino (a).

La Prosperidad (63) 11

裁	cai2	6664	Dividir, cortar, recortar, regular. A veces es reemplazado por 財 (con la misma pronunciación), que significa: riqueza, posesiones; enriquecer, mejorar.
成	cheng2	0379	Lograr, realizar, completar, perfeccionar, obra concluida.
天	tian1	6361	Cielo, firmamento, cosmos, celestial, divino.
地	di4	6198	Tierra, la superficie sólida de la tierra.
之	zhi1	0935	Pronombre personal: él, ella, ello; esto, esta, estos, etc. Frecuentemente es usado como un posesivo: tiene, tuvo, va a tener, suyo, suya; ir a.
道	dao4	6136	Camino, carretera, ruta, método, principio, mostrar el camino, guiar, explicar.
輔	fu3	1945	Mandíbulas; proteger, soportar, ayudar.
相	xiang1	2562	Mutuamente, el uno al otro, recíproco, recíprocamente; cooperativo, correlativo, cooperación, asistencia, ayuda; entre sí.
天	tian1	6361	Cielo, firmamento, cosmos, celestial, divino.
地	di4	6198	Tierra, la superficie sólida de la tierra.
之	zhi1	0935	Pronombre personal: él, ella, ello; esto, esta, estos, etc. Frecuentemente es usado como un posesivo: tiene, tuvo, va a tener, suyo, suya; ir a.
宜	yi2	2993	Correcto, apropiado; sacrificio a la deidad de la tierra.
以	yi3	2932	Así, de esta manera; por, para; por medio de, con; instrumento, medio, método, uso (de), camino (a).
左	zuo3	6774	左右: ayudar, asistir. Lado izquierdo, a la izquierda; ayudar, asistir.
右	you4	7541	Lado derecho, a la derecha; hacer las cosas correctas.
民	min2	4508	Gente, pueblo, la gente común, las masas, multitud.

Al comienzo un nueve

Arranca cañas arrastrando otras del mismo tipo que tienen sus raíces entrelazadas. Marchar trae ventura.

拔	ba2	4848	Arrancar, desarraigar, extraer.
茅	mao2	4364	Carrizo (caña común), cisca, un tipo de junco, hierba *mao*.
茹	ru2	3139	Raíces entrelazadas, raíces, brotes.
以	yi3	2932	Así, de esta manera; por, para; por medio de, con; instrumento, medio, método, uso (de), camino (a).
其	qi2	0525	Su, suyo, suya, de ellos, de ellas; el, la, lo, las, los. Un pronombre posesivo y demostrativo.

彙	hui4	2349	Categoría, clase; clasificar, coleccionar; colección, grupo, del mismo tipo; raíces.
征	zheng1	0352	Marchar (iniciar una campaña). Castigar, disciplinar, atacar, invadir, conquistar; ir, venir, traer.
吉	ji2	0476	Ventura, buena suerte, buena fortuna, propicio, favorable.

Nueve en el segundo puesto

Acepta a los incultos, vadea el río, no descuides lo lejano, olvida a los amigos. Conseguirás honores si te mantienes en el camino del medio.

包	bao1	4937	Envoltorio, envolver, paquete; contener, sostener, tomar responsabilidad sobre, soportar.
荒	huang1	2271	Inculto; cubierto con hierbas; desolado, desperdiciado, descuidado; salvaje, estéril; hueco, reseco.
用	yong4	7567	Usar, aplicar, emplear, implementar; aplicar el oráculo a situaciones reales; actuar; usar como ofrenda, ofrecer en sacrificio.
馮	ping2	1895	Cruzar el lecho de un río, vadear un río.
河	he2	2111	Río; el Río Amarillo.
不	bu4	5379	No, adverbio de negación; sin, ninguno, nada, no lo haré, no lo necesito, no será.
遐	xia2	2517	Lejano, distante, desaparecer en la distancia, viajar lejos, abandonar; remoto en el tiempo.
遺	yi2	2995	Abandonar, dejar atrás, salir de; descuidar; perder, perdido por descuido.
朋	peng2	5054	Amigo, camarada, semejante, igual; dos tiras de cauríes (conchas usadas como dinero en la antigüedad China).
亡	wang2	7034	Desaparecer, irse, escapar; morir, perecer, fallar.
得	de2	6161	Conseguir, obtener, agarrar, ganar, ganancia, adquirir el objeto deseado, encontrar, lograr.
尚	shang4	5670	Alto, ascender, admirable, superior, sobrepasar, estimado, reconocimiento, premio; todavía, por otra parte, en adición a.
于	yu2	7592	En (sobre, bajo, adentro, al lado, cerca de, por), a, hacia, ir hacia, hasta, de, como.
中	zhong1	1504	Centro, interior, dentro de, medio; acertarle al medio, acertarle al blanco; balanceado, central, correcto.
行	xing2	2754	El significado original era camino, movilizar, en el *YiJing* usualmente significa moverse, ir, trasladarse de un lugar a otro, avanzar, actuar, hacer.

Nueve en el tercer puesto

No hay llanura sin cuestas, ni avance sin retroceso.
Determinación ante las penurias. Sin defecto.
La sinceridad sin reservas conduce al disfrute de la felicidad.

无	wu2	7173	No, negativa; sin, no tiene, carencia de.
平	ping2	5303	Nivelado, nivel, llano, parejo; igualar, hacer parejo, ser justo, regular, pacificar; paz.
不	bu4	5379	No, adverbio de negación; sin, ninguno, nada, no lo haré, no lo necesito, no será.
陂	pi2	5345	Cuesta, inclinación, oblicuo; ribera de un río, un dique.
无	wu2	7173	No, negativa; sin, no tiene, carencia de.
往	wang3	7050	Ir, ir hacia, ir a; partir, irse.
不	bu4	5379	No, adverbio de negación; sin, ninguno, nada, no lo haré, no lo necesito, no será.
復	fu4	1992	Volver, regresar, volver para atrás; repetir, restaurar, revertir.
艱	jian1	0834	Dificultad, privación, penalidad, penuria, sufrimiento, necesidades.
貞	zhen1	0346	Determinación (con el doble sentido de decisión y acción firme y continuada), constancia, perseverancia, firmeza; lealtad, devoción, pureza. Originalmente: determinación por adivinación.
无	wu2	7173	No, negativa; sin, no tiene, carencia de.
咎	jiu4	1192	Falta, error, defecto, culpa; poco propicio, infortunio, calamidad; mala suerte, mal augurio.
勿	wu4	7208	No. Negativa imperativa.
恤	xu4	2862	Preocupación, preocuparse por, temor, pesar, lástima.
其	qi2	0525	Su, suyo, suya, de ellos, de ellas; el, la, lo, las, los. Un pronombre posesivo y demostrativo.
孚	fu2	1936	Verdad; confiable, sincero; inspirar confianza a otros.
于	yu2	7592	En (sobre, bajo, adentro, al lado, cerca de, por), a, hacia, ir hacia, hasta, de, como.
食	shi2	5810	Comer, alimentarse, consumir; comida, dar alimento a; subsistencia; salario de un oficial; disfrutar; eclipse (la luna o el sol es 'comido').
有	you3	7533	Poseer, tener, en posesión de, haber, existir.
福	fu2	1978	Felicidad, dicha, bendiciones, buena fortuna.

Seis en el cuarto puesto

Aleteando, revoloteando. El no usa su riqueza con sus vecinos.
Sin tener que pedir nada tiene su confianza.

翩	pian1	5249	Aletear, revolotear, agitar las alas. El estar duplicado intensifica su significado.
翩	pian1	5249	
不	bu4	5379	No, adverbio de negación; sin, ninguno, nada, no lo haré, no lo necesito, no será.
富	fu4	1952	Rico, riqueza, abundancia, prosperidad, enriquecer.
以	yi3	2932	Así, de esta manera; por, para; por medio de, con; instrumento, medio, método, uso (de), camino (a).
其	qi2	0525	Su, suyo, suya, de ellos, de ellas; el, la, lo, las, los. Un pronombre posesivo y demostrativo.
鄰	lin2	4033	Vecino, vecindario, familia extendida, asociado, asistente.
不	bu4	5379	No, adverbio de negación; sin, ninguno, nada, no lo haré, no lo necesito, no será.
戒	jie4	0627	Advertencia, precaución, límite; en guardia, desconfiado.
以	yi3	2932	Así, de esta manera; por, para; por medio de, con; instrumento, medio, método, uso (de), camino (a).
孚	fu2	1936	Verdad; confiable, sincero; inspirar confianza a otros.

Seis en el quinto puesto

El soberano *Yi* concede su hija en matrimonio.
Esto trae felicidad y sublime ventura.

帝	di4	6204	Emperador, soberano, suprema deidad.
乙	yi3	3017	Nombre del penúltimo emperador de la dinastía *Shang*. Carácter cíclico, segundo tallo.
歸	gui1	3617	Entregar una mujer para su matrimonio; el casamiento de una mujer; volver, regresar (porque el novio iba a buscar a su prometida para traerla de regreso a su propia casa).
妹	mei4	4410	Hermana más joven, doncella, hija, hija de la segunda esposa, niña que aún no alcanzó la madurez sexual, virgen.
以	yi3	2932	Así, de esta manera; por, para; por medio de, con; instrumento, medio, método, uso (de), camino (a).
祉	zhi3	0942	Bendiciones, felicidad, gratificación, prosperidad.
元	yuan2	7707	Sublime, elevado, preeminente, superior, el más grande, grande y originante, primordial, cabeza, líder, jefe.
吉	ji2	0476	Ventura, buena suerte, buena fortuna, propicio, favorable.

La Prosperidad

Al tope un seis

La muralla se desploma de vuelta al foso. ¡No emplees ejércitos!
Proclama tus órdenes sólo en tu propia ciudad.
La determinación trae humillación.

城	cheng2	0380	Paredes de la ciudad, muralla, baluarte, fortificación.
復	fu4	1992	Volver, regresar, volver para atrás; repetir, restaurar, revertir.
于	yu2	7592	En (sobre, bajo, adentro, al lado, cerca de, por), a, hacia, ir hacia, hasta, de, como.
隍	huang2	2295	Foso, excavación profunda (seca) rodeando las murallas de una ciudad.
勿	wu4	7208	No. Negativa imperativa.
用	yong4	7567	Usar, aplicar, emplear, implementar; aplicar el oráculo a situaciones reales; actuar; usar como ofrenda, ofrecer en sacrificio.
師	shi1	5760	Ejército, legiones, tropas, multitud organizada; jefe, director, líder; seguir a un amo, imitar, seguir una norma.
自	zi4	6960	De, desde, viniendo de, seguir, originar, a causa de, por; uno mismo, él mismo.
邑	yi4	3037	Ciudad, pueblo; ciudad con murallas de protección, sede del gobierno de un distrito.
告	gao4	3287	Informar, anunciar, reportar, proclamar.
命	ming4	4537	Destino, voluntad del cielo, autoridad más alta (ya sea celestial o terrena, como un rey o un gobierno), órdenes, directiva, mandato, investidura, voluntad, vida.
貞	zhen1	0346	Determinación (con el doble sentido de decisión y acción firme y continuada), constancia, perseverancia, firmeza; lealtad, devoción, pureza. Originalmente: determinación por adivinación.
吝	lin4	4040	Arrepentimiento, humillación, vergüenza, angustia, aflicción, sufrimiento; mezquindad, avaricia.

12 否 *pi* – El Estancamiento / La Decadencia

El Dictamen

El Estancamiento. Bandidos no favorecen la determinación del noble.
Lo grande se va, llega lo pequeño.

否	pi3	1902	Detención, punto muerto, estancamiento, callejón sin salida, obstruido, atascado; malo.
之	zhi1	0935	Pronombre personal: él, ella, ello; esto, esta, estos, etc. Frecuentemente es usado como un posesivo: tiene, tuvo, va a tener, suyo, suya; ir a.
匪	fei3	1820	No, fuerte negativa.
人	ren2	3097	Hombre, persona(s), otro(s), ser humano, individuo.
不	bu4	5379	No, adverbio de negación; sin, ninguno, nada, no lo haré, no lo necesito, no será.
利	li4	3867	Favorable, propicio, conveniente, beneficioso, afortunado.
君	jun1	1715	Señor, príncipe, gobernante, noble; hombre superior.
子	zi3	6939	Hijo/a, niño/a; descendencia, prole; posteridad; sufijo; oficial, amo, príncipe.
貞	zhen1	0346	Determinación (con el doble sentido de decisión y acción firme y continuada), constancia, perseverancia, firmeza; lealtad, devoción, pureza. Originalmente: determinación por adivinación.
大	da4	5943	Grande, alto, excesivo, arrogante, estirarse y alcanzar por todos lados.
往	wang3	7050	Ir, ir hacia, ir a; partir, irse.
小	xiao3	2605	Pequeño, común, humilde, mediocre, insignificante, sin importancia.
來	lai2	3768	Venir, llegar; traer; volver.

El Estancamiento

La Imagen

Cielo y Tierra no se relacionan:
la imagen del Estancamiento.
Así el noble restringe la manifestación de sus virtudes
y así escapa de las dificultades.
No permite que le honren con rango o salario.

天	tian1	6361	Cielo, firmamento, cosmos, celestial, divino.
地	di4	6198	Tierra, la superficie sólida de la tierra.
不	bu4	5379	No, adverbio de negación; sin, ninguno, nada, no lo haré, no lo necesito, no será.
交	jiao1	0702	Unión, relación, encuentro; entregar; intercambiar; cruzado, intercambio, negociación, interacción.
否	pi3	1902	Detención, punto muerto, estancamiento, callejón sin salida, obstruido, atascado; malo.
君	jun1	1715	Señor, príncipe, gobernante, noble; hombre superior.
子	zi3	6939	Hijo/a, niño/a; descendencia, prole; posteridad; sufijo; oficial, amo, príncipe.
以	yi3	2932	Así, de esta manera; por, para; por medio de, con; instrumento, medio, método, uso (de), camino (a).
儉	jian3	0848	Ahorro, moderación, restricción; una pobre cosecha.
德	de2	6162	Virtud, poder espiritual, habilidad para seguir el curso correcto; cualidad, naturaleza, carácter, disposición.
辟	bi4	5172	Escapar, evitar, retirarse de; prevenir, mantener a distancia. También significa expeler, castigar y aplicar las leyes.
難	nan2	4625	Dificultad, calamidad, problema(tico); mantener aparte, resistir.
不	bu4	5379	No, adverbio de negación; sin, ninguno, nada, no lo haré, no lo necesito, no será.
可	ke3	3381	Poder, ser capaz de, podría, posiblemente; permiso, aprobación; adecuado, satisfactorio.
榮	rong2	7582	Honor, gloria, distinción; floreciente, lozano, exuberante.
以	yi3	2932	Así, de esta manera; por, para; por medio de, con; instrumento, medio, método, uso (de), camino (a).
祿	lu4	4196	Prosperidad, ingresos, salario, renta, bendiciones.

Al comienzo un seis

Cuando se arrancan cañas, salen adheridas otras del mismo tipo.
La determinación trae ventura y éxito.

拔	ba2	4848	Arrancar, desarraigar, extraer.
茅	mao2	4364	Carrizo (caña común), cisca, un tipo de junco, hierba *mao*.
茹	ru2	3139	Raíces entrelazadas, raíces, brotes.
以	yi3	2932	Así, de esta manera; por, para; por medio de, con; instrumento, medio, método, uso (de), camino (a).
其	qi2	0525	Su, suyo, suya, de ellos, de ellas; el, la, lo, las, los. Un pronombre posesivo y demostrativo.
彙	hui4	2349	Categoría, clase; clasificar, coleccionar; colección, grupo, del mismo tipo; raíces.
貞	zhen1	0346	Determinación (con el doble sentido de decisión y acción firme y continuada), constancia, perseverancia, firmeza; lealtad, devoción, pureza. Originalmente: determinación por adivinación.
吉	ji2	0476	Ventura, buena suerte, buena fortuna, propicio, favorable.
亨	heng1	2099	Exito, logro, satisfacción, crecimiento, penetración; ofrenda, sacrificio.

Seis en el segundo puesto

Ellos soportan y toleran. Ventura para los vulgares,
estancamiento para el gran hombre. Exito.

包	bao1	4937	Envoltorio, envolver, paquete; contener, sostener, tomar responsabilidad sobre, soportar.
承	cheng2	0386	Soportar (12.2, 32.3), sostener, asistir; servir; ofrecer, presentar (54.6), asistir; recibir, heredar (7.6).
小	xiao3	2605	Pequeño, común, humilde, mediocre, insignificante, sin importancia.
人	ren2	3097	Hombre, persona(s), otro(s), ser humano, individuo.
吉	ji2	0476	Ventura, buena suerte, buena fortuna, propicio, favorable.
大	da4	5943	Grande, alto, excesivo, arrogante, estirarse y alcanzar por todos lados.
人	ren2	3097	Hombre, persona(s), otro(s), ser humano, individuo.
否	pi3	1902	Detención, punto muerto, estancamiento, callejón sin salida, obstruido, atascado; malo.
亨	heng1	2099	Exito, logro, satisfacción, crecimiento, penetración; ofrenda, sacrificio.

El Estancamiento (71)

Seis en el tercer puesto
> Ellos soportan la vergüenza.

包	bao1	4937	Envoltorio, envolver, paquete; contener, sostener, tomar responsabilidad sobre, soportar.
羞	xiu1	2797	Vergüenza, inferioridad, desgracia; presentar una ofrenda, carne preparada (Kunst).

Nueve en el cuarto puesto
> Quien sigue las órdenes del Cielo permanece sin defecto.
> Sus compañeros compartirán su prosperidad.

有	you3	7533	Poseer, tener, en posesión de, haber, existir.
命	ming4	4537	Destino, voluntad del cielo, autoridad más alta (ya sea celestial o terrena, como un rey o un gobierno), órdenes, directiva, mandato, investidura, voluntad, vida.
无	wu2	7173	No, negativa; sin, no tiene, carencia de.
咎	jiu4	1192	Falta, error, defecto, culpa; poco propicio, infortunio, calamidad; mala suerte, mal augurio.
疇	chou2	1322	Camaradas, compañeros, clase, categoría; cultivar, campos cultivados, campo arado.
離	li2	3902	Brillantez, resplandor; adherencia; nombre de un pájaro.
祉	zhi3	0942	Bendiciones, felicidad, gratificación, prosperidad.

Nueve en el quinto puesto
> El Estancamiento cesa. Ventura para el gran hombre. ¡Puede perderse!
> ¡Puede perderse! Así lo ata a un tupido árbol de morera.

休	xiu1	2786	Descansar, relajarse, aliviarse, detenerse, cesar, dejar ir, tranquilo, contento, feliz, quieto; beneficio, bendición, bueno.
否	pi3	1902	Detención, punto muerto, estancamiento, callejón sin salida, obstruido, atascado; malo.
大	da4	5943	Grande, alto, excesivo, arrogante, estirarse y alcanzar por todos lados.
人	ren2	3097	Hombre, persona(s), otro(s), ser humano, individuo.
吉	ji2	0476	Ventura, buena suerte, buena fortuna, propicio, favorable.
其	qi2	0525	Su, suyo, suya, de ellos, de ellas; el, la, lo, las, los. Un pronombre posesivo y demostrativo.
亡	wang2	7034	Desaparecer, irse, escapar; morir, perecer, fallar.
其	qi2	0525	Su, suyo, suya, de ellos, de ellas; el, la, lo, las, los. Un pronombre posesivo y demostrativo.

亡	wang2	7034	Desaparecer, irse, escapar; morir, perecer, fallar.
繫	xi4	2458	Atar, amarrar, sujetar, ligar; colgar de una cuerda.
于	yu2	7592	En (sobre, bajo, adentro, al lado, cerca de, por), a, hacia, ir hacia, hasta, de, como.
苞	bao1	4941	Tupido, espeso, lozano, crecimiento lujuriante.
桑	sang1	5424	Arbol de morera.

Al tope un nueve

El Estancamiento es derrocado.
Primero estancamiento, luego regocijo.

傾	qing1	1161	Colapsar, derrocar, remover del poder, hacer caer, tumbar, inclinar, agotar; corto tiempo (Kunst).
否	pi3	1902	Detención, punto muerto, estancamiento, callejón sin salida, obstruido, atascado; malo.
先	xian1	2702	Antes, primero, delantero, ir adelante, guiar.
否	pi3	1902	Detención, punto muerto, estancamiento, callejón sin salida, obstruido, atascado; malo.
後	hou4	2143	Atrás, después; tarde, venir después; seguir; descendientes; sucesor.
喜	xi3	2434	Alegría, júbilo, regocijo, felicidad, complacido, gratificado, exultante.

13 同人 *tong ren*
La Comunidad con los Hombres

El Dictamen

Comunidad con los hombres en el campo: éxito.
Es propicio atravesar el gran río.
Es propicia la determinación del noble.

同	tong2	6615	Comunidad, juntos, reunir gente, compartir la armonía; de acuerdo, igual; hacer uniforme.
人	ren2	3097	Hombre, persona(s), otro(s), ser humano, individuo.
于	yu2	7592	En (sobre, bajo, adentro, al lado, cerca de, por), a, hacia, ir hacia, hasta, de, como.
野	ye3	7314	Pradera, campiña, campo, zona rural, tierra que no ha sido cultivada.
亨	heng1	2099	Exito, logro, satisfacción, crecimiento, penetración; ofrenda, sacrificio.
利	li4	3867	Favorable, propicio, conveniente, beneficioso, afortunado.
涉	she4	5707	Vadear o cruzar una corriente de agua; pasar a través o por encima.
大	da4	5943	Grande, alto, excesivo, arrogante, estirarse y alcanzar por todos lados.
川	chuan1	1439	Río, corriente de agua, inundación.
利	li4	3867	Favorable, propicio, conveniente, beneficioso, afortunado.
君	jun1	1715	Señor, príncipe, gobernante, noble; hombre superior.
子	zi3	6939	Hijo/a, niño/a; descendencia, prole; posteridad; sufijo; oficial, amo, príncipe.
貞	zhen1	0346	Determinación (con el doble sentido de decisión y acción firme y continuada), constancia, perseverancia, firmeza; lealtad, devoción, pureza. Originalmente: determinación por adivinación.

La Imagen

Cielo asociado con fuego: la imagen de La Comunidad con los Hombres. Así estructura el noble los clanes y divide las cosas.

天	tian1	6361	Cielo, firmamento, cosmos, celestial, divino.
與	yu3	7615	Con, y; acompañar, aliarse, compañeros, combinar, cooperar, interactuar, de acuerdo con.
火	huo3	2395	Fuego, flama. El Fuego y el Brillo son símbolos del trigrama ☲: Lo Adherente.
同	tong2	6615	Comunidad, juntos, reunir gente, compartir la armonía; de acuerdo, igual; hacer uniforme.
人	ren2	3097	Hombre, persona(s), otro(s), ser humano, individuo.
君	jun1	1715	Señor, príncipe, gobernante, noble; hombre superior.
子	zi3	6939	Hijo/a, niño/a; descendencia, prole; posteridad; sufijo; oficial, amo, príncipe.
以	yi3	2932	Así, de esta manera; por, para; por medio de, con; instrumento, medio, método, uso (de), camino (a).
類	lei4	4244	Clase, categoría, discriminar (determinar la categoría; similar (de la misma categoría).
族	zu2	6830	Clan, tribu, grupo de familias, familia extendida con el mismo antecesor y apellido, familiares, parientes.
辨	bian4	5240	Discriminar, distinguir, discernir, identificar; dividir, distribuir; el marco que divide una cama de su soporte.
物	wu4	7209	Cosa/s, ser/es, objeto/s; el mundo físico, todas las cosas vivientes, la multitud, los otros.

Al comienzo un nueve

Comunidad con hombres en la puerta de entrada. Ningún defecto.

同	tong2	6615	Comunidad, juntos, reunir gente, compartir la armonía; de acuerdo, igual; hacer uniforme.
人	ren2	3097	Hombre, persona(s), otro(s), ser humano, individuo.
于	yu2	7592	En (sobre, bajo, adentro, al lado, cerca de, por), a, hacia, ir hacia, hasta, de, como.
門	men2	4418	Portón de entrada, puerta; la puerta exterior que separa el patio de la calle, en tanto que 戶 es la puerta interior que da entrada a la casa.
无	wu2	7173	No, negativa; sin, no tiene, carencia de.
咎	jiu4	1192	Falta, error, defecto, culpa; poco propicio, infortunio, calamidad; mala suerte, mal augurio.

La Comunidad con los Hombres (75) 13

Seis en el segundo puesto

La comunidad con los hombres en el clan lleva a la vergüenza.

同	tong2	6615	Comunidad, juntos, reunir gente, compartir la armonía; de acuerdo, igual; hacer uniforme.
人	ren2	3097	Hombre, persona(s), otro(s), ser humano, individuo.
于	yu2	7592	En (sobre, bajo, adentro, al lado, cerca de, por), a, hacia, ir hacia, hasta, de, como.
宗	zong1	6896	Clan; antepasado; templo ancestral (de un clan o familia).
吝	lin4	4040	Arrepentimiento, humillación, vergüenza, angustia, aflicción, sufrimiento; mezquindad, avaricia.

Nueve en el tercer puesto

Esconde armas en el matorral y sube a su alta colina.
Por tres años no se levantará.

伏	fu2	1964	Esconder; agacharse, arrastrarse; preparar una emboscada.
戎	rong2	3181	Armas, carro de guerra, violencia, ataque.
于	yu2	7592	En (sobre, bajo, adentro, al lado, cerca de, por), a, hacia, ir hacia, hasta, de, como.
莽	mang3	4354	Matorral, espesura, maleza, hierbas creciendo densamente.
升	sheng1	5745	Ascender, escalar paso a paso, empujar para arriba, avance mediante el esfuerzo, mejorar, progreso, acumular.
其	qi2	0525	Su, suyo, suya, de ellos, de ellas; el, la, lo, las, los. Un pronombre posesivo y demostrativo.
高	gao1	3290	Alto, elevado, exaltado, majestuoso, eminente, ilustre.
陵	ling2	4067	Colina, montículo, túmulo, alturas, tierras altas, trepar a una colina, ascender, sobrepasar los límites, infringir, invadir. En el *YiJing* sólo parece referirse a colinas.
三	san1	5415	Tres, tercero, triple, tres veces.
歲	sui4	5538	Años, estaciones, cosechas.
不	bu4	5379	No, adverbio de negación; sin, ninguno, nada, no lo haré, no lo necesito, no será.
興	xing1	2753	Alzar(se), levantar(se), comenzar, prosperar, florecer.

Nueve en el cuarto puesto
Sube a su muralla pero no puede atacar. Ventura.

乘	cheng2	0398	Montar, andar, viajar; carro, carro de guerra; yunta de cuatro caballos; ascenso, subida, superar, reemplazar, estar arriba, por encima; aprovechar una oportunidad. En la época que se compuso el *ZhouYi*, en China los caballos tiraban de carruajes o hacían otras tareas pero no se usaban para cabalgar.
其	qi2	0525	Su, suyo, suya, de ellos, de ellas; el, la, lo, las, los. Un pronombre posesivo y demostrativo.
墉	yong1	7578	Pared, muralla, almena, pared fortificada.
弗	fu2	1981	No (especialmente que no puede o que no quiere), negativa.
克	ke4	3320	Poder, ser capaz, llevar adelante; conquistar, dominar, prevalecer.
攻	gong1	3699	Atacar, asaltar, tomar la ofensiva, agresión; criticar, censurar, acusar; aplicarse a, trabajar en.
吉	ji2	0476	Ventura, buena suerte, buena fortuna, propicio, favorable.

Nueve en el quinto puesto
Los hombres en comunidad primero lloran y se lamentan,
pero luego ríen.
Grandes ejércitos prevalecen, y pueden encontrarse.

同	tong2	6615	Comunidad, juntos, reunir gente, compartir la armonía; de acuerdo, igual; hacer uniforme.
人	ren2	3097	Hombre, persona(s), otro(s), ser humano, individuo.
先	xian1	2702	Antes, primero, delantero, ir adelante, guiar.
號	hao4	2064	Llorar; gritar, llamar, proclamar, ordenar.
咷	tao2	6152	Llorar, gemir, lamento.
而	er2	1756	Y, entonces, pero, sin embargo. Une y contrasta dos palabras.
後	hou4	2143	Atrás, después; tarde, venir después; seguir; descendientes; sucesor.
笑	xiao4	2615	Risa, sonrisa, buen humor, alegría.
大	da4	5943	Grande, alto, excesivo, arrogante, estirarse y alcanzar por todos lados.

師	shi1	5760	Ejército, legiones, tropas, multitud organizada; jefe, director, líder; seguir a un amo, imitar, seguir una norma.
克	ke4	3320	Poder, ser capaz, llevar adelante; conquistar, dominar, prevalecer.
相	xiang1	2562	Mutuamente, el uno al otro, recíproco, recíprocamente; cooperativo, correlativo, cooperación, asistencia, ayuda; entre sí.
遇	yu4	7625	Encontrar, encontrarse con; pasar, suceder, ocurrir, casualidad; afortunada coincidencia, suerte.

Al tope un nueve

Comunidad con los hombres en la frontera.
No hay arrepentimiento.

同	tong2	6615	Comunidad, juntos, reunir gente, compartir la armonía; de acuerdo, igual; hacer uniforme.
人	ren2	3097	Hombre, persona(s), otro(s), ser humano, individuo.
于	yu2	7592	En (sobre, bajo, adentro, al lado, cerca de, por), a, hacia, ir hacia, hasta, de, como.
郊	jiao1	0714	Suburbios, campo, periferia, páramo, frontera; altar suburbano y sacrificio.
无	wu2	7173	No, negativa; sin, no tiene, carencia de.
悔	hui3	2336	Arrepentimiento, remordimiento, dolor y pesar por una culpa cometida; problemas.

14 大有 *da you*
La Posesión de lo Grande

EL DICTAMEN

La Posesión de lo Grande: Sublime éxito.

大	da4	5943	Grande, alto, excesivo, arrogante, estirarse y alcanzar por todos lados.
有	you3	7533	Poseer, tener, en posesión de, haber, existir.
元	yuan2	7707	Sublime, elevado, preeminente, superior, el más grande, grande y originante, primordial, cabeza, líder, jefe.
亨	heng1	2099	Exito, logro, satisfacción, crecimiento, penetración; ofrenda, sacrificio.

LA IMAGEN

El Fuego en lo alto del Cielo: la imagen de la Posesión de lo Grande.
Así el noble reprime el mal y promueve el bien,
obedeciendo así la buena voluntad del Cielo.

火	huo3	2395	Fuego, flama. El Fuego y el Brillo son símbolos del trigrama ☲: Lo Adherente.
在	zai4	6657	Estar en, adentro, sobre, presente, situado, al lado, a través, involucrado; presencia, existencia, lugar.
天	tian1	6361	Cielo, firmamento, cosmos, celestial, divino.
上	shang4	5669	Arriba, sobre, encima; ascender, subir, elevar, ir para arriba; más alto, superior; sobrepasar, primero.
大	da4	5943	Grande, alto, excesivo, arrogante, estirarse y alcanzar por todos lados.
有	you3	7533	Poseer, tener, en posesión de, haber, existir.
君	jun1	1715	Señor, príncipe, gobernante, noble; hombre superior.

La Posesión de lo Grande (79)

子	zi3	6939	Hijo/a, niño/a; descendencia, prole; posteridad; sufijo; oficial, amo, príncipe.
以	yi3	2932	Así, de esta manera; por, para; por medio de, con; instrumento, medio, método, uso (de), camino (a).
遏	e4	4812	Detener, reprimir, frenar, refrenar, suprimir, prevenir.
惡	e4	4809	Malo, malvado; repulsivo, incorrecto, falta; odio, aversión.
揚	yang2	7259	Alabar, mostrar, hacer evidente, anunciar, proclamar, promover, extender, levantar.
善	shan4	5657	Bien, bueno, virtuoso; perfeccionar, hacer bueno, mejorar.
順	shun4	5935	Seguir, obedecer, sumiso, dócil, de acuerdo con.
天	tian1	6361	Cielo, firmamento, cosmos, celestial, divino.
休	xiu1	2786	Descansar, relajarse, aliviarse, detenerse, cesar, dejar ir, tranquilo, contento, feliz, quieto; beneficio, bendición, bueno.
命	ming4	4537	Destino, voluntad del cielo, autoridad más alta (ya sea celestial o terrena, como un rey o un gobierno), órdenes, directiva, mandato, investidura, voluntad, vida.

Al comienzo un nueve

Ninguna relación con lo dañino. No hay defecto.
Habrá dificultades pero no desventura.

无	wu2	7173	No, negativa; sin, no tiene, carencia de.
交	jiao1	0702	Unión, relación, encuentro; entregar; intercambiar; cruzado, intercambio, negociación, interacción.
害	hai4	2015	Daño, dañino; lastimar, sufrir, que hace sufrir.
匪	fei3	1820	No, fuerte negativa.
咎	jiu4	1192	Falta, error, defecto, culpa; poco propicio, infortunio, calamidad; mala suerte, mal augurio.
艱	jian1	0834	Dificultad, privación, penalidad, penuria, sufrimiento, necesidades.
則	ze2	6746	Entonces, así, después, luego, además, consecuentemente, inmediatamente, por consiguiente, por lo tanto; ley, regla, patrón, causa.
无	wu2	7173	No, negativa; sin, no tiene, carencia de.
咎	jiu4	1192	Falta, error, defecto, culpa; poco propicio, infortunio, calamidad; mala suerte, mal augurio.

Nueve en el segundo puesto

Un gran carruaje para cargarlo. Uno tiene una meta. Ningún error.

大	da4	5943	Grande, alto, excesivo, arrogante, estirarse y alcanzar por todos lados.
車	che1	0280	Carruaje, carro, carro de batalla.
以	yi3	2932	Así, de esta manera; por, para; por medio de, con; instrumento, medio, método, uso (de), camino (a).
載	zai4	6653	Transportar, llevar, cargar con, contener, sostener.
有	you3	7533	Poseer, tener, en posesión de, haber, existir.
攸	you1	7519	Meta, dirección, propósito; destino, lugar, el lugar donde; por lo cual; aquel que.
往	wang3	7050	Ir, ir hacia, ir a; partir, irse.
无	wu2	7173	No, negativa; sin, no tiene, carencia de.
咎	jiu4	1192	Falta, error, defecto, culpa; poco propicio, infortunio, calamidad; mala suerte, mal augurio.

Nueve en el tercer puesto

Un príncipe ofrenda sus logros al Hijo del Cielo.
Un hombre pequeño no puede hacerlo.

公	gong1	3701	Príncipe, señor feudal, un noble de elevado rango, duque; público; imparcial, desinteresado, justo.
用	yong4	7567	Usar, aplicar, emplear, implementar; aplicar el oráculo a situaciones reales; actuar; usar como ofrenda, ofrecer en sacrificio.
亨	heng1	2099	Exito, logro, satisfacción, crecimiento, penetración; ofrenda, sacrificio.
于	yu2	7592	En (sobre, bajo, adentro, al lado, cerca de, por), a, hacia, ir hacia, hasta, de, como.
天	tian1	6361	Cielo, firmamento, cosmos, celestial, divino.
子	zi3	6939	Hijo/a, niño/a; descendencia, prole; posteridad; sufijo; oficial, amo, príncipe.
小	xiao3	2605	Pequeño, común, humilde, mediocre, insignificante, sin importancia.
人	ren2	3097	Hombre, persona(s), otro(s), ser humano, individuo.
弗	fu2	1981	No (especialmente que no puede o que no quiere), negativa.
克	ke4	3320	Poder, ser capaz, llevar adelante; conquistar, dominar, prevalecer.

La Posesión de lo Grande (81)

Nueve en el cuarto puesto

No es arrogante. Sin defecto.

匪	fei3	1820	No, fuerte negativa.
其	qi2	0525	Su, suyo, suya, de ellos, de ellas; el, la, lo, las, los. Un pronombre posesivo y demostrativo.
彭	peng2	5060	Avasallador, arrogante; plenitud; toque del tambor. Kunst y Rutt lo reemplazan por otro carácter de sonido similar (*beng*) que significa "sacrificio en la puerta del templo ancestral".
无	wu2	7173	No, negativa; sin, no tiene, carencia de.
咎	jiu4	1192	Falta, error, defecto, culpa; poco propicio, infortunio, calamidad; mala suerte, mal augurio.

Seis en el quinto puesto

Su sinceridad evoca la amistad de los demás.
Con dignidad habrá ventura.

厥	jue2	1680	Suyo, su, sus, tu.
孚	fu2	1936	Verdad; confiable, sincero; inspirar confianza a otros.
交	jiao1	0702	Unión, relación, encuentro; entregar; intercambiar; cruzado, intercambio, negociación, interacción.
如	ru2	3137	Así, de esta forma, como, igual que, parecido, si (condicional).
威	wei1	7051	Dignidad, respeto; impresionante, imponente, terrorífico, intimidante.
如	ru2	3137	Así, de esta forma, como, igual que, parecido, si (condicional).
吉	ji2	0476	Ventura, buena suerte, buena fortuna, propicio, favorable.

Al tope un nueve

El tiene la protección del Cielo. Ventura. Nada que no sea favorable.

自	zi4	6960	De, desde, viniendo de, seguir, originar, a causa de, por; uno mismo, él mismo.
天	tian1	6361	Cielo, firmamento, cosmos, celestial, divino.
祐	you4	7543	Ayuda, bendición, ayuda celestial.
之	zhi1	0935	Pronombre personal: él, ella, ello; esto, esta, estos, etc. Frecuentemente es usado como un posesivo: tiene, tuvo, va a tener, suyo, suya; ir a.
吉	ji2	0476	Ventura, buena suerte, buena fortuna, propicio, favorable.
无	wu2	7173	No, negativa; sin, no tiene, carencia de.

不	bu4	5379	No, adverbio de negación; sin, ninguno, nada, no lo haré, no lo necesito, no será.
利	li4	3867	Favorable, propicio, conveniente, beneficioso, afortunado.

15 謙 *qian* – La Modestia

El Dictamen

Modestia. Exito. El noble lleva a buen término.

謙	qian1	0885	Modesto, humilde, auténtico, deferente, dócil.
亨	heng1	2099	Exito, logro, satisfacción, crecimiento, penetración; ofrenda, sacrificio.
君	jun1	1715	Señor, príncipe, gobernante, noble; hombre superior.
子	zi3	6939	Hijo/a, niño/a; descendencia, prole; posteridad; sufijo; oficial, amo, príncipe.
有	you3	7533	Poseer, tener, en posesión de, haber, existir.
終	zhong1	1500	Fin, final, al final, completo, entero, término, final de un ciclo; llevar hasta la conclusión, consumación; muerte.

La Imagen

En medio de la Tierra hay una Montaña: la imagen de la Modestia.
Así reduce el noble lo que es excesivo e incrementa lo que es escaso.
Sopesa las cosas y las distribuye en forma pareja.

地	di4	6198	Tierra, la superficie sólida de la tierra.
中	zhong1	1504	Centro, interior, dentro de, medio; acertarle al medio, acertarle al blanco; balanceado, central, correcto.
有	you3	7533	Poseer, tener, en posesión de, haber, existir.
山	shan1	5630	Montaña, colina, pico.
謙	qian1	0885	Modesto, humilde, auténtico, deferente, dócil.
君	jun1	1715	Señor, príncipe, gobernante, noble; hombre superior.
子	zi3	6939	Hijo/a, niño/a; descendencia, prole; posteridad; sufijo; oficial, amo, príncipe.
以	yi3	2932	Así, de esta manera; por, para; por medio de, con; instrumento, medio, método, uso (de), camino (a).
裒	shuai1	5908	Reducir, disminuir, achicar, decaer, declinar.
多	duo1	6416	Muchos, muy, gran cantidad; excesivo.

Matriz de Significados del Libro de los Cambios

益	yi4	3052	Aumento, incremento; más; beneficio, ganancia, ventaja.
寡	gua3	3517	Poco, pequeño; solitario, sin recursos; que se mantiene solo, viudo/a, único.
稱	cheng1	0383	Evaluar, valorar, estimar, pesar.
物	wu4	7209	Cosa/s, ser/es, objeto/s; el mundo físico, todas las cosas vivientes, la multitud, los otros.
平	ping2	5303	Nivelado, nivel, llano, parejo; igualar, hacer parejo, ser justo, regular, pacificar; paz.
施	shi1	5768	Expande, esparce, difunde, propaga; confiere, otorga, ofrece; transfiere, extiende a.

Al comienzo un seis

El noble es extremadamente modesto y por eso puede cruzar el gran río. Ventura.

謙	qian1	0885	Modesto, humilde, auténtico, deferente, dócil. El estar duplicado intensifica su significado.
謙	qian1	0885	
君	jun1	1715	Señor, príncipe, gobernante, noble; hombre superior.
子	zi3	6939	Hijo/a, niño/a; descendencia, prole; posteridad; sufijo; oficial, amo, príncipe.
用	yong4	7567	Usar, aplicar, emplear, implementar; aplicar el oráculo a situaciones reales; actuar; usar como ofrenda, ofrecer en sacrificio.
涉	she4	5707	Vadear o cruzar una corriente de agua; pasar a través o por encima.
大	da4	5943	Grande, alto, excesivo, arrogante, estirarse y alcanzar por todos lados.
川	chuan1	1439	Río, corriente de agua, inundación.
吉	ji2	0476	Ventura, buena suerte, buena fortuna, propicio, favorable.

Seis en el segundo puesto

Modestia que se hace patente. Hay determinación y ventura.

鳴	ming2	4535	Chillido (llamada) de aves (u otro animal); sonido distintivo, voz; proclamar, expresar, anunciar.
謙	qian1	0885	Modesto, humilde, auténtico, deferente, dócil.

La Modestia (85)

貞	zhen1	0346	Determinación (con el doble sentido de decisión y acción firme y continuada), constancia, perseverancia, firmeza; lealtad, devoción, pureza. Originalmente: determinación por adivinación.
吉	ji2	0476	Ventura, buena suerte, buena fortuna, propicio, favorable.

Nueve en el tercer puesto

Modesto y trabajador. El noble lleva a buen término. Ventura.

勞	lao2	3826	Trabajo diligente; logros, mérito.
謙	qian1	0885	Modesto, humilde, auténtico, deferente, dócil.
君	jun1	1715	Señor, príncipe, gobernante, noble; hombre superior.
子	zi3	6939	Hijo/a, niño/a; descendencia, prole; posteridad; sufijo; oficial, amo, príncipe.
有	you3	7533	Poseer, tener, en posesión de, haber, existir.
終	zhong1	1500	Fin, final, al final, completo, entero, término, final de un ciclo; llevar hasta la conclusión, consumación; muerte.
吉	ji2	0476	Ventura, buena suerte, buena fortuna, propicio, favorable.

Seis en el cuarto puesto

Nada que no sea propicio para la Modestia manifiesta.

无	wu2	7173	No, negativa; sin, no tiene, carencia de.
不	bu4	5379	No, adverbio de negación; sin, ninguno, nada, no lo haré, no lo necesito, no será.
利	li4	3867	Favorable, propicio, conveniente, beneficioso, afortunado.
撝	hui1	2356	Mostrar, manifestar, señalar, ondear (una bandera).
謙	qian1	0885	Modesto, humilde, auténtico, deferente, dócil.

Seis en el quinto puesto

Sin usar riqueza puede emplear a sus vecinos.
Es propicio ganar control con violencia. Nada que no sea favorable.

不	bu4	5379	No, adverbio de negación; sin, ninguno, nada, no lo haré, no lo necesito, no será.
富	fu4	1952	Rico, riqueza, abundancia, prosperidad, enriquecer.
以	yi3	2932	Así, de esta manera; por, para; por medio de, con; instrumento, medio, método, uso (de), camino (a).

其	qi2	0525	Su, suyo, suya, de ellos, de ellas; el, la, lo, las, los. Un pronombre posesivo y demostrativo.
鄰	lin2	4033	Vecino, vecindario, familia extendida, asociado, asistente.
利	li4	3867	Favorable, propicio, conveniente, beneficioso, afortunado.
用	yong4	7567	Usar, aplicar, emplear, implementar; aplicar el oráculo a situaciones reales; actuar; usar como ofrenda, ofrecer en sacrificio.
侵	qin1	1108	Invadir, usurpar, apropiarse, meterse en.
伐	fa1	1765	Atacar, castigar rebeldes, subyugar; golpear, talar.
无	wu2	7173	No, negativa; sin, no tiene, carencia de.
不	bu4	5379	No, adverbio de negación; sin, ninguno, nada, no lo haré, no lo necesito, no será.
利	li4	3867	Favorable, propicio, conveniente, beneficioso, afortunado.

Al tope un seis

Modestia que se hace patente.
Es favorable poner en marcha ejércitos,
para castigar el propio territorio.

鳴	ming2	4535	Chillido (llamada) de aves (u otro animal); sonido distintivo, voz; proclamar, expresar, anunciar.
謙	qian1	0885	Modesto, humilde, auténtico, deferente, dócil.
利	li4	3867	Favorable, propicio, conveniente, beneficioso, afortunado.
用	yong4	7567	Usar, aplicar, emplear, implementar; aplicar el oráculo a situaciones reales; actuar; usar como ofrenda, ofrecer en sacrificio.
行	xing2	2754	El significado original era camino, movilizar, en el *YiJing* usualmente significa moverse, ir, trasladarse de un lugar a otro, avanzar, actuar, hacer.
師	shi1	5760	Ejército, legiones, tropas, multitud organizada; jefe, director, líder; seguir a un amo, imitar, seguir una norma.
征	zheng1	0352	Marchar (iniciar una campaña). Castigar, disciplinar, atacar, invadir, conquistar; ir, venir, traer.
邑	yi4	3037	Ciudad, pueblo; ciudad con murallas de protección, sede del gobierno de un distrito.
國	guo2	3738	Estado, país, nación, reino, una dinastía; capital de un estado.

16 豫 *yu* – La Satisfacción

El Dictamen

La Satisfacción. Es favorable nombrar oficiales
y hacer marchar ejércitos.

豫	yu4	7603	Entusiasmo, felicidad, alegría, entretenimiento; anticipación.
利	li4	3867	Favorable, propicio, conveniente, beneficioso, afortunado.
建	jian4	0853	Establecer, fundar, nombrar, proponer, designar para un cargo.
侯	hou2	2135	Señor feudal, príncipe vasallo, marqués; arquero experimentado; alto funcionario, gobernador, jefe.
行	xing2	2754	El significado original era camino, movilizar, en el *YiJing* usualmente significa moverse, ir, trasladarse de un lugar a otro, avanzar, actuar, hacer.
師	shi1	5760	Ejército, legiones, tropas, multitud organizada; jefe, director, líder; seguir a un amo, imitar, seguir una norma.

La Imagen

El trueno surge impetuoso de la Tierra: la imagen de la Satisfacción.
Así los reyes de antaño hacían música para honrar los méritos,
y la ofrecían esplendorosamente al Señor Supremo
para ser dignos de sus finados antecesores.

雷	lei2	4236	Trueno: conmoción, aterrador, poder suscitativo que surge de la tierra.
出	chu1	1409	Salir afuera, venir afuera; emerger, surgir, elevarse, generar, producir; abandonar, reducir, eliminar, expeler.
地	di4	6198	Tierra, la superficie sólida de la tierra.
奮	fen4	1874	Impetuoso, energético, excitado, determinado.
豫	yu4	7603	Entusiasmo, felicidad, alegría, entretenimiento; anticipación.
先	xian1	2702	Antes, primero, delantero, ir adelante, guiar.
王	wang2	7037	Rey, príncipe, soberano, regente, autoridad.

以	yi3	2932	Así, de esta manera; por, para; por medio de, con; instrumento, medio, método, uso (de), camino (a).
作	zuo4	6780	Actuar, hacer, fabricar, formar, llevar a cabo, trabajar, ponerse en actividad, encargarse de una tarea; ponerse de pie, levantarse; componer (literatura o música), manifestarse creativamente; proyecto, ceremonia, sacrificar.
樂	le4	4129	Música; regocijo, felicidad.
崇	chong2	1528	Exaltar, honrar, respetar, reverenciar, venerar, alabar; eminente, dignificado, majestuoso.
德	de2	6162	Virtud, poder espiritual, habilidad para seguir el curso correcto; cualidad, naturaleza, carácter, disposición.
殷	yin1	7423	Esplendor, grande, amplio, sensacional; floreciente, exuberante.
薦	jian4	0872	Ofrecer en sacrificio, ofrendar; adoración, veneración.
之	zhi1	0935	Pronombre personal: él, ella, ello; esto, esta, estos, etc. Frecuentemente es usado como un posesivo: tiene, tuvo, va a tener, suyo, suya; ir a.
上	shang4	5669	Arriba, sobre, encima; ascender, subir, elevar, ir para arriba; más alto, superior; sobrepasar, primero.
帝	di4	6204	Emperador, soberano, suprema deidad.
以	yi3	2932	Así, de esta manera; por, para; por medio de, con; instrumento, medio, método, uso (de), camino (a).
配	pei4	5019	Complemento, el igual o el complemento de; semejante, colega, contraparte, consorte, merecedor, ser merecedor de, estar calificado.
祖	zu3	6815	Antepasado, abuelo.
考	kao3	3299	Antiguo, finado padre o antecesor; examinar, verificar, inspeccionar.

Al comienzo un seis

Satisfacción que se hace patente trae desventura.

鳴	ming2	4535	Chillido (llamada) de aves (u otro animal); sonido distintivo, voz; proclamar, expresar, anunciar.
豫	yu4	7603	Entusiasmo, felicidad, alegría, entretenimiento; anticipación.
凶	xiong1	2808	Desventura, malo, mala suerte, gran infortunio, peligro mortal, nefasto, malos augurios, caer en una trampa.

Seis en el segundo puesto

> Sólido como una roca. No espera hasta el final del día.
> La determinación es venturosa.

介	jie4	0629	Límite, restricción, borde, frontera, cota de malla; proteger, asistir, depender de; sólido, firme, determinado, grande.
于	yu2	7592	En (sobre, bajo, adentro, al lado, cerca de, por), a, hacia, ir hacia, hasta, de, como.
石	shi2	5813	Piedra, roca.
不	bu4	5379	No, adverbio de negación; sin, ninguno, nada, no lo haré, no lo necesito, no será.
終	zhong1	1500	Fin, final, al final, completo, entero, término, final de un ciclo; llevar hasta la conclusión, consumación; muerte.
日	ri4	3124	El sol, un ciclo solar, día, un día, horas diurnas.
貞	zhen1	0346	Determinación (con el doble sentido de decisión y acción firme y continuada), constancia, perseverancia, firmeza; lealtad, devoción, pureza. Originalmente: determinación por adivinación.
吉	ji2	0476	Ventura, buena suerte, buena fortuna, propicio, favorable.

Seis en el tercer puesto

> Satisfacción que mira hacia arriba trae arrepentimiento.
> La vacilación trae arrepentimiento.

盱	xu1	2819	Mirar para arriba, contemplar lleno de asombro, mirar fijamente.
豫	yu4	7603	Entusiasmo, felicidad, alegría, entretenimiento; anticipación.
悔	hui3	2336	Arrepentimiento, remordimiento, dolor y pesar por una culpa cometida; problemas.
遲	chi2	1024	Duda, vacilación, demora, lento, tardío, posponer o demorar innecesariamente.
有	you3	7533	Poseer, tener, en posesión de, haber, existir.
悔	hui3	2336	Arrepentimiento, remordimiento, dolor y pesar por una culpa cometida; problemas.

Nueve en el cuarto puesto

La Satisfacción origina grandes cosas. No dudes. Los amigos se apresuran a unirse a tu lado como cabellos unidos por una horquilla.

由	you2	7513	Fuente, causa, motivo; proceder de.
豫	yu4	7603	Entusiasmo, felicidad, alegría, entretenimiento; anticipación.
大	da4	5943	Grande, alto, excesivo, arrogante, estirarse y alcanzar por todos lados.
有	you3	7533	Poseer, tener, en posesión de, haber, existir.
得	de2	6161	Conseguir, obtener, agarrar, ganar, ganancia, adquirir el objeto deseado, encontrar, lograr.
勿	wu4	7208	No. Negativa imperativa.
疑	yi2	2940	Dudar, sospechar, desconfiar, hesitar.
朋	peng2	5054	Amigo, camarada, semejante, igual; dos tiras de cauríes (conchas usadas como dinero en la antigüedad China).
盍	he2	2119	Junto, juntado, unido, congregarse; ¿porqué no?
簪	zan1	6679	Broche, horquilla para el pelo; agruparse, rápido, acción veloz.

Seis en el quinto puesto

Persistentemente enfermo pero no muere.

貞	zhen1	0346	Determinación (con el doble sentido de decisión y acción firme y continuada), constancia, perseverancia, firmeza; lealtad, devoción, pureza. Originalmente: determinación por adivinación.
疾	ji2	0492	Enfermedad, daño, defecto, ansiedad; apuro; odio. Originalmente mostraba una flecha hiriendo a una persona.
恆	heng2	2107	Constante duradero, perdurable, persistente, continuo, largo tiempo.
不	bu4	5379	No, adverbio de negación; sin, ninguno, nada, no lo haré, no lo necesito, no será.
死	si3	5589	Morir, muerte, condenado.

Al tope un seis

Satisfacción confundida. Pero si al final cambia el curso no habrá culpa.

冥	ming2	4528	Oscuro, oscuridad, oscurecido, ignorante, ciego; el mundo de los muertos.
豫	yu4	7603	Entusiasmo, felicidad, alegría, entretenimiento; anticipación.

成	cheng2	0379	Lograr, realizar, completar, perfeccionar, obra concluida.
有	you3	7533	Poseer, tener, en posesión de, haber, existir.
渝	yu2	7635	Cambio (de actitud u opinión), corrección, revisión, cambio para corregir algo o cambio para peor.
无	wu2	7173	No, negativa; sin, no tiene, carencia de.
咎	jiu4	1192	Falta, error, defecto, culpa; poco propicio, infortunio, calamidad; mala suerte, mal augurio.

17 隨 *sui* – El Seguimiento

El Dictamen

El Seguimiento tiene sublime éxito.
La determinación es favorable. Sin defecto.

隨	sui2	5523	Seguir, ir o venir después de, perseguir; seguidor, conformarse, acatar, obedecer, atender.
元	yuan2	7707	Sublime, elevado, preeminente, superior, el más grande, grande y originante, primordial, cabeza, líder, jefe.
亨	heng1	2099	Exito, logro, satisfacción, crecimiento, penetración; ofrenda, sacrificio.
利	li4	3867	Favorable, propicio, conveniente, beneficioso, afortunado.
貞	zhen1	0346	Determinación (con el doble sentido de decisión y acción firme y continuada), constancia, perseverancia, firmeza; lealtad, devoción, pureza. Originalmente: determinación por adivinación.
无	wu2	7173	No, negativa; sin, no tiene, carencia de.
咎	jiu4	1192	Falta, error, defecto, culpa; poco propicio, infortunio, calamidad; mala suerte, mal augurio.

La Imagen

En el medio del Lago se encuentra el Trueno: la imagen del Seguimiento. Así el noble descansa en paz en su casa al anochecer.

澤	ze2	0277	Lago, cuerpo de agua, charca, pantano; fertilizar, ungir, beneficiar, favorecer; húmedo, brillante, pulido; gracia, brillantez.
中	zhong1	1504	Centro, interior, dentro de, medio; acertarle al medio, acertarle al blanco; balanceado, central, correcto.
有	you3	7533	Poseer, tener, en posesión de, haber, existir.
雷	lei2	4236	Trueno: conmoción, aterrador, poder suscitativo que surge de la tierra.
隨	sui2	5523	Seguir, ir o venir después de, perseguir; seguidor, conformarse, acatar, obedecer, atender.

君	jun1	1715	Señor, príncipe, gobernante, noble; hombre superior.
子	zi3	6939	Hijo/a, niño/a; descendencia, prole; posteridad; sufijo; oficial, amo, príncipe.
以	yi3	2932	Así, de esta manera; por, para; por medio de, con; instrumento, medio, método, uso (de), camino (a).
嚮	xiang4	2561	Para, hacia, cerca, acercándose; guiar, dirigir, dirigirse.
晦	hui4	2337	Oscuro, oscurecer, poco claro, crepúsculo, ensombrecimiento; el último día del mes en el ciclo lunar; reticente.
入	ru4	3152	Entrar, introducirse (esta es la acepción usada en el *YiJing*); traer, presentar; invadir.
宴	yan4	7364	Descansar, reposar; festín, banquete, disfrutar.
息	xi1	2495	Descanso, descansar, detención, parar, cesar; respirar. En el *YiJing* significa descanso o pausa.

Al comienzo un nueve

Las autoridades cambian. La determinación es favorable. Si uno sale de la puerta para relacionarse con otros, logrará algo meritorio.

官	guan1	3552	Autoridades, funcionario, oficial, magistrado; sede del gobierno; estándares, reglas.
有	you3	7533	Poseer, tener, en posesión de, haber, existir.
渝	yu2	7635	Cambio (de actitud u opinión), corrección, revisión, cambio para corregir algo o cambio para peor.
貞	zhen1	0346	Determinación (con el doble sentido de decisión y acción firme y continuada), constancia, perseverancia, firmeza; lealtad, devoción, pureza. Originalmente: determinación por adivinación.
吉	ji2	0476	Ventura, buena suerte, buena fortuna, propicio, favorable.
出	chu1	1409	Salir afuera, venir afuera; emerger, surgir, elevarse, generar, producir; abandonar, reducir, eliminar, expeler.
門	men2	4418	Portón de entrada, puerta; la puerta exterior que separa el patio de la calle, en tanto que 戶 es la puerta interior que da entrada a la casa.
交	jiao1	0702	Unión, relación, encuentro; entregar; intercambiar; cruzado, intercambio, negociación, interacción.
有	you3	7533	Poseer, tener, en posesión de, haber, existir.
功	gong1	3698	Logro, éxito, realización, buen resultado, trabajo bien hecho; mérito, meritorio, alabanza.

Seis en el segundo puesto

El se une al muchachito y deja ir al hombre maduro.

係	xi4	2424	Agarrar(se), asir(se), ligar(se), unir(se), atar(se), enredar(se), enredado; involucrar(se), implicar(se), dedicado a, pertenecer a.
小	xiao3	2605	Pequeño, común, humilde, mediocre, insignificante, sin importancia.
子	zi3	6939	Hijo/a, niño/a; descendencia, prole; posteridad; sufijo; oficial, amo, príncipe.
失	shi1	5806	Perder, dejar ir, descuidar, perder control.
丈	zhang4	0200	Hombre fuerte, maduro, esposo, mayor. Uno que debe ser respetado.
夫	fu1	1908	Hombre, hombre adulto, esposo; aquel, aquellos.

Seis en el tercer puesto

El se une al hombre maduro y deja ir al muchachito.
El seguimiento obtiene lo que busca.
Una permanente determinación es favorable.

係	xi4	2424	Agarrar(se), asir(se), ligar(se), unir(se), atar(se), enredar(se), enredado; involucrar(se), implicar(se), dedicado a, pertenecer a.
丈	zhang4	0200	Hombre fuerte, maduro, esposo, mayor. Uno que debe ser respetado.
夫	fu1	1908	Hombre, hombre adulto, esposo; aquel, aquellos.
失	shi1	5806	Perder, dejar ir, descuidar, perder control.
小	xiao3	2605	Pequeño, común, humilde, mediocre, insignificante, sin importancia.
子	zi3	6939	Hijo/a, niño/a; descendencia, prole; posteridad; sufijo; oficial, amo, príncipe.
隨	sui2	5523	Seguir, ir o venir después de, perseguir; seguidor, conformarse, acatar, obedecer, atender.
有	you3	7533	Poseer, tener, en posesión de, haber, existir.
求	qiu2	1217	Buscar, seguir, solicitar, intentar, anhelar, implorar, suplicar, pedir, mendigar, rogar, orar.
得	de2	6161	Conseguir, obtener, agarrar, ganar, ganancia, adquirir el objeto deseado, encontrar, lograr.

El Seguimiento (95)

利	li4	3867	Favorable, propicio, conveniente, beneficioso, afortunado.
居	ju1	1535	Quedarse, permanecer, descansar (en), morar, residir; ocupar una posición o lugar; presumido, arrogante, dominante.
貞	zhen1	0346	Determinación (con el doble sentido de decisión y acción firme y continuada), constancia, perseverancia, firmeza; lealtad, devoción, pureza. Originalmente: determinación por adivinación.

Nueve en el cuarto puesto

Si uno persigue habrá una captura. La determinación es ominosa.
La sinceridad con que recorre el camino lo ilumina.
¿Cómo podría haber defecto?

隨	sui2	5523	Seguir, ir o venir después de, perseguir; seguidor, conformarse, acatar, obedecer, atender.
有	you3	7533	Poseer, tener, en posesión de, haber, existir.
獲	huo4	2412	Agarrar, capturar (una presa en la cacería), agarrar una idea o percepción (percibir, comprender); caza, cazar; presa, siervo, esclavo; ganar, recibir, obtener, triunfar, ser capaz de; dar en el blanco.
貞	zhen1	0346	Determinación (con el doble sentido de decisión y acción firme y continuada), constancia, perseverancia, firmeza; lealtad, devoción, pureza. Originalmente: determinación por adivinación.
凶	xiong1	2808	Desventura, malo, mala suerte, gran infortunio, peligro mortal, nefasto, malos augurios, caer en una trampa.
有	you3	7533	Poseer, tener, en posesión de, haber, existir.
孚	fu2	1936	Verdad; confiable, sincero; inspirar confianza a otros.
在	zai4	6657	Estar en, adentro, sobre, presente, situado, al lado, a través, involucrado; presencia, existencia, lugar.
道	dao4	6136	Camino, carretera, ruta, método, principio, mostrar el camino, guiar, explicar.
以	yi3	2932	Así, de esta manera; por, para; por medio de, con; instrumento, medio, método, uso (de), camino (a).
明	ming2	4534	Luz, brillo, brillante, claridad, claro, discernimiento, visión, percepción; pacto, contrato.
何	he2	2109	Llevar, sostener, acarrear.
咎	jiu4	1192	Falta, error, defecto, culpa; poco propicio, infortunio, calamidad; mala suerte, mal augurio.

Nueve en el quinto puesto

La sinceridad lleva a la excelencia. Ventura.

孚	fu2	1936	Verdad; confiable, sincero; inspirar confianza a otros.
于	yu2	7592	En (sobre, bajo, adentro, al lado, cerca de, por), a, hacia, ir hacia, hasta, de, como.
嘉	jia1	0592	Admirable, bueno, excelente; contento, alegre, celebración; complacer, aprobar.
吉	ji2	0476	Ventura, buena suerte, buena fortuna, propicio, favorable.

Al tope un seis

Agárralo y aférrate a él, atándolo así.
El rey hace ofrendas en la Montaña del Oeste.

拘	ju1	1542	Agarrar, detener, arrestar, adherirse a (como una opinión), abrazar.
係	xi4	2424	Agarrar(se), asir(se), ligar(se), unir(se), atar(se), enredar(se), enredado; involucrar(se), implicar(se), dedicado a, pertenecer a.
之	zhi1	0935	Pronombre personal: él, ella, ello; esto, esta, estos, etc. Frecuentemente es usado como un posesivo: tiene, tuvo, va a tener, suyo, suya; ir a.
乃	nai3	4612	Entonces, y, después, además, aparte, acto seguido, inmediatamente (después).
從	cong2	6919	Seguir, seguir una doctrina, seguidor, adherirse, obedecer, perseguir; ocuparse de (negocios).
維	wei2	7067	Atar, amarrar juntos; principio orientador, regla; solo, solamente.
之	zhi1	0935	Pronombre personal: él, ella, ello; esto, esta, estos, etc. Frecuentemente es usado como un posesivo: tiene, tuvo, va a tener, suyo, suya; ir a.
王	wang2	7037	Rey, príncipe, soberano, regente, autoridad.
用	yong4	7567	Usar, aplicar, emplear, implementar; aplicar el oráculo a situaciones reales; actuar; usar como ofrenda, ofrecer en sacrificio.
亨	heng1	2099	Sacrificio; éxito, logro, satisfacción, crecimiento, penetración; ofrenda.
于	yu2	7592	En (sobre, bajo, adentro, al lado, cerca de, por), a, hacia, ir hacia, hasta, de, como.
西	xi1	2460	Oeste, occidental. Corresponde al otoño.
山	shan1	5630	Montaña, colina, pico.

18 蠱 *gu* – El Trabajo en lo Echado a Perder / La Corrupción

El Dictamen

Exito sublime. Es favorable cruzar el gran río.
Antes del primer día tres días. Después del primer día tres días.

蠱	gu3	3475	Decadencia, corrupción; gusanos venenosos en la comida o el estómago, veneno, influencia maligna, seducción, locura; maldición, embrujo.
元	yuan2	7707	Sublime, elevado, preeminente, superior, el más grande, grande y originante, primordial, cabeza, líder, jefe.
亨	heng1	2099	Exito, logro, satisfacción, crecimiento, penetración; ofrenda, sacrificio.
利	li4	3867	Favorable, propicio, conveniente, beneficioso, afortunado.
涉	she4	5707	Vadear o cruzar una corriente de agua; pasar a través o por encima.
大	da4	5943	Grande, alto, excesivo, arrogante, estirarse y alcanzar por todos lados.
川	chuan1	1439	Río, corriente de agua, inundación.
先	xian1	2702	Antes, primero, delantero, ir adelante, guiar.
甲	jia3	0610	Primer día de la semana de 10 días, el día para emitir nuevos mandatos; primero; concha, caparazón, armadura. Carácter cíclico, primer tallo.
三	san1	5415	Tres, tercero, triple, tres veces.
日	ri4	3124	El sol, un ciclo solar, día, un día, horas diurnas.
後	hou4	2143	Atrás, después; tarde, venir después; seguir; descendientes; sucesor.
甲	jia3	0610	Primer día de la semana de 10 días, el día para emitir nuevos mandatos; primero; concha, caparazón, armadura. Carácter cíclico, primer tallo.
三	san1	5415	Tres, tercero, triple, tres veces.
日	ri4	3124	El sol, un ciclo solar, día, un día, horas diurnas.

La Imagen

Debajo de la Montaña está el Viento: la imagen de El Trabajo en lo Echado a Perder. Así el noble sacude al pueblo y cultiva su moral.

山	shan1	5630	Montaña, colina, pico.
下	xia4	2520	Debajo de, abajo, descender.
有	you3	7533	Poseer, tener, en posesión de, haber, existir.
風	feng1	1890	Viento.
蠱	gu3	3475	Decadencia, corrupción; gusanos venenosos en la comida o el estómago, veneno, influencia maligna, seducción, locura; maldición, embrujo.
君	jun1	1715	Señor, príncipe, gobernante, noble; hombre superior.
子	zi3	6939	Hijo/a, niño/a; descendencia, prole; posteridad; sufijo; oficial, amo, príncipe.
以	yi3	2932	Así, de esta manera; por, para; por medio de, con; instrumento, medio, método, uso (de), camino (a).
振	zhen4	0313	Sacudir, excitar, estimular, agitar, estimular a la acción, incitar; sacudir el polvo; levantar, ayudar, ordenar, socorrer; terremoto (Kunst).
民	min2	4508	Gente, pueblo, la gente común, las masas, multitud.
育	yu4	7687	Criar, cultivar, educar, nutrir, alimentar; dar a luz.
德	de2	6162	Virtud, poder espiritual, habilidad para seguir el curso correcto; cualidad, naturaleza, carácter, disposición.

Al comienzo un seis

Corrige la corrupción dejada por su padre.
Porque hay un hijo el finado padre no tiene falta.
Peligro. Finalmente ventura.

幹	gan4	3235	Ocuparse, hacerse cargo de; corregir, enderezar; tronco (de un árbol o del cuerpo humano), tallo, espina, esqueleto.
父	fu4	1933	Padre, progenitor.
之	zhi1	0935	Pronombre personal: él, ella, ello; esto, esta, estos, etc. Frecuentemente es usado como un posesivo: tiene, tuvo, va a tener, suyo, suya; ir a.
蠱	gu3	3475	Decadencia, corrupción; gusanos venenosos en la comida o el estómago, veneno, influencia maligna, seducción, locura; maldición, embrujo.

有	you3	7533	Poseer, tener, en posesión de, haber, existir.
子	zi3	6939	Hijo/a, niño/a; descendencia, prole; posteridad; sufijo; oficial, amo, príncipe.
考	kao3	3299	Antiguo, finado padre o antecesor; examinar, verificar, inspeccionar.
无	wu2	7173	No, negativa; sin, no tiene, carencia de.
咎	jiu4	1192	Falta, error, defecto, culpa; poco propicio, infortunio, calamidad; mala suerte, mal augurio.
厲	li4	3906	Peligro, amenaza, opresivo, cruel, malvado, brutal, enfermedad, demonio malevolente; piedra de afilar áspera, afilar, machacar, triturar, disciplina.
終	zhong1	1500	Fin, final, al final, completo, entero, término, final de un ciclo; llevar hasta la conclusión, consumación; muerte.
吉	ji2	0476	Ventura, buena suerte, buena fortuna, propicio, favorable.

Nueve en el segundo puesto

    Corrige la corrupción dejada por su madre.
    No debe ser demasiado duro.

幹	gan4	3235	Ocuparse, hacerse cargo de; corregir, enderezar; tronco (de un árbol o del cuerpo humano), tallo, espina, esqueleto.
母	mu3	4582	Madre.
之	zhi1	0935	Pronombre personal: él, ella, ello; esto, esta, estos, etc. Frecuentemente es usado como un posesivo: tiene, tuvo, va a tener, suyo, suya; ir a.
蠱	gu3	3475	Decadencia, corrupción; gusanos venenosos en la comida o el estómago, veneno, influencia maligna, seducción, locura; maldición, embrujo.
不	bu4	5379	No, adverbio de negación; sin, ninguno, nada, no lo haré, no lo necesito, no será.
可	ke3	3381	Poder, ser capaz de, podría, posiblemente; permiso, aprobación; adecuado, satisfactorio.
貞	zhen1	0346	Determinación (con el doble sentido de decisión y acción firme y continuada), constancia, perseverancia, firmeza; lealtad, devoción, pureza. Originalmente: determinación por adivinación.

Nueve en el tercer puesto
Corrige la corrupción dejada por su padre.
Habrá algunas fallas, pero no gran defecto.

幹	gan4	3235	Ocuparse, hacerse cargo de; corregir, enderezar; tronco (de un árbol o del cuerpo humano), tallo, espina, esqueleto.
父	fu4	1933	Padre, progenitor.
之	zhi1	0935	Pronombre personal: él, ella, ello; esto, esta, estos, etc. Frecuentemente es usado como un posesivo: tiene, tuvo, va a tener, suyo, suya; ir a.
蠱	gu3	3475	Decadencia, corrupción; gusanos venenosos en la comida o el estómago, veneno, influencia maligna, seducción, locura; maldición, embrujo.
小	xiao3	2605	Pequeño, común, humilde, mediocre, insignificante, sin importancia.
有	you3	7533	Poseer, tener, en posesión de, haber, existir.
悔	hui3	2336	Arrepentimiento, remordimiento, dolor y pesar por una culpa cometida; problemas.
无	wu2	7173	No, negativa; sin, no tiene, carencia de.
大	da4	5943	Grande, alto, excesivo, arrogante, estirarse y alcanzar por todos lados.
咎	jiu4	1192	Falta, error, defecto, culpa; poco propicio, infortunio, calamidad; mala suerte, mal augurio.

Seis en el cuarto puesto
Tolera la corrupción dejada por su padre. Si sigue así lo lamentará.

裕	yu4	7667	Tolerante, indulgente, perdonador; amplio, abundante, rico; generoso; descuidar, posponer.
父	fu4	1933	Padre, progenitor.
之	zhi1	0935	Pronombre personal: él, ella, ello; esto, esta, estos, etc. Frecuentemente es usado como un posesivo: tiene, tuvo, va a tener, suyo, suya; ir a.
蠱	gu3	3475	Decadencia, corrupción; gusanos venenosos en la comida o el estómago, veneno, influencia maligna, seducción, locura; maldición, embrujo.
往	wang3	7050	Ir, ir hacia, ir a; partir, irse.
見	jian4	0860	Ver, visto, percibir, observar; revelar, aparecer, encontrado; entrevistar, visitar, encontrarse.
吝	lin4	4040	Arrepentimiento, humillación, vergüenza, angustia, aflicción, sufrimiento; mezquindad, avaricia.

Seis en el quinto puesto

Se ocupa de la corrupción dejada por su padre. Uno obtiene alabanzas.

幹	gan4	3235	Ocuparse, hacerse cargo de; corregir, enderezar; tronco (de un árbol o del cuerpo humano), tallo, espina, esqueleto.
父	fu4	1933	Padre, progenitor.
之	zhi1	0935	Pronombre personal: él, ella, ello; esto, esta, estos, etc. Frecuentemente es usado como un posesivo: tiene, tuvo, va a tener, suyo, suya; ir a.
蠱	gu3	3475	Decadencia, corrupción; gusanos venenosos en la comida o el estómago, veneno, influencia maligna, seducción, locura; maldición, embrujo.
用	yong4	7567	Usar, aplicar, emplear, implementar; aplicar el oráculo a situaciones reales; actuar; usar como ofrenda, ofrecer en sacrificio.
譽	yu4	7617	Alabanza, elogio, fama, honor, renombre, prestigio, estima.

Al tope un nueve

El no sirve a reyes o señores.
Se ocupa de asuntos mucho más elevados.

不	bu4	5379	No, adverbio de negación; sin, ninguno, nada, no lo haré, no lo necesito, no será.
事	shi4	5787	Servir, servicio, asunto, cuestión, cosa, evento, negocio, actividad, quehacer, ocupación.
王	wang2	7037	Rey, príncipe, soberano, regente, autoridad.
侯	hou2	2135	Señor feudal, príncipe vasallo, marqués; arquero experimentado; alto funcionario, gobernador, jefe.
高	gao1	3290	Alto, elevado, exaltado, majestuoso, eminente, ilustre.
尚	shang4	5670	Alto, ascender, admirable, superior, sobrepasar, estimado, reconocimiento, premio; todavía, por otra parte, en adición a.
其	qi2	0525	Su, suyo, suya, de ellos, de ellas; el, la, lo, las, los. Un pronombre posesivo y demostrativo.
事	shi4	5787	Servir, servicio, asunto, cuestión, cosa, evento, negocio, actividad, quehacer, ocupación.

19 臨 *lin* – El Liderazgo

El Dictamen

El Liderazgo. Sublime éxito. La determinación es favorable.
Al octavo mes habrá desventura.

臨	lin2	4027	Acercarse, inspeccionar, supervisar (sacrificio), lamentaciones ceremoniales.
元	yuan2	7707	Sublime, elevado, preeminente, superior, el más grande, grande y originante, primordial, cabeza, líder, jefe.
亨	heng1	2099	Exito, logro, satisfacción, crecimiento, penetración; ofrenda, sacrificio.
利	li4	3867	Favorable, propicio, conveniente, beneficioso, afortunado.
貞	zhen1	0346	Determinación (con el doble sentido de decisión y acción firme y continuada), constancia, perseverancia, firmeza; lealtad, devoción, pureza. Originalmente: determinación por adivinación.
至	zhi4	0982	Llegar, alcanzar el punto más alto o la cúspide, culminar; el extremo, lo más grande, muy.
于	yu2	7592	En (sobre, bajo, adentro, al lado, cerca de, por), a, hacia, ir hacia, hasta, de, como.
八	ba1	4845	Ocho, octavo, ocho veces.
月	yue4	7696	La Luna, mes lunar.
有	you3	7533	Poseer, tener, en posesión de, haber, existir.
凶	xiong1	2808	Desventura, malo, mala suerte, gran infortunio, peligro mortal, nefasto, malos augurios, caer en una trampa.

La Imagen

Por encima del Lago está la Tierra: la imagen del Liderazgo.
Así el noble es incansable en sus propósitos de instruir;
tolera y protege al pueblo sin límites.

澤	ze2	0277	Lago, cuerpo de agua, charca, pantano; fertilizar, ungir, beneficiar, favorecer; húmedo, brillante, pulido; gracia, brillantez.
上	shang4	5669	Arriba, sobre, encima; ascender, subir, elevar, ir para arriba; más alto, superior; sobrepasar, primero.

El Liderazgo

有	you3	7533	Poseer, tener, en posesión de, haber, existir.
地	di4	6198	Tierra, la superficie sólida de la tierra.
臨	lin2	4027	Acercarse, inspeccionar, supervisar (sacrificio), lamentaciones ceremoniales.
君	jun1	1715	Señor, príncipe, gobernante, noble; hombre superior.
子	zi3	6939	Hijo/a, niño/a; descendencia, prole; posteridad; sufijo; oficial, amo, príncipe.
以	yi3	2932	Así, de esta manera; por, para; por medio de, con; instrumento, medio, método, uso (de), camino (a).
教	jiao1	0719	Enseñar, educar, instruir.
思	si1	5580	Pensar, pensamiento, intenciones, propósitos, planes, deliberar, considerar.
无	wu2	7173	No, negativa; sin, no tiene, carencia de.
窮	qiong2	1247	Exhausto, empobrecido, disminuido al extremo; extremo, al límite.
容	rong2	7560	Tolerar y proteger a la gente. Soportar, sostener, contener, aguantar, abrazar, conservar, mantener, valorar, aceptar; generosidad; magnanimidad.
保	bao3	4946	Preservar, proteger, asistir, mantener, cuidar, defender.
民	min2	4508	Gente, pueblo, la gente común, las masas, multitud.
无	wu2	7173	No, negativa; sin, no tiene, carencia de.
疆	jiang1	0643	Límite, frontera, borde, restricción.

Al comienzo un nueve

Liderazgo conjunto. La determinación es favorable.

咸	xian2	2666	Influir, incitar, influencia mutua.
臨	lin2	4027	Acercarse, inspeccionar, supervisar (sacrificio), lamentaciones ceremoniales.
貞	zhen1	0346	Determinación (con el doble sentido de decisión y acción firme y continuada), constancia, perseverancia, firmeza; lealtad, devoción, pureza. Originalmente: determinación por adivinación.
吉	ji2	0476	Ventura, buena suerte, buena fortuna, propicio, favorable.

Nueve en el segundo puesto

>Liderazgo conjunto. Ventura. Todo es favorable.

咸	xian2	2666	Influir, incitar, influencia mutua.
臨	lin2	4027	Acercarse, inspeccionar, supervisar (sacrificio), lamentaciones ceremoniales.
吉	ji2	0476	Ventura, buena suerte, buena fortuna, propicio, favorable.
无	wu2	7173	No, negativa; sin, no tiene, carencia de.
不	bu4	5379	No, adverbio de negación; sin, ninguno, nada, no lo haré, no lo necesito, no será.
利	li4	3867	Favorable, propicio, conveniente, beneficioso, afortunado.

Seis en el tercer puesto

>Liderazgo placentero. Ninguna acción podrá completarse favorablemente. Si se entristece por ello no habrá defecto.

甘	gan1	3223	Dulce, placentero, feliz, disfrutar.
臨	lin2	4027	Acercarse, inspeccionar, supervisar (sacrificio), lamentaciones ceremoniales.
无	wu2	7173	No, negativa; sin, no tiene, carencia de.
攸	you1	7519	Meta, dirección, propósito; destino, lugar, el lugar donde; por lo cual; aquel que.
利	li4	3867	Favorable, propicio, conveniente, beneficioso, afortunado.
既	ji4	0453	Consumado, completo, ha ocurrido, hecho, ya sucedió, después.
憂	you1	7508	Apenado, afligido, triste, sufriente.
之	zhi1	0935	Pronombre personal: él, ella, ello; esto, esta, estos, etc. Frecuentemente es usado como un posesivo: tiene, tuvo, va a tener, suyo, suya; ir a.
无	wu2	7173	No, negativa; sin, no tiene, carencia de.
咎	jiu4	1192	Falta, error, defecto, culpa; poco propicio, infortunio, calamidad; mala suerte, mal augurio.

Seis en el cuarto puesto

>Liderazgo completo. No hay defecto.

至	zhi4	0982	Llegar, alcanzar el punto más alto o la cúspide, culminar; el extremo, lo más grande, muy.
臨	lin2	4027	Acercarse, inspeccionar, supervisar (sacrificio), lamentaciones ceremoniales.

EL LIDERAZGO (105) **19**

无	wu2	7173	No, negativa; sin, no tiene, carencia de.
咎	jiu4	1192	Falta, error, defecto, culpa; poco propicio, infortunio, calamidad; mala suerte, mal augurio.

Seis en el quinto puesto

Liderazgo sabio. Es apropiado para un gran príncipe. Ventura.

知	zhi1	0932	Sabio, con conocimiento, informado, perceptivo.
臨	lin2	4027	Acercarse, inspeccionar, supervisar (sacrificio), lamentaciones ceremoniales.
大	da4	5943	Grande, alto, excesivo, arrogante, estirarse y alcanzar por todos lados.
君	jun1	1715	Señor, príncipe, gobernante, noble; hombre superior.
之	zhi1	0935	Pronombre personal: él, ella, ello; esto, esta, estos, etc. Frecuentemente es usado como un posesivo: tiene, tuvo, va a tener, suyo, suya; ir a.
宜	yi2	2993	Correcto, apropiado; sacrificio a la deidad de la tierra.
吉	ji2	0476	Ventura, buena suerte, buena fortuna, propicio, favorable.

Al tope un seis

Liderazgo sincero y generoso. Ventura. Sin defecto.

敦	dun1	6571	Generoso; serio, sincero, honesto, devoto; fuerte, sólido.
臨	lin2	4027	Acercarse, inspeccionar, supervisar (sacrificio), lamentaciones ceremoniales.
吉	ji2	0476	Ventura, buena suerte, buena fortuna, propicio, favorable.
无	wu2	7173	No, negativa; sin, no tiene, carencia de.
咎	jiu4	1192	Falta, error, defecto, culpa; poco propicio, infortunio, calamidad; mala suerte, mal augurio.

20 觀 *guan* – La Contemplación

El Dictamen

Contemplación. Se hizo la ablución pero aún no la ofrenda.
Su sincera dignidad inspira admiración.

觀	guan1	3575	Ver, mirar, contemplar, observar, vigilar; considerar, tomar algo en cuenta, examinar, evaluar; paisaje, vista, aspecto.
盥	guan4	3569	Ablución de las manos, lavarse las manos, purificación antes de un rito sagrado.
而	er2	1756	Y, entonces, pero, sin embargo. Une y contrasta dos palabras.
不	bu4	5379	No, adverbio de negación; sin, ninguno, nada, no lo haré, no lo necesito, no será.
薦	jian4	0872	Ofrecer en sacrificio, ofrendar; adoración, veneración.
有	you3	7533	Poseer, tener, en posesión de, haber, existir.
孚	fu2	1936	Verdad; confiable, sincero; inspirar confianza a otros.
顒	yong2	8008	Grande, dignificado, solemne, impresionante; admirar; una cabeza grande.
若	ruo4	3126	Parecido, similar a; concordante; estar de acuerdo, conforme con, aprobar, como; como este; así.

La Imagen

El Viento se mueve sobre la Tierra: la imagen de la Contemplación.
Así los antiguos reyes visitaban todas las regiones, contemplando al pueblo y estableciendo su educación.

風	feng1	1890	Viento.
行	xing2	2754	El significado original era camino, movilizar, en el *YiJing* usualmente significa moverse, ir, trasladarse de un lugar a otro, avanzar, actuar, hacer.
地	di4	6198	Tierra, la superficie sólida de la tierra.
上	shang4	5669	Arriba, sobre, encima; ascender, subir, elevar, ir para arriba; más alto, superior; sobrepasar, primero.
觀	guan1	3575	Ver, mirar, contemplar, observar, vigilar; considerar, tomar algo en cuenta, examinar, evaluar; paisaje, vista, aspecto.

La Contemplación (107)

20

先	xian1	2702	Antes, primero, delantero, ir adelante, guiar.
王	wang2	7037	Rey, príncipe, soberano, regente, autoridad.
以	yi3	2932	Así, de esta manera; por, para; por medio de, con; instrumento, medio, método, uso (de), camino (a).
省	xing3	5744	Visitar, inspeccionar, estudiar, visita de inspección; examinarse a uno mismo; reducir los gastos.
方	fang1	1802	Cuadrado, directo, frontal, justo, correcto; repentino, rápido; lados, sobre todos los lados, en todos lados; barrio, región, lugar, dirección; tomar un lugar; sacrificar a los espíritus de los cuatro lados.
觀	guan1	3575	Ver, mirar, contemplar, observar, vigilar; considerar, tomar algo en cuenta, examinar, evaluar; paisaje, vista, aspecto.
民	min2	4508	Gente, pueblo, la gente común, las masas, multitud.
設	she4	5711	Fundar, establecer, organizar.
教	jiao4	0719	Enseñar, educar, instruir.

Al comienzo un seis

Contemplando como un muchacho.
No es defecto para un hombre pequeño. Para el noble es humillante.

童	tong2	6626	Niño, persona joven (de ambos sexos); alumno, paje, sirviente (niño o niña) de menos de 15 años; joven, virgen, incorrupto/a; animal joven que todavía no tiene cuernos (especialmente ternero o cordero).
觀	guan1	3575	Ver, mirar, contemplar, observar, vigilar; considerar, tomar algo en cuenta, examinar, evaluar; paisaje, vista, aspecto.
小	xiao3	2605	Pequeño, común, humilde, mediocre, insignificante, sin importancia.
人	ren2	3097	Hombre, persona(s), otro(s), ser humano, individuo.
无	wu2	7173	No, negativa; sin, no tiene, carencia de.
咎	jiu4	1192	Falta, error, defecto, culpa; poco propicio, infortunio, calamidad; mala suerte, mal augurio.
君	jun1	1715	Señor, príncipe, gobernante, noble; hombre superior.
子	zi3	6939	Hijo/a, niño/a; descendencia, prole; posteridad; sufijo; oficial, amo, príncipe.
吝	lin4	4040	Arrepentimiento, humillación, vergüenza, angustia, aflicción, sufrimiento; mezquindad, avaricia.

Seis en el segundo puesto

Contemplación furtiva a través del resquicio de la puerta.
La determinación es favorable para una doncella.

闚	kui1	3649	Espiar, mirar furtivamente, vistazo, ojeada.
觀	guan1	3575	Ver, mirar, contemplar, observar, vigilar; considerar, tomar algo en cuenta, examinar, evaluar; paisaje, vista, aspecto.
利	li4	3867	Favorable, propicio, conveniente, beneficioso, afortunado.
女	nu3	4776	Mujer, dama, doncella, muchacha, género femenino.
貞	zhen1	0346	Determinación (con el doble sentido de decisión y acción firme y continuada), constancia, perseverancia, firmeza; lealtad, devoción, pureza. Originalmente: determinación por adivinación.

Seis en el tercer puesto

Contemplando mi vida; avanzando y retrocediendo.

觀	guan1	3575	Ver, mirar, contemplar, observar, vigilar; considerar, tomar algo en cuenta, examinar, evaluar; paisaje, vista, aspecto.
我	wo3	4778	Nosotros, yo, mi, mío, nuestro.
生	sheng1	5738	Vida, dar la vida, nacer, producir, generar, brotar, crecimiento; animal sacrificial.
進	jin4	1091	Avance, impulso para adelante, progreso; presentar, introducir, ofrecer consejo.
退	tui4	6568	Retirada, retroceso; declinar, rechazar.

Seis en el cuarto puesto

Contemplación de la gloria del reino.
Es favorable actuar como huésped de un rey.

觀	guan1	3575	Ver, mirar, contemplar, observar, vigilar; considerar, tomar algo en cuenta, examinar, evaluar; paisaje, vista, aspecto.
國	guo2	3738	Estado, país, nación, reino, una dinastía; capital de un estado.
之	zhi1	0935	Pronombre personal: él, ella, ello; esto, esta, estos, etc. Frecuentemente es usado como un posesivo: tiene, tuvo, va a tener, suyo, suya; ir a.
光	guang1	3583	Luz, brillo, iluminar, brillantez; gloria, esplendor.
利	li4	3867	Favorable, propicio, conveniente, beneficioso, afortunado.

La Contemplación

用	yong4	7567	Usar, aplicar, emplear, implementar; aplicar el oráculo a situaciones reales; actuar; usar como ofrenda, ofrecer en sacrificio.
賓	bin1	5259	Huésped, visitante.
于	yu2	7592	En (sobre, bajo, adentro, al lado, cerca de, por), a, hacia, ir hacia, hasta, de, como.
王	wang2	7037	Rey, príncipe, soberano, regente, autoridad.

Nueve en el quinto puesto

Contemplación de mi vida. El noble no tiene culpa.

觀	guan1	3575	Ver, mirar, contemplar, observar, vigilar; considerar, tomar algo en cuenta, examinar, evaluar; paisaje, vista, aspecto.
我	wo3	4778	Nosotros, yo, mi, mío, nuestro.
生	sheng1	5738	Vida, dar la vida, nacer, producir, generar, brotar, crecimiento; animal sacrificial.
君	jun1	1715	Señor, príncipe, gobernante, noble; hombre superior.
子	zi3	6939	Hijo/a, niño/a; descendencia, prole; posteridad; sufijo; oficial, amo, príncipe.
无	wu2	7173	No, negativa; sin, no tiene, carencia de.
咎	jiu4	1192	Falta, error, defecto, culpa; poco propicio, infortunio, calamidad; mala suerte, mal augurio.

Al tope un nueve

Contemplación de su vida. El noble no tiene culpa.

觀	guan1	3575	Ver, mirar, contemplar, observar, vigilar; considerar, tomar algo en cuenta, examinar, evaluar; paisaje, vista, aspecto.
其	qi2	0525	Su, suyo, suya, de ellos, de ellas; el, la, lo, las, los. Un pronombre posesivo y demostrativo.
生	sheng1	5738	Vida, dar la vida, nacer, producir, generar, brotar, crecimiento; animal sacrificial.
君	jun1	1715	Señor, príncipe, gobernante, noble; hombre superior.
子	zi3	6939	Hijo/a, niño/a; descendencia, prole; posteridad; sufijo; oficial, amo, príncipe.
无	wu2	7173	No, negativa; sin, no tiene, carencia de.
咎	jiu4	1192	Falta, error, defecto, culpa; poco propicio, infortunio, calamidad; mala suerte, mal augurio.

21 噬嗑 *shi he*
La Mordedura Tajante

El Dictamen

La Mordedura Tajante tiene éxito. Es favorable administrar justicia.

噬	shi4	5764	Morder, roer, mascar, lanzar un tarascón.
嗑	he2	2120	Cerrar, cerrar las mandíbulas, morder, (pasar) a través, morder, masticar, triturar, romper entre los dientes, ruidosamente.
亨	heng1	2099	Éxito, logro, satisfacción, crecimiento, penetración; ofrenda, sacrificio.
利	li4	3867	Favorable, propicio, conveniente, beneficioso, afortunado.
用	yong4	7567	Usar, aplicar, emplear, implementar; aplicar el oráculo a situaciones reales; actuar; usar como ofrenda, ofrecer en sacrificio.
獄	yu4	7685	Juicio, casos criminales, proceso o fallo penal, litigación, pendencias; prisión.

La Imagen

Trueno y Rayo: la imagen de la Mordedura Tajante. Así los antiguos reyes aplicaban con inteligencia los castigos y promulgaban sus leyes.

雷	lei2	4236	Trueno: conmoción, aterrador, poder suscitativo que surge de la tierra.
電	dian4	6358	Rayo, iluminación súbita, claridad completa.
噬	shi4	5764	Morder, roer, mascar, lanzar un tarascón.
嗑	he2	2120	Cerrar, cerrar las mandíbulas, morder, (pasar) a través, morder, masticar, triturar, romper entre los dientes, ruidosamente.
先	xian1	2702	Antes, primero, delantero, ir adelante, guiar.
王	wang2	7037	Rey, príncipe, soberano, regente, autoridad.
以	yi3	2932	Así, de esta manera; por, para; por medio de, con; instrumento, medio, método, uso (de), camino (a).
明	ming2	4534	Luz, brillo, brillante, claridad, claro, discernimiento, visión, percepción; pacto, contrato.

La Mordedura Tajante (III)

罰	fa2	1769	Penalidad, penalizar, multar, castigar.
敕	chi4	1050	Decreto imperial, órdenes, advertencia.
法	fa3	1762	Ley, estándar legal, plan o método, regulación, estatuto.

Al comienzo un nueve

Sus pies son apresados por el cepo y sus dedos mutilados. Sin defecto.

履	ju4	1572	Llevar sobre los pies; calzados, zapatos, sandalias.
校	xiao4	0706	Cepo, yugo, grilletes, esposas; instrumentos de tortura.
滅	mie4	4483	Sumergir, destruir, extinguir, exterminar.
趾	zhi3	0944	Pie, pies, los dedos del pie; pezuña; patas (de animal o de mueble), fundación.
无	wu2	7173	No, negativa; sin, no tiene, carencia de.
咎	jiu4	1192	Falta, error, defecto, culpa; poco propicio, infortunio, calamidad; mala suerte, mal augurio.

Seis en el segundo puesto

Muerde a través de carne blanda y destruye la nariz. Sin defecto.

噬	shi4	5764	Morder, roer, mascar, lanzar un tarascón.
膚	fu1	1958	Piel, carne.
滅	mie4	4483	Sumergir, destruir, extinguir, exterminar.
鼻	bi2	5100	Nariz.
无	wu2	7173	No, negativa; sin, no tiene, carencia de.
咎	jiu4	1192	Falta, error, defecto, culpa; poco propicio, infortunio, calamidad; mala suerte, mal augurio.

Seis en el tercer puesto

Muerde a través de carne seca y encuentra veneno.
Leve humillación. Sin defecto.

噬	shi4	5764	Morder, roer, mascar, lanzar un tarascón.
腊	xi1	3763	Carne seca, secada y salada.
肉	rou4	3153	Comida, carne, carnoso, lleno.
遇	yu4	7625	Encontrar, encontrarse con; pasar, suceder, ocurrir, casualidad; afortunada coincidencia, suerte.
毒	du2	6509	Veneno, venenoso; odio, malignidad, destructividad, daño.

小	xiao3	2605	Pequeño, común, humilde, mediocre, insignificante, sin importancia.
吝	lin4	4040	Arrepentimiento, humillación, vergüenza, angustia, aflicción, sufrimiento; mezquindad, avaricia.
无	wu2	7173	No, negativa; sin, no tiene, carencia de.
咎	jiu4	1192	Falta, error, defecto, culpa; poco propicio, infortunio, calamidad; mala suerte, mal augurio.

Nueve en el cuarto puesto

Muerde a través de carne seca con hueso y consigue flechas de metal. Es favorable la determinación ante las penurias. Ventura.

噬	shi4	5764	Morder, roer, mascar, lanzar un tarascón.
乾	gan1	3233	Seco, secado al sol.
胏	zi3	6950	Tajada de carne seca con hueso.
得	de2	6161	Conseguir, obtener, agarrar, ganar, ganancia, adquirir el objeto deseado, encontrar, lograr.
金	jin1	1057	Metal, bronce, oro, dorado, monedas, riqueza.
矢	shi3	5784	Flecha.
利	li4	3867	Favorable, propicio, conveniente, beneficioso, afortunado.
艱	jian1	0834	Dificultad, privación, penalidad, penuria, sufrimiento, necesidades.
貞	zhen1	0346	Determinación (con el doble sentido de decisión y acción firme y continuada), constancia, perseverancia, firmeza; lealtad, devoción, pureza. Originalmente: determinación por adivinación.
吉	ji2	0476	Ventura, buena suerte, buena fortuna, propicio, favorable.

Seis en el quinto puesto

Muerde a través de carne seca y consigue metal amarillo. Determinación ante el peligro. Sin defecto.

噬	shi4	5764	Morder, roer, mascar, lanzar un tarascón.
乾	gan1	3233	Seco, secado al sol.
肉	rou4	3153	Comida, carne, carnoso, lleno.
得	de2	6161	Conseguir, obtener, agarrar, ganar, ganancia, adquirir el objeto deseado, encontrar, lograr.

La Mordedura Tajante (113)

黃	huang2	2297	Amarillo, amarillo-amarronado; color de la tierra en el centro de China. En el *YiJing* el color amarillo siempre es favorable, es el color del centro y de la moderación, fue el color imperial desde la dinastía *Han* en adelante.
金	jin1	1057	Metal, bronce, oro, dorado, monedas, riqueza.
貞	zhen1	0346	Determinación (con el doble sentido de decisión y acción firme y continuada), constancia, perseverancia, firmeza; lealtad, devoción, pureza. Originalmente: determinación por adivinación.
厲	li4	3906	Peligro, amenaza, opresivo, cruel, malvado, brutal, enfermedad, demonio malevolente; piedra de afilar áspera, afilar, machacar, triturar, disciplina.
无	wu2	7173	No, negativa; sin, no tiene, carencia de.
咎	jiu4	1192	Falta, error, defecto, culpa; poco propicio, infortunio, calamidad; mala suerte, mal augurio.

Al tope un nueve

Acarreando un yugo y con sus orejas mutiladas. Desventura.

何	he4	2109	Llevar, sostener, acarrear.
校	xiao4	0706	Cepo, yugo, grilletes, esposas; instrumentos de tortura.
滅	mie4	4483	Sumergir, destruir, extinguir, exterminar.
耳	er3	1744	Oreja/s, asa/s mango/s. Aquello que está al costado (como orejas o asideros).
凶	xiong1	2808	Desventura, malo, mala suerte, gran infortunio, peligro mortal, nefasto, malos augurios, caer en una trampa.

22 賁 *bi* – La Elegancia / Decoración

El Dictamen

La Elegancia. Exito. Es favorable tener una meta en asuntos menores.

賁	bi4	5027	Elegancia, ornato, decorado, decoración; abigarrado.
亨	heng1	2099	Exito, logro, satisfacción, crecimiento, penetración; ofrenda, sacrificio.
小	xiao3	2605	Pequeño, común, humilde, mediocre, insignificante, sin importancia.
利	li4	3867	Favorable, propicio, conveniente, beneficioso, afortunado.
有	you3	7533	Poseer, tener, en posesión de, haber, existir.
攸	you1	7519	Meta, dirección, propósito; destino, lugar, el lugar donde; por lo cual; aquel que.
往	wang3	7050	Ir, ir hacia, ir a; partir, irse.

La Imagen

Fuego al pie de la Montaña: la imagen de la Elegancia.
Así el noble regula las multitudes con esclarecimiento.
Pero no se atreve a decidir los casos criminales.

山	shan1	5630	Montaña, colina, pico.
下	xia4	2520	Debajo de, abajo, descender.
有	you3	7533	Poseer, tener, en posesión de, haber, existir.
火	huo3	2395	Fuego, flama. El Fuego y el Brillo son símbolos del trigrama ☲: Lo Adherente.
賁	bi4	5027	Elegancia, ornato, decorado, decoración; abigarrado.
君	jun1	1715	Señor, príncipe, gobernante, noble; hombre superior.
子	zi3	6939	Hijo/a, niño/a; descendencia, prole; posteridad; sufijo; oficial, amo, príncipe.
以	yi3	2932	Así, de esta manera; por, para; por medio de, con; instrumento, medio, método, uso (de), camino (a).

La Elegancia

明	ming2	4534	Luz, brillo, brillante, claridad, claro, discernimiento, visión, percepción; pacto, contrato.
庶	shu4	5874	Numeroso, muchos, multitud, amplio, abundante, muchas posibilidades.
政	zheng4	0355	Estándar, ley, regulación, gobierno. Se refiere a las regulaciones civiles, no a los casos criminales.
无	wu2	7173	No, negativa; sin, no tiene, carencia de.
敢	gan3	3229	Osar, atreverse, arriesgarse, tener el coraje, intrepidez, bravura.
折	zhe2	0267	Cortar, quebrar, separar, doblar; destruir, ejecutar (matar), decidir, juzgar, decidir una causa, discriminar.
獄	yu4	7685	Juicio, casos criminales, proceso o fallo penal, litigación, pendencias; prisión.

Al comienzo un nueve

Le da elegancia a sus pies, abandona el carruaje y camina.

賁	bi4	5027	Elegancia, ornato, decorado, decoración; abigarrado.
其	qi2	0525	Su, suyo, suya, de ellos, de ellas; el, la, lo, las, los. Un pronombre posesivo y demostrativo.
趾	zhi3	0944	Pie, pies, los dedos del pie; pezuña; patas (de animal o de mueble), fundación.
舍	she3	5699	Dejar, abandonar, soltar, poner en libertad, dejar irse, dejar a un lado; descansar, detenerse, albergue temporario.
車	che1	0280	Carruaje, carro, carro de batalla.
而	er2	1756	Y, entonces, pero, sin embargo. Une y contrasta dos palabras.
徒	tu2	6536	Caminar, ir a pie; soldado de infantería; seguidor, discípulo; sirviente; gente común, multitud.

Seis en el segundo puesto

Le da elegancia a su barba.

賁	bi4	5027	Elegancia, ornato, decorado, decoración; abigarrado.
其	qi2	0525	Su, suyo, suya, de ellos, de ellas; el, la, lo, las, los. Un pronombre posesivo y demostrativo.
須	xu1	2847	Barba; esperar, requerir.

Nueve en el tercer puesto

Elegante y húmedo [brillante].
Una determinación a largo plazo es venturosa.

賁	bi4	5027	Elegancia, ornato, decorado, decoración; abigarrado.
如	ru2	3137	Así, de esta forma, como, igual que, parecido, si (condicional).
濡	ru2	3149	Húmedo, humedecer, en remojo, mojado, sumergido, sumergir; brillante.
如	ru2	3137	Así, de esta forma, como, igual que, parecido, si (condicional).
永	yong3	7589	Constante, perpetuo, que fluye por siempre; largo, prolongar, que llega lejos.
貞	zhen1	0346	Determinación (con el doble sentido de decisión y acción firme y continuada), constancia, perseverancia, firmeza; lealtad, devoción, pureza. Originalmente: determinación por adivinación.
吉	ji2	0476	Ventura, buena suerte, buena fortuna, propicio, favorable.

Seis en el cuarto puesto

Elegancia blanca. Un caballo blanco con alas.
No es un bandido, sino un pretendiente.

賁	bi4	5027	Elegancia, ornato, decorado, decoración; abigarrado.
如	ru2	3137	Así, de esta forma, como, igual que, parecido, si (condicional).
皤	po2	5351	Color blanco o blanco-plateado, pelo blanco o blanco plateado; viejo(a), envejecido(a).
如	ru2	3137	Así, de esta forma, como, igual que, parecido, si (condicional).
白	bai2	4975	Blanco, desnudo, simple, puro; que se entiende claramente.
馬	ma3	4310	Caballo.
翰	han4	2042	Pluma de faisán; ala, alado; volar, remontar el vuelo.
如	ru2	3137	Así, de esta forma, como, igual que, parecido, si (condicional).
匪	fei3	1820	No, fuerte negativa.
寇	kou4	3444	Bandido(s), invasor(es), enemigo(s), ladrón(es), gente violenta y fuera de la ley, saqueadores.
婚	hun1	2360	Matrimonio, matrimonial, casarse; un novio, pretendiente. Siempre aparece acompañado de 媾: casamiento.
媾	gou4	3426	Matrimonio, un segundo matrimonio, emparejarse, familias unidas por el matrimonio; pretendiente, novio; alianza, amistad, favor.

La Elegancia

Seis en el quinto puesto

Elegancia en colinas y jardines. El rollo de seda es insignificante. Humillación, pero al final hay ventura.

賁	bi4	5027	Elegancia, ornato, decorado, decoración; abigarrado.
于	yu2	7592	En (sobre, bajo, adentro, al lado, cerca de, por), a, hacia, ir hacia, hasta, de, como.
丘	qiu1	1213	Colina, montículo, pequeña elevación, grande.
園	yuan2	7731	Jardín, jardín cercado, parque.
束	shu4	5891	Rollo, madeja; enrollar, juntar en un atado; atar, controlar.
帛	bo2	4979	Seda/s, seda sin teñir.
戔	jian1	0866	Magro, exiguo, insignificante, pobre, escaso, diminuto; de mente estrecha. El estar duplicado intensifica su significado.
戔	jian1	0866	
吝	lin4	4040	Arrepentimiento, humillación, vergüenza, angustia, aflicción, sufrimiento; mezquindad, avaricia.
終	zhong1	1500	Fin, final, al final, completo, entero, término, final de un ciclo; llevar hasta la conclusión, consumación; muerte.
吉	ji2	0476	Ventura, buena suerte, buena fortuna, propicio, favorable.

Al tope un nueve

Simple elegancia. Sin defecto

白	bai2	4975	Blanco, desnudo, simple, puro; que se entiende claramente.
賁	bi4	5027	Elegancia, ornato, decorado, decoración; abigarrado.
无	wu2	7173	No, negativa; sin, no tiene, carencia de.
咎	jiu4	1192	Falta, error, defecto, culpa; poco propicio, infortunio, calamidad; mala suerte, mal augurio.

23 剝 *bo* – La Desintegración

El Dictamen

La Desintegración. No es favorable ir a ningún lugar.

剝	bo1	5337	Pelar, desollar, despellejar, hendir, cortar en mitades, degradar, desintegrar, causar la ruina, romper, remover, arrancar, pelar, desplumar, dejar desnudo.
不	bu4	5379	No, adverbio de negación; sin, ninguno, nada, no lo haré, no lo necesito, no será.
利	li4	3867	Favorable, propicio, conveniente, beneficioso, afortunado.
有	you3	7533	Poseer, tener, en posesión de, haber, existir.
攸	you1	7519	Meta, dirección, propósito; destino, lugar, el lugar donde; por lo cual; aquel que.
往	wang3	7050	Ir, ir hacia, ir a; partir, irse.

La Imagen

La Montaña descansa sobre la Tierra: la imagen de la Desintegración. Así los superiores aseguran su posición siendo munificentes con quienes están debajo de ellos.

山	shan1	5630	Montaña, colina, pico.
附	fu4	1924	Apoyarse, descansar sobre, adherirse a.
於	yu2	7643	Sobre, en, con, por.
地	di4	6198	Tierra, la superficie sólida de la tierra.
剝	bo1	5337	Pelar, desollar, despellejar, hendir, cortar en mitades, degradar, desintegrar, causar la ruina, romper, remover, arrancar, pelar, desplumar, dejar desnudo.
上	shang4	5669	Arriba, sobre, encima; ascender, subir, elevar, ir para arriba; más alto, superior; sobrepasar, primero.
以	yi3	2932	Así, de esta manera; por, para; por medio de, con; instrumento, medio, método, uso (de), camino (a).
厚	hou4	2147	Munífico, muy generoso, liberal, amplio, tolerante, tratar amablemente; grueso, grande, sustancial.
下	xia4	2520	Debajo de, abajo, descender.

La Desintegración

安	an1	0026	Tranquilo, callado, en paz, asentado, sereno; paz, seguridad, quietud, satisfacción con lo que uno tiene, seguridad.
宅	zhai2	0275	Posición, morada, residencia, base, lugar, situación en la vida.

Al comienzo un seis

Las patas de la cama se desintegran. La firmeza es destruida. Desventura.

剝	bo1	5337	Pelar, desollar, despellejar, hendir, cortar en mitades, degradar, desintegrar, causar la ruina, romper, remover, arrancar, pelar, desplumar, dejar desnudo.
牀	chuang2	1459	Cama, lecho, lugar para dormir, plataforma, sofá; plataforma sobre la cual descansan objetos tales como las ofrendas a los antepasados.
以	yi3	2932	Así, de esta manera; por, para; por medio de, con; instrumento, medio, método, uso (de), camino (a).
足	zu2	6824	Pata, pierna, el pie, la base de un objeto.
蔑	mie4	4485	Destruir, extinguir; abandonar, ignorar, no prestar atención, desdeñar; insignificante, nimio, muy pequeño; no tener, no existir, nada.
貞	zhen1	0346	Determinación (con el doble sentido de decisión y acción firme y continuada), constancia, perseverancia, firmeza; lealtad, devoción, pureza. Originalmente: determinación por adivinación.
凶	xiong1	2808	Desventura, malo, mala suerte, gran infortunio, peligro mortal, nefasto, malos augurios, caer en una trampa.

Seis en el segundo puesto

El marco de la cama se desintegra. La firmeza es destruida. Desventura.

剝	bo1	5337	Pelar, desollar, despellejar, hendir, cortar en mitades, degradar, desintegrar, causar la ruina, romper, remover, arrancar, pelar, desplumar, dejar desnudo.
牀	chuang2	1459	Cama, lecho, lugar para dormir, plataforma, sofá; plataforma sobre la cual descansan objetos tales como las ofrendas a los antepasados.
以	yi3	2932	Así, de esta manera; por, para; por medio de, con; instrumento, medio, método, uso (de), camino (a).
辨	bian4	5240	Discriminar, distinguir, discernir, identificar; dividir, distribuir; el marco que divide una cama de su soporte.
蔑	mie4	4485	Destruir, extinguir; abandonar, ignorar, no prestar atención, desdeñar; insignificante, nimio, muy pequeño; no tener, no existir, nada.

Matriz de Significados del Libro de los Cambios

貞	zhen1	0346	Determinación (con el doble sentido de decisión y acción firme y continuada), constancia, perseverancia, firmeza; lealtad, devoción, pureza. Originalmente: determinación por adivinación.
凶	xiong1	2808	Desventura, malo, mala suerte, gran infortunio, peligro mortal, nefasto, malos augurios, caer en una trampa.

Seis en el tercer puesto

Rompe con ellos. Sin defecto.

剝	bo1	5337	Pelar, desollar, despellejar, hendir, cortar en mitades, degradar, desintegrar, causar la ruina, romper, remover, arrancar, pelar, desplumar, dejar desnudo.
之	zhi1	0935	Pronombre personal: él, ella, ello; esto, esta, estos; etc. Frecuentemente es usado como un posesivo: tiene, tuvo, va a tener, suyo, suya; ir a.
无	wu2	7173	No, negativa; sin, no tiene, carencia de.
咎	jiu4	1192	Falta, error, defecto, culpa; poco propicio, infortunio, calamidad; mala suerte, mal augurio.

Seis en el cuarto puesto

La cama se desintegra hasta la piel. Desventura.

剝	bo1	5337	Pelar, desollar, despellejar, hendir, cortar en mitades, degradar, desintegrar, causar la ruina, romper, remover, arrancar, pelar, desplumar, dejar desnudo.
牀	chuang2	1459	Cama, lecho, lugar para dormir, plataforma, sofá; plataforma sobre la cual descansan objetos tales como las ofrendas a los antepasados.
以	yi3	2932	Así, de esta manera; por, para; por medio de, con; instrumento, medio, método, uso (de), camino (a).
膚	fu1	1958	Piel, carne.
凶	xiong1	2808	Desventura, malo, mala suerte, gran infortunio, peligro mortal, nefasto, malos augurios, caer en una trampa.

Seis en el quinto puesto

Peces ensartados. Favores de la gente de la corte. Nada que no sea favorable.

貫	guan4	3566	Ensartar, perforar, pasar un hilo a través; ir a través; atar apretadamente juntos; una tira de cauríes (monedas).
魚	yu2	7668	Pez. Símbolo de abundancia.
以	yi3	2932	Así, de esta manera; por, para; por medio de, con; instrumento, medio, método, uso (de), camino (a).

La Desintegración

宮	gong1	3705	Casa, residencia, morada; sala; palacio, mansión; templo.
人	ren2	3097	Hombre, persona(s), otro(s), ser humano, individuo.
寵	chong3	1534	Favor, bondad, afección; recibir o dar regalos; patrocinio.
无	wu2	7173	No, negativa; sin, no tiene, carencia de.
不	bu4	5379	No, adverbio de negación; sin, ninguno, nada, no lo haré, no lo necesito, no será.
利	li4	3867	Favorable, propicio, conveniente, beneficioso, afortunado.

Al tope un nueve

Un gran fruto aún no comido. El noble consigue un carruaje, al vulgar se le desintegra el refugio.

碩	shuo4	5815	Grande, majestuoso, eminente, maduro, totalmente desarrollado.
果	guo3	3732	Fruto, realización, resultado, consecuencias; obtener resultados, resuelto, determinado, bravo (capaz de seguir hasta el amargo final); el fruto de una planta.
不	bu4	5379	No, adverbio de negación; sin, ninguno, nada, no lo haré, no lo necesito, no será.
食	shi2	5810	Comer, alimentarse, consumir; comida, dar alimento a; subsistencia; salario de un oficial; disfrutar; eclipse (la luna o el sol es 'comido').
君	jun1	1715	Señor, príncipe, gobernante, noble; hombre superior.
子	zi3	6939	Hijo/a, niño/a; descendencia, prole; posteridad; sufijo; oficial, amo, príncipe.
得	de2	6161	Conseguir, obtener, agarrar, ganar, ganancia, adquirir el objeto deseado, encontrar, lograr.
輿	yu2	7618	Carruaje, vagón, carro, carro de guerra (arrastrado por cuatro caballos), vehículo; transporte, transportar, acarrear.
小	xiao3	2605	Pequeño, común, humilde, mediocre, insignificante, sin importancia.
人	ren2	3097	Hombre, persona(s), otro(s), ser humano, individuo.
剝	bo1	5337	Pelar, desollar, despellejar, hendir, cortar en mitades, degradar, desintegrar, causar la ruina, romper, remover, arrancar, pelar, desplumar, dejar desnudo.
廬	lu2	4158	Cabaña, choza, casucha, rancho; una estructura rústica usada como albergue temporario.

24 復 fu – El Retorno

El Dictamen

El Retorno. Exito. Salida y entrada sin daño. Llegan amigos. Sin defecto. Adelante y atrás por el camino. En siete días retornará. Es favorable tener adonde ir.

復	fu4	1992	Volver, regresar, volver para atrás; repetir, restaurar, revertir.
亨	heng1	2099	Exito, logro, satisfacción, crecimiento, penetración; ofrenda, sacrificio.
出	chu1	1409	Salir afuera, venir afuera; emerger, surgir, elevarse, generar, producir; abandonar, reducir, eliminar, expeler.
入	ru4	3152	Entrar, introducirse (esta es la acepción usada en el *Yi-Jing*); traer, presentar; invadir.
无	wu2	7173	No, negativa; sin, no tiene, carencia de.
疾	ji2	0492	Enfermedad, daño, defecto, ansiedad; apuro; odio. Originalmente mostraba una flecha hiriendo a una persona.
朋	peng2	5054	Amigo, camarada, semejante, igual; dos tiras de cauríes (conchas usadas como dinero en la antigüedad China).
來	lai2	3768	Venir, llegar; traer; volver.
无	wu2	7173	No, negativa; sin, no tiene, carencia de.
咎	jiu4	1192	Falta, error, defecto, culpa; poco propicio, infortunio, calamidad; mala suerte, mal augurio.
反	fan3	1781	Dar marcha atrás, dar la vuelta, volver para atrás, regresar, voltear(se).
復	fu4	1992	Volver, regresar, volver para atrás; repetir, restaurar, revertir.
其	qi2	0525	Su, suyo, suya, de ellos, de ellas; el, la, lo, las, los. Un pronombre posesivo y demostrativo.
道	dao4	6136	Camino, carretera, ruta, método, principio, mostrar el camino, guiar, explicar.
七	qi1	0579	Siete, séptimo.
日	ri4	3124	El sol, un ciclo solar, día, un día, horas diurnas.

El Retorno (123) 24

來	lai2	3768	Venir, llegar; traer; volver.
復	fu4	1992	Volver, regresar, volver para atrás; repetir, restaurar, revertir.
利	li4	3867	Favorable, propicio, conveniente, beneficioso, afortunado.
有	you3	7533	Poseer, tener, en posesión de, haber, existir.
攸	you1	7519	Meta, dirección, propósito; destino, lugar, el lugar donde; por lo cual; aquel que.
往	wang3	7050	Ir, ir hacia, ir a; partir, irse.

La Imagen

El Trueno en medio de la Tierra: la imagen del Retorno.
Así en el día del solsticio, los antiguos reyes cerraban los pasos fronterizos. Mercaderes y viajeros no se trasladaban y el soberano no visitaba sus dominios.

雷	lei2	4236	Trueno: conmoción, aterrador, poder suscitativo que surge de la tierra.
在	zai4	6657	Estar en, adentro, sobre, presente, situado, al lado, a través, involucrado; presencia, existencia, lugar.
地	di4	6198	Tierra, la superficie sólida de la tierra.
中	zhong1	1504	Centro, interior, dentro de, medio; acertarle al medio, acertarle al blanco; balanceado, central, correcto.
復	fu4	1992	Volver, regresar, volver para atrás; repetir, restaurar, revertir.
先	xian1	2702	Antes, primero, delantero, ir adelante, guiar.
王	wang2	7037	Rey, príncipe, soberano, regente, autoridad.
以	yi3	2932	Así, de esta manera; por, para; por medio de, con; instrumento, medio, método, uso (de), camino (a).
至	zhi4	0982	Llegar, alcanzar el punto más alto o la cúspide, culminar; el extremo, lo más grande, muy.
日	ri4	3124	El sol, un ciclo solar, día, un día, horas diurnas.
閉	bi4	5092	Cerrar, bloquear, cerrar la puerta.
關	guan1	3571	Barrera, puerta de la frontera, un paso fronterizo.
商	shang1	5673	Regatear, discutir, consultar, calcular, estimar, dudar; comerciar, comerciante.

旅	lu3	4286	Andariego, viajero; extranjero, permanecer lejos de casa; huésped; hospedarse; tropa, multitud.
不	bu4	5379	No, adverbio de negación; sin, ninguno, nada, no lo haré, no lo necesito, no será.
行	xing2	2754	El significado original era camino, movilizar, en el *YiJing* usualmente significa moverse, ir, trasladarse de un lugar a otro, avanzar, actuar, hacer.
后	hou4	2144	Soberano, señor, príncipe, reina; descendientes, herederos.
不	bu4	5379	No, adverbio de negación; sin, ninguno, nada, no lo haré, no lo necesito, no será.
省	xing3	5744	Visitar, inspeccionar, estudiar, visita de inspección; examinarse a uno mismo; reducir los gastos.
方	fang1	1802	Cuadrado, directo, frontal, justo, correcto; repentino, rápido; lados, sobre todos los lados, en todos lados; barrio, región, lugar, dirección; tomar un lugar; sacrificar a los espíritus de los cuatro lados.

Al comienzo un nueve

Retorno antes de ir demasiado lejos.
No habrá daño ni arrepentimiento. Sublime ventura.

不	bu4	5379	No, adverbio de negación; sin, ninguno, nada, no lo haré, no lo necesito, no será.
遠	yuan3	7734	Distancia, lejano; mantener lejos de, evitar, abandonar.
復	fu4	1992	Volver, regresar, volver para atrás; repetir, restaurar, revertir.
无	wu2	7173	No, negativa; sin, no tiene, carencia de.
祗	zhi1	0952	Respetar, reverenciar, tomar como modelo.
悔	hui3	2336	Arrepentimiento, remordimiento, dolor y pesar por una culpa cometida; problemas.
元	yuan2	7707	Sublime, elevado, preeminente, superior, el más grande, grande y originante, primordial, cabeza, líder, jefe.
吉	ji2	0476	Ventura, buena suerte, buena fortuna, propicio, favorable.

Seis en el segundo puesto

> Retorno calmado. Ventura.

休	xiu1	2786	Descansar, relajarse, aliviarse, detenerse, cesar, dejar ir, tranquilo, contento, feliz, quieto; beneficio, bendición, bueno.
復	fu4	1992	Volver, regresar, volver para atrás; repetir, restaurar, revertir.
吉	ji2	0476	Ventura, buena suerte, buena fortuna, propicio, favorable.

Seis en el tercer puesto

> Retorno repetido. Peligro. Sin defecto.

頻	pin2	5275	Repetido, incesante, repetidamente, urgente, apurado; al borde de.
復	fu4	1992	Volver, regresar, volver para atrás; repetir, restaurar, revertir.
厲	li4	3906	Peligro, amenaza, opresivo, cruel, malvado, brutal, enfermedad, demonio malevolente; piedra de afilar áspera, afilar, machacar, triturar, disciplina.
无	wu2	7173	No, negativa; sin, no tiene, carencia de.
咎	jiu4	1192	Falta, error, defecto, culpa; poco propicio, infortunio, calamidad; mala suerte, mal augurio.

Seis en el cuarto puesto

> Retorna solo por el medio del camino.

中	zhong1	1504	Centro, interior, dentro de, medio; acertarle al medio, acertarle al blanco; balanceado, central, correcto.
行	xing2	2754	El significado original era camino, movilizar, en el *YiJing* usualmente significa moverse, ir, trasladarse de un lugar a otro, avanzar, actuar, hacer.
獨	du2	6512	Solo, solamente; solitario, abandonado.
復	fu4	1992	Volver, regresar, volver para atrás; repetir, restaurar, revertir.

Seis en el quinto puesto

> Sincero retorno. Sin defecto.

敦	dun1	6571	Generoso; serio, sincero, honesto, devoto; fuerte, sólido.
復	fu4	1992	Volver, regresar, volver para atrás; repetir, restaurar, revertir.
无	wu2	7173	No, negativa; sin, no tiene, carencia de.
悔	hui3	2336	Arrepentimiento, remordimiento, dolor y pesar por una culpa cometida; problemas.

Al tope un seis

Pierde el camino del retorno. Desventura. Calamidades y errores. Si pone sus ejércitos en marcha, al final sufrirá una gran derrota, cuyo infortunio alcanzará al regente de su estado. Ni en diez años será capaz de atacar exitosamente.

迷	mi2	4450	Extraviarse, perder el camino, engañarse, infatuación, fallar.
復	fu4	1992	Volver, regresar, volver para atrás; repetir, restaurar, revertir.
凶	xiong1	2808	Desventura, malo, mala suerte, gran infortunio, peligro mortal, nefasto, malos augurios, caer en una trampa.
有	you3	7533	Poseer, tener, en posesión de, haber, existir.
災	zai1	6652	Calamidad, desastre, daño, herida; desgracia provocada por causas fuera de nuestro control, quizás procedente del Cielo, como las inundaciones y el fuego.
眚	sheng3	5741	Grave error, desastre, calamidad; infortunio, falta u ofensa debido a la ignorancia. Ceguera o falta de luz, un error de juicio.
用	yong4	7567	Usar, aplicar, emplear, implementar; aplicar el oráculo a situaciones reales; actuar; usar como ofrenda, ofrecer en sacrificio.
行	xing2	2754	El significado original era camino, movilizar, en el *YiJing* usualmente significa moverse, ir, trasladarse de un lugar a otro, avanzar, actuar, hacer.
師	shi1	5760	Ejército, legiones, tropas, multitud organizada; jefe, director, líder; seguir a un amo, imitar, seguir una norma.
終	zhong1	1500	Fin, final, al final, completo, entero, término, final de un ciclo; llevar hasta la conclusión, consumación; muerte.
有	you3	7533	Poseer, tener, en posesión de, haber, existir.
大	da4	5943	Grande, alto, excesivo, arrogante, estirarse y alcanzar por todos lados.
敗	bai4	4866	Derrota, ruina, destrucción.
以	yi3	2932	Así, de esta manera; por, para; por medio de, con; instrumento, medio, método, uso (de), camino (a).
其	qi2	0525	Su, suyo, suya, de ellos, de ellas; el, la, lo, las, los. Un pronombre posesivo y demostrativo.
國	guo2	3738	Estado, país, nación, reino, una dinastía; capital de un estado.
君	jun1	1715	Señor, príncipe, gobernante, noble; hombre superior.

凶	xiong1	2808	Desventura, malo, mala suerte, gran infortunio, peligro mortal, nefasto, malos augurios, caer en una trampa.
至	zhi4	0982	Llegar, alcanzar el punto más alto o la cúspide, culminar; el extremo, lo más grande, muy.
于	yu2	7592	En (sobre, bajo, adentro, al lado, cerca de, por), a, hacia, ir hacia, hasta, de, como.
十	shi2	5807	Diez, completo.
年	nian2	4711	Año/s, estación/es, cosechas.
不	bu4	5379	No, adverbio de negación; sin, ninguno, nada, no lo haré, no lo necesito, no será.
克	ke4	3320	Poder, ser capaz, llevar adelante; conquistar, dominar, prevalecer.
征	zheng1	0352	Marchar (iniciar una campaña). Castigar, disciplinar, atacar, invadir, conquistar; ir, venir, traer.

25 无妄 *wu wang*
Sin expectaciones / Sin defecto / Espontaneidad

El Dictamen

Sin expectaciones. Sublime éxito. La determinación es favorable. Si uno no es recto tendrá infortunio, y no será favorable emprender nada.

无	wu2	7173	No, negativa; sin, no tiene, carencia de.
妄	wang4	7035	Suponer, esperar; imprudente, precipitado; error, extravagancia. En el *YiJing* siempre es precedido por 无, que significa "no": "no error", verdad y honestidad; inocencia.
元	yuan2	7707	Sublime, elevado, preeminente, superior, el más grande, grande y originante, primordial, cabeza, líder, jefe.
亨	heng1	2099	Exito, logro, satisfacción, crecimiento, penetración; ofrenda, sacrificio.
利	li4	3867	Favorable, propicio, conveniente, beneficioso, afortunado.
贞	zhen1	0346	Determinación (con el doble sentido de decisión y acción firme y continuada), constancia, perseverancia, firmeza; lealtad, devoción, pureza. Originalmente: determinación por adivinación.
其	qi2	0525	Su, suyo, suya, de ellos, de ellas; el, la, lo, las, los. Un pronombre posesivo y demostrativo.
匪	fei3	1820	No, fuerte negativa.
正	zheng4	0351	Correcto, apropiado, honesto, justo preciso, exacto, puntual, derecho, regido por la verdad; corregir, rectificar.
有	you3	7533	Poseer, tener, en posesión de, haber, existir.
眚	sheng3	5741	Grave error, desastre, calamidad; infortunio, falta u ofensa debido a la ignorancia. Ceguera o falta de luz, un error de juicio.
不	bu4	5379	No, adverbio de negación; sin, ninguno, nada, no lo haré, no lo necesito, no será.
利	li4	3867	Favorable, propicio, conveniente, beneficioso, afortunado.
有	you3	7533	Poseer, tener, en posesión de, haber, existir.

攸	you1	7519	Meta, dirección, propósito; destino, lugar, el lugar donde; por lo cual; aquel que.
往	wang3	7050	Ir, ir hacia, ir a; partir, irse.

La Imagen

El Trueno se mueve bajo el Cielo y todas las cosas interactúan sin expectaciones. Así los antiguos reyes, en floreciente armonía con los tiempos, nutrían las 10.000 cosas.

天	tian1	6361	Cielo, firmamento, cosmos, celestial, divino.
下	xia4	2520	Debajo de, abajo, descender.
雷	lei2	4236	Trueno: conmoción, aterrador, poder suscitativo que surge de la tierra.
行	xing2	2754	El significado original era camino, movilizar, en el *YiJing* usualmente significa moverse, ir, trasladarse de un lugar a otro, avanzar, actuar, hacer.
物	wu4	7209	Cosa/s, ser/es, objeto/s; el mundo físico, todas las cosas vivientes, la multitud, los otros.
與	yu3	7615	Con, y; acompañar, aliarse, compañeros, combinar, cooperar, interactuar, de acuerdo con.
无	wu2	7173	No, negativa; sin, no tiene, carencia de.
妄	wang4	7035	Suponer, esperar; imprudente, precipitado; error, extravagancia. En el *YiJing* siempre es precedido por 无, que significa "no": "no error", verdad y honestidad; inocencia.
先	xian1	2702	Antes, primero, delantero, ir adelante, guiar.
王	wang2	7037	Rey, príncipe, soberano, regente, autoridad.
以	yi3	2932	Así, de esta manera; por, para; por medio de, con; instrumento, medio, método, uso (de), camino (a).
茂	mao4	4580	Floreciente, lujuriante, próspero, lozano; hermoso.
對	dui4	6562	Corresponder, de acuerdo con, adecuado, armonioso, contestar, reaccionar, replicar, contraparte.
時	shi2	5780	Tiempo, estación (del año), era, período, tiempo oportuno.
育	yu4	7687	Criar, cultivar, educar, nutrir, alimentar; dar a luz.
萬	wan4	7030	Literalmente: diez mil (10.000); miríada, gran cantidad, muchos, innumerables.
物	wu4	7209	Cosa/s, ser/es, objeto/s; el mundo físico, todas las cosas vivientes, la multitud, los otros.

Al comienzo un nueve

<blockquote>Avance sin expectaciones. Ventura.</blockquote>

无	wu2	7173	No, negativa; sin, no tiene, carencia de.
妄	wang4	7035	Suponer, esperar; imprudente, precipitado; error, extravagancia. En el *YiJing* siempre es precedido por 无, que significa "no": "no error", verdad y honestidad; inocencia.
往	wang3	7050	Ir, ir hacia, ir a; partir, irse.
吉	ji2	0476	Ventura, buena suerte, buena fortuna, propicio, favorable.

Seis en el segundo puesto

<blockquote>Cosecha sin haber arado.
Los campos están listos para su uso sin haberlos desmontado.
Es favorable emprender algo.</blockquote>

不	bu4	5379	No, adverbio de negación; sin, ninguno, nada, no lo haré, no lo necesito, no será.
耕	geng1	3343	Arar, cultivar, labrar.
穫	huo4	2207	Cosecha, cosechar, cortar el grano.
不	bu4	5379	No, adverbio de negación; sin, ninguno, nada, no lo haré, no lo necesito, no será.
菑	zi1	6932	Desmonte, preparar un campo para el cultivo por primera vez, campo arado por primera vez.
畬	yu2	7606	Campo arado recientemente desmontado, en el segundo o tercer año de cultivo (después de haber sido arado por dos o tres años).
則	ze2	6746	Entonces, así, después, luego, además, consecuentemente, inmediatamente, por consiguiente, por lo tanto; ley, regla, patrón, causa.
利	li4	3867	Favorable, propicio, conveniente, beneficioso, afortunado.
有	you3	7533	Poseer, tener, en posesión de, haber, existir.
攸	you1	7519	Meta, dirección, propósito; destino, lugar, el lugar donde; por lo cual; aquel que.
往	wang3	7050	Ir, ir hacia, ir a; partir, irse.

Sin Expectaciones (131) 25

Seis en el tercer puesto

Desastre inesperado. Quizás la vaca amarrada por alguien sea la ganancia del caminante y el infortunio del aldeano.

无	wu2	7173	No, negativa; sin, no tiene, carencia de.
妄	wang4	7035	Suponer, esperar; imprudente, precipitado; error, extravagancia. En el *Yijing* siempre es precedido por 无, que significa "no": "no error", verdad y honestidad; inocencia.
之	zhi1	0935	Pronombre personal: él, ella, ello; esto, esta, estos, etc. Frecuentemente es usado como un posesivo: tiene, tuvo, va a tener, suyo, suya; ir a.
災	zai1	6652	Calamidad, desastre, daño, herida; desgracia provocada por causas fuera de nuestro control, quizás procedente del Cielo, como las inundaciones y el fuego.
或	huo4	2402	Si acaso, si (condición o suposición en virtud de la cual un concepto depende de otro u otros), quizás, incierto, posible pero no seguro; alguno(s), alguna vez.
繫	xi4	2458	Atar, amarrar, sujetar, ligar; colgar de una cuerda.
之	zhi1	0935	Pronombre personal: él, ella, ello; esto, esta, estos, etc. Frecuentemente es usado como un posesivo: tiene, tuvo, va a tener, suyo, suya; ir a.
牛	niu2	4737	Vaca, toro, buey.
行	xing2	2754	El significado original era camino, movilizar, en el *Yijing* usualmente significa moverse, ir, trasladarse de un lugar a otro, avanzar, actuar, hacer.
人	ren2	3097	Hombre, persona(s), otro(s), ser humano, individuo.
之	zhi1	0935	Pronombre personal: él, ella, ello; esto, esta, estos, etc. Frecuentemente es usado como un posesivo: tiene, tuvo, va a tener, suyo, suya; ir a.
得	de2	6161	Conseguir, obtener, agarrar, ganar, ganancia, adquirir el objeto deseado, encontrar, lograr.
邑	yi4	3037	Ciudad, pueblo; ciudad con murallas de protección, sede del gobierno de un distrito.
人	ren2	3097	Hombre, persona(s), otro(s), ser humano, individuo.
之	zhi1	0935	Pronombre personal: él, ella, ello; esto, esta, estos, etc. Frecuentemente es usado como un posesivo: tiene, tuvo, va a tener, suyo, suya; ir a.
災	zai1	6652	Calamidad, desastre, daño, herida; desgracia provocada por causas fuera de nuestro control, quizás procedente del Cielo, como las inundaciones y el fuego.

Nueve en el cuarto puesto

Quien puede mantener su determinación no tendrá culpa.

可	ke3	3381	Poder, ser capaz de, podría, posiblemente; permiso, aprobación; adecuado, satisfactorio.
貞	zhen1	0346	Determinación (con el doble sentido de decisión y acción firme y continuada), constancia, perseverancia, firmeza; lealtad, devoción, pureza. Originalmente: determinación por adivinación.
無	wu2	7173	No, negativa; sin, no tiene, carencia de.
咎	jiu4	1192	Falta, error, defecto, culpa; poco propicio, infortunio, calamidad; mala suerte, mal augurio.

Nueve en el quinto puesto

Enfermedad inmerecida. No tomes medicina y tendrás regocijo.

無	wu2	7173	No, negativa; sin, no tiene, carencia de.
妄	wang4	7035	Suponer, esperar; imprudente, precipitado; error, extravagancia. En el *YiJing* siempre es precedido por 無, que significa "no": "no error", verdad y honestidad; inocencia.
之	zhi1	0935	Pronombre personal: él, ella, ello; esto, esta, estos, etc. Frecuentemente es usado como un posesivo: tiene, tuvo, va a tener, suyo, suya; ir a.
疾	ji2	0492	Enfermedad, daño, defecto, ansiedad; apuro; odio. Originalmente mostraba una flecha hiriendo a una persona.
勿	wu4	7208	No. Negativa imperativa.
藥	yao4	7501	Planta medicinal, medicina, tomar medicina, curar, peonía.
有	you3	7533	Poseer, tener, en posesión de, haber, existir.
喜	xi3	2434	Alegría, júbilo, regocijo, felicidad, complacido, gratificado, exultante.

Al tope un nueve

La acción espontánea causa desventura.
No es favorable emprender algo.

無	wu2	7173	No, negativa; sin, no tiene, carencia de.
妄	wang4	7035	Suponer, esperar; imprudente, precipitado; error, extravagancia. En el *YiJing* siempre es precedido por 無, que significa "no": "no error", verdad y honestidad; inocencia.
行	xing2	2754	El significado original era camino, movilizar, en el *YiJing* usualmente significa moverse, ir, trasladarse de un lugar a otro, avanzar, actuar, hacer.

有	you3	7533	Poseer, tener, en posesión de, haber, existir.
眚	sheng3	5741	Grave error, desastre, calamidad; infortunio, falta u ofensa debido a la ignorancia. Ceguera o falta de luz, un error de juicio.
无	wu2	7173	No, negativa; sin, no tiene, carencia de.
攸	you1	7519	Meta, dirección, propósito; destino, lugar, el lugar donde; por lo cual; aquel que.
利	li4	3867	Favorable, propicio, conveniente, beneficioso, afortunado.

26 大畜 *da chu*
La Fuerza Domesticadora de lo Grande / Gran Acumulación

El Dictamen

> La Fuerza Domesticadora de lo Grande.
> La determinación es favorable. No comer en casa brinda
> buena fortuna. Es propicio cruzar el gran río.

大	da4	5943	Grande, alto, excesivo, arrogante, estirarse y alcanzar por todos lados.
畜	chu4	1412	Acumular; alimentar, sostener, mantener, criar; cultivar; domesticar.
利	li4	3867	Favorable, propicio, conveniente, beneficioso, afortunado.
貞	zhen1	0346	Determinación (con el doble sentido de decisión y acción firme y continuada), constancia, perseverancia, firmeza; lealtad, devoción, pureza. Originalmente: determinación por adivinación.
不	bu4	5379	No, adverbio de negación; sin, ninguno, nada, no lo haré, no lo necesito, no será.
家	jia1	0594	Familia, clan (familia extendida), hogar, morada, casa, mantener una casa.
食	shi2	5810	Comer, alimentarse, consumir; comida, dar alimento a; subsistencia; salario de un oficial; disfrutar; eclipse (la luna o el sol es 'comido').
吉	ji2	0476	Ventura, buena suerte, buena fortuna, propicio, favorable.
利	li4	3867	Favorable, propicio, conveniente, beneficioso, afortunado.
涉	she4	5707	Vadear o cruzar una corriente de agua; pasar a través o por encima.
大	da4	5943	Grande, alto, excesivo, arrogante, estirarse y alcanzar por todos lados.
川	chuan1	1439	Río, corriente de agua, inundación.

La Fuerza Domesticadora de lo Grande (135) 26

La Imagen

El Cielo en medio de la Montaña:
la imagen de La Fuerza Domesticadora de lo Grande.
De esta forma el noble, interiorizándose con muchas palabras
y obras de la antigüedad, cultiva su carácter.

天	tian1	6361	Cielo, firmamento, cosmos, celestial, divino.
在	zai4	6657	Estar en, adentro, sobre, presente, situado, al lado, a través, involucrado; presencia, existencia, lugar.
山	shan1	5630	Montaña, colina, pico.
中	zhong1	1504	Centro, interior, dentro de, medio; acertarle al medio, acertarle al blanco; balanceado, central, correcto.
大	da4	5943	Grande, alto, excesivo, arrogante, estirarse y alcanzar por todos lados.
畜	chu4	1412	Acumular; alimentar, sostener, mantener, criar; cultivar; domesticar.
君	jun1	1715	Señor, príncipe, gobernante, noble; hombre superior.
子	zi3	6939	Hijo/a, niño/a; descendencia, prole; posteridad; sufijo; oficial, amo, príncipe.
以	yi3	2932	Así, de esta manera; por, para; por medio de, con; instrumento, medio, método, uso (de), camino (a).
多	duo1	6416	Muchos, muy, gran cantidad; excesivo.
識	shi2	5825	Recordar, memorizar, conocer, archivar, conmemorar, apreciar, familiarizarse con, interiorizarse.
前	qian2	0919	Adelante, al frente, delantero, en frente de; anterior, antiguo (antes en el tiempo); primero.
言	yan2	7334	Palabras, chismes, dichos; interrogación.
往	wang3	7050	Ir, ir hacia, ir a; partir, irse.
行	xing2	2754	El significado original era camino, movilizar, en el *YiJing* usualmente significa moverse, ir, trasladarse de un lugar a otro, avanzar, actuar, hacer.
以	yi3	2932	Así, de esta manera; por, para; por medio de, con; instrumento, medio, método, uso (de), camino (a).
畜	chu4	1412	Acumular; alimentar, sostener, mantener, criar; cultivar; domesticar.
其	qi2	0525	Su, suyo, suya, de ellos, de ellas; el, la, lo, las, los. Un pronombre posesivo y demostrativo.
德	de2	6162	Virtud, poder espiritual, habilidad para seguir el curso correcto; cualidad, naturaleza, carácter, disposición.

Al comienzo un nueve

Hay peligro. Es conveniente desistir.

有	you3	7533	Poseer, tener, en posesión de, haber, existir.
厲	li4	3906	Peligro, amenaza, opresivo, cruel, malvado, brutal, enfermedad, demonio malevolente; piedra de afilar áspera, afilar, machacar, triturar, disciplina.
利	li4	3867	Favorable, propicio, conveniente, beneficioso, afortunado.
已	yi3	2930	Parar, desistir, cesar, detenerse, llegar hasta la culminación y entonces detenerse.

Nueve en el segundo puesto

Al carruaje se le quitan los soportes del eje.

輿	yu2	7618	Carruaje, vagón, carro, carro de guerra (arrastrado por cuatro caballos), vehículo; transporte, transportar, acarrear.
說	tuo1	5939	Remover, soltar.
輹	fu4	1997	Soportes del eje, bujes, dos piezas de madera que sostenían el eje firmemente, en los dos lados por abajo del carro.

Nueve en el tercer puesto

Buenos caballos que corren uno tras otro. Es propicio tener presente las dificultades y ser perseverante. Practica el manejo del carro y la defensa armada diariamente. Es favorable tener una meta.

良	liang2	3941	Bueno, fino, excelente.
馬	ma3	4310	Caballo.
逐	zhu2	1383	Perseguir, seguir, expeler; en orden, en sucesión, uno por uno; competencia.
利	li4	3867	Favorable, propicio, conveniente, beneficioso, afortunado.
艱	jian1	0834	Dificultad, privación, penalidad, penuria, sufrimiento, necesidades.
貞	zhen1	0346	Determinación (con el doble sentido de decisión y acción firme y continuada), constancia, perseverancia, firmeza; lealtad, devoción, pureza. Originalmente: determinación por adivinación.
曰	yue1	7694	Decir, dice, dicho, llamar, llamado, designado, hablar, decir, contar.
閑	xian2	2679	Barricada; defender, proteger con una barricada, barrera, cerca o corral; entrenamiento, disciplina, prohibir, restringir.

輿	yu2	7618	Carruaje, vagón, carro, carro de guerra (arrastrado por cuatro caballos), vehículo; transporte, transportar, acarrear.
衛	wei4	7089	Guardar, custodiar, proteger, defender.
利	li4	3867	Favorable, propicio, conveniente, beneficioso, afortunado.
有	you3	7533	Poseer, tener, en posesión de, haber, existir.
攸	you1	7519	Meta, dirección, propósito; destino, lugar, el lugar donde; por lo cual; aquel que.
往	wang3	7050	Ir, ir hacia, ir a; partir, irse.

Seis en el cuarto puesto

La cobertura protectora de los cuernos del becerro. Sublime ventura.

童	tong2	6626	Niño, persona joven (de ambos sexos); alumno, paje, sirviente (niño o niña) de menos de 15 años; joven, virgen, incorrupto/a; animal joven que todavía no tiene cuernos (especialmente ternero o cordero).
牛	niu2	4737	Vaca, toro, buey.
之	zhi1	0935	Pronombre personal: él, ella, ello; esto, esta, estos, etc. Frecuentemente es usado como un posesivo: tiene, tuvo, va a tener, suyo, suya; ir a.
牿	gu4	8003	Corral, establo, confinamiento, protector de madera atado sobre los cuernos de un buey para evitar que lastime a alguien; cojear.
元	yuan2	7707	Sublime, elevado, preeminente, superior, el más grande, grande y originante, primordial, cabeza, líder, jefe.
吉	ji2	0476	Ventura, buena suerte, buena fortuna, propicio, favorable.

Seis en el quinto puesto

Los colmillos de un cerdo castrado. Ventura.

豶	fen2	1873	Castrado, castrar un cerdo, capón.
豕	shi3	5766	Cerdo, verraco, jabalí. Símbolo de riqueza y suerte.
之	zhi1	0935	Pronombre personal: él, ella, ello; esto, esta, estos, etc. Frecuentemente es usado como un posesivo: tiene, tuvo, va a tener, suyo, suya; ir a.
牙	ya2	7214	Dientes, colmillos.
吉	ji2	0476	Ventura, buena suerte, buena fortuna, propicio, favorable.

Al tope un nueve

¿Cuál es el camino del Cielo? Exito.

何	he2	2109	¿Cómo? ¿qué? ¿porqué? ¿cuál?
天	tian1	6361	Cielo, firmamento, cosmos, celestial, divino.
之	zhi1	0935	Pronombre personal: él, ella, ello; esto, esta, estos, etc. Frecuentemente es usado como un posesivo: tiene, tuvo, va a tener, suyo, suya; ir a.
衢	qu2	1611	Carretera, camino principal, donde muchos caminos se encuentran.
亨	heng1	2099	Exito, logro, satisfacción, crecimiento, penetración; ofrenda, sacrificio.

27 頤 yi – La Alimentación / Las Mandíbulas

El Dictamen

La Alimentación. La determinación es venturosa.
Presta atención a la alimentación que buscas para llenar tu boca.

頤	yi2	2969	Mandíbulas, quijadas, mejillas; mentón, barbilla; nutrir, alimentar.
貞	zhen1	0346	Determinación (con el doble sentido de decisión y acción firme y continuada), constancia, perseverancia, firmeza; lealtad, devoción, pureza. Originalmente: determinación por adivinación.
吉	ji2	0476	Ventura, buena suerte, buena fortuna, propicio, favorable.
觀	guan1	3575	Ver, mirar, contemplar, observar, vigilar; considerar, tomar algo en cuenta, examinar, evaluar; paisaje, vista, aspecto.
頤	yi2	2969	Mandíbulas, quijadas, mejillas; mentón, barbilla; nutrir, alimentar.
自	zi4	6960	De, desde, viniendo de, seguir, originar, a causa de, por; uno mismo, él mismo.
求	qiu2	1217	Buscar, seguir, solicitar, intentar, anhelar, implorar, suplicar, pedir, mendigar, rogar, orar.
口	kou3	3434	Boca; una abertura, un agujero.
實	shi2	5821	Lleno, real, sustancial, contenido, sustancia, sincero, auténtico, sólido; fruto.

La Imagen

Bajo la Montaña está el Trueno: la imagen de la Alimentación. Así el noble es cuidadoso con lo que dice y moderado en el beber y el comer.

山	shan1	5630	Montaña, colina, pico.
下	xia4	2520	Debajo de, abajo, descender.
有	you3	7533	Poseer, tener, en posesión de, haber, existir.
雷	lei2	4236	Trueno: conmoción, aterrador, poder suscitativo que surge de la tierra.

頤	yi2	2969	Mandíbulas, quijadas, mejillas; mentón, barbilla; nutrir, alimentar.
君	jun1	1715	Señor, príncipe, gobernante, noble; hombre superior.
子	zi3	6939	Hijo/a, niño/a; descendencia, prole; posteridad; sufijo; oficial, amo, príncipe.
以	yi3	2932	Así, de esta manera; por, para; por medio de, con; instrumento, medio, método, uso (de), camino (a).
愼	shen4	5734	Cuidadoso, prudente.
言	yan2	7334	Palabras, chismes, dichos; interrogación.
語	yu3	7651	Habla, contar, dicho, discurso.
節	jie2	0795	Nudos o junturas de bambú u otras plantas; de ahí los significados adicionales de división regular; juntura, circunstancia; moderar, economizar, restringir, regular, regir, ley; integridad moral; bastón, símbolo de autoridad.
飲	yin3	7454	Beber, tragar; bebida, dar de beber.
食	shi2	5810	Comer, alimentarse, consumir; comida, dar alimento a; subsistencia; salario de un oficial; disfrutar; eclipse (la luna o el sol es 'comido').

Al comienzo un nueve

Dejas irse a tu tortuga mágica y me miras con tu mandíbula colgando. Desventura.

舍	she3	5699	Dejar, abandonar, soltar, poner en libertad, dejar irse, dejar a un lado; descansar, detenerse, albergue temporario.
爾	er3	1754	Tú (pron. person.), tu (adj. poses.)
靈	ling2	4071	Sobrenatural, espiritual, mágico; adivino.
龜	gui1	3621	Tortuga. Símbolo de longevidad.
觀	guan1	3575	Ver, mirar, contemplar, observar, vigilar; considerar, tomar algo en cuenta, examinar, evaluar; paisaje, vista, aspecto.
我	wo3	4778	Nosotros, yo, mi, mío, nuestro.
朵	duo3	6419	Colgar, colgando abierto, mover (la mandíbula, al masticar).
頤	yi2	2969	Mandíbulas, quijadas, mejillas; mentón, barbilla; nutrir, alimentar.
凶	xiong1	2808	Desventura, malo, mala suerte, gran infortunio, peligro mortal, nefasto, malos augurios, caer en una trampa.

La Alimentación (141)

Seis en el segundo puesto

Subvierte la alimentación. Se aparta del camino y se dirige hacia la cumbre por Alimentación. Marchar trae desventura.

顛	dian1	6337	Cima, cumbre, coronilla; invertir, caer, volcar, tumbar.
頤	yi2	2969	Mandíbulas, quijadas, mejillas; mentón, barbilla; nutrir, alimentar.
拂	fu2	1986	Rechazar, desechar, despedir, despedida brusca; apartarse.
經	jing1	1123	Clásico, canon, escritura; ley, regulación; la ondulación de una tela, cosas que corren a lo largo como las líneas de significado a través de la tela del tiempo, pasar a través, camino.
于	yu2	7592	En (sobre, bajo, adentro, al lado, cerca de, por), a, hacia, ir hacia, hasta, de, como.
丘	qiu1	1213	Colina, montículo, pequeña elevación, grande.
頤	yi2	2969	Mandíbulas, quijadas, mejillas; mentón, barbilla; nutrir, alimentar.
征	zheng1	0352	Marchar (iniciar una campaña). Castigar, disciplinar, atacar, invadir, conquistar; ir, venir, traer.
凶	xiong1	2808	Desventura, malo, mala suerte, gran infortunio, peligro mortal, nefasto, malos augurios, caer en una trampa.

Seis en el tercer puesto

Rechaza la Alimentación. La determinación trae desventura. Por diez años no podrá hacer nada. Ninguna meta es favorable.

拂	fu2	1986	Rechazar, desechar, despedir, despedida brusca; apartarse.
頤	yi2	2969	Mandíbulas, quijadas, mejillas; mentón, barbilla; nutrir, alimentar.
貞	zhen1	0346	Determinación (con el doble sentido de decisión y acción firme y continuada), constancia, perseverancia, firmeza; lealtad, devoción, pureza. Originalmente: determinación por adivinación.
凶	xiong1	2808	Desventura, malo, mala suerte, gran infortunio, peligro mortal, nefasto, malos augurios, caer en una trampa.
十	shi2	5807	Diez, completo.
年	nian2	4711	Año/s, estación/es, cosechas.
勿	wu4	7208	No. Negativa imperativa.
用	yong4	7567	Usar, aplicar, emplear, implementar; aplicar el oráculo a situaciones reales; actuar; usar como ofrenda, ofrecer en sacrificio.

无	wu2	7173	No, negativa; sin, no tiene, carencia de.
攸	you1	7519	Meta, dirección, propósito; destino, lugar, el lugar donde; por lo cual; aquel que.
利	li4	3867	Favorable, propicio, conveniente, beneficioso, afortunado.

Seis en el cuarto puesto

Subvierte la Alimentación. Mirando fijamente como un tigre, con avidez e insaciable deseo de persecución. Sin defecto.

顛	dian1	6337	Cima, cumbre, coronilla; invertir, caer, volcar, tumbar.
頤	yi2	2969	Mandíbulas, quijadas, mejillas; mentón, barbilla; nutrir, alimentar.
吉	ji2	0476	Ventura, buena suerte, buena fortuna, propicio, favorable.
虎	hu3	2161	Tigre. Emblema de bravura y crueldad: fuerte, salvaje, bravo, vigoroso.
視	shi4	5789	Ver, mirar, inspeccionar, observar, considerar.
眈	dan1	6028	Clavarle los ojos a alguien, mirar fijamente, la intensa mirada de un tigre, mirar para abajo. El estar duplicado intensifica su significado y le agrega el significado de mirar a alguien con avidez, glotonería o avaricia.
眈	dan1	6028	
其	qi2	0525	Su, suyo, suya, de ellos, de ellas; el, la, lo, las, los. Un pronombre posesivo y demostrativo.
欲	yu4	7671	Deseo, anhelo; lujuria, pasión.
逐	zhu2	1383	Perseguir, seguir, expeler; en orden, en sucesión, uno por uno; competencia. El estar duplicado intensifica su significado
逐	zhu2	1383	
无	wu2	7173	No, negativa; sin, no tiene, carencia de.
咎	jiu4	1192	Falta, error, defecto, culpa; poco propicio, infortunio, calamidad; mala suerte, mal augurio.

Seis en el quinto puesto

Se aparta del camino. Si ocupa su posición con perseverancia tendrá ventura. No puede cruzar el gran río.

拂	fu2	1986	Rechazar, desechar, despedir, despedida brusca; apartarse.
經	jing1	1123	Clásico, canon, escritura; ley, regulación; la ondulación de una tela, cosas que corren a lo largo como las líneas de significado a través de la tela del tiempo, pasar a través, camino.

La Alimentación (143)

居	ju1	1535	Quedarse, permanecer, descansar (en), morar, residir; ocupar una posición o lugar; presumido, arrogante, dominante.
貞	zhen1	0346	Determinación (con el doble sentido de decisión y acción firme y continuada), constancia, perseverancia, firmeza; lealtad, devoción, pureza. Originalmente: determinación por adivinación.
吉	ji2	0476	Ventura, buena suerte, buena fortuna, propicio, favorable.
不	bu4	5379	No, adverbio de negación; sin, ninguno, nada, no lo haré, no lo necesito, no será.
可	ke3	3381	Poder, ser capaz de, podría, posiblemente; permiso, aprobación; adecuado, satisfactorio.
涉	she4	5707	Vadear o cruzar una corriente de agua; pasar a través o por encima.
大	da4	5943	Grande, alto, excesivo, arrogante, estirarse y alcanzar por todos lados.
川	chuan1	1439	Río, corriente de agua, inundación.

Al tope un nueve

La fuente de la Alimentación. Peligro, pero buena fortuna. Es favorable cruzar el gran río.

由	you2	7513	Fuente, causa, motivo; proceder de.
頤	yi2	2969	Mandíbulas, quijadas, mejillas; mentón, barbilla; nutrir, alimentar.
厲	li4	3906	Peligro, amenaza, opresivo, cruel, malvado, brutal, enfermedad, demonio malevolente; piedra de afilar áspera, afilar, machacar, triturar, disciplina.
吉	ji2	0476	Ventura, buena suerte, buena fortuna, propicio, favorable.
利	li4	3867	Favorable, propicio, conveniente, beneficioso, afortunado.
涉	she4	5707	Vadear o cruzar una corriente de agua; pasar a través o por encima.
大	da4	5943	Grande, alto, excesivo, arrogante, estirarse y alcanzar por todos lados.
川	chuan1	1439	Río, corriente de agua, inundación.

28 大過 *da guo* – El Exceso de lo Grande / Sobrecarga

El Dictamen

El Exceso de lo Grande. La viga maestra se dobla.
Es favorable tener una meta. Exito.

大	da4	5943	Grande, alto, excesivo, arrogante, estirarse y alcanzar por todos lados.
過	guo4	3730	Pasar, pasar a través, ir más allá, sobrepasar, exceder, exceso, preponderancia; demasiado, excesivamente; transgredir, falta.
棟	dong4	6607	La viga maestra de una casa, parhilera, cumbrera, caballete de una casa.
橈	nao2	3087	Combarse, hundirse, colgar, caer; débil; desviar, romper; dispersar, madera torcida.
利	li4	3867	Favorable, propicio, conveniente, beneficioso, afortunado.
有	you3	7533	Poseer, tener, en posesión de, haber, existir.
攸	you1	7519	Meta, dirección, propósito; destino, lugar, el lugar donde; por lo cual; aquel que.
往	wang3	7050	Ir, ir hacia, ir a; partir, irse.
亨	heng1	2099	Exito, logro, satisfacción, crecimiento, penetración; ofrenda, sacrificio.

La Imagen

El Lago cubre los Árboles: la imagen del Exceso de lo Grande.
Así el noble se mantiene solitario sin temor
y renuncia al mundo sin lamentarlo.

澤	ze2	0277	Lago, cuerpo de agua, charca, pantano; fertilizar, ungir, beneficiar, favorecer; húmedo, brillante, pulido; gracia, brillantez.
滅	mie4	4483	Sumergir, destruir, extinguir, exterminar.
木	mu4	4593	Arbol, madera, bosque, hecho de madera.

El Exceso de lo Grande (145) 28

大	da4	5943	Grande, alto, excesivo, arrogante, estirarse y alcanzar por todos lados.
過	guo4	3730	Pasar, pasar a través, ir más allá, sobrepasar, exceder, exceso, preponderancia; demasiado, excesivamente; transgredir, falta.
君	jun1	1715	Señor, príncipe, gobernante, noble; hombre superior.
子	zi3	6939	Hijo/a, niño/a; descendencia, prole; posteridad; sufijo; oficial, amo, príncipe.
以	yi3	2932	Así, de esta manera; por, para; por medio de, con; instrumento, medio, método, uso (de), camino (a).
獨	du2	6512	Solo, solamente; solitario, abandonado.
立	li4	3921	Estar de pie, erguido, mantener la posición o el curso, resistir, durar; instituir, establecer.
不	bu4	5379	No, adverbio de negación; sin, ninguno, nada, no lo haré, no lo necesito, no será.
懼	ju4	1560	Miedo, alarma, aprensión.
遯	dun4	6586	Retirada, escape, retracción, retroceso, renuncia, ocultamiento.
世	shi4	5790	El mundo, la humanidad; generación (de 30 años), época, era.
无	wu2	7173	No, negativa; sin, no tiene, carencia de.
悶	men4	4420	Triste, desanimado, melancólico.

Al comienzo un seis

Usa una estera ritual de paja blanca. Sin defecto.

藉	jie4	0767	Estera de juncos (carrizo) sobre la cual se colocaban sacrificios o regalos, estera, felpudo, juncos; efectuar sacrificios a los dioses y los difuntos; presentar; campo arado por el rey, cuya producción era usada para sacrificio.
用	yong4	7567	Usar, aplicar, emplear, implementar; aplicar el oráculo a situaciones reales; actuar; usar como ofrenda, ofrecer en sacrificio.
白	bai2	4975	Blanco, desnudo, simple, puro; que se entiende claramente.
茅	mao2	4364	Carrizo (caña común), cisca, un tipo de junco, hierba *mao*.
无	wu2	7173	No, negativa; sin, no tiene, carencia de.
咎	jiu4	1192	Falta, error, defecto, culpa; poco propicio, infortunio, calamidad; mala suerte, mal augurio.

Nueve en el segundo puesto

Un sauce seco produce brotes.
Un hombre viejo consigue una mujer joven.
Nada que no sea favorable.

枯	ku1	3492	Marchito, reseco; decaído, podrido.
楊	yang2	7261	Sauce, álamo, álamo tremblón.
生	sheng1	5738	Vida, dar la vida, nacer, producir, generar, brotar, crecimiento; animal sacrificial.
稊	ti2	6252	Echar retoños, brotar, retoñar, retoño, brote, hoja recién brotada; raíces.
老	lao3	3833	Viejo, envejecido.
夫	fu1	1908	Hombre, hombre adulto, esposo; aquel, aquellos.
得	de2	6161	Conseguir, obtener, agarrar, ganar, ganancia, adquirir el objeto deseado, encontrar, lograr.
其	qi2	0525	Su, suyo, suya, de ellos, de ellas; el, la, lo, las, los. Un pronombre posesivo y demostrativo.
女	nu3	4776	Mujer, dama, doncella, muchacha, género femenino.
妻	qi1	0555	Esposa, compañera, consorte, casarse. Una esposa legal (primera esposa).
无	wu2	7173	No, negativa; sin, no tiene, carencia de.
不	bu4	5379	No, adverbio de negación; sin, ninguno, nada, no lo haré, no lo necesito, no será.
利	li4	3867	Favorable, propicio, conveniente, beneficioso, afortunado.

Nueve en el tercer puesto

La viga maestra se dobla.
Desventura.

棟	dong4	6607	La viga maestra de una casa, parhilera, cumbrera, caballete de una casa.
橈	nao2	3087	Combarse, hundirse, colgar, caer; débil; desviar, romper; dispersar, madera torcida.
凶	xiong1	2808	Desventura, malo, mala suerte, gran infortunio, peligro mortal, nefasto, malos augurios, caer en una trampa.

El Exceso de lo Grande (147)

Nueve en el cuarto puesto

La viga maestra se curva hacia arriba. Ventura.
Si hay algo más habrá humillación.

棟	dong4	6607	La viga maestra de una casa, parhilera, cumbrera, caballete de una casa.
隆	long2	4255	Curvarse para arriba, levantarse hasta la parte más alta, alto, amplio, extenso, eminente.
吉	ji2	0476	Ventura, buena suerte, buena fortuna, propicio, favorable.
有	you3	7533	Poseer, tener, en posesión de, haber, existir.
它	tuo1	6439	Otro, otra; peligro, daño, calamidad.
吝	lin4	4040	Arrepentimiento, humillación, vergüenza, angustia, aflicción, sufrimiento; mezquindad, avaricia.

Nueve en el quinto puesto

Un sauce seco produce flores. Una mujer vieja consigue un esposo joven. No hay falla ni alabanza.

枯	ku1	3492	Marchito, reseco; decaído, podrido.
楊	yang2	7261	Sauce, álamo, álamo tremblón.
生	sheng1	5738	Vida, dar la vida, nacer, producir, generar, brotar, crecimiento; animal sacrificial.
華	hua2	2217	Flores, florecimiento.
老	lao3	3833	Viejo, envejecido.
婦	fu4	1963	Mujer casada, esposa, una mujer.
得	de2	6161	Conseguir, obtener, agarrar, ganar, ganancia, adquirir el objeto deseado, encontrar, lograr.
其	qi2	0525	Su, suyo, suya, de ellos, de ellas; el, la, lo, las, los. Un pronombre posesivo y demostrativo.
士	shi4	5776	Hombre joven, soltero, hombre, caballero, guerrero, soldado, oficial.
夫	fu1	1908	Hombre, hombre adulto, esposo; aquel, aquellos.
无	wu2	7173	No, negativa; sin, no tiene, carencia de.
咎	jiu4	1192	Falta, error, defecto, culpa; poco propicio, infortunio, calamidad; mala suerte, mal augurio.
无	wu2	7173	No, negativa; sin, no tiene, carencia de.
譽	yu4	7617	Alabanza, elogio, fama, honor, renombre, prestigio, estima.

Al tope un seis

> Se sumerge hasta la coronilla al vadear al río.
> Desventura. No hay falta.

過	guo4	3730	Pasar, pasar a través, ir más allá, sobrepasar, exceder, exceso, preponderancia; demasiado, excesivamente; transgredir, falta.
涉	she4	5707	Vadear o cruzar una corriente de agua; pasar a través o por encima.
滅	mie4	4483	Sumergir, destruir, extinguir, exterminar.
頂	ding3	6390	Coronilla, la parte más alta de la cabeza.
凶	xiong1	2808	Desventura, malo, mala suerte, gran infortunio, peligro mortal, nefasto, malos augurios, caer en una trampa.
无	wu2	7173	No, negativa; sin, no tiene, carencia de.
咎	jiu4	1192	Falta, error, defecto, culpa; poco propicio, infortunio, calamidad; mala suerte, mal augurio.

29 習坎 *xi kan* – Lo Abismal / El Agua

El Dictamen

Lo Abismal. Si atas la verdad a tu corazón tendrás éxito
y obtendrás reconocimiento por tus obras.

習	xi2	2499	Doble, duplicado, repetido, repetir, práctica, experiencia, ensayo. El movimiento rápido y frecuente de las alas al volar, de donde viene la idea de practicar, estudiar, costumbres, prácticas.
坎	kan3	3245	Hoyo, precipicio, desfiladero peligroso, peligro, dificultad, trampa.
有	you3	7533	Poseer, tener, en posesión de, haber, existir.
孚	fu2	1936	Verdad; confiable, sincero; inspirar confianza a otros.
維	wei2	7067	Atar, amarrar juntos; principio orientador, regla; solo, solamente.
心	xin1	2735	Corazón, mente, afección, conciencia, deseo, intenciones, sentimientos, naturaleza moral; centro, núcleo.
亨	heng1	2099	Exito, logro, satisfacción, crecimiento, penetración; ofrenda, sacrificio.
行	xing2	2754	El significado original era camino, movilizar, en el *YiJing* usualmente significa moverse, ir, trasladarse de un lugar a otro, avanzar, actuar, hacer.
有	you3	7533	Poseer, tener, en posesión de, haber, existir.
尚	shang4	5670	Alto, ascender, admirable, superior, sobrepasar, estimado, reconocimiento, premio; todavía, por otra parte, en adición a.

La Imagen

El agua fluye hasta alcanzar la meta: la imagen de Lo Abismal.
Así el noble es constante en su virtud
y se dedica con persistencia a la enseñanza.

水	shui3	5922	Agua, río, corriente, flujo, líquido, fluido.
洊	jian4	0880	Flujo continuo, agua que fluye, repetido, por segunda vez.

至	zhi4	0982	Llegar, alcanzar el punto más alto o la cúspide, culminar; el extremo, lo más grande, muy.
習	xi2	2499	Doble, duplicado, repetido, repetir, práctica, experiencia, ensayo. El movimiento rápido y frecuente de las alas al volar, de donde viene la idea de practicar, estudiar, costumbres, prácticas.
坎	kan3	3245	Hoyo, precipicio, desfiladero peligroso, peligro, dificultad, trampa.
君	jun1	1715	Señor, príncipe, gobernante, noble; hombre superior.
子	zi3	6939	Hijo/a, niño/a; descendencia, prole; posteridad; sufijo; oficial, amo, príncipe.
以	yi3	2932	Así, de esta manera; por, para; por medio de, con; instrumento, medio, método, uso (de), camino (a).
常	chang2	0221	Constante, constancia, regular. Una regla, un principio, una tarea u obligación habitual.
德	de2	6162	Virtud, poder espiritual, habilidad para seguir el curso correcto; cualidad, naturaleza, carácter, disposición.
行	xing2	2754	El significado original era camino, movilizar, en el *YiJing* usualmente significa moverse, ir, trasladarse de un lugar a otro, avanzar, actuar, hacer.
習	xi2	2499	Doble, duplicado, repetido, repetir, práctica, experiencia, ensayo. El movimiento rápido y frecuente de las alas al volar, de donde viene la idea de practicar, estudiar, costumbres, prácticas.
教	jiao1	0719	Enseñar, educar, instruir.
事	shi4	5787	Servir, servicio, asunto, cuestión, cosa, evento, negocio, actividad, quehacer, ocupación.

Al comienzo un seis

Lo Abismal. Al entrar uno cae en una caverna en el fondo del abismo. Desventura.

習	xi2	2499	Doble, duplicado, repetido, repetir, práctica, experiencia, ensayo. El movimiento rápido y frecuente de las alas al volar, de donde viene la idea de practicar, estudiar, costumbres, prácticas.
坎	kan3	3245	Hoyo, precipicio, desfiladero peligroso, peligro, dificultad, trampa.
入	ru4	3152	Entrar, introducirse (esta es la acepción usada en el *YiJing*); traer, presentar; invadir.

Lo Abismal

于	yu2	7592	En (sobre, bajo, adentro, al lado, cerca de, por), a, hacia, ir hacia, hasta, de, como.
坎	kan3	3245	Hoyo, precipicio, desfiladero peligroso, peligro, dificultad, trampa.
窞	dan4	8002	Hueco o pozo más pequeño en el fondo de una caverna, sótano o bóveda; caer en un pozo, trampa.
凶	xiong1	2808	Desventura, malo, mala suerte, gran infortunio, peligro mortal, nefasto, malos augurios, caer en una trampa.

Nueve en el segundo puesto

El abismo es peligroso. Busca sólo pequeñas cosas.

坎	kan3	3245	Hoyo, precipicio, desfiladero peligroso, peligro, dificultad, trampa.
有	you3	7533	Poseer, tener, en posesión de, haber, existir.
險	xian3	2689	Peligroso, un paso estrecho, una grieta, un precipicio, una pendiente pronunciada.
求	qiu2	1217	Buscar, seguir, solicitar, intentar, anhelar, implorar, suplicar, pedir, mendigar, rogar, orar.
小	xiao3	2605	Pequeño, común, humilde, mediocre, insignificante, sin importancia.
得	de2	6161	Conseguir, obtener, agarrar, ganar, ganancia, adquirir el objeto deseado, encontrar, lograr.

Seis en el tercer puesto

Llegando al abismo hay otro abismo.
Cae a una caverna en el Abismo. No hagas nada.

來	lai2	3768	Venir, llegar; traer; volver.
之	zhi1	0935	Pronombre personal: él, ella, ello; esto, esta, estos, etc. Frecuentemente es usado como un posesivo: tiene, tuvo, va a tener, suyo, suya; ir a.
坎坎	kan3 kan3	3245 3245	Hoyo, precipicio, desfiladero peligroso, peligro, dificultad, trampa. El estar duplicado indica doble abismo.
險	xian3	2689	Peligroso, un paso estrecho, una grieta, un precipicio, una pendiente pronunciada.
且	qie3	0803	Y, mientras tanto, además; ahora, dentro de poco; también, y además, ambos. Indica alternativa o acción simultánea.

Matriz de Significados del Libro de los Cambios

枕	zhen3	0308	Descanso, pausa, detención, un lugar de descanso, reclinarse, calmarse, relajarse; una almohada, usar como una almohada; una estaca para amarrar ganado; profundo (substituyendo el carácter por 沉 que tiene también los significados hundirse, perecer, ahogarse, caer, perecer, como hacen Rutt, Kunst y Shaughnessy).
入	ru4	3152	Entrar, introducirse (esta es la acepción usada en el *Yi-Jing*); traer, presentar; invadir.
于	yu2	7592	En (sobre, bajo, adentro, al lado, cerca de, por), a, hacia, ir hacia, hasta, de, como.
坎	kan3	3245	Hoyo, precipicio, desfiladero peligroso, peligro, dificultad, trampa.
窞	dan4	8002	Hueco o pozo más pequeño en el fondo de una caverna, sótano o bóveda; caer en un pozo, trampa.
勿	wu4	7208	No. Negativa imperativa.
用	yong4	7567	Usar, aplicar, emplear, implementar; aplicar el oráculo a situaciones reales; actuar; usar como ofrenda, ofrecer en sacrificio.

Seis en el cuarto puesto

Un jarro de vino más un tazón de arroz.
Usando cacharros de arcilla entregados conjuntamente por la ventana.
Finalmente no habrá falta.

樽	zun1	6886	Jarro o copa para vino, pequeña botella, petaca.
酒	jiu3	1208	Bebida, vino, licor, bebidas espirituosas.
簋	gui3	3633	Cuenco, vasija, tazón, cesta de bambú, sopera con arroz; un tipo de vaso o cesta usado durante la presentación de sacrificios.
貳	er4	1752	Suplemento, doble, secundario, de repuesto; repetir.
用	yong4	7567	Usar, aplicar, emplear, implementar; aplicar el oráculo a situaciones reales; actuar; usar como ofrenda, ofrecer en sacrificio.
缶	fou3	1905	Olla, vasija de barro.
納	na4	4607	Traer, entregar, presentar, conducido a, recibir, dejar entrar, tomar, admitir.
約	yue1	7493	Atar, amarrar, cuerdas, adherir, pegar, enlazar, poner juntos; contener, restringir; contrato, acuerdo.
自	zi4	6960	De, desde, viniendo de, seguir, originar, a causa de, por; uno mismo, él mismo.

Lo Abismal

(153)

牖	you3	7507	Una ventana o abertura en la pared o el techo para que entre la luz.
終	zhong1	1500	Fin, final, al final, completo, entero, término, final de un ciclo; llevar hasta la conclusión, consumación; muerte.
无	wu2	7173	No, negativa; sin, no tiene, carencia de.
咎	jiu4	1192	Falta, error, defecto, culpa; poco propicio, infortunio, calamidad; mala suerte, mal augurio.

Nueve en el quinto puesto

El Abismo no se desborda. Sólo se llena hasta el borde. Sin falta.

坎	kan3	3245	Hoyo, precipicio, desfiladero peligroso, peligro, dificultad, trampa.
不	bu4	5379	No, adverbio de negación; sin, ninguno, nada, no lo haré, no lo necesito, no será.
盈	ying2	7474	Llenar, lleno, satisfecho.
祇	zhi1	0952	Respetar, reverenciar, tomar como modelo.
既	ji4	0453	Consumado, completo, ha ocurrido, hecho, ya sucedió, después.
平	ping2	5303	Nivelado, nivel, llano, parejo; igualar, hacer parejo, ser justo, regular, pacificar; paz.
无	wu2	7173	No, negativa; sin, no tiene, carencia de.
咎	jiu4	1192	Falta, error, defecto, culpa; poco propicio, infortunio, calamidad; mala suerte, mal augurio.

Al tope un seis

Atado con cuerdas trenzadas y una soga negra.
Abandonado en un matorral espinoso.
Por tres años uno no consigue nada. Desventura.

係	xi4	2424	Agarrar(se), asir(se), ligar(se), unir(se), atar(se), enredar(se), enredado; involucrar(se), implicar(se), dedicado a, pertenecer a.
用	yong4	7567	Usar, aplicar, emplear, implementar; aplicar el oráculo a situaciones reales; actuar; usar como ofrenda, ofrecer en sacrificio.
徽	hui1	2354	Cuerda trenzada fuerte, de tres hebras.
纆	mo4	4387	Soga, cuerda trenzada, soga negra.
寘	zhi4	0976	Poner a un lado, abandonar, colocar en.
于	yu2	7592	En (sobre, bajo, adentro, al lado, cerca de, por), a, hacia, ir hacia, hasta, de, como.

Matriz de Significados del Libro de los Cambios

叢	cong2	6921	Matorral, denso, lleno de gente, reunir.
棘	ji2	0486	Arbustos espinosos, azufaifo (*Zizyphus jujuba*), espinas, detención, inquietante, peligroso, acoso, dolor, aflicción y ansiedad.
三	san1	5415	Tres, tercero, triple, tres veces.
歲	sui4	5538	Años, estaciones, cosechas.
不	bu4	5379	No, adverbio de negación; sin, ninguno, nada, no lo haré, no lo necesito, no será.
得	de2	6161	Conseguir, obtener, agarrar, ganar, ganancia, adquirir el objeto deseado, encontrar, lograr.
凶	xiong1	2808	Desventura, malo, mala suerte, gran infortunio, peligro mortal, nefasto, malos augurios, caer en una trampa.

30 離 *li* – Lo Adherente / El Fuego

El Dictamen

> Lo Adherente. La determinación es favorable.
> Domesticar una vaca trae ventura.

離	li2	3902	Brillantez, resplandor; adherencia; nombre de un pájaro.
利	li4	3867	Favorable, propicio, conveniente, beneficioso, afortunado.
貞	zhen1	0346	Determinación (con el doble sentido de decisión y acción firme y continuada), constancia, perseverancia, firmeza; lealtad, devoción, pureza. Originalmente: determinación por adivinación.
亨	heng1	2099	Exito, logro, satisfacción, crecimiento, penetración; ofrenda, sacrificio.
畜	chu4	1412	Acumular; alimentar, sostener, mantener, criar; cultivar; domesticar.
牝	pin4	5280	Hembra (usado para animales de granja y aves); órganos sexuales femeninos; vaca.
牛	niu2	4737	Vaca, toro, buey.
吉	ji2	0476	Ventura, buena suerte, buena fortuna, propicio, favorable.

La Imagen

> Claridad duplicada manifiesta Lo Adherente. Así el gran hombre mantiene su claridad iluminando los cuatro puntos cardinales.

明	ming2	4534	Luz, brillo, brillante, claridad, claro, discernimiento, visión, percepción; pacto, contrato.
兩	liang3	3953	Dos, dos veces, duplicado, de nuevo, un par.
作	zuo4	6780	Actuar, hacer, fabricar, formar, llevar a cabo, trabajar, ponerse en actividad, encargarse de una tarea; ponerse de pie, levantarse; componer (literatura o música), manifestarse creativamente; proyecto, ceremonia, sacrificar.
離	li2	3902	Brillantez, resplandor; adherencia; nombre de un pájaro.
大	da4	5943	Grande, alto, excesivo, arrogante, estirarse y alcanzar por todos lados.

人	ren2	3097	Hombre, persona(s), otro(s), ser humano, individuo.
以	yi3	2932	Así, de esta manera; por, para; por medio de, con; instrumento, medio, método, uso (de), camino (a).
繼	ji4	0452	Perpetuar, continuo, continuar, seguir, conectar, línea de sucesión.
明	ming2	4534	Luz, brillo, brillante, claridad, claro, discernimiento, visión, percepción; pacto, contrato.
照	zhao4	0238	Iluminar, arrojar luz sobre, radiante, iluminador; estimulante.
于	yu2	7592	En (sobre, bajo, adentro, al lado, cerca de, por), a, hacia, ir hacia, hasta, de, como.
四	si4	5598	Cuatro, cuatro veces, cuádruple.
方	fang1	1802	Cuadrado, directo, frontal, justo, correcto; repentino, rápido; lados, sobre todos los lados, en todos lados; barrio, región, lugar, dirección; tomar un lugar; sacrificar a los espíritus de los cuatro lados.

Al comienzo un nueve

    No está seguro de qué camino tomar.
    Sus pasos son cautos y esmerados.
    Si es respetuoso no tendrá culpa.

履	lu3	3893	Pisar, hollar, caminar, huellas, pista, recorrer un camino; conducta, porte; zapatos, sandalias.
錯	cuo4	6793	Entrecruzado, confuso, atemorizado, cuidadoso; una piedra de afilar, pulir. La inseguridad inicial lleva a la prudencia, y el perfeccionamiento gradual de las acciones.
然	ran2	3072	Como, por lo tanto, así, de esta manera; sí, afirmación, aprobación.
敬	jing4	1138	Respetar, honrar, atención reverente, respeto, estimar, valorar; ser cuidadoso, discreto; sostener nivelado con las dos manos.
之	zhi1	0935	Pronombre personal: él, ella, ello; esto, esta, estos, etc. Frecuentemente es usado como un posesivo: tiene, tuvo, va a tener, suyo, suya; ir a.
无	wu2	7173	No, negativa; sin, no tiene, carencia de.
咎	jiu4	1192	Falta, error, defecto, culpa; poco propicio, infortunio, calamidad; mala suerte, mal augurio.

LO ADHERENTE (157)

Seis en el segundo puesto
Claridad amarilla. Sublime ventura.

黃	huang2	2297	Amarillo, amarillo-amarronado; color de la tierra en el centro de China. En el *YiJing* el color amarillo siempre es favorable, es el color del centro y de la moderación, fue el color imperial desde la dinastía *Han* en adelante.
離	li2	3902	Brillantez, resplandor; adherencia; nombre de un pájaro.
元	yuan2	7707	Sublime, elevado, preeminente, superior, el más grande, grande y originante, primordial, cabeza, líder, jefe.
吉	ji2	0476	Ventura, buena suerte, buena fortuna, propicio, favorable.

Nueve en el tercer puesto
Bajo la luz del sol poniente, toca un cacharro de cerámica, o lamenta el acercamiento de la vejez. Desventura.

日	ri4	3124	El sol, un ciclo solar, día, un día, horas diurnas.
昃	ze4	6755	El sol inclinándose hacia el oeste; el sol poniente, en la tarde, después del mediodía.
之	zhi1	0935	Pronombre personal: él, ella, ello; esto, esta, estos, etc. Frecuentemente es usado como un posesivo: tiene, tuvo, va a tener, suyo, suya; ir a.
離	li2	3902	Brillantez, resplandor; adherencia; nombre de un pájaro.
不	bu4	5379	No, adverbio de negación; sin, ninguno, nada, no lo haré, no lo necesito, no será.
鼓	gu3	3479	Tambor, tocar el tambor.
缶	fou3	1905	Olla, vasija de barro.
而	er2	1756	Y, entonces, pero, sin embargo. Une y contrasta dos palabras.
歌	ge1	3364	Cantar, canción, canto, cantar elegías.
則	ze2	6746	Entonces, así, después, luego, además, consecuentemente, inmediatamente, por consiguiente, por lo tanto; ley, regla, patrón, causa.
大	da4	5943	Grande, alto, excesivo, arrogante, estirarse y alcanzar por todos lados.
耋	die2	6314	Edad avanzada, vejez, viejo (70 o más años), endeble, enfermizo.
之	zhi1	0935	Pronombre personal: él, ella, ello; esto, esta, estos, etc. Frecuentemente es usado como un posesivo: tiene, tuvo, va a tener, suyo, suya; ir a.

嗟	jie1	0763	Lamento, suspiro, gemido, queja, una interjección o exclamación de lamento o pena.
凶	xiong1	2808	Desventura, malo, mala suerte, gran infortunio, peligro mortal, nefasto, malos augurios, caer en una trampa.

Nueve en el cuarto puesto

Llega abruptamente, como con fuego y con muerte
y así es abandonado.

突	tu1	6540	Bruscamente, repentinamente, abruptamente; superación de un obstáculo por la fuerza, ofensiva, ataque repentino.
如	ru2	3137	Así, de esta forma, como, igual que, parecido, si (condicional).
其	qi2	0525	Su, suyo, suya, de ellos, de ellas; el, la, lo, las, los. Un pronombre posesivo y demostrativo.
來	lai2	3768	Venir, llegar; traer; volver.
如	ru2	3137	Así, de esta forma, como, igual que, parecido, si (condicional).
焚	fen2	1866	Quemar, prender fuego, destruir.
如	ru2	3137	Así, de esta forma, como, igual que, parecido, si (condicional).
死	si3	5589	Morir, muerte, condenado.
如	ru2	3137	Así, de esta forma, como, igual que, parecido, si (condicional).
棄	qi4	0550	Descartado, abandonado, desechado, puesto a un lado.
如	ru2	3137	Así, de esta forma, como, igual que, parecido, si (condicional).

Seis en el quinto puesto

Torrentes de lágrimas con penas y lamentos. Ventura.

出	chu1	1409	Salir afuera, venir afuera; emerger, surgir, elevarse, generar, producir; abandonar, reducir, eliminar, expeler.
涕	ti4	6250	Lágrimas, llanto, mocos.
沱	tuo2	6442	Fluir, agua que corre o que sale a chorros, lágrimas o lluvia que cae en abundancia.
若	ruo4	3126	Parecido, similar a; concordante; estar de acuerdo, conforme con, aprobar, como; como este; así.
戚	qi1	0575	Pena, congoja, lamentación, ansiedad.
嗟	jie1	0763	Lamento, suspiro, gemido, queja, una interjección o exclamación de lamento o pena.
若	ruo4	3126	Parecido, similar a; concordante; estar de acuerdo, conforme con, aprobar, como; como este; así.
吉	ji2	0476	Ventura, buena suerte, buena fortuna, propicio, favorable.

Lo Adherente (159)

Al tope un nueve

El rey lo manda a atacar. Es meritorio eliminar a los líderes, pero dejar ir a sus seguidores. Sin falta.

王	wang2	7037	Rey, príncipe, soberano, regente, autoridad.
用	yong4	7567	Usar, aplicar, emplear, implementar; aplicar el oráculo a situaciones reales; actuar; usar como ofrenda, ofrecer en sacrificio.
出	chu1	1409	Salir afuera, venir afuera; emerger, surgir, elevarse, generar, producir; abandonar, reducir, eliminar, expeler.
征	zheng1	0352	Marchar (iniciar una campaña). Castigar, disciplinar, atacar, invadir, conquistar; ir, venir, traer.
有	you3	7533	Poseer, tener, en posesión de, haber, existir.
嘉	jia1	0592	Admirable, bueno, excelente; contento, alegre, celebración; complacer, aprobar.
折	zhe2	0267	Cortar, quebrar, separar, doblar; destruir, ejecutar (matar), decidir, juzgar, decidir una causa, discriminar.
首	shou3	5839	La cabeza, líder, jefe, superior, primero, más importante.
獲	huo4	2412	Agarrar, capturar (una presa en la cacería), agarrar una idea o percepción (percibir, comprender); caza, cazar; presa, siervo, esclavo; ganar, recibir, obtener, triunfar, ser capaz de; dar en el blanco.
匪	fei3	1820	No, fuerte negativa.
其	qi2	0525	Su, suyo, suya, de ellos, de ellas; el, la, lo, las, los. Un pronombre posesivo y demostrativo.
醜	chou3	1327	Malvado, vil, poseído por un espíritu maligno, malo, feo, borracho; del mismo tipo, categoría, clase, asociado.
无	wu2	7173	No, negativa; sin, no tiene, carencia de.
咎	jiu4	1192	Falta, error, defecto, culpa; poco propicio, infortunio, calamidad; mala suerte, mal augurio.

31 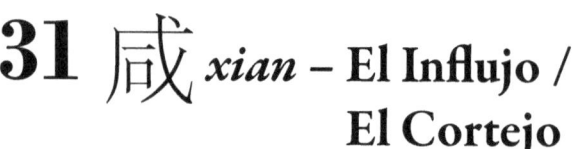 xian – El Influjo / El Cortejo

El Dictamen

El Influjo. Exito. La determinación es favorable.
Tomar una doncella trae ventura.

咸	xian2	2666	Influir, incitar, influencia mutua.
亨	heng1	2099	Exito, logro, satisfacción, crecimiento, penetración; ofrenda, sacrificio.
利	li4	3867	Favorable, propicio, conveniente, beneficioso, afortunado.
貞	zhen1	0346	Determinación (con el doble sentido de decisión y acción firme y continuada), constancia, perseverancia, firmeza; lealtad, devoción, pureza. Originalmente: determinación por adivinación.
取	qu3	1615	Tomar una esposa, tomar, ir a buscar, obtener.
女	nu3	4776	Mujer, dama, doncella, muchacha, género femenino.
吉	ji2	0476	Ventura, buena suerte, buena fortuna, propicio, favorable.

La Imagen

El Lago sobre la Montaña: la imagen del Influjo.
Así el noble está bien dispuesto para recibir a la gente.

山	shan1	5630	Montaña, colina, pico.
上	shang4	5669	Arriba, sobre, encima; ascender, subir, elevar, ir para arriba; más alto, superior; sobrepasar, primero.
有	you3	7533	Poseer, tener, en posesión de, haber, existir.
澤	ze2	0277	Lago, cuerpo de agua, charca, pantano; fertilizar, ungir, beneficiar, favorecer; húmedo, brillante, pulido; gracia, brillantez.
咸	xian2	2666	Influir, incitar, influencia mutua.
君	jun1	1715	Señor, príncipe, gobernante, noble; hombre superior.
子	zi3	6939	Hijo/a, niño/a; descendencia, prole; posteridad; sufijo; oficial, amo, príncipe.

El Influjo

以	yi3	2932	Así, de esta manera; por, para; por medio de, con; instrumento, medio, método, uso (de), camino (a).
虛	xu1	2821	Abierto, vacío, hueco; falso, irreal; colina, montículo; ciudad abandonada, ruinas.
受	shou4	5840	Recibir, aceptar, soportar, aguantar.
人	ren2	3097	Hombre, persona(s), otro(s), ser humano, individuo.

Al comienzo un seis

Influjo en el dedo gordo de su pie.

咸	xian2	2666	Influir, incitar, influencia mutua.
其	qi2	0525	Su, suyo, suya, de ellos, de ellas; el, la, lo, las, los. Un pronombre posesivo y demostrativo.
拇	mu3	4584	Pulgar o dedo grande del pie. Dependiendo de su ubicación en las líneas del hexagrama se puede determinar si significa pulgar o el dedo grande del pie.

Seis en el segundo puesto

Influjo en las pantorrillas. Desventura. Permanecer trae ventura.

咸	xian2	2666	Influir, incitar, influencia mutua.
其	qi2	0525	Su, suyo, suya, de ellos, de ellas; el, la, lo, las, los. Un pronombre posesivo y demostrativo.
腓	fei2	1830	Pantorrillas.
凶	xiong1	2808	Desventura, malo, mala suerte, gran infortunio, peligro mortal, nefasto, malos augurios, caer en una trampa.
居	ju1	1535	Quedarse, permanecer, descansar (en), morar, residir; ocupar una posición o lugar; presumido, arrogante, dominante.
吉	ji2	0476	Ventura, buena suerte, buena fortuna, propicio, favorable.

Nueve en el tercer puesto

Influjo en los muslos. Se aferra a lo que persigue.
Seguir adelante causará humillación.

咸	xian2	2666	Influir, incitar, influencia mutua.
其	qi2	0525	Su, suyo, suya, de ellos, de ellas; el, la, lo, las, los. Un pronombre posesivo y demostrativo.
股	gu3	3467	Muslo(s), ancas, trasero.

執	zhi2	0996	Agarrar, asir, capturar, retener, controlar.
其	qi2	0525	Su, suyo, suya, de ellos, de ellas; el, la, lo, las, los. Un pronombre posesivo y demostrativo.
隨	sui2	5523	Seguir, ir o venir después de, perseguir; seguidor, conformarse, acatar, obedecer, atender.
往	wang3	7050	Ir, ir hacia, ir a; partir, irse.
吝	lin4	4040	Arrepentimiento, humillación, vergüenza, angustia, aflicción, sufrimiento; mezquindad, avaricia.

Nueve en el cuarto puesto

La determinación es venturosa. El arrepentimiento desaparece. Va y viene inquieto e indeciso. Sus amigos seguirán sus pensamientos.

貞	zhen1	0346	Determinación (con el doble sentido de decisión y acción firme y continuada), constancia, perseverancia, firmeza; lealtad, devoción, pureza. Originalmente: determinación por adivinación.
吉	ji2	0476	Ventura, buena suerte, buena fortuna, propicio, favorable.
悔	hui3	2336	Arrepentimiento, remordimiento, dolor y pesar por una culpa cometida; problemas.
亡	wang2	7034	Desaparecer, irse, escapar; morir, perecer, fallar.
憧	chong1	1529	Agitado, inquieto, indeciso, inestable. El que aparezca por duplicado intensifica su significado.
憧	chong1	1529	
往	wang3	7050	Ir, ir hacia, ir a; partir, irse.
來	lai2	3768	Venir, llegar; traer; volver.
朋	peng2	5054	Amigo, camarada, semejante, igual; dos tiras de cauríes (conchas usadas como dinero en la antigüedad China).
從	cong2	6919	Seguir, seguir una doctrina, seguidor, adherirse, obedecer, perseguir; ocuparse de (negocios).
爾	er3	1754	Tú (pron. person.), tu (adj. poses.)
思	si1	5580	Pensar, pensamiento, intenciones, propósitos, planes, deliberar, considerar.

Nueve en el quinto puesto

Influjo en el espinazo. No hay arrepentimiento.

咸	xian2	2666	Influir, incitar, influencia mutua.
其	qi2	0525	Su, suyo, suya, de ellos, de ellas; el, la, lo, las, los. Un pronombre posesivo y demostrativo.

脢	mei2	8004	Cuello, músculos en la base del cuello: cuello y hombros; carne a los lados de la espina dorsal, espinazo, médula espinal.
无	wu2	7173	No, negativa; sin, no tiene, carencia de.
悔	hui3	2336	Arrepentimiento, remordimiento, dolor y pesar por una culpa cometida; problemas.

Al tope un seis

Influjo en las mandíbulas, las mejillas y la lengua.

咸	xian2	2666	Influir, incitar, influencia mutua.
其	qi2	0525	Su, suyo, suya, de ellos, de ellas; el, la, lo, las, los. Un pronombre posesivo y demostrativo.
輔	fu3	1945	Mandíbulas; proteger, soportar, ayudar.
頰	jia2	0614	Mejillas, quijadas, mandíbula, lados de la cara.
舌	she2	5705	Lengua (órgano situado en la cavidad de la boca).

32 恆 *heng* – La Duración

El Dictamen

La Duración. Exito. Sin defecto. La determinación es favorable.
Es propicio tener una meta.

恆	heng2	2107	Constante duradero, perdurable, persistente, continuo, largo tiempo.
亨	heng1	2099	Exito, logro, satisfacción, crecimiento, penetración; ofrenda, sacrificio.
无	wu2	7173	No, negativa; sin, no tiene, carencia de.
咎	jiu4	1192	Falta, error, defecto, culpa; poco propicio, infortunio, calamidad; mala suerte, mal augurio.
利	li4	3867	Favorable, propicio, conveniente, beneficioso, afortunado.
貞	zhen1	0346	Determinación (con el doble sentido de decisión y acción firme y continuada), constancia, perseverancia, firmeza; lealtad, devoción, pureza. Originalmente: determinación por adivinación.
利	li4	3867	Favorable, propicio, conveniente, beneficioso, afortunado.
有	you3	7533	Poseer, tener, en posesión de, haber, existir.
攸	you1	7519	Meta, dirección, propósito; destino, lugar, el lugar donde; por lo cual; aquel que.
往	wang3	7050	Ir, ir hacia, ir a; partir, irse.

La Imagen

Trueno y Viento: la imagen de la Duración.
Así el noble mantiene su posición y no cambia su curso.

雷	lei2	4236	Trueno: conmoción, aterrador, poder suscitativo que surge de la tierra.
風	feng1	1890	Viento.
恆	heng2	2107	Constante duradero, perdurable, persistente, continuo, largo tiempo.
君	jun1	1715	Señor, príncipe, gobernante, noble; hombre superior.

La Duración

子	zi3	6939	Hijo/a, niño/a; descendencia, prole; posteridad; sufijo; oficial, amo, príncipe.
以	yi3	2932	Así, de esta manera; por, para; por medio de, con; instrumento, medio, método, uso (de), camino (a).
立	li4	3921	Estar de pie, erguido, mantener la posición o el curso, resistir, durar; instituir, establecer.
不	bu4	5379	No, adverbio de negación; sin, ninguno, nada, no lo haré, no lo necesito, no será.
易	yi4	2952	Cambio; versatilidad, desenvoltura, fácil; nombre de un lugar.
方	fang1	1802	Cuadrado, directo, frontal, justo, correcto; repentino, rápido; lados, sobre todos los lados, en todos lados; barrio, región, lugar, dirección; tomar un lugar; sacrificar a los espíritus de los cuatro lados.

Al comienzo un seis

Duración profunda. La determinación trae desventura.
Ninguna meta es favorable.

浚	jun4	1729	Profundo, dragar, excavar, profundizar, zambullirse (en agua profunda).
恆	heng2	2107	Constante duradero, perdurable, persistente, continuo, largo tiempo.
貞	zhen1	0346	Determinación (con el doble sentido de decisión y acción firme y continuada), constancia, perseverancia, firmeza; lealtad, devoción, pureza. Originalmente: determinación por adivinación.
凶	xiong1	2808	Desventura, malo, mala suerte, gran infortunio, peligro mortal, nefasto, malos augurios, caer en una trampa.
无	wu2	7173	No, negativa; sin, no tiene, carencia de.
攸	you1	7519	Meta, dirección, propósito; destino, lugar, el lugar donde; por lo cual; aquel que.
利	li4	3867	Favorable, propicio, conveniente, beneficioso, afortunado.

Nueve en el segundo puesto

El arrepentimiento desaparece.

悔	hui3	2336	Arrepentimiento, remordimiento, dolor y pesar por una culpa cometida; problemas.
亡	wang2	7034	Desaparecer, irse, escapar; morir, perecer, fallar.

Nueve en el tercer puesto

Su carácter no tiene Duración. Quizás tendrá que soportar la vergüenza. La determinación es humillante.

不	bu4	5379	No, adverbio de negación; sin, ninguno, nada, no lo haré, no lo necesito, no será.
恆	heng2	2107	Constante duradero, perdurable, persistente, continuo, largo tiempo.
其	qi2	0525	Su, suyo, suya, de ellos, de ellas; el, la, lo, las, los. Un pronombre posesivo y demostrativo.
德	de2	6162	Virtud, poder espiritual, habilidad para seguir el curso correcto; cualidad, naturaleza, carácter, disposición.
或	huo4	2402	Si acaso, si (condición o suposición en virtud de la cual un concepto depende de otro u otros), quizás, incierto, posible pero no seguro; alguno(s), alguna vez.
承	cheng2	0386	Soportar, sostener, asistir.
之	zhi1	0935	Pronombre personal: él, ella, ello; esto, esta, estos, etc. Frecuentemente es usado como un posesivo: tiene, tuvo, va a tener, suyo, suya; ir a.
羞	xiu1	2797	Vergüenza, inferioridad, desgracia; presentar una ofrenda, carne preparada (Kunst).
貞	zhen1	0346	Determinación (con el doble sentido de decisión y acción firme y continuada), constancia, perseverancia, firmeza; lealtad, devoción, pureza. Originalmente: determinación por adivinación.
吝	lin4	4040	Arrepentimiento, humillación, vergüenza, angustia, aflicción, sufrimiento; mezquindad, avaricia.

Nueve en el cuarto puesto

No se encuentran animales en la cacería.

田	tian2	6362	Campo, tierra arable, tierras de labranza; cazar. El carácter muestra un campo dividido en cuatro sectores.
无	wu2	7173	No, negativa; sin, no tiene, carencia de.
禽	qin2	1100	Caza, presas, animales, pájaros, captura (puede ser un venado, aunque ese no es su significado específico).

Seis en el quinto puesto

Le da duración a su carácter. La determinación es venturosa para una mujer, pero infortunada para un hombre.

恆	heng2	2107	Constante duradero, perdurable, persistente, continuo, largo tiempo.

其	qi2	0525	Su, suyo, suya, de ellos, de ellas; el, la, lo, las, los. Un pronombre posesivo y demostrativo.
德	de2	6162	Virtud, poder espiritual, habilidad para seguir el curso correcto; cualidad, naturaleza, carácter, disposición.
貞	zhen1	0346	Determinación (con el doble sentido de decisión y acción firme y continuada), constancia, perseverancia, firmeza; lealtad, devoción, pureza. Originalmente: determinación por adivinación.
婦	fu4	1963	Mujer casada, esposa, una mujer.
人	ren2	3097	Hombre, persona(s), otro(s), ser humano, individuo.
吉	ji2	0476	Ventura, buena suerte, buena fortuna, propicio, favorable.
夫	fu1	1908	Hombre, hombre adulto, esposo; aquel, aquellos.
子	zi3	6939	Hijo/a, niño/a; descendencia, prole; posteridad; sufijo; oficial, amo, príncipe.
凶	xiong1	2808	Desventura, malo, mala suerte, gran infortunio, peligro mortal, nefasto, malos augurios, caer en una trampa.

Al tope un seis

Constantemente agitado. Desventura.

振	zhen4	0313	Sacudir, excitar, estimular, agitar, estimular a la acción, incitar; sacudir el polvo; levantar, ayudar, ordenar, socorrer; terremoto (Kunst).
恆	heng2	2107	Constante duradero, perdurable, persistente, continuo, largo tiempo.
凶	xiong1	2808	Desventura, malo, mala suerte, gran infortunio, peligro mortal, nefasto, malos augurios, caer en una trampa.

33 遯 *dun* – La Retirada

El Dictamen

La Retirada. Exito. Es favorable la determinación en lo pequeño.

遯	dun4	6586	Retirada, escape, retracción, retroceso, renuncia, ocultamiento.
亨	heng1	2099	Exito, logro, satisfacción, crecimiento, penetración; ofrenda, sacrificio.
小	xiao3	2605	Pequeño, común, humilde, mediocre, insignificante, sin importancia.
利	li4	3867	Favorable, propicio, conveniente, beneficioso, afortunado.
貞	zhen1	0346	Determinación (con el doble sentido de decisión y acción firme y continuada), constancia, perseverancia, firmeza; lealtad, devoción, pureza. Originalmente: determinación por adivinación.

La Imagen

La Montaña debajo del Cielo: la imagen de La Retirada. Así el noble mantiene a distancia al vulgar, no con odio pero con severidad.

天	tian1	6361	Cielo, firmamento, cosmos, celestial, divino.
下	xia4	2520	Debajo de, abajo, descender.
有	you3	7533	Poseer, tener, en posesión de, haber, existir.
山	shan1	5630	Montaña, colina, pico.
遯	dun4	6586	Retirada, escape, retracción, retroceso, renuncia, ocultamiento.
君	jun1	1715	Señor, príncipe, gobernante, noble; hombre superior.
子	zi3	6939	Hijo/a, niño/a; descendencia, prole; posteridad; sufijo; oficial, amo, príncipe.
以	yi3	2932	Así, de esta manera; por, para; por medio de, con; instrumento, medio, método, uso (de), camino (a).
遠	yuan3	7734	Distancia, lejano; mantener lejos de, evitar, abandonar.
小	xiao3	2605	Pequeño, común, humilde, mediocre, insignificante, sin importancia.

LA RETIRADA (169)

33

人	ren2	3097	Hombre, persona(s), otro(s), ser humano, individuo.
不	bu4	5379	No, adverbio de negación; sin, ninguno, nada, no lo haré, no lo necesito, no será.
惡	e4	4809	Malo, malvado; repulsivo, incorrecto, falta; odio, aversión.
而	er2	1756	Y, entonces, pero, sin embargo. Une y contrasta dos palabras.
嚴	yan2	7347	Severo, estricto, grave, duro, dignidad, majestuosidad, solemnidad, reserva, circunspección.

Al comienzo un seis

En la cola de La Retirada. Peligro. No trates de emprender nada.

遯	dun4	6586	Retirada, escape, retracción, retroceso, renuncia, ocultamiento.
尾	wei3	7109	Cola, trasero, parte trasera; último.
厲	li4	3906	Peligro, amenaza, opresivo, cruel, malvado, brutal, enfermedad, demonio malevolente; piedra de afilar áspera, afilar, machacar, triturar, disciplina.
勿	wu4	7208	No. Negativa imperativa.
用	yong4	7567	Usar, aplicar, emplear, implementar; aplicar el oráculo a situaciones reales; actuar; usar como ofrenda, ofrecer en sacrificio.
有	you3	7533	Poseer, tener, en posesión de, haber, existir.
攸	you1	7519	Meta, dirección, propósito; destino, lugar, el lugar donde; por lo cual; aquel que.
往	wang3	7050	Ir, ir hacia, ir a; partir, irse.

Seis en el segundo puesto

Aferrado con un cuero de buey amarillo que nadie puede remover.

執	zhi2	0996	Agarrar, asir, capturar, retener, controlar.
之	zhi1	0935	Pronombre personal: él, ella, ello; esto, esta, estos, etc. Frecuentemente es usado como un posesivo: tiene, tuvo, va a tener, suyo, suya; ir a.
用	yong4	7567	Usar, aplicar, emplear, implementar; aplicar el oráculo a situaciones reales; actuar; usar como ofrenda, ofrecer en sacrificio.
黃	huang2	2297	Amarillo, amarillo-amarronado; color de la tierra en el centro de China. En el *YiJing* el color amarillo siempre es favorable, es el color del centro y de la moderación, fue el color imperial desde la dinastía *Han* en adelante.

牛	niu2	4737	Vaca, toro, buey.
之	zhi1	0935	Pronombre personal: él, ella, ello; esto, esta, estos, etc. Frecuentemente es usado como un posesivo: tiene, tuvo, va a tener, suyo, suya; ir a.
革	ge2	3314	Cambio, cambio estacional, muda, revolución; cuero, piel, desollar, quitar, privar.
莫	mo4	4557	Nadie, ninguno; una negativa, no, nada; atardecer.
之	zhi1	0935	Pronombre personal: él, ella, ello; esto, esta, estos, etc. Frecuentemente es usado como un posesivo: tiene, tuvo, va a tener, suyo, suya; ir a.
勝	sheng4	5754	Dominar, controlar, someter, derrotar, superar, frenar, triunfar, triunfante; capaz de, estar a la altura de, llevar las de ganar.
說	tuo1	5939	Remover, soltar.

Nueve en el tercer puesto

Atado en La Retirada. Aflicción y peligro.
Es favorable hacerse cargo de siervos y criadas.

係	xi4	2424	Agarrar(se), asir(se), ligar(se), unir(se), atar(se), enredar(se), enredado; involucrar(se), implicar(se), dedicado a, pertenecer a.
遯	dun4	6586	Retirada, escape, retracción, retroceso, renuncia, ocultamiento.
有	you3	7533	Poseer, tener, en posesión de, haber, existir.
疾	ji2	0492	Enfermedad, daño, defecto, ansiedad; apuro; odio. Originalmente mostraba una flecha hiriendo a una persona.
厲	li4	3906	Peligro, amenaza, opresivo, cruel, malvado, brutal, enfermedad, demonio malevolente; piedra de afilar áspera, afilar, machacar, triturar, disciplina.
畜	chu4	1412	Acumular; alimentar, sostener, mantener, criar; cultivar; domesticar.
臣	chen2	0327	Súbdito, sirviente, siervo, funcionario, ministro, asistente, vasallo.
妾	qie4	0814	Concubina (esposa secundaria), sierva, esclava, sirvienta.
吉	ji2	0476	Ventura, buena suerte, buena fortuna, propicio, favorable.

Nueve en el cuarto puesto

> Retirarse del deseo de su corazón.
> Ventura para el noble, decadencia para los vulgares.

好	hao3	2062	Bueno, atractivo; amor, amar, gustar de, estar aficionado a.
遯	dun4	6586	Retirada, escape, retracción, retroceso, renuncia, ocultamiento.
君	jun1	1715	Señor, príncipe, gobernante, noble; hombre superior.
子	zi3	6939	Hijo/a, niño/a; descendencia, prole; posteridad; sufijo; oficial, amo, príncipe.
吉	ji2	0476	Ventura, buena suerte, buena fortuna, propicio, favorable.
小	xiao3	2605	Pequeño, común, humilde, mediocre, insignificante, sin importancia.
人	ren2	3097	Hombre, persona(s), otro(s), ser humano, individuo.
否	pi3	1902	Detención, punto muerto, estancamiento, callejón sin salida, obstruido, atascado; malo.

Nueve en el quinto puesto

> Admirable Retirada. La determinación es favorable.

嘉	jia1	0592	Admirable, bueno, excelente; contento, alegre, celebración; complacer, aprobar.
遯	dun4	6586	Retirada, escape, retracción, retroceso, renuncia, ocultamiento.
貞	zhen1	0346	Determinación (con el doble sentido de decisión y acción firme y continuada), constancia, perseverancia, firmeza; lealtad, devoción, pureza. Originalmente: determinación por adivinación.
吉	ji2	0476	Ventura, buena suerte, buena fortuna, propicio, favorable.

Al tope un nueve

> Retirada fructífera. Nada que no sea favorable.

肥	fei2	1839	Fructífero, gordo, rechoncho, rico, fértil.
遯	dun4	6586	Retirada, escape, retracción, retroceso, renuncia, ocultamiento.
无	wu2	7173	No, negativa; sin, no tiene, carencia de.
不	bu4	5379	No, adverbio de negación; sin, ninguno, nada, no lo haré, no lo necesito, no será.
利	li4	3867	Favorable, propicio, conveniente, beneficioso, afortunado.

34 大壯 *da zhuang*
El Poder de lo Grande

El Dictamen

El Poder de lo Grande. La determinación es favorable.

大	da4	5943	Grande, alto, excesivo, arrogante, estirarse y alcanzar por todos lados.
壯	zhuang4	1453	Fuerza, potencia, robusto, grande, magnificente, completamente crecido, sano.
利	li4	3867	Favorable, propicio, conveniente, beneficioso, afortunado.
貞	zhen1	0346	Determinación (con el doble sentido de decisión y acción firme y continuada), constancia, perseverancia, firmeza; lealtad, devoción, pureza. Originalmente: determinación por adivinación.

La Imagen

El Trueno en lo alto del Cielo: la imagen del Poder de lo Grande. Así el noble no pisa senda alguna que se aparte del decoro.

雷	lei2	4236	Trueno: conmoción, aterrador, poder suscitativo que surge de la tierra.
在	zai4	6657	Estar en, adentro, sobre, presente, situado, al lado, a través, involucrado; presencia, existencia, lugar.
天	tian1	6361	Cielo, firmamento, cosmos, celestial, divino.
上	shang4	5669	Arriba, sobre, encima; ascender, subir, elevar, ir para arriba; más alto, superior; sobrepasar, primero.
大	da4	5943	Grande, alto, excesivo, arrogante, estirarse y alcanzar por todos lados.
壯	zhuang4	1453	Fuerza, potencia, robusto, grande, magnificente, completamente crecido, sano.
君	jun1	1715	Señor, príncipe, gobernante, noble; hombre superior.
子	zi3	6939	Hijo/a, niño/a; descendencia, prole; posteridad; sufijo; oficial, amo, príncipe.
以	yi3	2932	Así, de esta manera; por, para; por medio de, con; instrumento, medio, método, uso (de), camino (a).

El Poder de lo Grande (173)

非	fei1	1819	No, una negativa; malo, impropio.
禮	li3	3886	Decoro, decencia, cánones sociales, costumbres, etiqueta, protocolo, ceremonia, ritos, ritual.
弗	fu2	1981	No (especialmente que no puede o que no quiere), negativa.
履	lu3	3893	Pisar, hollar, caminar, huellas, pista, recorrer un camino; conducta, porte; zapatos, sandalias.

Al comienzo un nueve

<blockquote>Poder en los dedos [del pie].
Marchar trae desventura. Esto es la verdad.</blockquote>

壯	zhuang4	1453	Fuerza, potencia, robusto, grande, magnificente, completamente crecido, sano.
于	yu2	7592	En (sobre, bajo, adentro, al lado, cerca de, por), a, hacia, ir hacia, hasta, de, como.
趾	zhi3	0944	Pie, pies, los dedos del pie; pezuña; patas (de animal o de mueble), fundación.
征	zheng1	0352	Marchar (iniciar una campaña). Castigar, disciplinar, atacar, invadir, conquistar; ir, venir, traer.
凶	xiong1	2808	Desventura, malo, mala suerte, gran infortunio, peligro mortal, nefasto, malos augurios, caer en una trampa.
有	you3	7533	Poseer, tener, en posesión de, haber, existir.
孚	fu2	1936	Verdad; confiable, sincero; inspirar confianza a otros.

Nueve en el segundo puesto

<blockquote>La determinación es favorable.</blockquote>

貞	zhen1	0346	Determinación (con el doble sentido de decisión y acción firme y continuada), constancia, perseverancia, firmeza; lealtad, devoción, pureza. Originalmente: determinación por adivinación.
吉	ji2	0476	Ventura, buena suerte, buena fortuna, propicio, favorable.

Nueve en el tercer puesto

<blockquote>El hombre vulgar usa el poder, el noble no actúa así.
La determinación es peligrosa.
El carnero embiste la valla y sus cuernos quedan trabados.</blockquote>

小	xiao3	2605	Pequeño, común, humilde, mediocre, insignificante, sin importancia.
人	ren2	3097	Hombre, persona(s), otro(s), ser humano, individuo.

用	yong4	7567	Usar, aplicar, emplear, implementar; aplicar el oráculo a situaciones reales; actuar; usar como ofrenda, ofrecer en sacrificio.
壯	zhuang4	1453	Fuerza, potencia, robusto, grande, magnificente, completamente crecido, sano.
君	jun1	1715	Señor, príncipe, gobernante, noble; hombre superior.
子	zi3	6939	Hijo/a, niño/a; descendencia, prole; posteridad; sufijo; oficial, amo, príncipe.
用	yong4	7567	Usar, aplicar, emplear, implementar; aplicar el oráculo a situaciones reales; actuar; usar como ofrenda, ofrecer en sacrificio.
罔	wang3	7045	No, negativa, carencia, ausencia; una red (espacios vacíos entre los hilos), enredar, confundir.
貞	zhen1	0346	Determinación (con el doble sentido de decisión y acción firme y continuada), constancia, perseverancia, firmeza; lealtad, devoción, pureza. Originalmente: determinación por adivinación.
厲	li4	3906	Peligro, amenaza, opresivo, cruel, malvado, brutal, enfermedad, demonio malevolente; piedra de afilar áspera, afilar, machacar, triturar, disciplina.
羝	di1	6195	Carnero, macho cabrío.
羊	yang2	7247	Oveja, cabra, carnero.
觸	chu4	1416	Arremeter, dar un topetazo, empujar o embestir con los cuernos, cargar contra, ofender o insultar, oponerse violentamente (actitud no propicia).
藩	fan1	1800	Cerca, valla, seto.
羸	lei2	4240	Enredo, atadura; rotura; daño; débil, flaco, escuálido, consumido, descarnado.
其	qi2	0525	Su, suyo, suya, de ellos, de ellas; el, la, lo, las, los. Un pronombre posesivo y demostrativo.
角	jiao3	1174	Cuernos, en el *YiJing*, símbolo de violencia y poder, no siempre bien usado.

Nueve en el cuarto puesto

La determinación es favorable, el arrepentimiento se desvanece.
La valla se abre, no hay traba. El poder reside
en los soportes del eje de un gran carruaje.

貞	zhen1	0346	Determinación (con el doble sentido de decisión y acción firme y continuada), constancia, perseverancia, firmeza; lealtad, devoción, pureza. Originalmente: determinación por adivinación.

El Poder de lo Grande

吉	ji2	0476	Ventura, buena suerte, buena fortuna, propicio, favorable.
悔	hui3	2336	Arrepentimiento, remordimiento, dolor y pesar por una culpa cometida; problemas.
亡	wang2	7034	Desaparecer, irse, escapar; morir, perecer, fallar.
藩	fan1	1800	Cerca, valla, seto.
決	jue2	1697	Ruptura, pasar a través de un obstáculo.
不	bu4	5379	No, adverbio de negación; sin, ninguno, nada, no lo haré, no lo necesito, no será.
羸	lei2	4240	Enredo, atadura; rotura, daño; débil, flaco, escuálido, consumido, descarnado.
壯	zhuang4	1453	Fuerza, potencia, robusto, grande, magnificente, completamente crecido, sano.
于	yu2	7592	En (sobre, bajo, adentro, al lado, cerca de, por), a, hacia, ir hacia, hasta, de, como.
大	da4	5943	Grande, alto, excesivo, arrogante, estirarse y alcanzar por todos lados.
輿	yu2	7618	Carruaje, vagón, carro, carro de guerra (arrastrado por cuatro caballos), vehículo; transporte, transportar, acarrear.
之	zhi1	0935	Pronombre personal: él, ella, ello; esto, esta, estos, etc. Frecuentemente es usado como un posesivo: tiene, tuvo, va a tener, suyo, suya; ir a.
輹	fu4	1997	Soportes del eje, bujes, dos piezas de madera que sostenían el eje firmemente, en los dos lados por abajo del carro.

Seis en el quinto puesto

Pierde el carnero en *Yi*. No hay arrepentimiento.

喪	sang4	5429	Perder, dejar caer, dejar ir, desaparecer, perdido, pérdida, ruina, duelo.
羊	yang2	7247	Oveja, cabra, carnero.
于	yu2	7592	En (sobre, bajo, adentro, al lado, cerca de, por), a, hacia, ir hacia, hasta, de, como.
易	yi4	2952	Cambio; versatilidad, desenvoltura, fácil; nombre de un lugar.
无	wu2	7173	No, negativa; sin, no tiene, carencia de.
悔	hui3	2336	Arrepentimiento, remordimiento, dolor y pesar por una culpa cometida; problemas.

Al tope un seis

El carnero embiste la valla.
No puede retirarse ni puede avanzar. Nada es favorable.
Si uno puede soportar las dificultades habrá ventura.

羝	di1	6195	Carnero, macho cabrío.
羊	yang2	7247	Oveja, cabra, carnero.
觸	chu4	1416	Arremeter, dar un topetazo, empujar o embestir con los cuernos, cargar contra, ofender o insultar, oponerse violentamente (actitud no propicia).
藩	fan1	1800	Cerca, valla, seto.
不	bu4	5379	No, adverbio de negación; sin, ninguno, nada, no lo haré, no lo necesito, no será.
能	neng2	4648	Poder, ser capaz, habilidad.
退	tui4	6568	Retirada, retroceso; declinar, rechazar.
不	bu4	5379	No, adverbio de negación; sin, ninguno, nada, no lo haré, no lo necesito, no será.
能	neng2	4648	Poder, ser capaz, habilidad.
遂	sui4	5530	Ir o seguir adelante, avanzar, progresar, empujar, completar, lograr, alcanzar, continuar, seguir, prolongar, acompañar.
无	wu2	7173	No, negativa; sin, no tiene, carencia de.
攸	you1	7519	Meta, dirección, propósito; destino, lugar, el lugar donde; por lo cual; aquel que.
利	li4	3867	Favorable, propicio, conveniente, beneficioso, afortunado.
艱	jian1	0834	Dificultad, privación, penalidad, penuria, sufrimiento, necesidades.
則	ze2	6746	Entonces, así, después, luego, además, consecuentemente, inmediatamente, por consiguiente, por lo tanto; ley, regla, patrón, causa.
吉	ji2	0476	Ventura, buena suerte, buena fortuna, propicio, favorable.

35 晋 *jin* – El Progreso

El Dictamen

Progreso. El marqués *Kang* es honrado con gran cantidad de caballos. En el mismo día es recibido [en audiencia por el soberano] tres veces.

晋	jin4	1088	Progreso, avance, promoción, florecimiento.
康	kang1	3278	*Kang Hou* fue el título nobiliario de uno de los hijos del Rey *Wen*. Además significa: tranquilo, seguro de sí mismo, próspero, vigoroso.
侯	hou2	2135	Señor feudal, príncipe vasallo, marqués; arquero experimentado; alto funcionario, gobernador, jefe.
用	yong4	7567	Usar, aplicar, emplear, implementar; aplicar el oráculo a situaciones reales; actuar; usar como ofrenda, ofrecer en sacrificio.
錫	xi1	2505	Otorgar o conceder (un premio), conferir (dignidad, empleo, facultades o derechos), recompensa, regalo.
馬	ma3	4310	Caballo.
蕃	fan2	1798	Numeroso; incrementar, propagar, criar, multiplicar.
庶	shu4	5874	Numeroso, muchos, multitud, amplio, abundante, muchas posibilidades.
晝	zhou4	1302	Día, horas del día con luz, luz del día.
日	ri4	3124	El sol, un ciclo solar, día, un día, horas diurnas.
三	san1	5415	Tres, tercero, triple, tres veces.
接	jie1	0800	Recibir, dar la bienvenida, encuentro. Recibir en audiencia. Tomar con la mano, aceptar. Heredar, continuar.

La Imagen

El brillo del sol se eleva sobre la Tierra: la imagen del Progreso. Así el noble hace evidentes por sí solo sus brillantes talentos.

明	ming2	4534	Luz, brillo, brillante, claridad, claro, discernimiento, visión, percepción; pacto, contrato.
出	chu1	1409	Salir afuera, venir afuera; emerger, surgir, elevarse, generar, producir; abandonar, reducir, eliminar, expeler.

地	di4	6198	Tierra, la superficie sólida de la tierra.
上	shang4	5669	Arriba, sobre, encima; ascender, subir, elevar, ir para arriba; más alto, superior; sobrepasar, primero.
晉	jin4	1088	Progreso, avance, promoción, florecimiento.
君	jun1	1715	Señor, príncipe, gobernante, noble; hombre superior.
子	zi3	6939	Hijo/a, niño/a; descendencia, prole; posteridad; sufijo; oficial, amo, príncipe.
以	yi3	2932	Así, de esta manera; por, para; por medio de, con; instrumento, medio, método, uso (de), camino (a).
自	zi4	6960	De, desde, viniendo de, seguir, originar, a causa de, por; uno mismo, él mismo.
昭	zhao1	0236	Ilumina, muestra instruye, manifiesta; brillante, ilustre. El brillo del sol.
明	ming2	4534	Luz, brillo, brillante, claridad, claro, discernimiento, visión, percepción; pacto, contrato.
德	de2	6162	Virtud, poder espiritual, habilidad para seguir el curso correcto; cualidad, naturaleza, carácter, disposición.

Al comienzo un seis

Progresando pero reprimido. La determinación es favorable.
Sé tolerante ante la falta de confianza. Sin defecto.

晉	jin4	1088	Progreso, avance, promoción, florecimiento.
如	ru2	3137	Así, de esta forma, como, igual que, parecido, si (condicional).
摧	cui1	6866	Reprimir, arrastrar para atrás, obediencia forzada, dominar; romper, destruir, golpear, cortar.
如	ru2	3137	Así, de esta forma, como, igual que, parecido, si (condicional).
貞	zhen1	0346	Determinación (con el doble sentido de decisión y acción firme y continuada), constancia, perseverancia, firmeza; lealtad, devoción, pureza. Originalmente: determinación por adivinación.
吉	ji2	0476	Ventura, buena suerte, buena fortuna, propicio, favorable.
罔	wang3	7045	No, negativa, carencia, ausencia; una red (espacios vacíos entre los hilos), enredar, confundir.
孚	fu2	1936	Verdad; confiable, sincero; inspirar confianza a otros.
裕	yu4	7667	Tolerante, indulgente, perdonador; amplio, abundante, rico; generoso; descuidar, posponer.

EL PROGRESO (179) 35

| 无 | wu2 | 7173 | No, negativa; sin, no tiene, carencia de. |
| 咎 | jiu4 | 1192 | Falta, error, defecto, culpa; poco propicio, infortunio, calamidad; mala suerte, mal augurio. |

Seis en el segundo puesto

Progresando con pena. La determinación es favorable.
Recibirá una gran bendición de su antepasada.

晋	jin4	1088	Progreso, avance, promoción, florecimiento.
如	ru2	3137	Así, de esta forma, como, igual que, parecido, si (condicional).
愁	chou2	1325	Entristecido, apenado, ansioso, preocupado por el futuro, de duelo, melancólico.
如	ru2	3137	Así, de esta forma, como, igual que, parecido, si (condicional).
贞	zhen1	0346	Determinación (con el doble sentido de decisión y acción firme y continuada), constancia, perseverancia, firmeza; lealtad, devoción, pureza. Originalmente: determinación por adivinación.
吉	ji2	0476	Ventura, buena suerte, buena fortuna, propicio, favorable.
受	shou4	5840	Recibir, aceptar, soportar, aguantar.
兹	zi1	6935	Esto, esta, estos, estas; estera de paja.
介	jie4	0629	Límite, restricción, borde, frontera, cota de malla; proteger, asistir, depender de; sólido, firme, determinado, grande.
福	fu2	1978	Felicidad, dicha, bendiciones, buena fortuna.
于	yu2	7592	En (sobre, bajo, adentro, al lado, cerca de, por), a, hacia, ir hacia, hasta, de, como.
其	qi2	0525	Su, suyo, suya, de ellos, de ellas; el, la, lo, las, los. Un pronombre posesivo y demostrativo.
王	wang2	7037	Rey, príncipe, soberano, regente, autoridad.
母	mu3	4582	Madre.

Seis en el tercer puesto

Todos están de acuerdo y confían. El arrepentimiento desaparece.

| 众 | zhong4 | 1517 | Multitud, todos, mayoría. |
| 允 | yun3 | 7759 | Confiar, confianza; sinceridad, verdad; aprobar, acuerdo, consentimiento. |

悔	hui3	2336	Arrepentimiento, remordimiento, dolor y pesar por una culpa cometida; problemas.
亡	wang2	7034	Desaparecer, irse, escapar; morir, perecer, fallar.

Nueve en el cuarto puesto

Progresando como una ardilla. La determinación es peligrosa.

晉	jin4	1088	Progreso, avance, promoción, florecimiento.
如	ru2	3137	Así, de esta forma, como, igual que, parecido, si (condicional).
鼫	shi2	5816	Un tipo de roedor de cola larga: ardilla, marmota de cola larga, ratón de campo.
鼠	shu3	5871	Rata, ratón, roedor.
貞	zhen1	0346	Determinación (con el doble sentido de decisión y acción firme y continuada), constancia, perseverancia, firmeza; lealtad, devoción, pureza. Originalmente: determinación por adivinación.
厲	li4	3906	Peligro, amenaza, opresivo, cruel, malvado, brutal, enfermedad, demonio malevolente; piedra de afilar áspera, afilar, machacar, triturar, disciplina.

Seis en el quinto puesto

El arrepentimiento desaparece. No te preocupes por pérdida o ganancia. Avanzar trae ventura. Nada que no sea favorable.

悔	hui3	2336	Arrepentimiento, remordimiento, dolor y pesar por una culpa cometida; problemas.
亡	wang2	7034	Desaparecer, irse, escapar; morir, perecer, fallar.
失	shi1	5806	Perder, dejar ir, descuidar, perder control.
得	de2	6161	Conseguir, obtener, agarrar, ganar, ganancia, adquirir el objeto deseado, encontrar, lograr.
勿	wu4	7208	No. Negativa imperativa.
恤	xu4	2862	Preocupación, preocuparse por, temor, pesar, lástima.
往	wang3	7050	Ir, ir hacia, ir a; partir, irse.
吉	ji2	0476	Ventura, buena suerte, buena fortuna, propicio, favorable.
无	wu2	7173	No, negativa; sin, no tiene, carencia de.
不	bu4	5379	No, adverbio de negación; sin, ninguno, nada, no lo haré, no lo necesito, no será.
利	li4	3867	Favorable, propicio, conveniente, beneficioso, afortunado.

El Progreso

Al tope un nueve

Progresando con sus cuernos.
Usalos sólo para castigar tu propia ciudad. Peligro, pero habrá ventura.
Sin defecto. La determinación es humillante.

晉	jin4	1088	Progreso, avance, promoción, florecimiento.
其	qi2	0525	Su, suyo, suya, de ellos, de ellas; el, la, lo, las, los. Un pronombre posesivo y demostrativo.
角	jiao3	1174	Cuernos, en el *YiJing son un* símbolo de violencia y poder, no siempre bien usado.
維	wei2	7067	Atar, amarrar juntos; principio orientador, regla; solo, solamente.
用	yong4	7567	Usar, aplicar, emplear, implementar; aplicar el oráculo a situaciones reales; actuar; usar como ofrenda, ofrecer en sacrificio.
伐	fa1	1765	Atacar, castigar rebeldes, subyugar; golpear, talar. El carácter "hombre" y "hacha de batalla",
邑	yi4	3037	Ciudad, pueblo; ciudad con murallas de protección, sede del gobierno de un distrito.
厲	li4	3906	Peligro, amenaza, opresivo, cruel, malvado, brutal, enfermedad, demonio malevolente; piedra de afilar áspera, afilar, machacar, triturar, disciplina.
吉	ji2	0476	Ventura, buena suerte, buena fortuna, propicio, favorable.
无	wu2	7173	No, negativa; sin, no tiene, carencia de.
咎	jiu4	1192	Falta, error, defecto, culpa; poco propicio, infortunio, calamidad; mala suerte, mal augurio.
貞	zhen1	0346	Determinación (con el doble sentido de decisión y acción firme y continuada), constancia, perseverancia, firmeza; lealtad, devoción, pureza. Originalmente: determinación por adivinación.
吝	lin4	4040	Arrepentimiento, humillación, vergüenza, angustia, aflicción, sufrimiento; mezquindad, avaricia.

36 明夷 *ming yi*
El Oscurecimiento de la Luz

El Dictamen

El Oscurecimiento de la Luz.
Es propicio tener presente las dificultades y ser perseverante.

明	ming2	4534	Luz, brillo, brillante, claridad, claro, discernimiento, visión, percepción; pacto, contrato.
夷	yi2	2982	Ocultar, herir, suprimir, matar, oscurecer.
利	li4	3867	Favorable, propicio, conveniente, beneficioso, afortunado.
艱	jian1	0834	Dificultad, privación, penalidad, penuria, sufrimiento, necesidades.
貞	zhen1	0346	Determinación (con el doble sentido de decisión y acción firme y continuada), constancia, perseverancia, firmeza; lealtad, devoción, pureza. Originalmente: determinación por adivinación.

La Imagen

La luz ha entrado dentro de la tierra: la imagen de el Oscurecimiento de la Luz. Así dirige el noble las multitudes.
El vela su luz, pero conserva su lucidez.

明	ming2	4534	Luz, brillo, brillante, claridad, claro, discernimiento, visión, percepción; pacto, contrato.
入	ru4	3152	Entrar, introducirse (esta es la acepción usada en el *Yi-Jing*); traer, presentar; invadir.
地	di4	6198	Tierra, la superficie sólida de la tierra.
中	zhong1	1504	Centro, interior, dentro de, medio; acertarle al medio, acertarle al blanco; balanceado, central, correcto.
明	ming2	4534	Luz, brillo, brillante, claridad, claro, discernimiento, visión, percepción; pacto, contrato.
夷	yi2	2982	Ocultar, herir, suprimir, matar, oscurecer.
君	jun1	1715	Señor, príncipe, gobernante, noble; hombre superior.

El Oscurecimiento de la Luz (183)

子	zi3	6939	Hijo/a, niño/a; descendencia, prole; posteridad; sufijo; oficial, amo, príncipe.
以	yi3	2932	Así, de esta manera; por, para; por medio de, con; instrumento, medio, método, uso (de), camino (a).
涖	li4	3912	Tratar, dirigir, supervisar.
衆	zhong4	1517	Multitud, todos, mayoría.
用	yong4	7567	Usar, aplicar, emplear, implementar; aplicar el oráculo a situaciones reales; actuar; usar como ofrenda, ofrecer en sacrificio.
晦	hui4	2337	Oscuro, oscurecer, poco claro, crepúsculo, ensombrecimiento; el último día del mes en el ciclo lunar; reticente.
而	er2	1756	Y, entonces, pero, sin embargo. Une y contrasta dos palabras.
明	ming2	4534	Luz, brillo, brillante, claridad, claro, discernimiento, visión, percepción; pacto, contrato.

Al comienzo un nueve

Oscurecimiento de la Luz durante el vuelo. El baja sus alas.

El noble avanza por el camino por tres días, sin alimentarse, pero tiene un objetivo. El posadero habla mal de él.

明	ming2	4534	Luz, brillo, brillante, claridad, claro, discernimiento, visión, percepción; pacto, contrato.
夷	yi2	2982	Ocultar, herir, suprimir, matar, oscurecer.
于	yu2	7592	En (sobre, bajo, adentro, al lado, cerca de, por), a, hacia, ir hacia, hasta, de, como.
飛	fei1	1850	Volar, volando; ir rápidamente.
垂	chui2	1478	Inclinar, dejar caer o colgar, bajar.
其	qi2	0525	Su, suyo, suya, de ellos, de ellas; el, la, lo, las, los. Un pronombre posesivo y demostrativo.
翼	yi4	3051	Alas, ala; refugio, defensas, proteger.
君	jun1	1715	Señor, príncipe, gobernante, noble; hombre superior.
子	zi3	6939	Hijo/a, niño/a; descendencia, prole; posteridad; sufijo; oficial, amo, príncipe.
于	yu2	7592	En (sobre, bajo, adentro, al lado, cerca de, por), a, hacia, ir hacia, hasta, de, como.
行	xing2	2754	El significado original era camino, movilizar, en el *YiJing* usualmente significa moverse, ir, trasladarse de un lugar a otro, avanzar, actuar, hacer.

三	san1	5415	Tres, tercero, triple, tres veces.
日	ri4	3124	El sol, un ciclo solar, día, un día, horas diurnas.
不	bu4	5379	No, adverbio de negación; sin, ninguno, nada, no lo haré, no lo necesito, no será.
食	shi2	5810	Comer, alimentarse, consumir; comida, dar alimento a; subsistencia; salario de un oficial; disfrutar; eclipse (la luna o el sol es 'comido').
有	you3	7533	Poseer, tener, en posesión de, haber, existir.
攸	you1	7519	Meta, dirección, propósito; destino, lugar, el lugar donde; por lo cual; aquel que.
往	wang3	7050	Ir, ir hacia, ir a; partir, irse.
主	zhu3	1336	Amo, señor, jefe; anfitrión, posadero.
人	ren2	3097	Hombre, persona(s), otro(s), ser humano, individuo.
有	you3	7533	Poseer, tener, en posesión de, haber, existir.
言	yan2	7334	Palabras, chismes, dichos; interrogación.

Seis en el segundo puesto

El Oscurecimiento de la Luz lo hiere en el muslo izquierdo, pero es salvado por un poderoso caballo. Ventura.

明	ming2	4534	Luz, brillo, brillante, claridad, claro, discernimiento, visión, percepción; pacto, contrato.
夷	yi2	2982	Ocultar, herir, suprimir, matar, oscurecer. El estar duplicado intensifica su significado.
夷	yi2	2982	
于	yu2	7592	En (sobre, bajo, adentro, al lado, cerca de, por), a, hacia, ir hacia, hasta, de, como.
左	zuo3	6774	Lado izquierdo, a la izquierda; ayudar, asistir.
股	gu3	3467	Muslo(s), ancas, trasero.
用	yong4	7567	Usar, aplicar, emplear, implementar; aplicar el oráculo a situaciones reales; actuar; usar como ofrenda, ofrecer en sacrificio.
拯	zheng3	0360	Alivio, ayuda, rescate; levantar (la interpretación tradicional); castrar, remover (Kunst, Rutt).
馬	ma3	4310	Caballo.
壯	zhuang4	1453	Fuerza, potencia, robusto, grande, magnificente, completamente crecido, sano.
吉	ji2	0476	Ventura, buena suerte, buena fortuna, propicio, favorable.

Nueve en el tercer puesto

    Oscurecimiento de la Luz durante la cacería en el sur.
    Su gran líder [de la oscuridad] es capturado.
    No seas apresurado en tu determinación.

明	ming2	4534	Luz, brillo, brillante, claridad, claro, discernimiento, visión, percepción; pacto, contrato.
夷	yi2	2982	Ocultar, herir, suprimir, matar, oscurecer.
于	yu2	7592	En (sobre, bajo, adentro, al lado, cerca de, por), a, hacia, ir hacia, hasta, de, como.
南	nan2	4620	El Sur. Región asociada con el verano, el trabajo en comunidad y el calor.
狩	shou4	5845	Cacería, gran cacería invernal, viaje de inspección imperial.
得	de2	6161	Conseguir, obtener, agarrar, ganar, ganancia, adquirir el objeto deseado, encontrar, lograr.
其	qi2	0525	Su, suyo, suya, de ellos, de ellas; el, la, lo, las, los. Un pronombre posesivo y demostrativo.
大	da4	5943	Grande, alto, excesivo, arrogante, estirarse y alcanzar por todos lados.
首	shou3	5839	La cabeza, líder, jefe, superior, primero, más importante.
不	bu4	5379	No, adverbio de negación; sin, ninguno, nada, no lo haré, no lo necesito, no será.
可	ke3	3381	Poder, ser capaz de, podría, posiblemente; permiso, aprobación; adecuado, satisfactorio.
疾	ji2	0492	Enfermedad, daño, defecto, ansiedad; apuro; odio. Originalmente mostraba una flecha hiriendo a una persona.
貞	zhen1	0346	Determinación (con el doble sentido de decisión y acción firme y continuada), constancia, perseverancia, firmeza; lealtad, devoción, pureza. Originalmente: determinación por adivinación.

Seis en el cuarto puesto

    Se adentra en el lazo izquierdo del vientre.
    El encuentra el corazón del Oscurecimiento de la Luz
    y sale de la puerta y el patio.

入	ru4	3152	Entrar, introducirse (esta es la acepción usada en el *Yi-Jing*); traer, presentar; invadir.
于	yu2	7592	En (sobre, bajo, adentro, al lado, cerca de, por), a, hacia, ir hacia, hasta, de, como.
左	zuo3	6774	Lado izquierdo, a la izquierda; ayudar, asistir.

腹	fu4	1994	Vientre, abdomen: cavidad del cuerpo que contiene el corazón y el bazo, los que eran considerados la fuente de las emociones.
獲	huo4	2412	Agarrar, capturar (una presa en la cacería), agarrar una idea o percepción (percibir, comprender); caza, cazar; presa, siervo, esclavo; ganar, recibir, obtener, triunfar, ser capaz de; dar en el blanco.
明	ming2	4534	Luz, brillo, brillante, claridad, claro, discernimiento, visión, percepción; pacto, contrato.
夷	yi2	2982	Ocultar, herir, suprimir, matar, oscurecer.
之	zhi1	0935	Pronombre personal: él, ella, ello; esto, esta, estos, etc. Frecuentemente es usado como un posesivo: tiene, tuvo, va a tener, suyo, suya; ir a.
心	xin1	2735	Corazón, mente, afección, conciencia, deseo, intenciones, sentimientos, naturaleza moral; centro, núcleo.
于	yu2	7592	En (sobre, bajo, adentro, al lado, cerca de, por), a, hacia, ir hacia, hasta, de, como.
出	chu1	1409	Salir afuera, venir afuera; emerger, surgir, elevarse, generar, producir; abandonar, reducir, eliminar, expeler.
門	men2	4418	Portón de entrada, puerta; la puerta exterior que separa el patio de la calle, en tanto que 戶 es la puerta interior que da entrada a la casa.
庭	ting2	6405	Patio (de palacio), corte, cámara de audiencias; vestíbulo, entrada, mansión, casa de la familia.

Seis en el quinto puesto

Oscurecimiento de la Luz [como en el caso de el] príncipe *Ji*.
La determinación es favorable.

箕	ji1	0402	Aunque este carácter tiene otros significados, como: tamiz, aventar; separar lo valioso de lo inútil; una constelación; el nombre de un antiguo estado; en el *YiJing* es usado solamente para referirse al nombre de una persona: *Ji*, *Jizi* o *Chi*. El príncipe *Ji* fue un ministro y el tío del último malvado rey de la dinastía *Shang*. *Ji* fue apresado por rehusarse a servir como ministro y por reprochar al rey sus malas acciones, y tuvo que simular locura para sobrevivir.
子	zi3	6939	Hijo/a, niño/a; descendencia, prole; posteridad; sufijo; oficial, amo, príncipe.
之	zhi1	0935	Pronombre personal: él, ella, ello; esto, esta, estos, etc. Frecuentemente es usado como un posesivo: tiene, tuvo, va a tener, suyo, suya; ir a.

El Oscurecimiento de la Luz (187) 36

明	ming2	4534	Luz, brillo, brillante, claridad, claro, discernimiento, visión, percepción; pacto, contrato.
夷	yi2	2982	Ocultar, herir, suprimir, matar, oscurecer.
利	li4	3867	Favorable, propicio, conveniente, beneficioso, afortunado.
貞	zhen1	0346	Determinación (con el doble sentido de decisión y acción firme y continuada), constancia, perseverancia, firmeza; lealtad, devoción, pureza. Originalmente: determinación por adivinación.

Al tope un seis

No luz, sino oscuridad.
Primero ascendió al cielo.
Después se hundió en la tierra.

不	bu4	5379	No, adverbio de negación; sin, ninguno, nada, no lo haré, no lo necesito, no será.
明	ming2	4534	Luz, brillo, brillante, claridad, claro, discernimiento, visión, percepción; pacto, contrato.
晦	hui4	2337	Oscuro, oscurecer, poco claro, crepúsculo, ensombrecimiento; el último día del mes en el ciclo lunar; reticente.
初	chu1	1390	Al principio, comienzo, incipiente, primero.
登	deng1	6167	Subir, ascender, trepar, montar; hacer madurar; elevar, alzar.
于	yu2	7592	En (sobre, bajo, adentro, al lado, cerca de, por), a, hacia, ir hacia, hasta, de, como.
天	tian1	6361	Cielo, firmamento, cosmos, celestial, divino.
後	hou4	2143	Atrás, después; tarde, venir después; seguir; descendientes; sucesor.
入	ru4	3152	Entrar, introducirse (esta es la acepción usada en el *Yi-Jing*); traer, presentar; invadir.
于	yu2	7592	En (sobre, bajo, adentro, al lado, cerca de, por), a, hacia, ir hacia, hasta, de, como.
地	di4	6198	Tierra, la superficie sólida de la tierra.

37 家人 *jia ren* – La Familia / El Clan

El Dictamen

La Familia. La determinación es favorable para la mujer.

家	jia1	0594	Familia, clan (familia extendida), hogar, morada, casa, mantener una casa.
人	ren2	3097	Hombre, persona(s), otro(s), ser humano, individuo.
利	li4	3867	Favorable, propicio, conveniente, beneficioso, afortunado.
女	nu3	4776	Mujer, dama, doncella, muchacha, género femenino.
貞	zhen1	0346	Determinación (con el doble sentido de decisión y acción firme y continuada), constancia, perseverancia, firmeza; lealtad, devoción, pureza. Originalmente: determinación por adivinación.

La Imagen

El Viento se origina del Fuego: la imagen de La Familia.
Así las palabras del noble tienen sustancia y sus actos constancia.

風	feng1	1890	Viento.
自	zi4	6960	De, desde, viniendo de, seguir, originar, a causa de, por; uno mismo, él mismo.
火	huo3	2395	Fuego, flama. El Fuego y el Brillo son símbolos del trigrama ☲: Lo Adherente.
出	chu1	1409	Salir afuera, venir afuera; emerger, surgir, elevarse, generar, producir; abandonar, reducir, eliminar, expeler.
家	jia1	0594	Familia, clan (familia extendida), hogar, morada, casa, mantener una casa.
人	ren2	3097	Hombre, persona(s), otro(s), ser humano, individuo.
君	jun1	1715	Señor, príncipe, gobernante, noble; hombre superior.
子	zi3	6939	Hijo/a, niño/a; descendencia, prole; posteridad; sufijo; oficial, amo, príncipe.
以	yi3	2932	Así, de esta manera; por, para; por medio de, con; instrumento, medio, método, uso (de), camino (a).

言	yan2	7334	Palabras, chismes, dichos; interrogación.
有	you3	7533	Poseer, tener, en posesión de, haber, existir.
物	wu4	7209	Cosa/s, ser/es, objeto/s; el mundo físico, todas las cosas vivientes, la multitud, los otros.
而	er2	1756	Y, entonces, pero, sin embargo. Une y contrasta dos palabras.
行	xing2	2754	El significado original era camino, movilizar, en el *YiJing* usualmente significa moverse, ir, trasladarse de un lugar a otro, avanzar, actuar, hacer.
有	you3	7533	Poseer, tener, en posesión de, haber, existir.
恆	heng2	2107	Constante duradero, perdurable, persistente, continuo, largo tiempo.

Al comienzo un nueve

Con firme disciplina en La Familia el arrepentimiento se desvanece.

閑	xian2	2679	Barricada; defender, proteger con una barricada, barrera, cerca o corral; entrenamiento, disciplina, prohibir, restringir.
有	you3	7533	Poseer, tener, en posesión de, haber, existir.
家	jia1	0594	Familia, clan (familia extendida), hogar, morada, casa, mantener una casa.
悔	hui3	2336	Arrepentimiento, remordimiento, dolor y pesar por una culpa cometida; problemas.
亡	wang2	7034	Desaparecer, irse, escapar; morir, perecer, fallar.

Seis en el segundo puesto

Sin pretensiones. Permanece en el interior preparando la comida. La determinación es favorable.

无	wu2	7173	No, negativa; sin, no tiene, carencia de.
攸	you1	7519	Meta, dirección, propósito; destino, lugar, el lugar donde; por lo cual; aquel que.
遂	sui4	5530	Ir o seguir adelante, avanzar, progresar, empujar, completar, lograr, alcanzar, continuar, seguir, prolongar, acompañar.
在	zai4	6657	Estar en, adentro, sobre, presente, situado, al lado, a través, involucrado; presencia, existencia, lugar.
中	zhong1	1504	Centro, interior, dentro de, medio; acertarle al medio, acertarle al blanco; balanceado, central, correcto.

饋	kui4	3669	Preparar o/y presentar la comida; provisiones, comida.
貞	zhen1	0346	Determinación (con el doble sentido de decisión y acción firme y continuada), constancia, perseverancia, firmeza; lealtad, devoción, pureza. Originalmente: determinación por adivinación.
吉	ji2	0476	Ventura, buena suerte, buena fortuna, propicio, favorable.

Nueve en el tercer puesto

Tras severas reprimendas en la familia habrá arrepentimiento,
pero se aleja el peligro. Ventura.
Si la mujer y los niños se divierten bulliciosamente
al final habrá humillación.

家	jia1	0594	Familia, clan (familia extendida), hogar, morada, casa, mantener una casa.
人	ren2	3097	Hombre, persona(s), otro(s), ser humano, individuo.
嗃	he4	2134	Regañar, reprender, reconvenir. El estar duplicado intensifica su significado.
嗃	he4	2134	
悔	hui3	2336	Arrepentimiento, remordimiento, dolor y pesar por una culpa cometida; problemas.
厲	li4	3906	Peligro, amenaza, opresivo, cruel, malvado, brutal, enfermedad, demonio malevolente; piedra de afilar áspera, afilar, machacar, triturar, disciplina.
吉	ji2	0476	Ventura, buena suerte, buena fortuna, propicio, favorable.
婦	fu4	1963	Mujer casada, esposa, una mujer.
子	zi3	6939	Hijo/a, niño/a; descendencia, prole; posteridad; sufijo; oficial, amo, príncipe.
嘻	xi1	2436	Risa, exclamación de júbilo, risita entrecortada y tonta. Que aparezca por duplicado indica exagerada y bulliciosa risa.
嘻	xi1	2436	
終	zhong1	1500	Fin, final, al final, completo, entero, término, final de un ciclo; llevar hasta la conclusión, consumación; muerte.
吝	lin4	4040	Arrepentimiento, humillación, vergüenza, angustia, aflicción, sufrimiento; mezquindad, avaricia.

Seis en el cuarto puesto

Una próspera familia. Gran ventura.

富	fu4	1952	Rico, riqueza, abundancia, prosperidad, enriquecer.

La Familia

家	jia1	0594	Familia, clan (familia extendida), hogar, morada, casa, mantener una casa.
大	da4	5943	Grande, alto, excesivo, arrogante, estirarse y alcanzar por todos lados.
吉	ji2	0476	Ventura, buena suerte, buena fortuna, propicio, favorable.

Nueve en el quinto puesto

El Rey se acerca a su familia. No temas. Ventura.

王	wang2	7037	Rey, príncipe, soberano, regente, autoridad.
假	jia3	0599	Acercarse, ir a, viene, va, se acerca, alcanzar; lograr, conseguir. También significa falso, pretensión, ficción; préstamo.
有	you3	7533	Poseer, tener, en posesión de, haber, existir.
家	jia1	0594	Familia, clan (familia extendida), hogar, morada, casa, mantener una casa.
勿	wu4	7208	No. Negativa imperativa.
恤	xu4	2862	Preocupación, preocuparse por, temor, pesar, lástima.
吉	ji2	0476	Ventura, buena suerte, buena fortuna, propicio, favorable.

Al tope un nueve

El inspira confianza y respeto reverencial. Al final habrá ventura.

有	you3	7533	Poseer, tener, en posesión de, haber, existir.
孚	fu2	1936	Verdad; confiable, sincero; inspirar confianza a otros.
威	wei1	7051	Dignidad, respeto; impresionante, imponente, terrorífico, intimidante.
如	ru2	3137	Así, de esta forma, como, igual que, parecido, si (condicional).
終	zhong1	1500	Fin, final, al final, completo, entero, término, final de un ciclo; llevar hasta la conclusión, consumación; muerte.
吉	ji2	0476	Ventura, buena suerte, buena fortuna, propicio, favorable.

38 睽 *kui* – El Antagonismo

El Dictamen

El Antagonismo. Ventura [sólo] en pequeñas cosas.

睽	kui2	3660	Discrepancia, antagonismo; dos ojos que miran en distintas direcciones; separación, aislamiento; extraordinario.
小	xiao3	2605	Pequeño, común, humilde, mediocre, insignificante, sin importancia.
事	shi4	5787	Servir, servicio, asunto, cuestión, cosa, evento, negocio, actividad, quehacer, ocupación.
吉	ji2	0476	Ventura, buena suerte, buena fortuna, propicio, favorable.

La Imagen

El Fuego está arriba y el Lago abajo: la imagen del Antagonismo. Así el noble se asocia a la comunidad pero mantiene su singularidad.

上	shang4	5669	Arriba, sobre, encima; ascender, subir, elevar, ir para arriba; más alto, superior; sobrepasar, primero.
火	huo3	2395	Fuego, flama. El Fuego y el Brillo son símbolos del trigrama ☲: Lo Adherente.
下	xia4	2520	Debajo de, abajo, descender.
澤	ze2	0277	Lago, cuerpo de agua, charca, pantano; fertilizar, ungir, beneficiar, favorecer; húmedo, brillante, pulido; gracia, brillantez.
睽	kui2	3660	Discrepancia, antagonismo; dos ojos que miran en distintas direcciones; separación, aislamiento; extraordinario.
君	jun1	1715	Señor, príncipe, gobernante, noble; hombre superior.
子	zi3	6939	Hijo/a, niño/a; descendencia, prole; posteridad; sufijo; oficial, amo, príncipe.
以	yi3	2932	Así, de esta manera; por, para; por medio de, con; instrumento, medio, método, uso (de), camino (a).
同	tong2	6615	Comunidad, juntos, reunir gente, compartir la armonía; de acuerdo, igual; hacer uniforme.
而	er2	1756	Y, entonces, pero, sin embargo. Une y contrasta dos palabras.
異	yi4	3009	Diferente, único, separado, extraño, extraordinario; un desconocido, un extranjero.

El Antagonismo

Al comienzo un nueve

El arrepentimiento se desvanece.
No persigas al caballo que se escapó, él retornará por sí mismo.
Encontrarás mala gente, pero no cometerás errores.

悔	hui3	2336	Arrepentimiento, remordimiento, dolor y pesar por una culpa cometida; problemas.
亡	wang2	7034	Desaparecer, irse, escapar; morir, perecer, fallar.
喪	sang4	5429	Perder, dejar caer, dejar ir, desaparecer, perdido, pérdida, ruina, duelo.
馬	ma3	4310	Caballo.
勿	wu4	7208	No. Negativa imperativa.
逐	zhu2	1383	Perseguir, seguir, expeler; en orden, en sucesión, uno por uno; competencia.
自	zi4	6960	De, desde, viniendo de, seguir, originar, a causa de, por; uno mismo, él mismo.
復	fu4	1992	Volver, regresar, volver para atrás; repetir, restaurar, revertir.
見	jian4	0860	Ver, visto, percibir, observar; revelar, aparecer, encontrado; entrevistar, visitar, encontrarse.
惡	e4	4809	Malo, malvado; repulsivo, incorrecto, falta; odio, aversión.
人	ren2	3097	Hombre, persona(s), otro(s), ser humano, individuo.
无	wu2	7173	No, negativa; sin, no tiene, carencia de.
咎	jiu4	1192	Falta, error, defecto, culpa; poco propicio, infortunio, calamidad; mala suerte, mal augurio.

Nueve en el segundo puesto

Se encuentra con su amo en un callejón. Sin defecto.

遇	yu4	7625	Encontrar, encontrarse con; pasar, suceder, ocurrir, casualidad; afortunada coincidencia, suerte.
主	zhu3	1336	Amo, señor, jefe; anfitrión, posadero.
于	yu2	7592	En (sobre, bajo, adentro, al lado, cerca de, por), a, hacia, ir hacia, hasta, de, como.
巷	xiang4	2553	Callejón, camino estrecho, calle.
无	wu2	7173	No, negativa; sin, no tiene, carencia de.
咎	jiu4	1192	Falta, error, defecto, culpa; poco propicio, infortunio, calamidad; mala suerte, mal augurio.

Seis en el tercer puesto

Ve su carro arrastrado para atrás. Sus bueyes son detenidos, le afeitan la cabeza y le cortan la nariz a sus hombres. No hay un [buen] comienzo pero sí un [buen] final.

見	jian4	0860	Ver, visto, percibir, observar; revelar, aparecer, encontrado; entrevistar, visitar, encontrarse.
輿	yu2	7618	Carruaje, vagón, carro, carro de guerra (arrastrado por cuatro caballos), vehículo; transporte, transportar, acarrear.
曳	yi4	3008	Arrastrar, tirar para atrás; tirar de.
其	qi2	0525	Su, suyo, suya, de ellos, de ellas; el, la, lo, las, los. Un pronombre posesivo y demostrativo.
牛	niu2	4737	Vaca, toro, buey.
掣	che4	0282	Arrastrar, tirar para atrás, detenido (porque tiran para atrás o debido a fuerza mayor), obstaculizado, arrastrado para atrás.
其	qi2	0525	Su, suyo, suya, de ellos, de ellas; el, la, lo, las, los. Un pronombre posesivo y demostrativo.
人	ren2	3097	Hombre, persona(s), otro(s), ser humano, individuo.
天	tian1	6361	Rapar el pelo o tatuar la frente.
且	qie3	0803	Y, mientras tanto, además; ahora, dentro de poco; también, y además, ambos. Indica alternativa o acción simultánea.
劓	yi4	3013	Cortar (amputar) la nariz (como castigo).
无	wu2	7173	No, negativa; sin, no tiene, carencia de.
初	chu1	1390	Al principio, comienzo, incipiente, primero.
有	you3	7533	Poseer, tener, en posesión de, haber, existir.
終	zhong1	1500	Fin, final, al final, completo, entero, término, final de un ciclo; llevar hasta la conclusión, consumación; muerte.

Nueve en el cuarto puesto

Aislado por El Antagonismo. Uno encuentra un gran hombre con el que se puede asociar de buena fe. Peligro. Sin defecto.

睽	kui2	3660	Discrepancia, antagonismo; dos ojos que miran en distintas direcciones; separación, aislamiento; extraordinario.
孤	gu1	3470	Aislado, solo, solitario; sin padre, huérfano, sin un protector.

EL ANTAGONISMO (195)

遇	yu4	7625	Encontrar, encontrarse con; pasar, suceder, ocurrir, casualidad; afortunada coincidencia, suerte.
元	yuan2	7707	Sublime, elevado, preeminente, superior, el más grande, grande y originante, primordial, cabeza, líder, jefe.
夫	fu1	1908	Hombre, hombre adulto, esposo; aquel, aquellos.
交	jiao1	0702	Unión, relación, encuentro; entregar; intercambiar; cruzado, intercambio, negociación, interacción.
孚	fu2	1936	Verdad; confiable, sincero; inspirar confianza a otros.
厲	li4	3906	Peligro, amenaza, opresivo, cruel, malvado, brutal, enfermedad, demonio malevolente; piedra de afilar áspera, afilar, machacar, triturar, disciplina.
无	wu2	7173	No, negativa; sin, no tiene, carencia de.
咎	jiu4	1192	Falta, error, defecto, culpa; poco propicio, infortunio, calamidad; mala suerte, mal augurio.

Seis en el quinto puesto

El arrepentimiento se desvanece. En el templo del clan ellos comen carne. ¿Cómo podría ser un error ir allí?

悔	hui3	2336	Arrepentimiento, remordimiento, dolor y pesar por una culpa cometida; problemas.
亡	wang2	7034	Desaparecer, irse, escapar; morir, perecer, fallar.
厥	jue2	1680	Suyo, su, sus, tu.
宗	zong1	6896	Clan; antepasado; templo ancestral (de un clan o familia).
噬	shi4	5764	Morder, roer, mascar, lanzar un tarascón.
膚	fu1	1958	Piel, carne.
往	wang3	7050	Ir, ir hacia, ir a; partir, irse.
何	he2	2109	¿Cómo? ¿qué? ¿porqué? ¿cuál?
咎	jiu4	1192	Falta, error, defecto, culpa; poco propicio, infortunio, calamidad; mala suerte, mal augurio.

Al tope un nueve

Aislado por El Antagonismo.
El ve un cerdo cubierto de barro, un carro lleno de demonios.
Primero tensa su arco, pero después lo pone a un lado.
No es un bandido sino un pretendiente matrimonial.
Al avanzar uno encuentra lluvia y entonces llega la ventura.

睽	kui2	3660	Discrepancia, antagonismo; dos ojos que miran en distintas direcciones; separación, aislamiento; extraordinario.
孤	gu1	3470	Aislado, solo, solitario; sin padre, huérfano, sin un protector.
見	jian4	0860	Ver, visto, percibir, observar; revelar, aparecer, encontrado; entrevistar, visitar, encontrarse.
豕	shi3	5766	Cerdo, verraco, jabalí. Símbolo de riqueza y suerte.
負	fu4	1956	Cargar, cargar sobre la espalda, carga, cargado; soportar.
塗	tu2	6525	Lodo, fango, enfangar, ensuciar, manchar.
載	zai4	6653	Transportar, llevar, cargar con, contener, sostener.
鬼	gui3	3634	Tribu *gui* (enemigos de los *Zhou*), bárbaros; demonio, fantasma, espíritu, tramposo, siniestro, malvado.
一	yi1	3016	Uno, número uno.
車	che1	0280	Carruaje, carro, carro de batalla.
先	xian1	2702	Antes, primero, delantero, ir adelante, guiar.
張	zhang1	0195	Estirar tirante (un arco), tender, extender, estirar, abrir.
之	zhi1	0935	Pronombre personal: él, ella, ello; esto, esta, estos, etc. Frecuentemente es usado como un posesivo: tiene, tuvo, va a tener, suyo, suya; ir a.
弧	hu2	2184	Arco (es la única acepción que se usa en el *YiJing* y se refiere al arco largo de madera usado para la guerra y la cacería); torcido, curvado.
後	hou4	2143	Atrás, después; tarde, venir después; seguir; descendientes; sucesor.
說	tuo1	5939	Remover, soltar.
之	zhi1	0935	Pronombre personal: él, ella, ello; esto, esta, estos, etc. Frecuentemente es usado como un posesivo: tiene, tuvo, va a tener, suyo, suya; ir a.
弧	hu2	2184	Arco (es la única acepción que se usa en el *YiJing* y se refiere al arco largo de madera usado para la guerra y la cacería); torcido, curvado.

El Antagonismo (197)

匪	fei3	1820	No, fuerte negativa.
寇	kou4	3444	Bandido(s), invasor(es), enemigo(s), ladrón(es), gente violenta y fuera de la ley, saqueadores.
婚	hun1	2360	Matrimonio, matrimonial, casarse; un novio, pretendiente. Siempre aparece acompañado de 媾: casamiento.
媾	gou4	3426	Matrimonio, un segundo matrimonio, emparejarse, familias unidas por el matrimonio; pretendiente, novio; alianza, amistad, favor.
往	wang3	7050	Ir, ir hacia, ir a; partir, irse.
遇	yu4	7625	Encontrar, encontrarse con; pasar, suceder, ocurrir, casualidad; afortunada coincidencia, suerte.
雨	yu3	7662	Lluvia, chaparrón, chubasco.
則	ze2	6746	Entonces, así, después, luego, además, consecuentemente, inmediatamente, por consiguiente, por lo tanto; ley, regla, patrón, causa.
吉	ji2	0476	Ventura, buena suerte, buena fortuna, propicio, favorable.

39 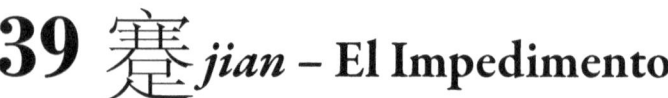 *jian* – El Impedimento

El Dictamen

El Impedimento.
Es favorable el Sudeste [retirada],
pero no lo es el Nordeste [avance].
Es favorable ver al gran hombre.
La determinación trae ventura.

蹇	jian3	0843	Cojear, tropezar; dificultades, problemas, infortunio, desgracia, obstrucción, impedimento; arrogante, orgulloso.
利	li4	3867	Favorable, propicio, conveniente, beneficioso, afortunado.
西	xi1	2460	Oeste, occidental. Corresponde al otoño.
南	nan2	4620	El Sur. Región asociada con el verano, el trabajo en comunidad y el calor.
不	bu4	5379	No, adverbio de negación; sin, ninguno, nada, no lo haré, no lo necesito, no será.
利	li4	3867	Favorable, propicio, conveniente, beneficioso, afortunado.
東	dong1	6605	El Este.
北	bei3	4974	Norte.
利	li4	3867	Favorable, propicio, conveniente, beneficioso, afortunado.
見	jian4	0860	Ver, visto, percibir, observar; revelar, aparecer, encontrado; entrevistar, visitar, encontrarse.
大	da4	5943	Grande, alto, excesivo, arrogante, estirarse y alcanzar por todos lados.
人	ren2	3097	Hombre, persona(s), otro(s), ser humano, individuo.
貞	zhen1	0346	Determinación (con el doble sentido de decisión y acción firme y continuada), constancia, perseverancia, firmeza; lealtad, devoción, pureza. Originalmente: determinación por adivinación.
吉	ji2	0476	Ventura, buena suerte, buena fortuna, propicio, favorable.

El Impedimento (199)

La Imagen

Arriba de la Montaña hay Agua: la imagen del Impedimento.
Así el noble se vuelve hacia sí mismo para cultivar su naturaleza.

山	shan1	5630	Montaña, colina, pico.
上	shang4	5669	Arriba, sobre, encima; ascender, subir, elevar, ir para arriba; más alto, superior; sobrepasar, primero.
有	you3	7533	Poseer, tener, en posesión de, haber, existir.
水	shui3	5922	Agua, río, corriente, flujo, líquido, fluido.
蹇	jian3	0843	Cojear, tropezar; dificultades, problemas, infortunio, desgracia, obstrucción, impedimento; arrogante, orgulloso.
君	jun1	1715	Señor, príncipe, gobernante, noble; hombre superior.
子	zi3	6939	Hijo/a, niño/a; descendencia, prole; posteridad; sufijo; oficial, amo, príncipe.
以	yi3	2932	Así, de esta manera; por, para; por medio de, con; instrumento, medio, método, uso (de), camino (a).
反	fan3	1781	Dar marcha atrás, dar la vuelta, volver para atrás, regresar, voltear(se).
身	shen1	5718	Cuerpo, torso, persona, uno mismo, carácter, vida (duración de la); mujer embarazada, útero (sólo Kunst le asigna este significado).
脩	xiu1	2795	Este carácter significa "carne seca", pero en el *YiJing* reemplaza a 修, *xiu*, y significa: cultivar, poner en orden, acomodar, reparar, elaborar.
德	de2	6162	Virtud, poder espiritual, habilidad para seguir el curso correcto; cualidad, naturaleza, carácter, disposición.

Al comienzo un seis

Ir lleva al Impedimento, volver atrás trae alabanzas.

往	wang3	7050	Ir, ir hacia, ir a; partir, irse.
蹇	jian3	0843	Cojear, tropezar; dificultades, problemas, infortunio, desgracia, obstrucción, impedimento; arrogante, orgulloso.
來	lai2	3768	Venir, llegar; traer; volver.
譽	yu4	7617	Alabanza, elogio, fama, honor, renombre, prestigio, estima.

Seis en el segundo puesto

El ministro del rey encuentra impedimento sobre impedimento.
Pero no son causados por sí mismo.

王	wang2	7037	Rey, príncipe, soberano, regente, autoridad.
臣	chen2	0327	Súbdito, sirviente, siervo, funcionario, ministro, asistente, vasallo.
蹇	jian3	0843	Cojear, tropezar; dificultades, problemas, infortunio, desgracia, obstrucción, impedimento; arrogante, orgulloso.
蹇	jian3	0843	El estar duplicado intensifica su significado.
匪	fei3	1820	No, fuerte negativa.
躬	gong1	3704	Uno mismo, cuerpo, persona, individuo.
之	zhi1	0935	Pronombre personal: él, ella, ello; esto, esta, estos; etc. Frecuentemente es usado como un posesivo: tiene, tuvo, va a tener, suyo, suya; ir a.
故	gu4	3455	Causa, razón, debido a; antiguo, anterior, viejo, venir antes como una causa.

Nueve en el tercer puesto

Ir lleva al Impedimento. El vuelve atrás.

往	wang3	7050	Ir, ir hacia, ir a; partir, irse.
蹇	jian3	0843	Cojear, tropezar; dificultades, problemas, infortunio, desgracia, obstrucción, impedimento; arrogante, orgulloso.
來	lai2	3768	Venir, llegar; traer; volver.
反	fan3	1781	Dar marcha atrás, dar la vuelta, volver para atrás, regresar, voltear(se).

Seis en el cuarto puesto

Ir lleva al Impedimento, volver a la unión.

往	wang3	7050	Ir, ir hacia, ir a; partir, irse.
蹇	jian3	0843	Cojear, tropezar; dificultades, problemas, infortunio, desgracia, obstrucción, impedimento; arrogante, orgulloso.
來	lai2	3768	Venir, llegar; traer; volver.
連	lian2	4009	Unión, alianza, conexión; un tipo de carruaje, ir o acarrear en un carro; difícil, lento, laborioso, arduo.

El Impedimento (201)

Nueve en el quinto puesto
Cuando el Impedimento es mayor los amigos vienen.

大	da4	5943	Grande, alto, excesivo, arrogante, estirarse y alcanzar por todos lados.
蹇	jian3	0843	Cojear, tropezar; dificultades, problemas, infortunio, desgracia, obstrucción, impedimento; arrogante, orgulloso.
朋	peng2	5054	Amigo, camarada, semejante, igual; dos tiras de cauríes (conchas usadas como dinero en la antigüedad China).
來	lai2	3768	Venir, llegar; traer; volver.

Al tope un seis
Ir lleva al Impedimento, volver trae gran ventura.
Es favorable ver al gran hombre.

往	wang3	7050	Ir, ir hacia, ir a; partir, irse.
蹇	jian3	0843	Cojear, tropezar; dificultades, problemas, infortunio, desgracia, obstrucción, impedimento; arrogante, orgulloso.
來	lai2	3768	Venir, llegar; traer; volver.
碩	shuo4	5815	Grande, majestuoso, eminente, maduro, totalmente desarrollado.
吉	ji2	0476	Ventura, buena suerte, buena fortuna, propicio, favorable.
利	li4	3867	Favorable, propicio, conveniente, beneficioso, afortunado.
見	jian4	0860	Ver, visto, percibir, observar; revelar, aparecer, encontrado; entrevistar, visitar, encontrarse.
大	da4	5943	Grande, alto, excesivo, arrogante, estirarse y alcanzar por todos lados.
人	ren2	3097	Hombre, persona(s), otro(s), ser humano, individuo.

40 解 *jie* – La Liberación

El Dictamen

La Liberación. Es favorable el Sudeste.
Si no hay nada que hacer es venturoso retornar.
Si hay algo por hacer, apurarse trae ventura.

解	jie3	0626	Liberar, liberación; desatar, soltar, cortar (un buey), dividir, disolver; explicar, analizar.
利	li4	3867	Favorable, propicio, conveniente, beneficioso, afortunado.
西	xi1	2460	Oeste, occidental. Corresponde al otoño.
南	nan2	4620	El Sur. Región asociada con el verano, el trabajo en comunidad y el calor.
无	wu2	7173	No, negativa; sin, no tiene, carencia de.
所	suo3	5465	Asunto, manera, causa o lugar habitual, residencia, lugar de trabajo.
往	wang3	7050	Ir, ir hacia, ir a; partir, irse.
其	qi2	0525	Su, suyo, suya, de ellos, de ellas; el, la, lo, las, los. Un pronombre posesivo y demostrativo.
來	lai2	3768	Venir, llegar; traer; volver.
復	fu4	1992	Volver, regresar, volver para atrás; repetir, restaurar, revertir.
吉	ji2	0476	Ventura, buena suerte, buena fortuna, propicio, favorable.
有	you3	7533	Poseer, tener, en posesión de, haber, existir.
攸	you1	7519	Meta, dirección, propósito; destino, lugar, el lugar donde; por lo cual; aquel que.
往	wang3	7050	Ir, ir hacia, ir a; partir, irse.
夙	su4	5502	Temprano, mañana temprana, amanecer; pronto, rápido, enseguida.
吉	ji2	0476	Ventura, buena suerte, buena fortuna, propicio, favorable.

La Liberación

La Imagen

Trueno y Lluvia en acción: la imagen de la Liberación.
Así el noble perdona excesos y ofensas.

雷	lei2	4236	Trueno: conmoción, aterrador, poder suscitativo que surge de la tierra.
雨	yu3	7662	Lluvia, chaparrón, chubasco.
作	zuo4	6780	Actuar, hacer, fabricar, formar, llevar a cabo, trabajar, ponerse en actividad, encargarse de una tarea; ponerse de pie, levantarse; componer (literatura o música), manifestarse creativamente; proyecto, ceremonia, sacrificar.
解	jie3	0626	Liberar, liberación; desatar, soltar, cortar (un buey), dividir, disolver; explicar, analizar.
君	jun1	1715	Señor, príncipe, gobernante, noble; hombre superior.
子	zi3	6939	Hijo/a, niño/a; descendencia, prole; posteridad; sufijo; oficial, amo, príncipe.
以	yi3	2932	Así, de esta manera; por, para; por medio de, con; instrumento, medio, método, uso (de), camino (a).
赦	she4	5702	Perdonar, amnistía, dejar irse, liberar.
過	guo4	3730	Pasar, pasar a través, ir más allá, sobrepasar, exceder, exceso, preponderancia; demasiado, excesivamente; transgredir, falta.
宥	you4	7536	Perdonar, tolerante, de criterio amplio.
罪	zui4	6860	Delito, ofensa, falta, pecado, violación de la ley.

Al comienzo un seis

No hay falta.

无	wu2	7173	No, negativa; sin, no tiene, carencia de.
咎	jiu4	1192	Falta, error, defecto, culpa; poco propicio, infortunio, calamidad; mala suerte, mal augurio.

Nueve en el segundo puesto

Captura tres zorros en la cacería y recibe una flecha amarilla.
La determinación es venturosa.

田	tian2	6362	Campo, tierra arable, tierras de labranza; cazar. El carácter muestra un campo dividido en cuatro sectores.
獲	huo4	2412	Agarrar, capturar (una presa en la cacería), agarrar una idea o percepción (percibir, comprender); caza, cazar; presa, siervo, esclavo; ganar, recibir, obtener, triunfar, ser capaz de; dar en el blanco.

三	san1	5415	Tres, tercero, triple, tres veces.
狐	hu2	2185	Zorro.
得	de2	6161	Conseguir, obtener, agarrar, ganar, ganancia, adquirir el objeto deseado, encontrar, lograr.
黃	huang2	2297	Amarillo, amarillo-amarronado; color de la tierra en el centro de China. En el *YiJing* el color amarillo siempre es favorable, es el color del centro y de la moderación, fue el color imperial desde la dinastía *Han* en adelante.
矢	shi3	5784	Flecha.
貞	zhen1	0346	Determinación (con el doble sentido de decisión y acción firme y continuada), constancia, perseverancia, firmeza; lealtad, devoción, pureza. Originalmente: determinación por adivinación.
吉	ji2	0476	Ventura, buena suerte, buena fortuna, propicio, favorable.

Seis en el tercer puesto

El que carga algo en la espalda pero viaja en un carruaje atrae a los bandidos. La determinación es humillante.

負	fu4	1956	Cargar, cargar sobre la espalda, carga, cargado; soportar.
且	qie3	0803	Y, mientras tanto, además; ahora, dentro de poco; también, y además, ambos. Indica alternativa o acción simultánea.
乘	cheng2	0398	Montar, andar, viajar; carro, carro de guerra; yunta de cuatro caballos; ascenso, subida, superar, reemplazar, estar arriba, por encima; aprovechar una oportunidad. En la época que se compuso el *ZhouYi*, en China los caballos tiraban de carruajes o hacían otras tareas pero no se usaban para cabalgar.
致	zhi4	0984	Causar, producir, aplicar, presentar, entregar, enviar, transmitir, involucrar, implicar, llevar hasta las últimas consecuencias, un objetivo.
寇	kou4	3444	Bandido(s), invasor(es), enemigo(s), ladrón(es), gente violenta y fuera de la ley, saqueadores.
至	zhi4	0982	Llegar, alcanzar el punto más alto o la cúspide, culminar; el extremo, lo más grande, muy.
貞	zhen1	0346	Determinación (con el doble sentido de decisión y acción firme y continuada), constancia, perseverancia, firmeza; lealtad, devoción, pureza. Originalmente: determinación por adivinación.
吝	lin4	4040	Arrepentimiento, humillación, vergüenza, angustia, aflicción, sufrimiento; mezquindad, avaricia.

La Liberación

Nueve en el cuarto puesto

Libérate del dedo gordo del pie y tu camarada vendrá con confianza mutua.

解	jie3	0626	Liberar, liberación; desatar, soltar, cortar (un buey), dividir, disolver; explicar, analizar.
而	er2	1756	Y, entonces, pero, sin embargo. Une y contrasta dos palabras.
拇	mu3	4584	Pulgar o dedo grande del pie. Dependiendo de su ubicación en las líneas del hexagrama se puede determinar si significa pulgar o el dedo grande del pie.
朋	peng2	5054	Amigo, camarada, semejante, igual; dos tiras de cauríes (conchas usadas como dinero en la antigüedad China).
至	zhi4	0982	Llegar, alcanzar el punto más alto o la cúspide, culminar; el extremo, lo más grande, muy.
斯	si1	5574	Entonces, luego, en consecuencia, así; hender, desgarrar.
孚	fu2	1936	Verdad; confiable, sincero; inspirar confianza a otros.

Seis en el quinto puesto

Sólo el noble puede liberarse y tener ventura.
Así demuestra a los vulgares que hace las cosas en serio.

君	jun1	1715	Señor, príncipe, gobernante, noble; hombre superior.
子	zi3	6939	Hijo/a, niño/a; descendencia, prole; posteridad; sufijo; oficial, amo, príncipe.
維	wei2	7067	Atar, amarrar juntos; principio orientador, regla; solo, solamente.
有	you3	7533	Poseer, tener, en posesión de, haber, existir.
解	jie3	0626	Liberar, liberación; desatar, soltar, cortar (un buey), dividir, disolver; explicar, analizar.
吉	ji2	0476	Ventura, buena suerte, buena fortuna, propicio, favorable.
有	you3	7533	Poseer, tener, en posesión de, haber, existir.
孚	fu2	1936	Verdad; confiable, sincero; inspirar confianza a otros.
于	yu2	7592	En (sobre, bajo, adentro, al lado, cerca de, por), a, hacia, ir hacia, hasta, de, como.
小	xiao3	2605	Pequeño, común, humilde, mediocre, insignificante, sin importancia.
人	ren2	3097	Hombre, persona(s), otro(s), ser humano, individuo.

Al tope un seis

El duque dispara sobre un halcón que está sobre una elevada muralla y lo abate. Nada que no sea propicio.

公	gong1	3701	Príncipe, señor feudal, un noble de elevado rango, duque; público; imparcial, desinteresado, justo.
用	yong4	7567	Usar, aplicar, emplear, implementar; aplicar el oráculo a situaciones reales; actuar; usar como ofrenda, ofrecer en sacrificio.
射	she4	5703	Disparar con un arco; apuntar y acertarle al blanco; brotar, emitir, salir a borbotones.
隼	sun3	1487	Halcón, ave de presa.
于	yu2	7592	En (sobre, bajo, adentro, al lado, cerca de, por), a, hacia, ir hacia, hasta, de, como.
高	gao1	3290	Alto, elevado, exaltado, majestuoso, eminente, ilustre.
墉	yong1	7578	Pared, muralla, almena, pared fortificada.
之	zhi1	0935	Pronombre personal: él, ella, ello; esto, esta, estos, etc. Frecuentemente es usado como un posesivo: tiene, tuvo, va a tener, suyo, suya; ir a.
上	shang4	5669	Arriba, sobre, encima; ascender, subir, elevar, ir para arriba; más alto, superior; sobrepasar, primero.
獲	huo4	2412	Agarrar, capturar (una presa en la cacería), agarrar una idea o percepción (percibir, comprender); caza, cazar; presa, siervo, esclavo; ganar, recibir, obtener, triunfar, ser capaz de; dar en el blanco.
之	zhi1	0935	Pronombre personal: él, ella, ello; esto, esta, estos, etc. Frecuentemente es usado como un posesivo: tiene, tuvo, va a tener, suyo, suya; ir a.
无	wu2	7173	No, negativa; sin, no tiene, carencia de.
不	bu4	5379	No, adverbio de negación; sin, ninguno, nada, no lo haré, no lo necesito, no será.
利	li4	3867	Favorable, propicio, conveniente, beneficioso, afortunado.

41 損 *sun* – La Merma

El Dictamen

Merma con veracidad. Sublime ventura.
Sin defecto. La determinación es satisfactoria.
Es favorable tener una meta dónde ir. ¿Cómo debería hacerse?
Dos vasijas pueden usarse para la ofrenda.

損	sun3	5548	Disminuir, mermar, sacar de; lastimar, herir.
有	you3	7533	Poseer, tener, en posesión de, haber, existir.
孚	fu2	1936	Verdad; confiable, sincero; inspirar confianza a otros.
元	yuan2	7707	Sublime, elevado, preeminente, superior, el más grande, grande y originante, primordial, cabeza, líder, jefe.
吉	ji2	0476	Ventura, buena suerte, buena fortuna, propicio, favorable.
无	wu2	7173	No, negativa; sin, no tiene, carencia de.
咎	jiu4	1192	Falta, error, defecto, culpa; poco propicio, infortunio, calamidad; mala suerte, mal augurio.
可	ke3	3381	Poder, ser capaz de, podría, posiblemente; permiso, aprobación; adecuado, satisfactorio.
貞	zhen1	0346	Determinación (con el doble sentido de decisión y acción firme y continuada), constancia, perseverancia, firmeza; lealtad, devoción, pureza. Originalmente: determinación por adivinación.
利	li4	3867	Favorable, propicio, conveniente, beneficioso, afortunado.
有	you3	7533	Poseer, tener, en posesión de, haber, existir.
攸	you1	7519	Meta, dirección, propósito; destino, lugar, el lugar donde; por lo cual; aquel que.
往	wang3	7050	Ir, ir hacia, ir a; partir, irse.
曷	he2	2122	¿Cómo? ¿qué? ¿porqué? ¿porqué no?
之	zhi1	0935	Pronombre personal: él, ella, ello; esto, esta, estos, etc. Frecuentemente es usado como un posesivo: tiene, tuvo, va a tener, suyo, suya; ir a.
用	yong4	7567	Usar, aplicar, emplear, implementar; aplicar el oráculo a situaciones reales; actuar; usar como ofrenda, ofrecer en sacrificio.
二	er4	1751	Dos, segundo, dos veces.

篡	gui3	3633	Cuenco, vasija, tazón, cesta de bambú, sopera con arroz; un tipo de vaso o cesta usado durante la presentación de sacrificios.
可	ke3	3381	Poder, ser capaz de, podría, posiblemente; permiso, aprobación; adecuado, satisfactorio.
用	yong4	7567	Usar, aplicar, emplear, implementar; aplicar el oráculo a situaciones reales; actuar; usar como ofrenda, ofrecer en sacrificio.
享	xiang3	2552	Ofrenda sacrificial, consagrar, presentar una ofrenda a un dios o a un superior.

La Imagen

Abajo de la Montaña está el Lago: la imagen de la Merma.
Así el noble controla su ira y restringe sus pasiones.

山	shan1	5630	Montaña, colina, pico.
下	xia4	2520	Debajo de, abajo, descender.
有	you3	7533	Poseer, tener, en posesión de, haber, existir.
澤	ze2	0277	Lago, cuerpo de agua, charca, pantano; fertilizar, ungir, beneficiar, favorecer; húmedo, brillante, pulido; gracia, brillantez.
損	sun3	5548	Disminuir, mermar, sacar de; lastimar, herir.
君	jun1	1715	Señor, príncipe, gobernante, noble; hombre superior.
子	zi3	6939	Hijo/a, niño/a; descendencia, prole; posteridad; sufijo; oficial, amo, príncipe.
以	yi3	2932	Así, de esta manera; por, para; por medio de, con; instrumento, medio, método, uso (de), camino (a).
懲	cheng2	0384	Restringir(se), controlar(se), reprimir(se); prevenir, detener; castigar, corregir, una advertencia.
忿	fen4	1854	Enojo, cólera, ira, indignación, furia, resentimiento.
窒	zhi4	0994	Obstruir, detener, resistir, restringir.
欲	yu4	7671	Deseo, anhelo; lujuria, pasión.

Al comienzo un nueve

No hay defecto en terminar tu trabajo y acudir rápidamente.
Pero reflexiona hasta qué punto puedes sacrificarte.

巳	si4	5590	La sexta de las doce ramas terrenales, comprendiendo el período desde las 9 a las 11 A.M., pero normalmente es reemplazado por otros caracteres.

事	shi4	5787	Servir, servicio, asunto, cuestión, cosa, evento, negocio, actividad, quehacer, ocupación.
遄	chuan2	1444	Apurarse, rápidamente, rápido, expedito.
往	wang3	7050	Ir, ir hacia, ir a; partir, irse.
无	wu2	7173	No, negativa; sin, no tiene, carencia de.
咎	jiu4	1192	Falta, error, defecto, culpa; poco propicio, infortunio, calamidad; mala suerte, mal augurio.
酌	zhuo2	1257	Considerar, sopesar, discutir (ya sea con uno mismo o con otros); servir vino, libación.
损	sun3	5548	Disminuir, mermar, sacar de; lastimar, herir.
之	zhi1	0935	Pronombre personal: él, ella, ello; esto, esta, estos, etc. Frecuentemente es usado como un posesivo: tiene, tuvo, va a tener, suyo, suya; ir a.

Nueve en el segundo puesto

La determinación es favorable.

Marchar trae desventura.

Sin merma [a sí mismo] puede aumentar [a otros].

利	li4	3867	Favorable, propicio, conveniente, beneficioso, afortunado.
贞	zhen1	0346	Determinación (con el doble sentido de decisión y acción firme y continuada), constancia, perseverancia, firmeza; lealtad, devoción, pureza. Originalmente: determinación por adivinación.
征	zheng1	0352	Marchar (iniciar una campaña). Castigar, disciplinar, atacar, invadir, conquistar; ir, venir, traer.
凶	xiong1	2808	Desventura, malo, mala suerte, gran infortunio, peligro mortal, nefasto, malos augurios, caer en una trampa.
弗	fu2	1981	No (especialmente que no puede o que no quiere), negativa.
损	sun3	5548	Disminuir, mermar, sacar de; lastimar, herir.
益	yi4	3052	Aumento, incremento; más; beneficio, ganancia, ventaja.
之	zhi1	0935	Pronombre personal: él, ella, ello; esto, esta, estos, etc. Frecuentemente es usado como un posesivo: tiene, tuvo, va a tener, suyo, suya; ir a.

Seis en el tercer puesto

Cuando tres personas marchan juntas, se disminuyen en una persona. Cuando alguien marcha solo encuentra un compañero.

三	san1	5415	Tres, tercero, triple, tres veces.
人	ren2	3097	Hombre, persona(s), otro(s), ser humano, individuo.
行	xing2	2754	El significado original era camino, movilizar, en el *YiJing* usualmente significa moverse, ir, trasladarse de un lugar a otro, avanzar, actuar, hacer.
則	ze2	6746	Entonces, así, después, luego, además, consecuentemente, inmediatamente, por consiguiente, por lo tanto; ley, regla, patrón, causa.
損	sun3	5548	Disminuir, mermar, sacar de; lastimar, herir.
一	yi1	3016	Uno, número uno.
人	ren2	3097	Hombre, persona(s), otro(s), ser humano, individuo.
一	yi1	3016	Uno, número uno.
人	ren2	3097	Hombre, persona(s), otro(s), ser humano, individuo.
行	xing2	2754	El significado original era camino, movilizar, en el *YiJing* usualmente significa moverse, ir, trasladarse de un lugar a otro, avanzar, actuar, hacer.
則	ze2	6746	Entonces, así, después, luego, además, consecuentemente, inmediatamente, por consiguiente, por lo tanto; ley, regla, patrón, causa.
得	de2	6161	Conseguir, obtener, agarrar, ganar, ganancia, adquirir el objeto deseado, encontrar, lograr.
其	qi2	0525	Su, suyo, suya, de ellos, de ellas; el, la, lo, las, los. Un pronombre posesivo y demostrativo.
友	you3	7540	Compañero, amigo, asociado, pareja.

Seis en el cuarto puesto

Al reducir su ansiedad rápidamente tendrá motivos de alegría y no tendrá culpa.

損	sun3	5548	Disminuir, mermar, sacar de; lastimar, herir.
其	qi2	0525	Su, suyo, suya, de ellos, de ellas; el, la, lo, las, los. Un pronombre posesivo y demostrativo.
疾	ji2	0492	Enfermedad, daño, defecto, ansiedad; apuro; odio. Originalmente mostraba una flecha hiriendo a una persona.

La Merma (211)

使	shi3	5770	Enviar en una misión, ordenar, causar; enviado, mensajero, embajador, agente.
遄	chuan2	1444	Apurarse, rápidamente, rápido, expedito.
有	you3	7533	Poseer, tener, en posesión de, haber, existir.
喜	xi3	2434	Alegría, júbilo, regocijo, felicidad, complacido, gratificado, exultante.
无	wu2	7173	No, negativa; sin, no tiene, carencia de.
咎	jiu4	1192	Falta, error, defecto, culpa; poco propicio, infortunio, calamidad; mala suerte, mal augurio.

Seis en el quinto puesto

Alguien lo incrementa con una concha de tortuga
que vale diez tiras de cauríes.
Nadie puede oponerse. Sublime ventura.

或	huo4	2402	Alguno(s), alguna vez. Si acaso, si (condición o suposición en virtud de la cual un concepto depende de otro u otros), quizás, incierto, posible pero no seguro.
益	yi4	3052	Aumento, incremento; más; beneficio, ganancia, ventaja.
之	zhi1	0935	Pronombre personal: él, ella, ello; esto, esta, estos, etc. Frecuentemente es usado como un posesivo: tiene, tuvo, va a tener, suyo, suya; ir a.
十	shi2	5807	Diez, completo.
朋	peng2	5054	Amigo, camarada, semejante, igual; dos tiras de cauríes (conchas usadas como dinero en la antigüedad China).
之	zhi1	0935	Pronombre personal: él, ella, ello; esto, esta, estos, etc. Frecuentemente es usado como un posesivo: tiene, tuvo, va a tener, suyo, suya; ir a.
龜	gui1	3621	Tortuga. Símbolo de longevidad.
弗	fu2	1981	No (especialmente que no puede o que no quiere), negativa.
克	ke4	3320	Poder, ser capaz, llevar adelante; conquistar, dominar, prevalecer.
違	wei2	7093	Oponerse; desobedecer, ir en contra; salir, separarse; desviarse de; error; perverso.
元	yuan2	7707	Sublime, elevado, preeminente, superior, el más grande, grande y originante, primordial, cabeza, líder, jefe.
吉	ji2	0476	Ventura, buena suerte, buena fortuna, propicio, favorable.

Al tope un nueve

No hay disminución pero incremento. Sin defecto.
La determinación es venturosa. Es favorable tener una meta adónde ir.
Obtiene sirvientes pero no una familia.

弗	fu2	1981	No (especialmente que no puede o que no quiere), negativa.
損	sun3	5548	Disminuir, mermar, sacar de; lastimar, herir.
益	yi4	3052	Aumento, incremento; más; beneficio, ganancia, ventaja.
之	zhi1	0935	Pronombre personal: él, ella, ello; esto, esta, estos, etc. Frecuentemente es usado como un posesivo: tiene, tuvo, va a tener, suyo, suya; ir a.
无	wu2	7173	No, negativa; sin, no tiene, carencia de.
咎	jiu4	1192	Falta, error, defecto, culpa; poco propicio, infortunio, calamidad; mala suerte, mal augurio.
貞	zhen1	0346	Determinación (con el doble sentido de decisión y acción firme y continuada), constancia, perseverancia, firmeza; lealtad, devoción, pureza. Originalmente: determinación por adivinación.
吉	ji2	0476	Ventura, buena suerte, buena fortuna, propicio, favorable.
利	li4	3867	Favorable, propicio, conveniente, beneficioso, afortunado.
有	you3	7533	Poseer, tener, en posesión de, haber, existir.
攸	you1	7519	Meta, dirección, propósito; destino, lugar, el lugar donde; por lo cual; aquel que.
往	wang3	7050	Ir, ir hacia, ir a; partir, irse.
得	de2	6161	Conseguir, obtener, agarrar, ganar, ganancia, adquirir el objeto deseado, encontrar, lograr.
臣	chen2	0327	Súbdito, sirviente, siervo, funcionario, ministro, asistente, vasallo.
无	wu2	7173	No, negativa; sin, no tiene, carencia de.
家	jia1	0594	Familia, clan (familia extendida), hogar, morada, casa, mantener una casa.

42 益 *yi* – El Aumento

El Dictamen

El Aumento. Es favorable tener una meta adónde ir.
Es propicio cruzar las grandes aguas.

益	yi4	3052	Aumento, incremento; más; beneficio, ganancia, ventaja.
利	li4	3867	Favorable, propicio, conveniente, beneficioso, afortunado.
有	you3	7533	Poseer, tener, en posesión de, haber, existir.
攸	you1	7519	Meta, dirección, propósito; destino, lugar, el lugar donde; por lo cual; aquel que.
往	wang3	7050	Ir, ir hacia, ir a; partir, irse.
利	li4	3867	Favorable, propicio, conveniente, beneficioso, afortunado.
涉	she4	5707	Vadear o cruzar una corriente de agua; pasar a través o por encima.
大	da4	5943	Grande, alto, excesivo, arrogante, estirarse y alcanzar por todos lados.
川	chuan1	1439	Río, corriente de agua, inundación.

La Imagen

Viento y Trueno: la imagen del Aumento.
Así el noble cuando ve el bien cambia [lo imita];
y si tiene defectos los corrige.

風	feng1	1890	Viento.
雷	lei2	4236	Trueno: conmoción, aterrador, poder suscitativo que surge de la tierra.
益	yi4	3052	Aumento, incremento; más; beneficio, ganancia, ventaja.
君	jun1	1715	Señor, príncipe, gobernante, noble; hombre superior.
子	zi3	6939	Hijo/a, niño/a; descendencia, prole; posteridad; sufijo; oficial, amo, príncipe.
以	yi3	2932	Así, de esta manera; por, para; por medio de, con; instrumento, medio, método, uso (de), camino (a).
見	jian4	0860	Ver, visto, percibir, observar; revelar, aparecer, encontrado; entrevistar, visitar, encontrarse.

善	shan4	5657	Bien, bueno, virtuoso; perfeccionar, hacer bueno, mejorar.
則	ze2	6746	Entonces, así, después, luego, además, consecuentemente, inmediatamente, por consiguiente, por lo tanto; ley, regla, patrón, causa.
遷	qian1	0911	Remover, mover, desplazar, transferir, cambiar, alterar, cambio de puesto o promoción para oficiales.
有	you3	7533	Poseer, tener, en posesión de, haber, existir.
過	guo4	3730	Pasar, pasar a través, ir más allá, sobrepasar, exceder, exceso, preponderancia; demasiado, excesivamente; transgredir, falta.
則	ze2	6746	Entonces, así, después, luego, además, consecuentemente, inmediatamente, por consiguiente, por lo tanto; ley, regla, patrón, causa.
改	gai3	3196	Cambio, reforma, corrección, modificación.

Al comienzo un nueve

>Es favorable llevar a cabo grandes empresas.
>Sublime ventura. Sin defecto.

利	li4	3867	Favorable, propicio, conveniente, beneficioso, afortunado.
用	yong4	7567	Usar, aplicar, emplear, implementar; aplicar el oráculo a situaciones reales; actuar; usar como ofrenda, ofrecer en sacrificio.
爲	wei2	7059	Hacer, causar; por, porque; ser; actuar para, ayudar.
大	da4	5943	Grande, alto, excesivo, arrogante, estirarse y alcanzar por todos lados.
作	zuo4	6780	Actuar, hacer, fabricar, formar, llevar a cabo, trabajar, ponerse en actividad, encargarse de una tarea; ponerse de pie, levantarse; componer (literatura o música), manifestarse creativamente; proyecto, ceremonia, sacrificar. 大作: hacer una gran obra.
元	yuan2	7707	Sublime, elevado, preeminente, superior, el más grande, grande y originante, primordial, cabeza, líder, jefe.
吉	ji2	0476	Ventura, buena suerte, buena fortuna, propicio, favorable.
无	wu2	7173	No, negativa; sin, no tiene, carencia de.
咎	jiu4	1192	Falta, error, defecto, culpa; poco propicio, infortunio, calamidad; mala suerte, mal augurio.

El Aumento (215)

Seis en el segundo puesto

Alguien lo incrementa con una concha de tortuga que vale diez tiras de cauríes. Nadie puede oponerse.
Una constante determinación trae ventura.
El rey lo emplea en una ofrenda al Señor Supremo. Ventura.

或	huo4	2402	Alguno(s), alguna vez. Si acaso, si (condición o suposición en virtud de la cual un concepto depende de otro u otros), quizás, incierto, posible pero no seguro.
益	yi4	3052	Aumento, incremento; más; beneficio, ganancia, ventaja.
之	zhi1	0935	Pronombre personal: él, ella, ello; esto, esta, estos, etc. Frecuentemente es usado como un posesivo: tiene, tuvo, va a tener, suyo, suya; ir a.
十	shi2	5807	Diez, completo.
朋	peng2	5054	Amigo, camarada, semejante, igual; dos tiras de cauríes (conchas usadas como dinero en la antigüedad China).
之	zhi1	0935	Pronombre personal: él, ella, ello; esto, esta, estos, etc. Frecuentemente es usado como un posesivo: tiene, tuvo, va a tener, suyo, suya; ir a.
龜	gui1	3621	Tortuga. Símbolo de longevidad.
弗	fu2	1981	No (especialmente que no puede o que no quiere), negativa.
克	ke4	3320	Poder, ser capaz, llevar adelante; conquistar, dominar, prevalecer.
違	wei2	7093	Oponerse; desobedecer, ir en contra; salir, separarse; desviarse de; error; perverso.
永	yong3	7589	Constante, perpetuo, que fluye por siempre; largo, prolongar, que llega lejos.
貞	zhen1	0346	Determinación (con el doble sentido de decisión y acción firme y continuada), constancia, perseverancia, firmeza; lealtad, devoción, pureza. Originalmente: determinación por adivinación.
吉	ji2	0476	Ventura, buena suerte, buena fortuna, propicio, favorable.
王	wang2	7037	Rey, príncipe, soberano, regente, autoridad.
用	yong4	7567	Usar, aplicar, emplear, implementar; aplicar el oráculo a situaciones reales; actuar; usar como ofrenda, ofrecer en sacrificio.
享	xiang3	2552	Ofrenda sacrificial, consagrar, presentar una ofrenda a un dios o a un superior.

于	yu2	7592	En (sobre, bajo, adentro, al lado, cerca de, por), a, hacia, ir hacia, hasta, de, como.
帝	di4	6204	Emperador, soberano, suprema deidad.
吉	ji2	0476	Ventura, buena suerte, buena fortuna, propicio, favorable.

Seis en el tercer puesto

El es aumentado por sucesos desafortunados.
Si tu servicio es sincero no habrá defecto.
Camina en el medio y reporta al príncipe con un bastón de jade.

益	yi4	3052	Aumento, incremento; más; beneficio, ganancia, ventaja.
之	zhi1	0935	Pronombre personal: él, ella, ello; esto, esta, estos, etc. Frecuentemente es usado como un posesivo: tiene, tuvo, va a tener, suyo, suya; ir a.
用	yong4	7567	Usar, aplicar, emplear, implementar; aplicar el oráculo a situaciones reales; actuar; usar como ofrenda, ofrecer en sacrificio.
凶	xiong1	2808	Desventura, malo, mala suerte, gran infortunio, peligro mortal, nefasto, malos augurios, caer en una trampa.
事	shi4	5787	Servir, servicio, asunto, cuestión, cosa, evento, negocio, actividad, quehacer, ocupación.
无	wu2	7173	No, negativa; sin, no tiene, carencia de.
咎	jiu4	1192	Falta, error, defecto, culpa; poco propicio, infortunio, calamidad; mala suerte, mal augurio.
有	you3	7533	Poseer, tener, en posesión de, haber, existir.
孚	fu2	1936	Verdad; confiable, sincero; inspirar confianza a otros.
中	zhong1	1504	Centro, interior, dentro de, medio; acertarle al medio, acertarle al blanco; balanceado, central, correcto.
行	xing2	2754	El significado original era camino, movilizar, en el *YiJing* usualmente significa moverse, ir, trasladarse de un lugar a otro, avanzar, actuar, hacer.
告	gao4	3287	Informar, anunciar, reportar, proclamar.
公	gong1	3701	Príncipe, señor feudal, un noble de elevado rango, duque; público; imparcial, desinteresado, justo.
用	yong4	7567	Usar, aplicar, emplear, implementar; aplicar el oráculo a situaciones reales; actuar; usar como ofrenda, ofrecer en sacrificio.
圭	gui1	3609	Una tableta o un bastón de jade con forma cuadrada y la parte superior en punta, usada en ceremonias oficiales en China antigua, como símbolo de dignidad y autoridad.

El Aumento

Seis en el cuarto puesto

Si caminas por el medio y reportas al príncipe, él te seguirá.
Es favorable ser asignado para cambiar de lugar la capital.

中	zhong1	1504	Centro, interior, dentro de, medio; acertarle al medio, acertarle al blanco; balanceado, central, correcto.
行	xing2	2754	El significado original era camino, movilizar, en el *YiJing* usualmente significa moverse, ir, trasladarse de un lugar a otro, avanzar, actuar, hacer.
告	gao4	3287	Informar, anunciar, reportar, proclamar.
公	gong1	3701	Príncipe, señor feudal, un noble de elevado rango, duque; público; imparcial, desinteresado, justo.
從	cong2	6919	Seguir, seguir una doctrina, seguidor, adherirse, obedecer, perseguir; ocuparse de (negocios).
利	li4	3867	Favorable, propicio, conveniente, beneficioso, afortunado.
用	yong4	7567	Usar, aplicar, emplear, implementar; aplicar el oráculo a situaciones reales; actuar; usar como ofrenda, ofrecer en sacrificio.
爲	wei2	7059	Hacer, causar; por, porque; ser; actuar para, ayudar.
依	yi1	2990	Depender de, contar con (un sirviente de confianza), acuerdo con, confianza, firmemente arraigado.
遷	qian1	0911	Remover, mover, desplazar, transferir, cambiar, alterar, cambio de puesto o promoción para oficiales.
國	guo2	3738	Estado, país, nación, reino, una dinastía; capital de un estado.

Nueve en el quinto puesto

Si tienes sinceridad y un corazón benevolente no necesitas preguntar.
Sublime ventura. La sinceridad amable es tu poder espiritual.

有	you3	7533	Poseer, tener, en posesión de, haber, existir.
孚	fu2	1936	Verdad; confiable, sincero; inspirar confianza a otros.
惠	hui4	2339	Bondad, benevolencia; favorecer, beneficiar, amar.
心	xin1	2735	Corazón, mente, afección, conciencia, deseo, intenciones, sentimientos, naturaleza moral; centro, núcleo.
勿	wu4	7208	No. Negativa imperativa.
問	wen4	7141	Preguntar, interrogar, investigar.
元	yuan2	7707	Sublime, elevado, preeminente, superior, el más grande, grande y originante, primordial, cabeza, líder, jefe.

吉	ji2	0476	Ventura, buena suerte, buena fortuna, propicio, favorable.
有	you3	7533	Poseer, tener, en posesión de, haber, existir.
孚	fu2	1936	Verdad; confiable, sincero; inspirar confianza a otros.
惠	hui4	2339	Bondad, benevolencia; favorecer, beneficiar, amar.
我	wo3	4778	Nosotros, yo, mi, mío, nuestro.
德	de2	6162	Virtud, poder espiritual, habilidad para seguir el curso correcto; cualidad, naturaleza, carácter, disposición.

Al tope un nueve

El no aumenta a ninguno. Quizás alguno lo ataque.
No mantiene su corazón constante. Desventura.

莫	mo4	4557	Nadie, ninguno; una negativa, no, nada; atardecer.
益	yi4	3052	Aumento, incremento; más; beneficio, ganancia, ventaja.
之	zhi1	0935	Pronombre personal: él, ella, ello; esto, esta, estos, etc. Frecuentemente es usado como un posesivo: tiene, tuvo, va a tener, suyo, suya; ir a.
或	huo4	2402	Si acaso, si (condición o suposición en virtud de la cual un concepto depende de otro u otros), quizás, incierto, posible pero no seguro; alguno(s), alguna vez.
擊	ji1	0481	Golpear, atacar; repeler, derrotar.
之	zhi1	0935	Pronombre personal: él, ella, ello; esto, esta, estos, etc. Frecuentemente es usado como un posesivo: tiene, tuvo, va a tener, suyo, suya; ir a.
立	li4	3921	Estar de pie, erguido, mantener la posición o el curso, resistir, durar; instituir, establecer.
心	xin1	2735	Corazón, mente, afección, conciencia, deseo, intenciones, sentimientos, naturaleza moral; centro, núcleo.
勿	wu4	7208	No. Negativa imperativa.
恆	heng2	2107	Constante duradero, perdurable, persistente, continuo, largo tiempo.
凶	xiong1	2808	Desventura, malo, mala suerte, gran infortunio, peligro mortal, nefasto, malos augurios, caer en una trampa.

43 夬 *guai* – La Resolución

El Dictamen

La Resolución. Decláralo en la corte del rey.
Proclámalo con sinceridad. Hay peligro. Informa a tu propia ciudad.
No es favorable resolver a las armas.
Es favorable tener una meta adónde ir.

夬	guai4	3535	Pasar a través, avance resuelto, partir, separar, tajante decisión, tajar, dividir, atravesar rompiendo.
揚	yang2	7259	Alabar, mostrar, hacer evidente, anunciar, proclamar, promover, extender, levantar.
于	yu2	7592	En (sobre, bajo, adentro, al lado, cerca de, por), a, hacia, ir hacia, hasta, de, como.
王	wang2	7037	Rey, príncipe, soberano, regente, autoridad.
庭	ting2	6405	Patio (de palacio), corte, cámara de audiencias; vestíbulo, entrada, mansión, casa de la familia.
孚	fu2	1936	Verdad; confiable, sincero; inspirar confianza a otros.
號	hao4	2064	Llorar; gritar, llamar, proclamar, ordenar.
有	you3	7533	Poseer, tener, en posesión de, haber, existir.
厲	li4	3906	Peligro, amenaza, opresivo, cruel, malvado, brutal, enfermedad, demonio malevolente; piedra de afilar áspera, afilar, machacar, triturar, disciplina.
告	gao4	3287	Informar, anunciar, reportar, proclamar.
自	zi4	6960	De, desde, viniendo de, seguir, originar, a causa de, por; uno mismo, él mismo.
邑	yi4	3037	Ciudad, pueblo; ciudad con murallas de protección, sede del gobierno de un distrito.
不	bu4	5379	No, adverbio de negación; sin, ninguno, nada, no lo haré, no lo necesito, no será.
利	li4	3867	Favorable, propicio, conveniente, beneficioso, afortunado.
即	ji2	0495	Acercarse, avanzar hacia, venir a, ir a; enseguida.
戎	rong2	3181	Armas, carro de guerra, violencia, ataque.
利	li4	3867	Favorable, propicio, conveniente, beneficioso, afortunado.

有	you3	7533	Poseer, tener, en posesión de, haber, existir.
攸	you1	7519	Meta, dirección, propósito; destino, lugar, el lugar donde; por lo cual; aquel que.
往	wang3	7050	Ir, ir hacia, ir a; partir, irse.

La Imagen

El Lago se ha elevado hasta el Cielo: la imagen de La Resolución.
Así el noble confiere sus bendiciones hacia abajo,
y evita presumir de su virtud.

澤	ze2	0277	Lago, cuerpo de agua, charca, pantano; fertilizar, ungir, beneficiar, favorecer; húmedo, brillante, pulido; gracia, brillantez.
上	shang4	5669	Arriba, sobre, encima; ascender, subir, elevar, ir para arriba; más alto, superior; sobrepasar, primero.
於	yu2	7643	Sobre, en, con, por.
天	tian1	6361	Cielo, firmamento, cosmos, celestial, divino.
夬	guai4	3535	Pasar a través, avance resuelto, partir, separar, tajante decisión, tajar, dividir, atravesar rompiendo.
君	jun1	1715	Señor, príncipe, gobernante, noble; hombre superior.
子	zi3	6939	Hijo/a, niño/a; descendencia, prole; posteridad; sufijo; oficial, amo, príncipe.
以	yi3	2932	Así, de esta manera; por, para; por medio de, con; instrumento, medio, método, uso (de), camino (a).
施	shi1	5768	**Expande, esparce, difunde, propaga; confiere, otorga, ofrece; transfiere, extiende a.**
祿	lu4	4196	Prosperidad, ingresos, salario, renta, bendiciones.
及	ji2	0468	Alcanzar, llegar hasta, extenderse hasta, acercarse a, dirigirse hacia.
下	xia4	2520	Debajo de, abajo, descender.
居	ju1	1535	Quedarse, permanecer, descansar (en), morar, residir; ocupar una posición o lugar; presumido, arrogante, dominante.
德	de2	6162	Virtud, poder espiritual, habilidad para seguir el curso correcto; cualidad, naturaleza, carácter, disposición.
則	ze2	6746	Entonces, así, después, luego, además, consecuentemente, inmediatamente, por consiguiente, por lo tanto; ley, regla, patrón, causa.
忌	ji4	0432	Evitar, rehuir, mantener a distancia. Miedo supersticioso, antipatía.

Al comienzo un nueve

> Poderoso en los dedos [de los pies] que avanzan.
> Si avanza sin estar preparado cometerá un error.

壯	zhuang4	1453	Fuerza, potencia, robusto, grande, magnificente, completamente crecido, sano.
于	yu2	7592	En (sobre, bajo, adentro, al lado, cerca de, por), a, hacia, ir hacia, hasta, de, como.
前	qian2	0919	Adelante, al frente, delantero, en frente de; anterior, antiguo (antes en el tiempo); primero.
趾	zhi3	0944	Pie, pies, los dedos del pie; pezuña; patas (de animal o de mueble), fundación.
往	wang3	7050	Ir, ir hacia, ir a; partir, irse.
不	bu4	5379	No, adverbio de negación; sin, ninguno, nada, no lo haré, no lo necesito, no será.
勝	sheng4	5754	Dominar, controlar, someter, derrotar, superar, frenar, triunfar, triunfante; capaz de, estar a la altura de, llevar las de ganar.
爲	wei2	7059	Hacer, causar; por, porque; ser; actuar para, ayudar.
咎	jiu4	1192	Falta, error, defecto, culpa; poco propicio, infortunio, calamidad; mala suerte, mal augurio.

Nueve en el segundo puesto

> Gritos de alarma.
> Ataques al atardecer y la noche.
> No temas.

惕	ti4	6263	Cauteloso, alarmado, preocupado, cuidadoso, alerta, vigilante, precavido.
號	hao4	2064	Llorar; gritar, llamar, proclamar, ordenar.
莫	mo4	4557	Nadie, ninguno; una negativa, no, nada; atardecer.
夜	ye4	7315	Noche, oscuridad.
有	you3	7533	Poseer, tener, en posesión de, haber, existir.
戎	rong2	3181	Armas, carro de guerra, violencia, ataque.
勿	wu4	7208	No. Negativa imperativa.
恤	xu4	2862	Preocupación, preocuparse por, temor, pesar, lástima.

Nueve en el tercer puesto

Poderoso en sus pómulos. Esto trae desventura.
El noble está firmemente decidido.
Camina solo bajo la lluvia, empapado y contrariado.
No hay defecto.

壯	zhuang4	1453	Fuerza, potencia, robusto, grande, magnificente, completamente crecido, sano.
于	yu2	7592	En (sobre, bajo, adentro, al lado, cerca de, por), a, hacia, ir hacia, hasta, de, como.
頄	qiu2	8007	Pómulos, huesos de la cara, cara.
有	you3	7533	Poseer, tener, en posesión de, haber, existir.
凶	xiong1	2808	Desventura, malo, mala suerte, gran infortunio, peligro mortal, nefasto, malos augurios, caer en una trampa.
君	jun1	1715	Señor, príncipe, gobernante, noble; hombre superior.
子	zi3	6939	Hijo/a, niño/a; descendencia, prole; posteridad; sufijo; oficial, amo, príncipe.
夬	guai4	3535	Pasar a través, avance resuelto, partir, separar, tajante decisión, tajar, dividir, atravesar rompiendo. El estar duplicado intensifica su significado.
夬	guai4	3535	
獨	du2	6512	Solo, solamente; solitario, abandonado.
行	xing2	2754	El significado original era camino, movilizar, en el *YiJing* usualmente significa moverse, ir, trasladarse de un lugar a otro, avanzar, actuar, hacer.
遇	yu4	7625	Encontrar, encontrarse con; pasar, suceder, ocurrir, casualidad; afortunada coincidencia, suerte.
雨	yu3	7662	Lluvia, chaparrón, chubasco.
若	ruo4	3126	Parecido, similar a; concordante; estar de acuerdo, conforme con, aprobar, como; como este; así.
濡	ru2	3149	Húmedo, humedecer, en remojo, mojado, sumergido, sumergir; brillante.
有	you3	7533	Poseer, tener, en posesión de, haber, existir.
慍	yun4	7766	Irritado, contrariado, agraviado, indignado, triste, enojado, furioso, lleno de odio.
无	wu2	7173	No, negativa; sin, no tiene, carencia de.
咎	jiu4	1192	Falta, error, defecto, culpa; poco propicio, infortunio, calamidad; mala suerte, mal augurio.

La Resolución

Nueve en el cuarto puesto

No hay piel en sus nalgas. Vacilante al andar y guiando una oveja. El arrepentimiento desaparece. El escucha lo que dicen pero no lo cree.

臀	tun2	6602	Nalgas, trasero, grupa, ancas.
无	wu2	7173	No, negativa; sin, no tiene, carencia de.
膚	fu1	1958	Piel, carne.
其	qi2	0525	Su, suyo, suya, de ellos, de ellas; el, la, lo, las, los. Un pronombre posesivo y demostrativo.
行	xing2	2754	El significado original era camino, movilizar, en el *YiJing* usualmente significa moverse, ir, trasladarse de un lugar a otro, avanzar, actuar, hacer.
次	ci4	6980	Tomar una posición, llegar a, detenerse, acampar, hospedarse, posada, choza; penoso, tambaleante o difícil avance; secuencia, orden, próximo, poner en orden.
且	qie3	0803	Y, mientras tanto, además; ahora, dentro de poco; también, y además, ambos. Indica alternativa o acción simultánea.
牽	qian1	0881	Guiado a mano, guiar, halado, arrastrar, tirar de, arrastrar un animal con una cuerda; implicar; conectar.
羊	yang2	7247	Oveja, cabra, carnero.
悔	hui3	2336	Arrepentimiento, remordimiento, dolor y pesar por una culpa cometida; problemas.
亡	wang2	7034	Desaparecer, irse, escapar; morir, perecer, fallar.
聞	wen2	7142	Escuchar, oír; ser escuchado; fama; oler.
言	yan2	7334	Palabras, chismes, dichos; interrogación.
不	bu4	5379	No, adverbio de negación; sin, ninguno, nada, no lo haré, no lo necesito, no será.
信	xin4	2748	Confiable, verdadero; creer, confiar; buena fe.

Nueve en el quinto puesto

Una cabra montañesa pasa a través y avanza por el medio del camino. Sin defecto.

莧	xian4	2686	Un tipo de planta, *Amarantus, Chenopodium, Portulaca oleracea*, espinaca. Pero algunos autores piensan que debería ser reemplazado por otro carácter (莧) que significa antílope o cabra montañesa.
陸	lu4	4191	Tierras alta, altiplano; tierra seca.

夬	guai4	3535	Pasar a través, avance resuelto, partir, separar, tajante decisión, tajar, dividir, atravesar rompiendo. El estar duplicado intensifica su significado.
夬	guai4	3535	
中	zhong1	1504	Centro, interior, dentro de, medio; acertarle al medio, acertarle al blanco; balanceado, central, correcto.
行	xing2	2754	El significado original era camino, movilizar, en el *YiJing* usualmente significa moverse, ir, trasladarse de un lugar a otro, avanzar, actuar, hacer.
无	wu2	7173	No, negativa; sin, no tiene, carencia de.
咎	jiu4	1192	Falta, error, defecto, culpa; poco propicio, infortunio, calamidad; mala suerte, mal augurio.

Al tope un seis

No hay grito de alarma. Al final habrá desventura.

无	wu2	7173	No, negativa; sin, no tiene, carencia de.
號	hao4	2064	Llorar; gritar, llamar, proclamar, ordenar.
終	zhong1	1500	Fin, final, al final, completo, entero, término, final de un ciclo; llevar hasta la conclusión, consumación; muerte.
有	you3	7533	Poseer, tener, en posesión de, haber, existir.
凶	xiong1	2808	Desventura, malo, mala suerte, gran infortunio, peligro mortal, nefasto, malos augurios, caer en una trampa.

44 姤 *gou* – El Ir al Encuentro

El Dictamen

El Ir al Encuentro. La mujer es poderosa. No la tomes por esposa.

姤	gou4	3422	Encontrarse, ir al encuentro; entrelazarse, trabarse, copulación; bueno.
女	nu3	4776	Mujer, dama, doncella, muchacha, género femenino.
壯	zhuang4	1453	Fuerza, potencia, robusto, grande, magnificente, completamente crecido, sano.
勿	wu4	7208	No. Negativa imperativa.
用	yong4	7567	Usar, aplicar, emplear, implementar; aplicar el oráculo a situaciones reales; actuar; usar como ofrenda, ofrecer en sacrificio.
取	qu3	1615	Tomar una esposa, tomar, ir a buscar, obtener.
女	nu3	4776	Mujer, dama, doncella, muchacha, género femenino.

La Imagen

Bajo el Cielo está el Viento: la imagen del Ir al Encuentro.
Así el soberano dispensa sus órdenes a los cuatro puntos cardinales.

天	tian1	6361	Cielo, firmamento, cosmos, celestial, divino.
下	xia4	2520	Debajo de, abajo, descender.
有	you3	7533	Poseer, tener, en posesión de, haber, existir.
風	feng1	1890	Viento.
姤	gou4	3422	Encontrarse, ir al encuentro; entrelazarse, trabarse, copulación; bueno.
后	hou4	2144	Soberano, señor, príncipe, reina; descendientes, herederos.
以	yi3	2932	Así, de esta manera; por, para; por medio de, con; instrumento, medio, método, uso (de), camino (a).
施	shi1	5768	Expande, esparce, difunde, propaga; confiere, otorga, ofrece; transfiere, extiende a
命	ming4	4537	Destino, voluntad del cielo, autoridad más alta (ya sea celestial o terrena, como un rey o un gobierno), órdenes, directiva, mandato, investidura, voluntad, vida.

誥	gao4	3288	Comando, orden, mandato imperial, notificación, decreto, proclamación.
四	si4	5598	Cuatro, cuatro veces, cuádruple.
方	fang1	1802	Cuadrado, directo, frontal, justo, correcto; repentino, rápido; lados, sobre todos los lados, en todos lados; barrio, región, lugar, dirección; tomar un lugar; sacrificar a los espíritus de los cuatro lados.

Al comienzo un seis

    Átalo a un freno de metal. La determinación es venturosa.
      Si sigue su curso habrá desventura.
    El cerdo flaco vacilará para uno y otro lado.

繫	xi4	2458	Atar, amarrar, sujetar, ligar; colgar de una cuerda.
于	yu2	7592	En (sobre, bajo, adentro, al lado, cerca de, por), a, hacia, ir hacia, hasta, de, como.
金	jin1	1057	Metal, bronce, oro, dorado, monedas, riqueza.
柅	ni3	4659	Freno, cuña para detener la rueda de un carro.
貞	zhen1	0346	Determinación (con el doble sentido de decisión y acción firme y continuada), constancia, perseverancia, firmeza; lealtad, devoción, pureza. Originalmente: determinación por adivinación.
吉	ji2	0476	Ventura, buena suerte, buena fortuna, propicio, favorable.
有	you3	7533	Poseer, tener, en posesión de, haber, existir.
攸	you1	7519	Meta, dirección, propósito; destino, lugar, el lugar donde; por lo cual; aquel que.
往	wang3	7050	Ir, ir hacia, ir a; partir, irse.
見	jian4	0860	Ver, visto, percibir, observar; revelar, aparecer, encontrado; entrevistar, visitar, encontrarse.
凶	xiong1	2808	Desventura, malo, mala suerte, gran infortunio, peligro mortal, nefasto, malos augurios, caer en una trampa.
羸	lei2	4240	Enredo, atadura; rotura, daño; débil, flaco, escuálido, consumido, descarnado.
豕	shi3	5766	Cerdo, verraco, jabalí. Símbolo de riqueza y suerte.
孚	fu2	1936	Verdad; confiable, sincero; inspirar confianza a otros.
蹢	zhi2	8000	Frenar los pies, dejar de caminar; pies de un animal; vacilar, plantarse.
躅	zhu2	1388	Frenar el pie, dejar de caminar; plantarse, pisoteador; tropezar, cojear; reacio, que da pelea.

Nueve en el segundo puesto

Hay un pescado en la bolsa. No hay defecto.
No es favorable para huéspedes.

包	bao1	4937	Envoltorio, envolver, paquete; contener, sostener, tomar responsabilidad sobre, soportar.
有	you3	7533	Poseer, tener, en posesión de, haber, existir.
魚	yu2	7668	Pez. Símbolo de abundancia.
无	wu2	7173	No, negativa; sin, no tiene, carencia de.
咎	jiu4	1192	Falta, error, defecto, culpa; poco propicio, infortunio, calamidad; mala suerte, mal augurio.
不	bu4	5379	No, adverbio de negación; sin, ninguno, nada, no lo haré, no lo necesito, no será.
利	li4	3867	Favorable, propicio, conveniente, beneficioso, afortunado.
賓	bin1	5259	Huésped, visitante.

Nueve en el tercer puesto

No hay piel en sus nalgas y su caminar es vacilante.
Peligro. No habrá gran defecto.

臀	tun2	6602	Nalgas, trasero, grupa, ancas.
无	wu2	7173	No, negativa; sin, no tiene, carencia de.
膚	fu1	1958	Piel, carne.
其	qi2	0525	Su, suyo, suya, de ellos, de ellas; el, la, lo, las, los. Un pronombre posesivo y demostrativo.
行	xing2	2754	El significado original era camino, movilizar, en el *YiJing* usualmente significa moverse, ir, trasladarse de un lugar a otro, avanzar, actuar, hacer.
次	ci4	6980	Tomar una posición, llegar a, detenerse, acampar, hospedarse, posada, choza; penoso, tambaleante o difícil avance; secuencia, orden, próximo, poner en orden.
且	qie3	0803	Y, mientras tanto, además; ahora, dentro de poco; también, y además, ambos. Indica alternativa o acción simultánea.
厲	li4	3906	Peligro, amenaza, opresivo, cruel, malvado, brutal, enfermedad, demonio malevolente; piedra de afilar áspera, afilar, machacar, triturar, disciplina.
无	wu2	7173	No, negativa; sin, no tiene, carencia de.
大	da4	5943	Grande, alto, excesivo, arrogante, estirarse y alcanzar por todos lados.
咎	jiu4	1192	Falta, error, defecto, culpa; poco propicio, infortunio, calamidad; mala suerte, mal augurio.

Nueve en el cuarto puesto

No hay ningún pescado en la bolsa. Esto causa desventura

包	bao1	4937	Envoltorio, envolver, paquete; contener, sostener, tomar responsabilidad sobre, soportar.
无	wu2	7173	No, negativa; sin, no tiene, carencia de.
魚	yu2	7668	Pez. Símbolo de abundancia.
起	qi3	0548	Originarse, surgir, elevarse, comenzar, causar.
凶	xiong1	2808	Desventura, malo, mala suerte, gran infortunio, peligro mortal, nefasto, malos augurios, caer en una trampa.

Nueve en el quinto puesto

Un melón envuelto con hojas de sauce.
Resplandor oculto. Caído desde el Cielo.

以	yi3	2932	Así, de esta manera; por, para; por medio de, con; instrumento, medio, método, uso (de), camino (a).
杞	qi3	0547	Un tipo de sauce (cambronera china, *Lycium chinense*, según Karlgren) hojas o ramas de sauce.
包	bao1	4937	Envoltorio, envolver, paquete; contener, sostener, tomar responsabilidad sobre, soportar.
瓜	gua1	3504	Melón, calabaza.
含	han2	2017	Oculto; mantener en la boca; contener, soportar, refrenar
章	zhang1	0182	Excelencia, esplendor, brillantez, talento; ornamento, decoración, composición, diseño; orden, estatuto; elegancia, emblema de distinción; tableta de jade, amuleto.
有	you3	7533	Poseer, tener, en posesión de, haber, existir.
隕	yun3	7756	Caída/o, caer, tirar, tumbado, tumbar.
自	zi4	6960	De, desde, viniendo de, seguir, originar, a causa de, por; uno mismo, él mismo.
天	tian1	6361	Cielo, firmamento, cosmos, celestial, divino.

Al tope un nueve

Va al encuentro con sus cuernos. Humillación. Sin defecto.

姤	gou4	3422	Encontrarse, ir al encuentro; entrelazarse, trabarse, copulación; bueno.
其	qi2	0525	Su, suyo, suya, de ellos, de ellas; el, la, lo, las, los. Un pronombre posesivo y demostrativo.

角	jiao3	1174	Cuernos, en el *YiJing*, símbolo de violencia y poder, no siempre bien usado.
吝	lin4	4040	Arrepentimiento, humillación, vergüenza, angustia, aflicción, sufrimiento; mezquindad, avaricia.
无	wu2	7173	No, negativa; sin, no tiene, carencia de.
咎	jiu4	1192	Falta, error, defecto, culpa; poco propicio, infortunio, calamidad; mala suerte, mal augurio.

45 萃 cui – La Reunión

El Dictamen

La Reunión. Exito. El rey se acerca a su templo.
Ver al gran hombre es favorable y conduce al éxito.
La determinación es propicia.
Ofrecer grandes sacrificios trae ventura.
Es favorable tener una meta dónde ir.

萃	cui4	6880	Reunión, juntar, reunir; multitud, colección; grupo, agrupado, montón; denso, muchas hierbas.
亨	heng1	2099	Exito, logro, satisfacción, crecimiento, penetración; ofrenda, sacrificio.
王	wang2	7037	Rey, príncipe, soberano, regente, autoridad.
假	jia3	0599	Acercarse, ir a, viene, va, se acerca, alcanzar; lograr, conseguir. También significa falso, pretensión, ficción; préstamo.
有	you3	7533	Poseer, tener, en posesión de, haber, existir.
廟	miao4	4473	Templo (ancestral), santuario, usado para honrar los dioses y los ancestros.
利	li4	3867	Favorable, propicio, conveniente, beneficioso, afortunado.
見	jian4	0860	Ver, visto, percibir, observar; revelar, aparecer, encontrado; entrevistar, visitar, encontrarse.
大	da4	5943	Grande, alto, excesivo, arrogante, estirarse y alcanzar por todos lados.
人	ren2	3097	Hombre, persona(s), otro(s), ser humano, individuo.
亨	heng1	2099	Exito, logro, satisfacción, crecimiento, penetración; ofrenda, sacrificio.
利	li4	3867	Favorable, propicio, conveniente, beneficioso, afortunado.
貞	zhen1	0346	Determinación (con el doble sentido de decisión y acción firme y continuada), constancia, perseverancia, firmeza; lealtad, devoción, pureza. Originalmente: determinación por adivinación.
用	yong4	7567	Usar, aplicar, emplear, implementar; aplicar el oráculo a situaciones reales; actuar; usar como ofrenda, ofrecer en sacrificio.
大	da4	5943	Grande, alto, excesivo, arrogante, estirarse y alcanzar por todos lados.

La Reunión (231)

牲	sheng1	5739	Animal sacrificial, sacrificios.
吉	ji2	0476	Ventura, buena suerte, buena fortuna, propicio, favorable.
利	li4	3867	Favorable, propicio, conveniente, beneficioso, afortunado.
有	you3	7533	Poseer, tener, en posesión de, haber, existir.
攸	you1	7519	Meta, dirección, propósito; destino, lugar, el lugar donde; por lo cual; aquel que.
往	wang3	7050	Ir, ir hacia, ir a; partir, irse.

La Imagen

El Lago se eleva sobre la Tierra: la imagen de la Reunión.
Así el noble pone a buen resguardo sus armas
para estar en guardia contra lo inesperado.

澤	ze2	0277	Lago, cuerpo de agua, charca, pantano; fertilizar, ungir, beneficiar, favorecer; húmedo, brillante, pulido; gracia, brillantez.
上	shang4	5669	Arriba, sobre, encima; ascender, subir, elevar, ir para arriba; más alto, superior; sobrepasar, primero.
於	yu2	7643	Sobre, en, con, por.
地	di4	6198	Tierra, la superficie sólida de la tierra.
萃	cui4	6880	Reunión, juntar, reunir; multitud, colección; grupo, agrupado, montón; denso, muchas hierbas.
君	jun1	1715	Señor, príncipe, gobernante, noble; hombre superior.
子	zi3	6939	Hijo/a, niño/a; descendencia, prole; posteridad; sufijo; oficial, amo, príncipe.
以	yi3	2932	Así, de esta manera; por, para; por medio de, con; instrumento, medio, método, uso (de), camino (a).
除	chu2	1391	Acumular, guardar para uso futuro, poner a un lado, colocar en un escondrijo; eliminar.
戎	rong2	3181	Armas, carro de guerra, violencia, ataque.
器	qi4	0549	Herramientas, receptáculo, instrumento, habilidad, capacidad, talento. Aparece una sola vez.
戒	jie4	0627	Advertencia, precaución, límite; en guardia, desconfiado.
不	bu4	5379	No, adverbio de negación; sin, ninguno, nada, no lo haré, no lo necesito, no será.
虞	yu2	7648	Tomar precauciones, prever, estar preocupado. Con 不: contingencia, eventualidad, lo inesperado.

Al comienzo un seis

> Si eres sincero, pero no hasta el final,
> a veces habrá confusión, a veces reunión.
> Si llamas, un apretón de manos puede causar sonrisas.
> No temas. Acudir no tiene falla.

有	you3	7533	Poseer, tener, en posesión de, haber, existir.
孚	fu2	1936	Verdad; confiable, sincero; inspirar confianza a otros.
不	bu4	5379	No, adverbio de negación; sin, ninguno, nada, no lo haré, no lo necesito, no será.
終	zhong1	1500	Fin, final, al final, completo, entero, término, final de un ciclo; llevar hasta la conclusión, consumación; muerte.
乃	nai3	4612	Entonces, y, después, además, aparte, acto seguido, inmediatamente (después).
亂	luan4	4220	Desorden, confusión, rebelión, anarquía, caos, situación confusa y enredada.
乃	nai3	4612	Entonces, y, después, además, aparte, acto seguido, inmediatamente (después).
萃	cui4	6880	Reunión, juntar, reunir; multitud, colección; grupo, agrupado, montón; denso, muchas hierbas.
若	ruo4	3126	Parecido, similar a; concordante; estar de acuerdo, conforme con, aprobar, como; como este; así.
號	hao4	2064	Llorar; gritar, llamar, proclamar, ordenar.
一	yi1	3016	Uno, número uno.
握	wo4	7161	Apretón (p. ej. de manos), agarrar; puñado; contener.
爲	wei2	7059	Hacer, causar; por, porque; ser; actuar para, ayudar.
笑	xiao4	2615	Risa, sonrisa, buen humor, alegría.
勿	wu4	7208	No. Negativa imperativa.
恤	xu4	2862	Preocupación, preocuparse por, temor, pesar, lástima.
往	wang3	7050	Ir, ir hacia, ir a; partir, irse.
无	wu2	7173	No, negativa; sin, no tiene, carencia de.
咎	jiu4	1192	Falta, error, defecto, culpa; poco propicio, infortunio, calamidad; mala suerte, mal augurio.

Seis en el segundo puesto

Dejarse llevar trae ventura. Sin defecto.
Si eres sincero será favorable presentar una pequeña ofrenda.

引	yin3	7429	Guiar, conducir, atraer, persuadir, inducir, tirar de, estirar; tensar el arco.
吉	ji2	0476	Ventura, buena suerte, buena fortuna, propicio, favorable.
无	wu2	7173	No, negativa; sin, no tiene, carencia de.
咎	jiu4	1192	Falta, error, defecto, culpa; poco propicio, infortunio, calamidad; mala suerte, mal augurio.
孚	fu2	1936	Verdad; confiable, sincero; inspirar confianza a otros.
乃	nai3	4612	Entonces, y, después, además, aparte, acto seguido, inmediatamente (después).
利	li4	3867	Favorable, propicio, conveniente, beneficioso, afortunado.
用	yong4	7567	Usar, aplicar, emplear, implementar; aplicar el oráculo a situaciones reales; actuar; usar como ofrenda, ofrecer en sacrificio.
禴	yue4	7498	Sacrificio *Yue* a los ancestros, realizado durante la primavera, cuando el alimento era escaso; pequeña ofrenda, un sacrificio ofrecido con pocos recursos.

Seis en el tercer puesto

Reunión entre lamentos. Nada es favorable.
Acudir es sin defecto. Pequeña humillación.

萃	cui4	6880	Reunión, juntar, reunir; multitud, colección; grupo, agrupado, montón; denso, muchas hierbas.
如	ru2	3137	Así, de esta forma, como, igual que, parecido, si (condicional).
嗟	jie1	0763	Lamento, suspiro, gemido, queja, una interjección o exclamación de lamento o pena.
如	ru2	3137	Así, de esta forma, como, igual que, parecido, si (condicional).
无	wu2	7173	No, negativa; sin, no tiene, carencia de.
攸	you1	7519	Meta, dirección, propósito; destino, lugar, el lugar donde; por lo cual; aquel que.
利	li4	3867	Favorable, propicio, conveniente, beneficioso, afortunado.
往	wang3	7050	Ir, ir hacia, ir a; partir, irse.
无	wu2	7173	No, negativa; sin, no tiene, carencia de.
咎	jiu4	1192	Falta, error, defecto, culpa; poco propicio, infortunio, calamidad; mala suerte, mal augurio.

小	xiao3	2605	Pequeño, común, humilde, mediocre, insignificante, sin importancia.
吝	lin4	4040	Arrepentimiento, humillación, vergüenza, angustia, aflicción, sufrimiento; mezquindad, avaricia.

Nueve en el cuarto puesto

Gran ventura. Ningún defecto.

大	da4	5943	Grande, alto, excesivo, arrogante, estirarse y alcanzar por todos lados.
吉	ji2	0476	Ventura, buena suerte, buena fortuna, propicio, favorable.
无	wu2	7173	No, negativa; sin, no tiene, carencia de.
咎	jiu4	1192	Falta, error, defecto, culpa; poco propicio, infortunio, calamidad; mala suerte, mal augurio.

Nueve en el quinto puesto

Uno tiene una digna posición en La Reunión. Sin defecto.
No hay confianza. Sublime determinación a largo plazo.
El arrepentimiento desaparece.

萃	cui4	6880	Reunión, juntar, reunir; multitud, colección; grupo, agrupado, montón; denso, muchas hierbas.
有	you3	7533	Poseer, tener, en posesión de, haber, existir.
位	wei4	7116	Posición; categoría, grado, rango, estatus; ubicación.
无	wu2	7173	No, negativa; sin, no tiene, carencia de.
咎	jiu4	1192	Falta, error, defecto, culpa; poco propicio, infortunio, calamidad; mala suerte, mal augurio.
匪	fei3	1820	No, fuerte negativa.
孚	fu2	1936	Verdad; confiable, sincero; inspirar confianza a otros.
元	yuan2	7707	Sublime, elevado, preeminente, superior, el más grande, grande y originante, primordial, cabeza, líder, jefe.
永	yong3	7589	Constante, perpetuo, que fluye por siempre; largo, prolongar, que llega lejos.
貞	zhen1	0346	Determinación (indica tanto decisión como acción firme y continuada), constancia, perseverancia, firmeza; lealtad, devoción, pureza. Originalmente: determinación por adivinación.
悔	hui3	2336	Arrepentimiento, remordimiento, dolor y pesar por una culpa cometida; problemas.
亡	wang2	7034	Desaparecer, irse, escapar; morir, perecer, fallar.

Al tope un seis

> Suspirando y lamentándose.
> Abundantes lágrimas. Sin defecto.

齎	ji1	0464	Suspiro; conceder, ofrecer, dar un regalo.
咨	zi1	6923	Suspiro, lamento, sollozo.
涕	ti4	6250	Lágrimas, llanto, mocos.
洟	yi2	2986	Mocos, moquear, gimotear.
无	wu2	7173	No, negativa; sin, no tiene, carencia de.
咎	jiu4	1192	Falta, error, defecto, culpa; poco propicio, infortunio, calamidad; mala suerte, mal augurio.

46 升 *sheng* – La Subida

El Dictamen

La Subida tiene elevado éxito. Hay que ver al gran hombre.
No temas. Marchar al sur trae ventura.

升	sheng1	5745	Ascender, escalar paso a paso, empujar para arriba, avance mediante el esfuerzo, mejorar, progreso, acumular.
元	yuan2	7707	Sublime, elevado, preeminente, superior, el más grande, grande y originante, primordial, cabeza, líder, jefe.
亨	heng1	2099	Exito, logro, satisfacción, crecimiento, penetración; ofrenda, sacrificio.
用	yong4	7567	Usar, aplicar, emplear, implementar; aplicar el oráculo a situaciones reales; actuar; usar como ofrenda, ofrecer en sacrificio.
見	jian4	0860	Ver, visto, percibir, observar; revelar, aparecer, encontrado; entrevistar, visitar, encontrarse.
大	da4	5943	Grande, alto, excesivo, arrogante, estirarse y alcanzar por todos lados.
人	ren2	3097	Hombre, persona(s), otro(s), ser humano, individuo.
勿	wu4	7208	No. Negativa imperativa.
恤	xu4	2862	Preocupación, preocuparse por, temor, pesar, lástima.
南	nan2	4620	El Sur. Región asociada con el verano, el trabajo en comunidad y el calor.
征	zheng1	0352	Marchar (iniciar una campaña). Castigar, disciplinar, atacar, invadir, conquistar; ir, venir, traer.
吉	ji2	0476	Ventura, buena suerte, buena fortuna, propicio, favorable.

La Imagen

En el medio de la Tierra crece la Madera: la imagen de La Subida.
Así el noble deja que la virtud sea su guía, acumula lo pequeño
para así conseguir lo elevado y lo grande.

地	di4	6198	Tierra, la superficie sólida de la tierra.
中	zhong1	1504	Centro, interior, dentro de, medio; acertarle al medio, acertarle al blanco; balanceado, central, correcto.

La Subida

生	sheng1	5738	Vida, dar la vida, nacer, producir, generar, brotar, crecimiento; animal sacrificial.
木	mu4	4593	Arbol, madera, bosque, hecho de madera.
升	sheng1	5745	Ascender, escalar paso a paso, empujar para arriba, avance mediante el esfuerzo, mejorar, progreso, acumular.
君	jun1	1715	Señor, príncipe, gobernante, noble; hombre superior.
子	zi3	6939	Hijo/a, niño/a; descendencia, prole; posteridad; sufijo; oficial, amo, príncipe.
以	yi3	2932	Así, de esta manera; por, para; por medio de, con; instrumento, medio, método, uso (de), camino (a).
順	shun4	5935	Seguir, obedecer, sumiso, dócil, de acuerdo con.
德	de2	6162	Virtud, poder espiritual, habilidad para seguir el curso correcto; cualidad, naturaleza, carácter, disposición.
積	ji1	0500	Acumular, juntar, atesorar.
小	xiao3	2605	Pequeño, común, humilde, mediocre, insignificante, sin importancia.
以	yi3	2932	Así, de esta manera; por, para; por medio de, con; instrumento, medio, método, uso (de), camino (a).
高	gao1	3290	Alto, elevado, exaltado, majestuoso, eminente, ilustre.
大	da4	5943	Grande, alto, excesivo, arrogante, estirarse y alcanzar por todos lados.

Al comienzo un seis

Subida digna de confianza. Gran ventura.

允	yun3	7759	Confiar, confianza; sinceridad, verdad; aprobar, acuerdo, consentimiento.
升	sheng1	5745	Ascender, escalar paso a paso, empujar para arriba, avance mediante el esfuerzo, mejorar, progreso, acumular.
大	da4	5943	Grande, alto, excesivo, arrogante, estirarse y alcanzar por todos lados.
吉	ji2	0476	Ventura, buena suerte, buena fortuna, propicio, favorable.

Nueve en el segundo puesto

Si uno es sincero es favorable presentar una pequeña ofrenda.
Sin defecto.

孚	fu2	1936	Verdad; confiable, sincero; inspirar confianza a otros.
乃	nai3	4612	Entonces, y, después, además, aparte, acto seguido, inmediatamente (después).

利	li4	3867	Favorable, propicio, conveniente, beneficioso, afortunado.
用	yong4	7567	Usar, aplicar, emplear, implementar; aplicar el oráculo a situaciones reales; actuar; usar como ofrenda, ofrecer en sacrificio.
禴	yue4	7498	Sacrificio *Yue* a los ancestros, realizado durante la primavera, cuando el alimento era escaso; pequeña ofrenda, un sacrificio ofrecido con pocos recursos.
无	wu2	7173	No, negativa; sin, no tiene, carencia de.
咎	jiu4	1192	Falta, error, defecto, culpa; poco propicio, infortunio, calamidad; mala suerte, mal augurio.

Nueve en el tercer puesto

Subiendo a una ciudad vacía.

升	sheng1	5745	Ascender, escalar paso a paso, empujar para arriba, avance mediante el esfuerzo, mejorar, progreso, acumular.
虛	xu1	2821	Abierto, vacío, hueco; falso, irreal; colina, montículo; ciudad abandonada, ruinas.
邑	yi4	3037	Ciudad, pueblo; ciudad con murallas de protección, sede del gobierno de un distrito.

Seis en el cuarto puesto

El rey presenta una ofrenda en el monte Qi.
Ventura. No hay defecto.

王	wang2	7037	Rey, príncipe, soberano, regente, autoridad.
用	yong4	7567	Usar, aplicar, emplear, implementar; aplicar el oráculo a situaciones reales; actuar; usar como ofrenda, ofrecer en sacrificio.
亨	heng1	2099	Éxito, logro, satisfacción, crecimiento, penetración; ofrenda, sacrificio.
于	yu2	7592	En (sobre, bajo, adentro, al lado, cerca de, por), a, hacia, ir hacia, hasta, de, como.
岐	qi2	0522	Nombre de una montaña, el hogar de los ancestros de la dinastía *Zhou*; sentarse a horcajadas; bifurcación en el camino.
山	shan1	5630	Montaña, colina, pico.
吉	ji2	0476	Ventura, buena suerte, buena fortuna, propicio, favorable.
无	wu2	7173	No, negativa; sin, no tiene, carencia de.
咎	jiu4	1192	Falta, error, defecto, culpa; poco propicio, infortunio, calamidad; mala suerte, mal augurio.

La Subida

Seis en el quinto puesto

La determinación trae ventura.
Sube sobre escalones.

貞	zhen1	0346	Determinación (con el doble sentido de decisión y acción firme y continuada), constancia, perseverancia, firmeza; lealtad, devoción, pureza. Originalmente: determinación por adivinación.
吉	ji2	0476	Ventura, buena suerte, buena fortuna, propicio, favorable.
升	sheng1	5745	Ascender, escalar paso a paso, empujar para arriba, avance mediante el esfuerzo, mejorar, progreso, acumular.
階	jie1	0625	Escalones, escaleras, etapas, grados, rangos.

Al tope un seis

Subida a oscuras.
Es propicia una determinación sin pausa.

冥	ming2	4528	Oscuro, oscuridad, oscurecido, ignorante, ciego; el mundo de los muertos.
升	sheng1	5745	Ascender, escalar paso a paso, empujar para arriba, avance mediante el esfuerzo, mejorar, progreso, acumular.
利	li4	3867	Favorable, propicio, conveniente, beneficioso, afortunado.
于	yu2	7592	En (sobre, bajo, adentro, al lado, cerca de, por), a, hacia, ir hacia, hasta, de, como.
不	bu4	5379	No, adverbio de negación; sin, ninguno, nada, no lo haré, no lo necesito, no será.
息	xi1	2495	Descanso, descansar, detención, parar, cesar; respirar. En el *YiJing* significa descanso o pausa.
之	zhi1	0935	Pronombre personal: él, ella, ello; esto, esta, estos, etc. Frecuentemente es usado como un posesivo: tiene, tuvo, va a tener, suyo, suya; ir a.
貞	zhen1	0346	Determinación (con el doble sentido de decisión y acción firme y continuada), constancia, perseverancia, firmeza; lealtad, devoción, pureza. Originalmente: determinación por adivinación.

47 困 *kun* – La Opresión

El Dictamen

La Opresión. Exito. Con determinación, el gran hombre es venturoso. Sin defecto. Lo que uno dice no es creído.

困	kun4	3688	Opresión, bloqueo, trampa, asedio, acoso, estar rodeado (por enemigos), confinamiento; agotamiento, aflicción, desánimo, fatiga, empobrecimiento; molestado, golpeado, atrapado.
亨	heng1	2099	Exito, logro, satisfacción, crecimiento, penetración; ofrenda, sacrificio.
貞	zhen1	0346	Determinación (con el doble sentido de decisión y acción firme y continuada), constancia, perseverancia, firmeza; lealtad, devoción, pureza. Originalmente: determinación por adivinación.
大	da4	5943	Grande, alto, excesivo, arrogante, estirarse y alcanzar por todos lados.
人	ren2	3097	Hombre, persona(s), otro(s), ser humano, individuo.
吉	ji2	0476	Ventura, buena suerte, buena fortuna, propicio, favorable.
无	wu2	7173	No, negativa; sin, no tiene, carencia de.
咎	jiu4	1192	Falta, error, defecto, culpa; poco propicio, infortunio, calamidad; mala suerte, mal augurio.
有	you3	7533	Poseer, tener, en posesión de, haber, existir.
言	yan2	7334	Palabras, chismes, dichos; interrogación.
不	bu4	5379	No, adverbio de negación; sin, ninguno, nada, no lo haré, no lo necesito, no será.
信	xin4	2748	Confiable, verdadero; creer, confiar; buena fe.

La Imagen

El Lago no tiene Agua: la imagen de La Opresión.
Así el noble empeña su vida para alcanzar su objetivo.

澤	ze2	0277	Lago, cuerpo de agua, charca, pantano; fertilizar, ungir, beneficiar, favorecer; húmedo, brillante, pulido; gracia, brillantez.

La Opresión

无	wu2	7173	No, negativa; sin, no tiene, carencia de.
水	shui3	5922	Agua, río, corriente, flujo, líquido, fluido.
困	kun4	3688	Opresión, bloqueo, trampa, asedio, acoso, estar rodeado (por enemigos), confinamiento; agotamiento, aflicción, desánimo, fatiga, empobrecimiento; molestado, golpeado, atrapado.
君	jun1	1715	Señor, príncipe, gobernante, noble; hombre superior.
子	zi3	6939	Hijo/a, niño/a; descendencia, prole; posteridad; sufijo; oficial, amo, príncipe.
以	yi3	2932	Así, de esta manera; por, para; por medio de, con; instrumento, medio, método, uso (de), camino (a).
致	zhi4	0984	Causar, producir, aplicar, presentar, entregar, enviar, transmitir, involucrar, implicar, llevar hasta las últimas consecuencias, un objetivo.
命	ming4	4537	Destino, voluntad del cielo, autoridad más alta (ya sea celestial o terrena, como un rey o un gobierno), órdenes, directiva, mandato, investidura, voluntad, vida.
遂	sui4	5530	Ir o seguir adelante, avanzar, progresar, empujar, completar, lograr, alcanzar, continuar, seguir, prolongar, acompañar.
志	zhi4	0971	Propósito, voluntad, determinación, meta; mantener la mente enfocada; tratado; anales.

Al comienzo un seis

Sus nalgas son oprimidas por una vara de madera.
Entra en un valle oscuro y por tres años no es visto.

臀	tun2	6602	Nalgas, trasero, grupa, ancas.
困	kun4	3688	Opresión, bloqueo, trampa, asedio, acoso, estar rodeado (por enemigos), confinamiento; agotamiento, aflicción, desánimo, fatiga, empobrecimiento; molestado, golpeado, atrapado.
于	yu2	7592	En (sobre, bajo, adentro, al lado, cerca de, por), a, hacia, ir hacia, hasta, de, como.
株	zhu1	1348	Tocón, tronco o raíz de un árbol; bastón.
木	mu4	4593	Arbol, madera, bosque, hecho de madera.
入	ru4	3152	Entrar, introducirse (esta es la acepción usada en el *YiJing*); traer, presentar; invadir.
于	yu2	7592	En (sobre, bajo, adentro, al lado, cerca de, por), a, hacia, ir hacia, hasta, de, como.

幽	you1	7505	Oscuro; un ermitaño, solitario, aislado, secreto, retirado; difícil de comprender.
谷	gu3	3483	Un valle, barranco, quebrada, hondonada, un curso de agua entre dos montañas; un agujero, un hueco.
三	san1	5415	Tres, tercero, triple, tres veces.
歲	sui4	5538	Años, estaciones, cosechas.
不	bu4	5379	No, adverbio de negación; sin, ninguno, nada, no lo haré, no lo necesito, no será.
覿	di2	6230	Ver; tener una audiencia (ver cara a cara), ser visible.

Nueve en el segundo puesto

Oprimido entre vino y comida.
Tan pronto como la cinta roja llegue será favorable
presentar una ofrenda.
Marchar trae desventura. Sin defecto.

困	kun4	3688	Opresión, bloqueo, trampa, asedio, acoso, estar rodeado (por enemigos), confinamiento; agotamiento, aflicción, desánimo, fatiga, empobrecimiento; molestado, golpeado, atrapado.
于	yu2	7592	En (sobre, bajo, adentro, al lado, cerca de, por), a, hacia, ir hacia, hasta, de, como.
酒	jiu3	1208	Bebida, vino, licor, bebidas espirituosas.
食	shi2	5810	Comer, alimentarse, consumir; comida, dar alimento a; subsistencia; salario de un oficial; disfrutar; eclipse (la luna o el sol es 'comido').
朱	zhu1	1346	Escarlata, rojo, bermellón, símbolo de lealtad y sinceridad, honor.
紱	fu2	1971	Rodilleras, vestiduras ceremoniales que cubren las rodillas; una cinta o banda vestida alrededor de la cintura como un ornamento o sobre el hombro como un símbolo de rango; una banda de seda para atar el sello a la cintura; mandil ceremonial.
方	fang1	1802	Cuadrado, directo, frontal, justo, correcto; repentino, rápido; lados, sobre todos los lados, en todos lados; barrio, región, lugar, dirección; tomar un lugar; sacrificar a los espíritus de los cuatro lados.
來	lai2	3768	Venir, llegar; traer; volver.
利	li4	3867	Favorable, propicio, conveniente, beneficioso, afortunado.

La Opresión (243)

用	yong4	7567	Usar, aplicar, emplear, implementar; aplicar el oráculo a situaciones reales; actuar; usar como ofrenda, ofrecer en sacrificio.
享	xiang3	2552	Ofrenda sacrificial, consagrar, presentar una ofrenda a un dios o a un superior.
祀	si4	5592	Sacrificio, sacrificio otoñal después de la cosecha, libación, sacrificios a los dioses o espíritus de los muertos.
征	zheng1	0352	Marchar (iniciar una campaña). Castigar, disciplinar, atacar, invadir, conquistar; ir, venir, traer.
凶	xiong1	2808	Desventura, malo, mala suerte, gran infortunio, peligro mortal, nefasto, malos augurios, caer en una trampa.
无	wu2	7173	No, negativa; sin, no tiene, carencia de.
咎	jiu4	1192	Falta, error, defecto, culpa; poco propicio, infortunio, calamidad; mala suerte, mal augurio.

Seis en el tercer puesto

Oprimido por piedras. Se apoya en arbustos espinosos y cardos. Entra a su casa y no ve a su mujer. Desventura.

困	kun4	3688	Opresión, bloqueo, trampa, asedio, acoso, estar rodeado (por enemigos), confinamiento; agotamiento, aflicción, desánimo, fatiga, empobrecimiento; molestado, golpeado, atrapado.
于	yu2	7592	En (sobre, bajo, adentro, al lado, cerca de, por), a, hacia, ir hacia, hasta, de, como.
石	shi2	5813	Piedra, roca.
據	ju4	1563	Agarrar, apoyarse sobre, depender de.
于	yu2	7592	En (sobre, bajo, adentro, al lado, cerca de, por), a, hacia, ir hacia, hasta, de, como.
蒺	ji2	0494	Espinas, arbustos espinosos, *Tribulus terrestris*.
藜	li2	3877	*Tribulus terrestris*: abrojo, cadillo, cuernos de chivo, tríbulo; una hierba; cardos; zarzas.
入	ru4	3152	Entrar, introducirse (esta es la acepción usada en el *YiJing*); traer, presentar; invadir.
于	yu2	7592	En (sobre, bajo, adentro, al lado, cerca de, por), a, hacia, ir hacia, hasta, de, como.
其	qi2	0525	Su, suyo, suya, de ellos, de ellas; el, la, lo, las, los. Un pronombre posesivo y demostrativo.
宮	gong1	3705	Casa, residencia, morada; sala; palacio, mansión; templo.

不	bu4	5379	No, adverbio de negación; sin, ninguno, nada, no lo haré, no lo necesito, no será.
見	jian4	0860	Ver, visto, percibir, observar; revelar, aparecer, encontrado; entrevistar, visitar, encontrarse.
其	qi2	0525	Su, suyo, suya, de ellos, de ellas; el, la, lo, las, los. Un pronombre posesivo y demostrativo.
妻	qi1	0555	Esposa, compañera, consorte, casarse. Una esposa legal (primera esposa).
凶	xiong1	2808	Desventura, malo, mala suerte, gran infortunio, peligro mortal, nefasto, malos augurios, caer en una trampa.

Nueve en el cuarto puesto

Viene muy lentamente, oprimido en un carruaje dorado.
Humillación, pero lo llevará a cabo.

來	lai2	3768	Venir, llegar; traer; volver.
徐	xu2	2841	Caminar lentamente, calmadamente, lentamente, poco a poco. El estar duplicado intensifica su significado.
徐	xu2	2841	
困	kun4	3688	Opresión, bloqueo, trampa, asedio, acoso, estar rodeado (por enemigos), confinamiento; agotamiento, aflicción, desánimo, fatiga, empobrecimiento; molestado, golpeado, atrapado.
于	yu2	7592	En (sobre, bajo, adentro, al lado, cerca de, por), a, hacia, ir hacia, hasta, de, como.
金	jin1	1057	Metal, bronce, oro, dorado, monedas, riqueza.
車	che1	0280	Carruaje, carro, carro de batalla.
吝	lin4	4040	Arrepentimiento, humillación, vergüenza, angustia, aflicción, sufrimiento; mezquindad, avaricia.
有	you3	7533	Poseer, tener, en posesión de, haber, existir.
終	zhong1	1500	Fin, final, al final, completo, entero, término, final de un ciclo; llevar hasta la conclusión, consumación; muerte.

Nueve en el quinto puesto

Su nariz y sus pies son cercenados. Es oprimido por la cinta roja.
La alegría viene lentamente. Es favorable presentar una ofrenda.

劓	yi4	3013	Cortar (amputar) la nariz (como castigo).
刖	yue4	7697	Cortar los pies (como un castigo para serios crímenes).

La Opresión

困	kun4	3688	Opresión, bloqueo, trampa, asedio, acoso, estar rodeado (por enemigos), confinamiento; agotamiento, aflicción, desánimo, fatiga, empobrecimiento; molestado, golpeado, atrapado.
于	yu2	7592	En (sobre, bajo, adentro, al lado, cerca de, por), a, hacia, ir hacia, hasta, de, como.
赤	chi4	1048	Púrpura, rojo; el color del fuego, asociado con el sur; signo de rango oficial.
紱	fu2	1971	Rodilleras, vestiduras ceremoniales que cubren las rodillas; una cinta o banda vestida alrededor de la cintura como un ornamento o sobre el hombro como un símbolo de rango; una banda de seda para atar el sello a la cintura; mandil ceremonial.
乃	nai3	4612	Entonces, y, después, además, aparte, acto seguido, inmediatamente (después).
徐	xu2	2841	Caminar lentamente, calmadamente, lentamente, poco a poco.
有	you3	7533	Poseer, tener, en posesión de, haber, existir.
說	shuo1	5939	Complacido, alegre; hablar, habla gozosa, decir, explicar, exhortar.
利	li4	3867	Favorable, propicio, conveniente, beneficioso, afortunado.
用	yong4	7567	Usar, aplicar, emplear, implementar; aplicar el oráculo a situaciones reales; actuar; usar como ofrenda, ofrecer en sacrificio.
祭	ji4	0465	Sacrificio, ofrenda, ofrenda a dioses o espíritus.
祀	si4	5592	Sacrificio, sacrificio otoñal después de la cosecha, libación, sacrificios a los dioses o espíritus de los muertos.

Al tope un seis

Oprimido por plantas trepadoras. Está ansioso e inseguro.
Se dice a sí mismo: "si me muevo lo lamentaré"; pero se arrepiente.
Marchar trae ventura.

困	kun4	3688	Opresión, bloqueo, trampa, asedio, acoso, estar rodeado (por enemigos), confinamiento; agotamiento, aflicción, desánimo, fatiga, empobrecimiento; molestado, golpeado, atrapado.
于	yu2	7592	En (sobre, bajo, adentro, al lado, cerca de, por), a, hacia, ir hacia, hasta, de, como.
葛	ge2	3377	Planta trepadora invasiva, llamada kudzu (*Pueraria Lobata*).

蘽	lei3	4235	Planta trepadora, parra, enredadera.
于	yu2	7592	En (sobre, bajo, adentro, al lado, cerca de, por), a, hacia, ir hacia, hasta, de, como.
臲	nie4	4700	Inestable, inseguro, ansioso.
卼	wu4	7211	Inseguro, perplejo, en peligro, incómodo.
曰	yue1	7694	Decir, dice, dicho, llamar, llamado, designado, hablar, decir, contar.
動	dong4	6611	Moverse, actuar, agitarse, tomar acción.
悔	hui3	2336	Arrepentimiento, remordimiento, dolor y pesar por una culpa cometida; problemas.
有	you3	7533	Poseer, tener, en posesión de, haber, existir.
悔	hui3	2336	Arrepentimiento, remordimiento, dolor y pesar por una culpa cometida; problemas.
征	zheng1	0352	Marchar (iniciar una campaña). Castigar, disciplinar, atacar, invadir, conquistar; ir, venir, traer.
吉	ji2	0476	Ventura, buena suerte, buena fortuna, propicio, favorable.

48 井 *jing* El Pozo

El Dictamen

El Pozo. La ciudad puede cambiarse, pero no el Pozo;
éste no disminuye ni aumenta.
La gente va y viene y sacan agua del Pozo.
Si la cuerda no llega hasta el final o se quiebra la jarra habrá desventura.

井	jing3	1143	Pozo de agua en el centro de los campos, manantial.
改	gai3	3196	Cambio, reforma, corrección, modificación.
邑	yi4	3037	Ciudad, pueblo; ciudad con murallas de protección, sede del gobierno de un distrito.
不	bu4	5379	No, adverbio de negación; sin, ninguno, nada, no lo haré, no lo necesito, no será.
改	gai3	3196	Cambio, reforma, corrección, modificación.
井	jing3	1143	Pozo de agua en el centro de los campos, manantial.
无	wu2	7173	No, negativa; sin, no tiene, carencia de.
喪	sang4	5429	Perder, dejar caer, dejar ir, desaparecer, perdido, pérdida, ruina, duelo.
无	wu2	7173	No, negativa; sin, no tiene, carencia de.
得	de2	6161	Conseguir, obtener, agarrar, ganar, ganancia, adquirir el objeto deseado, encontrar, lograr.
往	wang3	7050	Ir, ir hacia, ir a; partir, irse.
來	lai2	3768	Venir, llegar; traer; volver.
井	jing3	1143	Pozo de agua en el centro de los campos, manantial.
井	jing3	1143	Pozo de agua en el centro de los campos, manantial.
汔	qi4	8006	Secarse, agua secándose; casi, por poco.
至	zhi4	0982	Llegar, alcanzar el punto más alto o la cúspide, culminar; el extremo, lo más grande, muy.
亦	yi4	3021	Y, también, además, de la misma forma, sin embargo, pero.
未	wei4	7114	Todavía no, antes. La octava de las 12 ramas terrestres. 13-15 hs.

繘	yu4	8009	Cuerda usada para sacar agua de un pozo.
井	jing3	1143	Pozo de agua en el centro de los campos, manantial.
羸	lei2	4240	Enredo, atadura; rotura, daño; débil, flaco, escuálido, consumido, descarnado.
其	qi2	0525	Su, suyo, suya, de ellos, de ellas; el, la, lo, las, los. Un pronombre posesivo y demostrativo.
瓶	ping2	5301	Jarra de arcilla, vaso, botella.
凶	xiong1	2808	Desventura, malo, mala suerte, gran infortunio, peligro mortal, nefasto, malos augurios, caer en una trampa.

La Imagen

Encima de la Madera hay Agua: la imagen del Pozo.
Así el noble anima a la gente en su trabajo
para que cooperen entre ellos.

木	mu4	4593	Arbol, madera, bosque, hecho de madera.
上	shang4	5669	Arriba, sobre, encima; ascender, subir, elevar, ir para arriba; más alto, superior; sobrepasar, primero.
有	you3	7533	Poseer, tener, en posesión de, haber, existir.
水	shui3	5922	Agua, río, corriente, flujo, líquido, fluido.
井	jing3	1143	Pozo de agua en el centro de los campos, manantial.
君	jun1	1715	Señor, príncipe, gobernante, noble; hombre superior.
子	zi3	6939	Hijo/a, niño/a; descendencia, prole; posteridad; sufijo; oficial, amo, príncipe.
以	yi3	2932	Así, de esta manera; por, para; por medio de, con; instrumento, medio, método, uso (de), camino (a).
勞	lao2	3826	Trabajo diligente; logros, mérito.
民	min2	4508	Gente, pueblo, la gente común, las masas, multitud.
勸	quan4	1662	Animar, alentar, recomendar, exhortar, convencer.
相	xiang1	2562	Mutuamente, el uno al otro, recíproco, recíprocamente; cooperativo, correlativo, cooperación, asistencia, ayuda; entre sí.

El Pozo (249)

Al comienzo un seis

> Uno no bebe de un Pozo encenagado.
> No hay animales en un Pozo viejo.

井	jing3	1143	Pozo de agua en el centro de los campos, manantial.
泥	ni2	4660	Barro, lodo, fango, lodazal, cieno, ciénaga; encenagado, embarrado, impedido, obstruido.
不	bu4	5379	No, adverbio de negación; sin, ninguno, nada, no lo haré, no lo necesito, no será.
食	shi2	5810	Comer, alimentarse, consumir; comida, dar alimento a; subsistencia; salario de un oficial; disfrutar; eclipse (la luna o el sol es 'comido').
舊	jiu4	1205	Antiguo, viejo, pasado, arcaico, obsoleto (se aplica a personas, lugares y cosas); en el pasado, antiguamente, hace largo tiempo; por un largo tiempo.
井	jing3	1143	Pozo de agua en el centro de los campos, manantial.
无	wu2	7173	No, negativa; sin, no tiene, carencia de.
禽	qin2	1100	Caza, presas, animales, pájaros, captura (puede ser un venado, aunque ese no es su significado específico).

Nueve en el segundo puesto

> Por el agujero del Pozo uno dispara a los peces.
> La jarra está rota y pierde.

井	jing3	1143	Pozo de agua en el centro de los campos, manantial.
谷	gu3	3483	Un valle, barranco, quebrada, hondonada, un curso de agua entre dos montañas; un agujero, un hueco.
射	she4	5703	Disparar con un arco; apuntar y acertarle al blanco; brotar, emitir, salir a borbotones.
鮒	fu4	1927	Carpa plateada (pez teleósteo fisóstomo), perca, pez de agua dulce.
甕	weng4	7151	Jarra o recipiente de barro cocido.
敝	bi4	5101	Roto, desgastado, andrajoso; daño; declinar, desvanecerse, lo perecedero.
漏	lou4	4152	Goteo, filtración.

Nueve en el tercer puesto

El Pozo es limpiado pero no beben de él.
Esto hace penar a mi corazón; porque se podría tomar agua del Pozo.
Si el rey tuviera claridad todos recibirían la bendición.

井	jing3	1143	Pozo de agua en el centro de los campos, manantial.
渫	xie4	6318	Limpiar, filtrar, eliminar la suciedad (también significa sucio, embarrado, gotera, filtración, pero no dentro del contexto del *YiJing*).
不	bu4	5379	No, adverbio de negación; sin, ninguno, nada, no lo haré, no lo necesito, no será.
食	shi2	5810	Comer, alimentarse, consumir; comida, dar alimento a; subsistencia; salario de un oficial; disfrutar; eclipse (la luna o el sol es 'comido').
爲	wei2	7059	Hacer, causar; por, porque; ser; actuar para, ayudar.
我	wo3	4778	Nosotros, yo, mi, mío, nuestro.
心	xin1	2735	Corazón, mente, afección, conciencia, deseo, intenciones, sentimientos, naturaleza moral; centro, núcleo.
惻	ce4	6758	Tener pena o lástima de, afligido, apenado, triste, dolor, profunda pena.
可	ke3	3381	Poder, ser capaz de, podría, posiblemente; permiso, aprobación; adecuado, satisfactorio.
用	yong4	7567	Usar, aplicar, emplear, implementar; aplicar el oráculo a situaciones reales; actuar; usar como ofrenda, ofrecer en sacrificio.
汲	ji2	0472	Sacar agua de un pozo o una fuente subterránea de agua; tirar (halar) hacia uno mismo.
王	wang2	7037	Rey, príncipe, soberano, regente, autoridad.
明	ming2	4534	Luz, brillo, brillante, claridad, claro, discernimiento, visión, percepción; pacto, contrato.
並	bing4	5292	En común, juntos, ambos, lado a lado; todos.
受	shou4	5840	Recibir, aceptar, soportar, aguantar.
其	qi2	0525	Su, suyo, suya, de ellos, de ellas; el, la, lo, las, los. Un pronombre posesivo y demostrativo.
福	fu2	1978	Felicidad, dicha, bendiciones, buena fortuna.

Seis en el cuarto puesto

El Pozo es revestido. Sin defecto.

井	jing3	1143	Pozo de agua en el centro de los campos, manantial.

El Pozo (251) 48

甕	zhou4	1305	Reparar un pozo, revestir la pared de un pozo, reconstruir el revestimiento de un pozo.
无	wu2	7173	No, negativa; sin, no tiene, carencia de.
咎	jiu4	1192	Falta, error, defecto, culpa; poco propicio, infortunio, calamidad; mala suerte, mal augurio.

Nueve en el quinto puesto

En el Pozo hay un manantial puro y fresco del que se puede beber.

井	jing3	1143	Pozo de agua en el centro de los campos, manantial.
洌	lie4	3987	Claro, límpido, puro.
寒	han2	2048	Frío, helado.
泉	quan2	1674	Manantial, fuente.
食	shi2	5810	Comer, alimentarse, consumir; comida, dar alimento a; subsistencia; salario de un oficial; disfrutar; eclipse (la luna o el sol es 'comido').

Al tope un seis

Toman agua del pozo; no debe ser cubierto. Inspira confianza. Sublime ventura.

井	jing3	1143	Pozo de agua en el centro de los campos, manantial.
收	shou1	5837	Tomar, reunir, recoger, sacar, retirar, cosechar.
勿	wu4	7208	No. Negativa imperativa.
幕	mu4	4559	Cubrir, cubierta; dosel, cortina, tienda (de campaña).
有	you3	7533	Poseer, tener, en posesión de, haber, existir.
孚	fu2	1936	Verdad; confiable, sincero; inspirar confianza a otros.
元	yuan2	7707	Sublime, elevado, preeminente, superior, el más grande, grande y originante, primordial, cabeza, líder, jefe.
吉	ji2	0476	Ventura, buena suerte, buena fortuna, propicio, favorable.

49 革 *ge* – La Revolución

El Dictamen

La Revolución. Cuando acabe el día inspirarás confianza.
Sublime ventura. La determinación es favorable.
El arrepentimiento se desvanece.

革	ge2	3314	Cambio, cambio estacional, muda, revolución; cuero, piel, desollar, quitar, privar.
巳	si4	5590	La sexta de las doce ramas terrenales, comprendiendo el período desde las 9 a las 11 A.M., pero normalmente es reemplazado por otros caracteres.
日	ri4	3124	El sol, un ciclo solar, día, un día, horas diurnas.
乃	nai3	4612	Entonces, y, después, además, aparte, acto seguido, inmediatamente (después).
孚	fu2	1936	Verdad; confiable, sincero; inspirar confianza a otros.
元	yuan2	7707	Sublime, elevado, preeminente, superior, el más grande, grande y originante, primordial, cabeza, líder, jefe.
亨	heng1	2099	Exito, logro, satisfacción, crecimiento, penetración; ofrenda, sacrificio.
利	li4	3867	Favorable, propicio, conveniente, beneficioso, afortunado.
貞	zhen1	0346	Determinación (con el doble sentido de decisión y acción firme y continuada), constancia, perseverancia, firmeza; lealtad, devoción, pureza. Originalmente: determinación por adivinación.
悔	hui3	2336	Arrepentimiento, remordimiento, dolor y pesar por una culpa cometida; problemas.
亡	wang2	7034	Desaparecer, irse, escapar; morir, perecer, fallar.

La Imagen

Dentro del Lago hay Fuego: la imagen de la Revolución.
Así el noble regula el calendario y clarifica las estaciones.

澤	ze2	0277	Lago, cuerpo de agua, charca, pantano; fertilizar, ungir, beneficiar, favorecer; húmedo, brillante, pulido; gracia, brillantez.

La Revolución (253)

中	zhong1	1504	Centro, interior, dentro de, medio; acertarle al medio, acertarle al blanco; balanceado, central, correcto.
有	you3	7533	Poseer, tener, en posesión de, haber, existir.
火	huo3	2395	Fuego, flama. El Fuego y el Brillo son símbolos del trigrama ☲: Lo Adherente.
革	ge2	3314	Cambio, cambio estacional, muda, revolución; cuero, piel, desollar, quitar, privar.
君	jun1	1715	Señor, príncipe, gobernante, noble; hombre superior.
子	zi3	6939	Hijo/a, niño/a; descendencia, prole; posteridad; sufijo; oficial, amo, príncipe.
以	yi3	2932	Así, de esta manera; por, para; por medio de, con; instrumento, medio, método, uso (de), camino (a).
治	zhi4	1021	Regular, gobernar, dirigir, ordenar.
歷	li4	3931	El calendario, calcular, número; en serie, sucesivamente; clasificación; número; historia, pasado, pasar, experiencia.
明	ming2	4534	Luz, brillo, brillante, claridad, claro, discernimiento, visión, percepción; pacto, contrato.
時	shi2	5780	Tiempo, estación (del año), era, período, tiempo oportuno.

Al comienzo un nueve

Atado con el cuero de una vaca amarilla.

鞏	gong3	3718	Atar, atar con correas de cuero; fortalecer, reforzar, consolidar.
用	yong4	7567	Usar, aplicar, emplear, implementar; aplicar el oráculo a situaciones reales; actuar; usar como ofrenda, ofrecer en sacrificio.
黃	huang2	2297	Amarillo, amarillo-amarronado; color de la tierra en el centro de China. En el *YiJing* el color amarillo siempre es favorable, es el color del centro y de la moderación, fue el color imperial desde la dinastía *Han* en adelante.
牛	niu2	4737	Vaca, toro, buey.
之	zhi1	0935	Pronombre personal: él, ella, ello; esto, esta, estos, etc. Frecuentemente es usado como un posesivo: tiene, tuvo, va a tener, suyo, suya; ir a.
革	ge2	3314	Cambio, cambio estacional, muda, revolución; cuero, piel, desollar, quitar, privar.

Seis en el segundo puesto

Cuando acabe el día se puede iniciar la revolución.
Marchar es favorable. Sin defecto.

巳	si4	5590	La sexta de las doce ramas terrenales, comprendiendo el período desde las 9 a las 11 A.M., pero normalmente es reemplazado por otros caracteres.
日	ri4	3124	El sol, un ciclo solar, día, un día, horas diurnas.
乃	nai3	4612	Entonces, y, después, además, aparte, acto seguido, inmediatamente (después).
革	ge2	3314	Cambio, cambio estacional, muda, revolución; cuero, piel, desollar, quitar, privar.
之	zhi1	0935	Pronombre personal: él, ella, ello; esto, esta, estos, etc. Frecuentemente es usado como un posesivo: tiene, tuvo, va a tener, suyo, suya; ir a.
征	zheng1	0352	Marchar (iniciar una campaña). Castigar, disciplinar, atacar, invadir, conquistar; ir, venir, traer.
吉	ji2	0476	Ventura, buena suerte, buena fortuna, propicio, favorable.
无	wu2	7173	No, negativa; sin, no tiene, carencia de.
咎	jiu4	1192	Falta, error, defecto, culpa; poco propicio, infortunio, calamidad; mala suerte, mal augurio.

Nueve en el tercer puesto

Marchar trae desventura. La determinación es peligrosa.
Sólo después que se haya hablado sobre la revolución tres veces habrá confianza.

征	zheng1	0352	Marchar (iniciar una campaña). Castigar, disciplinar, atacar, invadir, conquistar; ir, venir, traer.
凶	xiong1	2808	Desventura, malo, mala suerte, gran infortunio, peligro mortal, nefasto, malos augurios, caer en una trampa.
貞	zhen1	0346	Determinación (con el doble sentido de decisión y acción firme y continuada), constancia, perseverancia, firmeza; lealtad, devoción, pureza. Originalmente: determinación por adivinación.
厲	li4	3906	Peligro, amenaza, opresivo, cruel, malvado, brutal, enfermedad, demonio malevolente; piedra de afilar áspera, afilar, machacar, triturar, disciplina.
革	ge2	3314	Cambio, cambio estacional, muda, revolución; cuero, piel, desollar, quitar, privar.

La Revolución

言	yan2	7334	Palabras, chismes, dichos; interrogación.
三	san1	5415	Tres, tercero, triple, tres veces.
就	jiu4	1210	Acercamiento, moverse de un lugar al otro, circular; alcanzar, conseguir, terminar.
有	you3	7533	Poseer, tener, en posesión de, haber, existir.
孚	fu2	1936	Verdad; confiable, sincero; inspirar confianza a otros.

Nueve en el cuarto puesto

El arrepentimiento se desvanece. Hay confianza.
Cambiar el mandato trae ventura.

悔	hui3	2336	Arrepentimiento, remordimiento, dolor y pesar por una culpa cometida; problemas.
亡	wang2	7034	Desaparecer, irse, escapar; morir, perecer, fallar.
有	you3	7533	Poseer, tener, en posesión de, haber, existir.
孚	fu2	1936	Verdad; confiable, sincero; inspirar confianza a otros.
改	gai3	3196	Cambio, reforma, corrección, modificación.
命	ming4	4537	Destino, voluntad del cielo, autoridad más alta (ya sea celestial o terrena, como un rey o un gobierno), órdenes, directiva, mandato, investidura, voluntad, vida.
吉	ji2	0476	Ventura, buena suerte, buena fortuna, propicio, favorable.

Nueve en el quinto puesto

El gran hombre cambia como un tigre.
Aún antes de preguntarle al oráculo tiene confianza.

大	da4	5943	Grande, alto, excesivo, arrogante, estirarse y alcanzar por todos lados.
人	ren2	3097	Hombre, persona(s), otro(s), ser humano, individuo.
虎	hu3	2161	Tigre. Emblema de bravura y crueldad: fuerte, salvaje, bravo, vigoroso.
變	bian4	5245	Cambiar, transformar, metamorfosis, alterar.
未	wei4	7114	Todavía no, antes. La octava de las 12 ramas terrestres. 13-15 hs.
占	zhan1	0125	Pronosticar, adivinar, agüero, adivinar con las varillas de milenrama utilizadas para consultar al *YiJing*.
有	you3	7533	Poseer, tener, en posesión de, haber, existir.
孚	fu2	1936	Verdad; confiable, sincero; inspirar confianza a otros.

Al tope un seis

El noble cambia como una pantera. El vulgar cambia su semblante. Atacar trae desventura. Mantener la determinación trae ventura.

君	jun1	1715	Señor, príncipe, gobernante, noble; hombre superior.
子	zi3	6939	Hijo/a, niño/a; descendencia, prole; posteridad; sufijo; oficial, amo, príncipe.
豹	bao4	4954	Pantera, leopardo.
變	bian4	5245	Cambiar, transformar, metamorfosis, alterar.
小	xiao3	2605	Pequeño, común, humilde, mediocre, insignificante, sin importancia.
人	ren2	3097	Hombre, persona(s), otro(s), ser humano, individuo.
革	ge2	3314	Cambio, cambio estacional, muda, revolución; cuero, piel, desollar, quitar, privar.
面	mian4	4497	Cara, semblante; reputación, fachada.
征	zheng1	0352	Marchar (iniciar una campaña). Castigar, disciplinar, atacar, invadir, conquistar; ir, venir, traer.
凶	xiong1	2808	Desventura, malo, mala suerte, gran infortunio, peligro mortal, nefasto, malos augurios, caer en una trampa.
居	ju1	1535	Quedarse, permanecer, descansar (en), morar, residir; ocupar una posición o lugar; presumido, arrogante, dominante.
貞	zhen1	0346	Determinación (con el doble sentido de decisión y acción firme y continuada), constancia, perseverancia, firmeza; lealtad, devoción, pureza. Originalmente: determinación por adivinación.
吉	ji2	0476	Ventura, buena suerte, buena fortuna, propicio, favorable.

50 鼎 *ding* – El Caldero

El Dictamen

El Caldero. Sublime ventura. Exito.

鼎	ding3	6392	Caldero, caldero de bronce con tres patas y dos asas.
元	yuan2	7707	Sublime, elevado, preeminente, superior, el más grande, grande y originante, primordial, cabeza, líder, jefe.
吉	ji2	0476	Ventura, buena suerte, buena fortuna, propicio, favorable.
亨	heng1	2099	Exito, logro, satisfacción, crecimiento, penetración; ofrenda, sacrificio.

La Imagen

El Fuego arriba de la Madera: la imagen del Caldero.
Así el noble corrige su posición, consolidando su destino.

木	mu4	4593	Arbol, madera, bosque, hecho de madera.
上	shang4	5669	Arriba, sobre, encima; ascender, subir, elevar, ir para arriba; más alto, superior; sobrepasar, primero.
有	you3	7533	Poseer, tener, en posesión de, haber, existir.
火	huo3	2395	Fuego, flama. El Fuego y el Brillo son símbolos del trigrama ☲: Lo Adherente.
鼎	ding3	6392	Caldero, caldero de bronce con tres patas y dos asas.
君	jun1	1715	Señor, príncipe, gobernante, noble; hombre superior.
子	zi3	6939	Hijo/a, niño/a; descendencia, prole; posteridad; sufijo; oficial, amo, príncipe.
以	yi3	2932	Así, de esta manera; por, para; por medio de, con; instrumento, medio, método, uso (de), camino (a).
正	zheng4	0351	Correcto, apropiado, honesto, justo preciso, exacto, puntual, derecho, regido por la verdad; corregir, rectificar.
位	wei4	7116	Posición; categoría, grado, rango, estatus; ubicación.
凝	ning2	4732	Consolidar, solidificar, reparar; concentrar, lograr; congelar, coagular.
命	ming4	4537	Destino, voluntad del cielo, autoridad más alta (ya sea celestial o terrena, como un rey o un gobierno), órdenes, directiva, mandato, investidura, voluntad, vida.

Al comienzo un seis

> El Caldero está tumbado patas para arriba.
> Es favorable remover los desechos.
> Uno toma una concubina para tener un hijo. Sin defecto.

鼎	ding3	6392	Caldero, caldero de bronce con tres patas y dos asas.
顛	dian1	6337	Cima, cumbre, coronilla; invertir, caer, volcar, tumbar.
趾	zhi3	0944	Pie, pies, los dedos del pie; pezuña; patas (de animal o de mueble), fundación.
利	li4	3867	Favorable, propicio, conveniente, beneficioso, afortunado.
出	chu1	1409	Salir afuera, venir afuera; emerger, surgir, elevarse, generar, producir; abandonar, reducir, eliminar, expeler.
否	pi3	1902	Detención, punto muerto, estancamiento, callejón sin salida, obstruido, atascado; malo.
得	de2	6161	Conseguir, obtener, agarrar, ganar, ganancia, adquirir el objeto deseado, encontrar, lograr.
妾	qie4	0814	Concubina (esposa secundaria), sierva, esclava, sirvienta.
以	yi3	2932	Así, de esta manera; por, para; por medio de, con; instrumento, medio, método, uso (de), camino (a).
其	qi2	0525	Su, suyo, suya, de ellos, de ellas; el, la, lo, las, los. Un pronombre posesivo y demostrativo.
子	zi3	6939	Hijo/a, niño/a; descendencia, prole; posteridad; sufijo; oficial, amo, príncipe.
无	wu2	7173	No, negativa; sin, no tiene, carencia de.
咎	jiu4	1192	Falta, error, defecto, culpa; poco propicio, infortunio, calamidad; mala suerte, mal augurio.

Nueve en el segundo puesto

> El Caldero está lleno.
> Mis camaradas sufren, pero no pueden acercarse. Ventura.

鼎	ding3	6392	Caldero, caldero de bronce con tres patas y dos asas.
有	you3	7533	Poseer, tener, en posesión de, haber, existir.
實	shi2	5821	Lleno, real, sustancial, contenido, sustancia, sincero, auténtico, sólido; fruto.
我	wo3	4778	Nosotros, yo, mi, mío, nuestro.
仇	chou2	1332	Compañero, camarada; rival, adversario, enemigo, antagonista; odio.
有	you3	7533	Poseer, tener, en posesión de, haber, existir.

疾	ji2	0492	Enfermedad, daño, defecto, ansiedad; apuro; odio. Originalmente mostraba una flecha hiriendo a una persona.
不	bu4	5379	No, adverbio de negación; sin, ninguno, nada, no lo haré, no lo necesito, no será.
我	wo3	4778	Nosotros, yo, mi, mío, nuestro.
能	neng2	4648	Poder, ser capaz, habilidad.
即	ji2	0495	Acercarse, avanzar hacia, venir a, ir a; enseguida.
吉	ji2	0476	Ventura, buena suerte, buena fortuna, propicio, favorable.

Nueve en el tercer puesto

Las asas del Caldero son alteradas. El avance está impedido.
La carne gorda del faisán no se come.
Cuando se precipite la lluvia desaparecerá el arrepentimiento.
Finalmente habrá ventura.

鼎	ding3	6392	Caldero, caldero de bronce con tres patas y dos asas.
耳	er3	1744	Oreja/s, asa/s mango/s. Aquello que está al costado (como orejas o asideros).
革	ge2	3314	Cambio, cambio estacional, muda, revolución; cuero, piel, desollar, quitar, privar.
其	qi2	0525	Su, suyo, suya, de ellos, de ellas; el, la, lo, las, los. Un pronombre posesivo y demostrativo.
行	xing2	2754	El significado original era camino, movilizar, en el *YiJing* usualmente significa moverse, ir, trasladarse de un lugar a otro, avanzar, actuar, hacer.
塞	se4	5446	Detener, bloquear, sellar, llenar; un paso (fronterizo), un estrecho, frontera.
雉	zhi4	0968	Faisán. Ave asociada con el trigrama *Li, lo adherente, el fuego.*
膏	gao1	3296	Grasa, carne gorda, riquezas, favores, dispensar favores.
不	bu4	5379	No, adverbio de negación; sin, ninguno, nada, no lo haré, no lo necesito, no será.
食	shi2	5810	Comer, alimentarse, consumir; comida, dar alimento a; subsistencia; salario de un oficial; disfrutar; eclipse (la luna o el sol es 'comido').
方	fang1	1802	Cuadrado, directo, frontal, justo, correcto; repentino, rápido; lados, sobre todos los lados, en todos lados; barrio, región, lugar, dirección; tomar un lugar; sacrificar a los espíritus de los cuatro lados.

雨	yu3	7662	Lluvia, chaparrón, chubasco.
虧	kui1	3650	Disminuir, desvanecerse, pérdida; peligro, peligroso; fallar, falla, defecto.
悔	hui3	2336	Arrepentimiento, remordimiento, dolor y pesar por una culpa cometida; problemas.
終	zhong1	1500	Fin, final, al final, completo, entero, término, final de un ciclo; llevar hasta la conclusión, consumación; muerte.
吉	ji2	0476	Ventura, buena suerte, buena fortuna, propicio, favorable.

Nueve en el cuarto puesto

Las patas del Caldero están rotas.
La comida del príncipe se derrama y se mancha su figura. Desventura.

鼎	ding3	6392	Caldero, caldero de bronce con tres patas y dos asas.
折	zhe2	0267	Cortar, quebrar, separar, doblar; destruir, ejecutar (matar), decidir, juzgar, decidir una causa, discriminar.
足	zu2	6824	Pata, pierna, el pie, la base de un objeto.
覆	fu4	1993	Volcar, derramar.
公	gong1	3701	Príncipe, señor feudal, un noble de elevado rango, duque; público; imparcial, desinteresado, justo.
餗	su4	5506	Cocido, guiso de carne, arroz y vegetales.
其	qi2	0525	Su, suyo, suya, de ellos, de ellas; el, la, lo, las, los. Un pronombre posesivo y demostrativo.
形	xing2	2759	Figura, forma, apariencia.
渥	wo4	7162	Manchar, ensuciar, humedecer, empapar.
凶	xiong1	2808	Desventura, malo, mala suerte, gran infortunio, peligro mortal, nefasto, malos augurios, caer en una trampa.

Seis en el quinto puesto

El Caldero tiene orejas amarillas y varillas de bronce.
La determinación es favorable.

鼎	ding3	6392	Caldero, caldero de bronce con tres patas y dos asas.
黃	huang2	2297	Amarillo, amarillo-amarronado; color de la tierra en el centro de China. En el *YiJing* el color amarillo siempre es favorable, es el color del centro y de la moderación, fue el color imperial desde la dinastía *Han* en adelante.
耳	er3	1744	Oreja/s, asa/s mango/s. Aquello que está al costado (como orejas o asideros).

El Caldero (261)

50

金	jin1	1057	Metal, bronce, oro, dorado, monedas, riqueza.
鉉	xuan4	2886	Argollas, asas, barra para acarrear un caldero.
利	li4	3867	Favorable, propicio, conveniente, beneficioso, afortunado.
貞	zhen1	0346	Determinación (con el doble sentido de decisión y acción firme y continuada), constancia, perseverancia, firmeza; lealtad, devoción, pureza. Originalmente: determinación por adivinación.

Al tope un nueve

El Caldero tiene varillas de jade. Gran ventura.
Nada que no sea favorable.

鼎	ding3	6392	Caldero, caldero de bronce con tres patas y dos asas.
玉	yu4	7666	Jade, gema preciosa.
鉉	xuan4	2886	Argollas, asas, barra para acarrear un caldero.
大	da4	5943	Grande, alto, excesivo, arrogante, estirarse y alcanzar por todos lados.
吉	ji2	0476	Ventura, buena suerte, buena fortuna, propicio, favorable.
无	wu2	7173	No, negativa; sin, no tiene, carencia de.
不	bu4	5379	No, adverbio de negación; sin, ninguno, nada, no lo haré, no lo necesito, no será.
利	li4	3867	Favorable, propicio, conveniente, beneficioso, afortunado.

51 震 *zhen* – Lo Suscitativo / La Conmoción

El Dictamen

La Conmoción. Exito. La llegada de la Conmoción causa temor.
Pero luego hablan con buen humor y ríen.
La Conmoción aterra a cien *li*.
No deja caer la libación ni el cucharón sacrificial.

震	zhen4	0315	Conmoción, sacudida, lo suscitativo, trueno, terremoto, agitar mover, poder, vibración, aterrorizar, inspirador de temor y reverencia.
亨	heng1	2099	Exito, logro, satisfacción, crecimiento, penetración; ofrenda, sacrificio.
震	zhen4	0315	Conmoción, sacudida, lo suscitativo, trueno, terremoto, agitar mover, poder, vibración, aterrorizar, inspirador de temor y reverencia.
來	lai2	3768	Venir, llegar; traer; volver.
虩	xi4	2480	Miedo, terror, alarma, ansiedad (que se incrementa por estar duplicado); sonido del trueno (Kunst).
虩	xi4	2480	
笑	xiao4	2615	Risa, sonrisa, buen humor, alegría.
言	yan2	7334	Palabras, chismes, dichos; interrogación.
啞	e4	7226	Risa; los graznidos de un cuervo, llamadas de aves; el sonido de un bebé aprendiendo a hablar. El estar duplicado intensifica su significado.
啞	e4	7226	
震	zhen4	0315	Conmoción, sacudida, lo suscitativo, trueno, terremoto, agitar mover, poder, vibración, aterrorizar, inspirador de temor y reverencia.
驚	jing1	1140	Asustarse, sorprenderse, alarmarse, aterrorizar, asombrar.
百	bai3	4976	Cien, centena.
里	li3	3857	Medida de distancia, aproximadamente 500 metros; pueblo de 25 a 50 familias, lugar de residencia.
不	bu4	5379	No, adverbio de negación; sin, ninguno, nada, no lo haré, no lo necesito, no será.

Lo Suscitativo (263)

喪	sang4	5429	Perder, dejar caer, dejar ir, desaparecer, perdido, pérdida, ruina, duelo.
匕	bi3	5076	Antiguo tipo de cuchara o cucharón, usada para verter libaciones durante los sacrificios; cucharada.
鬯	chang4	0232	Libación, licor sacrificial sacramental, alcoholes sacrificiales hechos fermentando mijo (*Panicum miliaceum*) y hierbas fragantes.

La Imagen

El Trueno repetido: la imagen de la Conmoción.
Así el noble con aprensión y temor pone en orden su vida
y se evalúa a sí mismo.

洊	jian4	0880	Flujo continuo, agua que fluye, repetido, por segunda vez.
雷	lei2	4236	Trueno: conmoción, aterrador, poder suscitativo que surge de la tierra.
震	zhen4	0315	Conmoción, sacudida, lo suscitativo, trueno, terremoto, agitar mover, poder, vibración, aterrorizar, inspirador de temor y reverencia.
君	jun1	1715	Señor, príncipe, gobernante, noble; hombre superior.
子	zi3	6939	Hijo/a, niño/a; descendencia, prole; posteridad; sufijo; oficial, amo, príncipe.
以	yi3	2932	Así, de esta manera; por, para; por medio de, con; instrumento, medio, método, uso (de), camino (a).
恐	kong3	3721	Miedo, aprensivo, inquieto.
懼	ju4	1560	Miedo, alarma, aprensión.
脩	xiu1	2795	Este carácter significa "carne seca", pero en el *YiJing* reemplaza a 修, *xiu*, y significa: cultivar, poner en orden, acomodar, reparar, elaborar.
省	xing3	5744	Visitar, inspeccionar, estudiar, visita de inspección; examinarse a uno mismo; reducir los gastos.

Al comienzo un nueve

La llegada de la Conmoción causa temor [duplicado].
Pero luego hablan con buen humor y ríen. Ventura.

震	zhen4	0315	Conmoción, sacudida, lo suscitativo, trueno, terremoto, agitar mover, poder, vibración, aterrorizar, inspirador de temor y reverencia.
來	lai2	3768	Venir, llegar; traer; volver.

虩	xi4	2480	Miedo, terror, alarma, ansiedad (que se incrementa por estar duplicado); sonido del trueno (Kunst).
虩	xi4	2480	
後	hou4	2143	Atrás, después; tarde, venir después; seguir; descendientes; sucesor.
笑	xiao4	2615	Risa, sonrisa, buen humor, alegría.
言	yan2	7334	Palabras, chismes, dichos; interrogación.
啞	e4	7226	Risa; los graznidos de un cuervo, llamadas de aves; el sonido de un bebé aprendiendo a hablar. El estar duplicado intensifica su significado.
啞	e4	7226	
吉	ji2	0476	Ventura, buena suerte, buena fortuna, propicio, favorable.

Seis en el segundo puesto

La Conmoción llega con peligro.
Uno pierde cien mil cauríes y trepa las nueve colinas.
No vayas en persecución. En siete días las obtendrás.

震	zhen4	0315	Conmoción, sacudida, lo suscitativo, trueno, terremoto, agitar mover, poder, vibración, aterrorizar, inspirador de temor y reverencia.
來	lai2	3768	Venir, llegar; traer; volver.
厲	li4	3906	Peligro, amenaza, opresivo, cruel, malvado, brutal, enfermedad, demonio malevolente; piedra de afilar áspera, afilar, machacar, triturar, disciplina.
億	yi4	3042	Cien mil; un número muy grande; exclamación: ¡ay!; satisfecho, tranquilo.
喪	sang4	5429	Perder, dejar caer, dejar ir, desaparecer, perdido, pérdida, ruina, duelo.
貝	bei4	5005	Dinero, monedas, cauríes (las cauríes eran conchas que antiguamente se usaban como monedas).
躋	ji1	0461	Subir, escalar, ascender, empinado; promover, ascender.
于	yu2	7592	En (sobre, bajo, adentro, al lado, cerca de, por), a, hacia, ir hacia, hasta, de, como.
九	jiu3	1198	El número nueve, nueve veces, noveno.
陵	ling2	4067	Colina, montículo, túmulo, alturas, tierras altas, trepar a una colina, ascender, sobrepasar los límites, infringir, invadir. En el *YiJing* sólo parece referirse a colinas.

LO SUSCITATIVO (265) **51**

勿	wu4	7208	No. Negativa imperativa.
逐	zhu2	1383	Perseguir, seguir, expeler; en orden, en sucesión, uno por uno; competencia.
七	qi1	0579	Siete, séptimo.
日	ri4	3124	El sol, un ciclo solar, día, un día, horas diurnas.
得	de2	6161	Conseguir, obtener, agarrar, ganar, ganancia, adquirir el objeto deseado, encontrar, lograr.

Seis en el tercer puesto

La Conmoción causa gran excitación y desconcierto.
La Conmoción hace que uno se movilice. Sin defecto.

震	zhen4	0315	Conmoción, sacudida, lo suscitativo, trueno, terremoto, agitar mover, poder, vibración, aterrorizar, inspirador de temor y reverencia.
蘇	su1	5488	Temor, temblor, sobresaltarse; sonido del trueno; revivir, revitalizarse, despertarse. El estar duplicado intensifica su significado.
蘇	su1	5488	
震	zhen4	0315	Conmoción, sacudida, lo suscitativo, trueno, terremoto, agitar mover, poder, vibración, aterrorizar, inspirador de temor y reverencia.
行	xing2	2754	El significado original era camino, movilizar, en el *YiJing* usualmente significa moverse, ir, trasladarse de un lugar a otro, avanzar, actuar, hacer.
无	wu2	7173	No, negativa; sin, no tiene, carencia de.
眚	sheng3	5741	Grave error, desastre, calamidad; infortunio, falta u ofensa debido a la ignorancia. Ceguera o falta de luz, un error de juicio.

Nueve en el cuarto puesto

La Conmoción lo empuja al lodo.

震	zhen4	0315	Conmoción, sacudida, lo suscitativo, trueno, terremoto, agitar mover, poder, vibración, aterrorizar, inspirador de temor y reverencia.
遂	sui4	5530	Ir o seguir adelante, avanzar, progresar, empujar, completar, lograr, alcanzar, continuar, seguir, prolongar, acompañar.
泥	ni2	4660	Barro, lodo, fango, lodazal, cieno, ciénaga; encenagado, embarrado, impedido, obstruido.

Seis en el quinto puesto

    La Conmoción va y viene. Peligro.
    Sin embargo nada se pierde. Hay cosas que hacer.

震	zhen4	0315	Conmoción, sacudida, lo suscitativo, trueno, terremoto, agitar mover, poder, vibración, aterrorizar, inspirador de temor y reverencia.
往	wang3	7050	Ir, ir hacia, ir a; partir, irse.
來	lai2	3768	Venir, llegar; traer; volver.
厲	li4	3906	Peligro, amenaza, opresivo, cruel, malvado, brutal, enfermedad, demonio malevolente; piedra de afilar áspera, afilar, machacar, triturar, disciplina.
意	yi4	2960	Pensar, pensamiento, intención, aspiración, expectativa, propósito, voluntad.
无	wu2	7173	No, negativa; sin, no tiene, carencia de.
喪	sang4	5429	Perder, dejar caer, dejar ir, desaparecer, perdido, pérdida, ruina, duelo.
有	you3	7533	Poseer, tener, en posesión de, haber, existir.
事	shi4	5787	Servir, servicio, asunto, cuestión, cosa, evento, negocio, actividad, quehacer, ocupación.

Al tope un seis

    La Conmoción causa miedo incesante.
    Uno mira alrededor aterrorizado. Marchar trae desventura.
    La Conmoción no lo alcanza, pero sí a su vecino.
    Sin defecto. Se habla de matrimonio.

震	zhen4	0315	Conmoción, sacudida, lo suscitativo, trueno, terremoto, agitar mover, poder, vibración, aterrorizar, inspirador de temor y reverencia.
索	suo3	5459	Temblar, miedo, alarma, susto; exhausto, disperso; destrucción, retorcer una cuerda, muerte por colgadura; demanda, ley; búsqueda, saqueo. El estar duplicado intensifica su significado.
索	suo3	5459	
視	shi4	5789	Ver, mirar, inspeccionar, observar, considerar.
矍	jue2	1704	Mirando alrededor con alarma, asustado, aterrorizado. El aparecer por duplicado intensifica su significado.
矍	jue2	1704	Mirando alrededor con alarma, asustado, aterrorizado. El aparecer por duplicado intensifica su significado.
征	zheng1	0352	Marchar (iniciar una campaña). Castigar, disciplinar, atacar, invadir, conquistar; ir, venir, traer.

Lo Suscitativo (267)

凶	xiong1	2808	Desventura, malo, mala suerte, gran infortunio, peligro mortal, nefasto, malos augurios, caer en una trampa.
震	zhen4	0315	Conmoción, sacudida, lo suscitativo, trueno, terremoto, agitar mover, poder, vibración, aterrorizar, inspirador de temor y reverencia.
不	bu4	5379	No, adverbio de negación; sin, ninguno, nada, no lo haré, no lo necesito, no será.
于	yu2	7592	En (sobre, bajo, adentro, al lado, cerca de, por), a, hacia, ir hacia, hasta, de, como.
其	qi2	0525	Su, suyo, suya, de ellos, de ellas; el, la, lo, las, los. Un pronombre posesivo y demostrativo.
躬	gong1	3704	Uno mismo, cuerpo, persona, individuo.
于	yu2	7592	En (sobre, bajo, adentro, al lado, cerca de, por), a, hacia, ir hacia, hasta, de, como.
其	qi2	0525	Su, suyo, suya, de ellos, de ellas; el, la, lo, las, los. Un pronombre posesivo y demostrativo.
鄰	lin2	4033	Vecino, vecindario, familia extendida, asociado, asistente.
无	wu2	7173	No, negativa; sin, no tiene, carencia de.
咎	jiu4	1192	Falta, error, defecto, culpa; poco propicio, infortunio, calamidad; mala suerte, mal augurio.
婚	hun1	2360	Matrimonio, matrimonial, casarse; un novio, pretendiente. Siempre aparece acompañado de 媾: casamiento.
媾	gou4	3426	Matrimonio, un segundo matrimonio, emparejarse, familias unidas por el matrimonio; pretendiente, novio; alianza, amistad, favor.
有	you3	7533	Poseer, tener, en posesión de, haber, existir.
言	yan2	7334	Palabras, chismes, dichos; interrogación.

52 艮 *gen* – El Aquietamiento / La Montaña

El Dictamen

> Aquieta su espalda. No siente su cuerpo.
> Va a su patio y no ve su gente. Sin defecto.

艮	gen4	3327	Aquietar, detener, resistir; obstinado, refractario.
其	qi2	0525	Su, suyo, suya, de ellos, de ellas; el, la, lo, las, los. Un pronombre posesivo y demostrativo.
背	bei4	4989	La espalda, la espina dorsal, la parte posterior.
不	bu4	5379	No, adverbio de negación; sin, ninguno, nada, no lo haré, no lo necesito, no será.
獲	huo4	2412	Agarrar, capturar (una presa en la cacería), agarrar una idea o percepción (percibir, comprender); caza, cazar; presa, siervo, esclavo; ganar, recibir, obtener, triunfar, ser capaz de; dar en el blanco.
其	qi2	0525	Su, suyo, suya, de ellos, de ellas; el, la, lo, las, los. Un pronombre posesivo y demostrativo.
身	shen1	5718	Cuerpo, torso, persona, uno mismo, carácter, vida (duración de la); mujer embarazada, útero (sólo Kunst le asigna este significado).
行	xing2	2754	El significado original era camino, movilizar, en el *YiJing* usualmente significa moverse, ir, trasladarse de un lugar a otro, avanzar, actuar, hacer.
其	qi2	0525	Su, suyo, suya, de ellos, de ellas; el, la, lo, las, los. Un pronombre posesivo y demostrativo.
庭	ting2	6405	Patio (de palacio), corte, cámara de audiencias; vestíbulo, entrada, mansión, casa de la familia.
不	bu4	5379	No, adverbio de negación; sin, ninguno, nada, no lo haré, no lo necesito, no será.
見	jian4	0860	Ver, visto, percibir, observar; revelar, aparecer, encontrado; entrevistar, visitar, encontrarse.
其	qi2	0525	Su, suyo, suya, de ellos, de ellas; el, la, lo, las, los. Un pronombre posesivo y demostrativo.
人	ren2	3097	Hombre, persona(s), otro(s), ser humano, individuo.

无	wu2	7173	No, negativa; sin, no tiene, carencia de.
咎	jiu4	1192	Falta, error, defecto, culpa; poco propicio, infortunio, calamidad; mala suerte, mal augurio.

La Imagen

Montañas colindantes: la imagen del Aquietamiento.
Así el noble no deja que sus pensamientos
vayan más allá de su posición.

兼	jian1	0830	Adyacente, unido, combinado, conectado; juntos, ambos, doble.
山	shan1	5630	Montaña, colina, pico.
艮	gen4	3327	Aquietar, detener, resistir; obstinado, refractario.
君	jun1	1715	Señor, príncipe, gobernante, noble; hombre superior.
子	zi3	6939	Hijo/a, niño/a; descendencia, prole; posteridad; sufijo; oficial, amo, príncipe.
以	yi3	2932	Así, de esta manera; por, para; por medio de, con; instrumento, medio, método, uso (de), camino (a).
思	si1	5580	Pensar, pensamiento, intenciones, propósitos, planes, deliberar, considerar.
不	bu4	5379	No, adverbio de negación; sin, ninguno, nada, no lo haré, no lo necesito, no será.
出	chu1	1409	Salir afuera, venir afuera; emerger, surgir, elevarse, generar, producir; abandonar, reducir, eliminar, expeler.
其	qi2	0525	Su, suyo, suya, de ellos, de ellas; el, la, lo, las, los. Un pronombre posesivo y demostrativo.
位	wei4	7116	Posición; categoría, grado, rango, estatus; ubicación.

Al comienzo un seis

Mantiene sus dedos [de los pies] aquietados. Sin defecto.
Es favorable una constante determinación.

艮	gen4	3327	Aquietar, detener, resistir; obstinado, refractario.
其	qi2	0525	Su, suyo, suya, de ellos, de ellas; el, la, lo, las, los. Un pronombre posesivo y demostrativo.
趾	zhi3	0944	Pie, pies, los dedos del pie; pezuña; patas (de animal o de mueble), fundación.
无	wu2	7173	No, negativa; sin, no tiene, carencia de.
咎	jiu4	1192	Falta, error, defecto, culpa; poco propicio, infortunio, calamidad; mala suerte, mal augurio.

利	li4	3867	Favorable, propicio, conveniente, beneficioso, afortunado.
永	yong3	7589	Constante, perpetuo, que fluye por siempre; largo, prolongar, que llega lejos.
貞	zhen1	0346	Determinación (con el doble sentido de decisión y acción firme y continuada), constancia, perseverancia, firmeza; lealtad, devoción, pureza. Originalmente: determinación por adivinación.

Seis en el segundo puesto

Aquietamiento de sus pantorrillas. No puede salvar a quién sigue. Su corazón no está contento.

艮	gen4	3327	Aquietar, detener, resistir; obstinado, refractario.
其	qi2	0525	Su, suyo, suya, de ellos, de ellas; el, la, lo, las, los. Un pronombre posesivo y demostrativo.
腓	fei2	1830	Pantorrillas.
不	bu4	5379	No, adverbio de negación; sin, ninguno, nada, no lo haré, no lo necesito, no será.
拯	zheng3	0360	Alivio, ayuda, rescate; levantar. (la interpretación tradicional); castrar, remover (Kunst, Rutt).
其	qi2	0525	Su, suyo, suya, de ellos, de ellas; el, la, lo, las, los. Un pronombre posesivo y demostrativo.
隨	sui2	5523	Seguir, ir o venir después de, perseguir; seguidor, conformarse, acatar, obedecer, atender.
其	qi2	0525	Su, suyo, suya, de ellos, de ellas; el, la, lo, las, los. Un pronombre posesivo y demostrativo.
心	xin1	2735	Corazón, mente, afección, conciencia, deseo, intenciones, sentimientos, naturaleza moral; centro, núcleo.
不	bu4	5379	No, adverbio de negación; sin, ninguno, nada, no lo haré, no lo necesito, no será.
快	kuai4	3547	Contento, satisfecho, alegre.

Nueve en el tercer puesto

Aquietamiento de sus caderas. Desgarra la carne de su espina. Peligro. El corazón se sofoca.

艮	gen4	3327	Aquietar, detener, resistir; obstinado, refractario.
其	qi2	0525	Su, suyo, suya, de ellos, de ellas; el, la, lo, las, los. Un pronombre posesivo y demostrativo.

El Aquietamiento (271)

限	xian4	2696	Caderas, ijadas, sección media, cintura; límite (la cintura es el límite entre la parte baja y alta del cuerpo), frontera, línea divisoria.
列	lie4	3984	Desgarrar, rasgar, dividir; ordenar, acomodar en orden, clasificar.
其	qi2	0525	Su, suyo, suya, de ellos, de ellas; el, la, lo, las, los. Un pronombre posesivo y demostrativo.
夤	yin2	7427	Región lumbar (lomos y caderas, a la altura de los riñones).
厲	li4	3906	Peligro, amenaza, opresivo, cruel, malvado, brutal, enfermedad, demonio malevolente; piedra de afilar áspera, afilar, machacar, triturar, disciplina.
熏	xun1	2906	Ahumar (carne), sofocar, en llamas; humo, niebla, vapor.
心	xin1	2735	Corazón, mente, afección, conciencia, deseo, intenciones, sentimientos, naturaleza moral; centro, núcleo.

Seis en el cuarto puesto

Aquieta su torso. Sin defecto.

艮	gen4	3327	Aquietar, detener, resistir; obstinado, refractario.
其	qi2	0525	Su, suyo, suya, de ellos, de ellas; el, la, lo, las, los. Un pronombre posesivo y demostrativo.
身	shen1	5718	Cuerpo, torso, persona, uno mismo, carácter, vida (duración de la); mujer embarazada, útero (sólo Kunst le asigna este significado).
无	wu2	7173	No, negativa; sin, no tiene, carencia de.
咎	jiu4	1192	Falta, error, defecto, culpa; poco propicio, infortunio, calamidad; mala suerte, mal augurio.

Seis en el quinto puesto

Aquieta sus mandíbulas. Hay orden en sus palabras.
El arrepentimiento se desvanece.

艮	gen4	3327	Aquietar, detener, resistir; obstinado, refractario.
其	qi2	0525	Su, suyo, suya, de ellos, de ellas; el, la, lo, las, los. Un pronombre posesivo y demostrativo.
輔	fu3	1945	Mandíbulas; proteger, soportar, ayudar.
言	yan2	7334	Palabras, chismes, dichos; interrogación.
有	you3	7533	Poseer, tener, en posesión de, haber, existir.
序	xu4	2851	Orden(ado), secuencial, acomodar en orden.

悔	hui3	2336	Arrepentimiento, remordimiento, dolor y pesar por una culpa cometida; problemas.
亡	wang2	7034	Desaparecer, irse, escapar; morir, perecer, fallar.

Al tope un nueve

Magnánimo aquietamiento. Ventura.

敦	dun1	6571	Generoso; serio, sincero, honesto, devoto; fuerte, sólido.
艮	gen4	3327	Aquietar, detener, resistir; obstinado, refractario.
吉	ji2	0476	Ventura, buena suerte, buena fortuna, propicio, favorable.

53 漸 *jian* – Avance Gradual

El Dictamen

Avance gradual. El casamiento de la doncella trae ventura.
La determinación es favorable.

漸	jian4	0878	Desarrollo o avance gradual, avance, infiltración, embeber, humedecer, empapar, avance lento pero constante; alcanzar.
女	nu3	4776	Mujer, dama, doncella, muchacha, género femenino.
歸	gui1	3617	Entregar una mujer para su matrimonio; el casamiento de una mujer; volver, regresar (porque el novio iba a buscar a su prometida para traerla de regreso a su propia casa).
吉	ji2	0476	Ventura, buena suerte, buena fortuna, propicio, favorable.
利	li4	3867	Favorable, propicio, conveniente, beneficioso, afortunado.
貞	zhen1	0346	Determinación (con el doble sentido de decisión y acción firme y continuada), constancia, perseverancia, firmeza; lealtad, devoción, pureza. Originalmente: determinación por adivinación.

La Imagen

Sobre la Montaña está un Árbol: la imagen del Avance Gradual.
Así el noble, manteniendo su dignidad y virtud,
mejora las costumbres [del pueblo].

山	shan1	5630	Montaña, colina, pico.
上	shang4	5669	Arriba, sobre, encima; ascender, subir, elevar, ir para arriba; más alto, superior; sobrepasar, primero.
有	you3	7533	Poseer, tener, en posesión de, haber, existir.
木	mu4	4593	Arbol, madera, bosque, hecho de madera.
漸	jian4	0878	Desarrollo o avance gradual, avance, infiltración, embeber, humedecer, empapar, avance lento pero constante; alcanzar.
君	jun1	1715	Señor, príncipe, gobernante, noble; hombre superior.
子	zi3	6939	Hijo/a, niño/a; descendencia, prole; posteridad; sufijo; oficial, amo, príncipe.

以	yi3	2932	Así, de esta manera; por, para; por medio de, con; instrumento, medio, método, uso (de), camino (a).
居	ju1	1535	Quedarse, permanecer, descansar (en), morar, residir; ocupar una posición o lugar; presumido, arrogante, dominante.
賢	xian2	2671	Digno, meritorio, respetable, bueno, virtuoso.
德	de2	6162	Virtud, poder espiritual, habilidad para seguir el curso correcto; cualidad, naturaleza, carácter, disposición.
善	shan4	5657	Bien, bueno, virtuoso; perfeccionar, hacer bueno, mejorar.
俗	su2	5497	Común, de uso común, rústico, vulgar, corriente, costumbres populares (poco refinadas).

Al comienzo un seis

El ganso avanza gradualmente hasta la ribera.
El niño está en peligro y se hablará en su contra. Sin defecto.

鴻	hong2	2386	Ganso salvaje, cisne salvaje.
漸	jian4	0878	Desarrollo o avance gradual, avance, infiltración, embeber, humedecer, empapar, avance lento pero constante; alcanzar.
于	yu2	7592	En (sobre, bajo, adentro, al lado, cerca de, por), a, hacia, ir hacia, hasta, de, como.
干	gan1	3211	Orilla o ribera de un río, también invadir, oponer, entrometerse, aunque este significado no se aplica al *YiJing*.
小	xiao3	2605	Pequeño, común, humilde, mediocre, insignificante, sin importancia.
子	zi3	6939	Hijo/a, niño/a; descendencia, prole; posteridad; sufijo; oficial, amo, príncipe.
厲	li4	3906	Peligro, amenaza, opresivo, cruel, malvado, brutal, enfermedad, demonio malevolente; piedra de afilar áspera, afilar, machacar, triturar, disciplina.
有	you3	7533	Poseer, tener, en posesión de, haber, existir.
言	yan2	7334	Palabras, chismes, dichos; interrogación.
无	wu2	7173	No, negativa; sin, no tiene, carencia de.
咎	jiu4	1192	Falta, error, defecto, culpa; poco propicio, infortunio, calamidad; mala suerte, mal augurio.

AVANCE GRADUAL (275) **53**

Seis en el segundo puesto

El ganso avanza gradualmente hacia la roca.
Come y bebe con júbilo. Ventura.

鴻	hong2	2386	Ganso salvaje, cisne salvaje.
漸	jian4	0878	Desarrollo o avance gradual, avance, infiltración, embeber, humedecer, empapar, avance lento pero constante; alcanzar.
于	yu2	7592	En (sobre, bajo, adentro, al lado, cerca de, por), a, hacia, ir hacia, hasta, de, como.
磐	pan2	4904	Roca grande; estable, inmovible, obstáculos, dificultades.
飲	yin3	7454	Beber, tragar; bebida, dar de beber.
食	shi2	5810	Comer, alimentarse, consumir; comida, dar alimento a; subsistencia; salario de un oficial; disfrutar; eclipse (la luna o el sol es 'comido').
衎	kan4	3252	Regocijo, júbilo, alegremente; sonidos que hacen los gansos. El estar duplicado intensifica su significado.
衎	kan4	3252	
吉	ji2	0476	Ventura, buena suerte, buena fortuna, propicio, favorable.

Nueve en el tercer puesto

El ganso avanza gradualmente hasta las tierras altas.
El esposo marcha pero no regresa, la mujer está embarazada pero no da a luz. Desventura. Es favorable defenderse de los bandidos.

鴻	hong2	2386	Ganso salvaje, cisne salvaje.
漸	jian4	0878	Desarrollo o avance gradual, avance, infiltración, embeber, humedecer, empapar, avance lento pero constante; alcanzar.
于	yu2	7592	En (sobre, bajo, adentro, al lado, cerca de, por), a, hacia, ir hacia, hasta, de, como.
陸	lu4	4191	Tierras alta, altiplano; tierra seca.
夫	fu1	1908	Hombre, hombre adulto, esposo; aquel, aquellos.
征	zheng1	0352	Marchar (iniciar una campaña). Castigar, disciplinar, atacar, invadir, conquistar; ir, venir, traer.
不	bu4	5379	No, adverbio de negación; sin, ninguno, nada, no lo haré, no lo necesito, no será.
復	fu4	1992	Volver, regresar, volver para atrás; repetir, restaurar, revertir.
婦	fu4	1963	Mujer casada, esposa, una mujer.

孕	yun4	7765	Preñez, embarazo; concebir.
不	bu4	5379	No, adverbio de negación; sin, ninguno, nada, no lo haré, no lo necesito, no será.
育	yu4	7687	Criar, cultivar, educar, nutrir, alimentar; dar a luz.
凶	xiong1	2808	Desventura, malo, mala suerte, gran infortunio, peligro mortal, nefasto, malos augurios, caer en una trampa.
利	li4	3867	Favorable, propicio, conveniente, beneficioso, afortunado.
禦	yu4	7665	Resistir, defenderse, oponerse, rechazar; tomar precauciones contra.
寇	kou4	3444	Bandido(s), invasor(es), enemigo(s), ladrón(es), gente violenta y fuera de la ley, saqueadores.

Seis en el cuarto puesto

El ganso avanza gradualmente hacia el árbol.
Si consigue una rama chata [donde posarse] no habrá defecto.

鴻	hong2	2386	Ganso salvaje, cisne salvaje.
漸	jian4	0878	Desarrollo o avance gradual, avance, infiltración, embeber, humedecer, empapar, avance lento pero constante; alcanzar.
于	yu2	7592	En (sobre, bajo, adentro, al lado, cerca de, por), a, hacia, ir hacia, hasta, de, como.
木	mu4	4593	Arbol, madera, bosque, hecho de madera.
或	huo4	2402	Si acaso, si (condición o suposición en virtud de la cual un concepto depende de otro u otros), quizás, incierto, posible pero no seguro; alguno(s), alguna vez.
得	de2	6161	Conseguir, obtener, agarrar, ganar, ganancia, adquirir el objeto deseado, encontrar, lograr.
其	qi2	0525	Su, suyo, suya, de ellos, de ellas; el, la, lo, las, los. Un pronombre posesivo y demostrativo.
桷	jue2	1175	Rama chata, rama horizontal, viga o listón que soporta el tejado.
无	wu2	7173	No, negativa; sin, no tiene, carencia de.
咎	jiu4	1192	Falta, error, defecto, culpa; poco propicio, infortunio, calamidad; mala suerte, mal augurio.

Avance Gradual

Nueve en el quinto puesto

El ganso avanza gradualmente hacia la colina.
La mujer no concibe por tres años.
Finalmente nada puede detenerla. Ventura.

鴻	hong2	2386	Ganso salvaje, cisne salvaje.
漸	jian4	0878	Desarrollo o avance gradual, avance, infiltración, embeber, humedecer, empapar, avance lento pero constante; alcanzar.
于	yu2	7592	En (sobre, bajo, adentro, al lado, cerca de, por), a, hacia, ir hacia, hasta, de, como.
陵	ling2	4067	Colina, montículo, túmulo, alturas, tierras altas, trepar a una colina, ascender, sobrepasar los límites, infringir, invadir. En el *YiJing* sólo parece referirse a colinas.
婦	fu4	1963	Mujer casada, esposa, una mujer.
三	san1	5415	Tres, tercero, triple, tres veces.
歲	sui4	5538	Años, estaciones, cosechas.
不	bu4	5379	No, adverbio de negación; sin, ninguno, nada, no lo haré, no lo necesito, no será.
孕	yun4	7765	Preñez, embarazo; concebir.
終	zhong1	1500	Fin, final, al final, completo, entero, término, final de un ciclo; llevar hasta la conclusión, consumación; muerte.
莫	mo4	4557	Nadie, ninguno; una negativa, no, nada; atardecer.
之	zhi1	0935	Pronombre personal: él, ella, ello; esto, esta, estos, etc. Frecuentemente es usado como un posesivo: tiene, tuvo, va a tener, suyo, suya; ir a.
勝	sheng4	5754	Dominar, controlar, someter, derrotar, superar, frenar, triunfar, triunfante; capaz de, estar a la altura de, llevar las de ganar.
吉	ji2	0476	Ventura, buena suerte, buena fortuna, propicio, favorable.

Al tope un nueve

El ganso avanza gradualmente hacia el altiplano.
Sus plumas pueden usarse para practicar los ritos. Ventura.

鴻	hong2	2386	Ganso salvaje, cisne salvaje.
漸	jian4	0878	Desarrollo o avance gradual, avance, infiltración, embeber, humedecer, empapar, avance lento pero constante; alcanzar.

于	yu2	7592	En (sobre, bajo, adentro, al lado, cerca de, por), a, hacia, ir hacia, hasta, de, como.
陸	lu4	4191	Tierras alta, altiplano; tierra seca.
其	qi2	0525	Su, suyo, suya, de ellos, de ellas; el, la, lo, las, los. Un pronombre posesivo y demostrativo.
羽	yu3	7658	Plumas o alas de un ave.
可	ke3	3381	Poder, ser capaz de, podría, posiblemente; permiso, aprobación; adecuado, satisfactorio.
用	yong4	7567	Usar, aplicar, emplear, implementar; aplicar el oráculo a situaciones reales; actuar; usar como ofrenda, ofrecer en sacrificio.
爲	wei2	7059	Hacer, causar; por, porque; ser; actuar para, ayudar.
儀	yi2	3003	Ceremonia, ritual, protocolo; danzas sagradas; modelo ejemplar, regla; decoro, comportamiento adecuado, comportamiento, conducta, porte.
吉	ji2	0476	Ventura, buena suerte, buena fortuna, propicio, favorable.

54 歸妹 *gui mei*
La Muchacha que se Casa

El Dictamen

La Muchacha que se Casa. Marchar trae desventura.
Nada que sea favorable.

歸	gui1	3617	Entregar una mujer para su matrimonio; el casamiento de una mujer; volver, regresar (porque el novio iba a buscar a su prometida para traerla de regreso a su propia casa).
妹	mei4	4410	Hermana más joven, doncella, hija, hija de la segunda esposa, niña que aún no alcanzó la madurez sexual, virgen.
征	zheng1	0352	Marchar (iniciar una campaña). Castigar, disciplinar, atacar, invadir, conquistar; ir, venir, traer.
凶	xiong1	2808	Desventura, malo, mala suerte, gran infortunio, peligro mortal, nefasto, malos augurios, caer en una trampa.
无	wu2	7173	No, negativa; sin, no tiene, carencia de.
攸	you1	7519	Meta, dirección, propósito; destino, lugar, el lugar donde; por lo cual; aquel que.
利	li4	3867	Favorable, propicio, conveniente, beneficioso, afortunado.

La Imagen

Sobre el Lago está el Trueno: la imagen de la Muchacha que se Casa.
Así el noble siempre está consciente de lo perecedero.

澤	ze2	0277	Lago, cuerpo de agua, charca, pantano; fertilizar, ungir, beneficiar, favorecer; húmedo, brillante, pulido; gracia, brillantez.
上	shang4	5669	Arriba, sobre, encima; ascender, subir, elevar, ir para arriba; más alto, superior; sobrepasar, primero.
有	you3	7533	Poseer, tener, en posesión de, haber, existir.
雷	lei2	4236	Trueno: conmoción, aterrador, poder suscitativo que surge de la tierra.
歸	gui1	3617	Entregar una mujer para su matrimonio; el casamiento de una mujer; volver, regresar (porque el novio iba a buscar a su prometida para traerla de regreso a su propia casa).

妹	mei4	4410	Hermana más joven, doncella, hija, hija de la segunda esposa, niña que aún no alcanzó la madurez sexual, virgen.
君	jun1	1715	Señor, príncipe, gobernante, noble; hombre superior.
子	zi3	6939	Hijo/a, niño/a; descendencia, prole; posteridad; sufijo; oficial, amo, príncipe.
以	yi3	2932	Así, de esta manera; por, para; por medio de, con; instrumento, medio, método, uso (de), camino (a).
永	yong3	7589	Constante, perpetuo, que fluye por siempre; largo, prolongar, que llega lejos.
終	zhong1	1500	Fin, final, al final, completo, entero, término, final de un ciclo; llevar hasta la conclusión, consumación; muerte.
知	zhi1	0932	Sabio, con conocimiento, informado, perceptivo.
敝	bi4	5101	Roto, desgastado, andrajoso; daño; declinar, desvanecerse, lo perecedero.

Al comienzo un nueve

La muchacha se casa como una concubina.
Un cojo puede caminar. Marchar es venturoso.

歸	gui1	3617	Entregar una mujer para su matrimonio; el casamiento de una mujer; volver, regresar (porque el novio iba a buscar a su prometida para traerla de regreso a su propia casa).
妹	mei4	4410	Hermana más joven, doncella, hija, hija de la segunda esposa, niña que aún no alcanzó la madurez sexual, virgen.
以	yi3	2932	Así, de esta manera; por, para; por medio de, con; instrumento, medio, método, uso (de), camino (a).
娣	di4	6202	Esposa secundaria, la cual estaba bajo la autoridad de la primera esposa; concubina.
跛	bo3	5317	Cojo, caminar cojeando, rengo.
能	neng2	4648	Poder, ser capaz, habilidad.
履	lu3	3893	Pisar, hollar, caminar, huellas, pista, recorrer un camino; conducta, porte; zapatos, sandalias.
征	zheng1	0352	Marchar (iniciar una campaña). Castigar, disciplinar, atacar, invadir, conquistar; ir, venir, traer.
吉	ji2	0476	Ventura, buena suerte, buena fortuna, propicio, favorable.

La Muchacha que se Casa (281)　　　　　　　　　　54

Nueve en el segundo puesto

Un tuerto puede ver.
Es favorable la determinación de un hombre solitario.

眇	miao3	4476	De vista débil, tuerto, mirar con un ojo.
能	neng2	4648	Poder, ser capaz, habilidad.
視	shi4	5789	Ver, mirar, inspeccionar, observar, considerar.
利	li4	3867	Favorable, propicio, conveniente, beneficioso, afortunado.
幽	you1	7505	Oscuro; un ermitaño, solitario, aislado, secreto, retirado; difícil de comprender.
人	ren2	3097	Hombre, persona(s), otro(s), ser humano, individuo.
之	zhi1	0935	Pronombre personal: él, ella, ello; esto, esta, estos, etc. Frecuentemente es usado como un posesivo: tiene, tuvo, va a tener, suyo, suya; ir a.
貞	zhen1	0346	Determinación (con el doble sentido de decisión y acción firme y continuada), constancia, perseverancia, firmeza; lealtad, devoción, pureza. Originalmente: determinación por adivinación.

Seis en el tercer puesto

La muchacha se casa como esclava.
Ella vuelve como una concubina.

歸	gui1	3617	Entregar una mujer para su matrimonio; el casamiento de una mujer; volver, regresar (porque el novio iba a buscar a su prometida para traerla de regreso a su propia casa).
妹	mei4	4410	Hermana más joven, doncella, hija, hija de la segunda esposa, niña que aún no alcanzó la madurez sexual, virgen.
以	yi3	2932	Así, de esta manera; por, para; por medio de, con; instrumento, medio, método, uso (de), camino (a).
嬬	xu1	8011	Concubina, amante, esclava.
反	fan3	1781	Dar marcha atrás, dar la vuelta, volver para atrás, regresar, voltear(se).
歸	gui1	3617	Entregar una mujer para su matrimonio; el casamiento de una mujer; volver, regresar (porque el novio iba a buscar a su prometida para traerla de regreso a su propia casa).
以	yi3	2932	Así, de esta manera; por, para; por medio de, con; instrumento, medio, método, uso (de), camino (a).
娣	di4	6202	Esposa secundaria, la cual estaba bajo la autoridad de la primera esposa; concubina.

Nueve en el cuarto puesto

> El matrimonio de la muchacha es pospuesto.
> Habrá un matrimonio tardío.

歸	gui1	3617	Entregar una mujer para su matrimonio; el casamiento de una mujer; volver, regresar (porque el novio iba a buscar a su prometida para traerla de regreso a su propia casa).
妹	mei4	4410	Hermana más joven, doncella, hija, hija de la segunda esposa, niña que aún no alcanzó la madurez sexual, virgen.
愆	qian1	0889	Exceder, prolongar, pasar más allá; error, falla, transgredir.
期	qi2	0526	Un intervalo de tiempo específico, plazo, tiempo señalado, período fijo, fecha acordada.
遲	chi2	1024	Duda, vacilación, demora, lento, tardío, posponer o demorar innecesariamente.
歸	gui1	3617	Entregar una mujer para su matrimonio; el casamiento de una mujer; volver, regresar (porque el novio iba a buscar a su prometida para traerla de regreso a su propia casa).
有	you3	7533	Poseer, tener, en posesión de, haber, existir.
時	shi2	5780	Tiempo, estación (del año), era, período, tiempo oportuno.

Seis en el quinto puesto

> El emperador *Yi* entrega a su hermana menor en matrimonio.
> Las mangas de su vestido no eran tan finas como las de la concubina.
> La luna está casi llena. Ventura.

帝	di4	6204	Emperador, soberano, suprema deidad.
乙	yi3	3017	Nombre del penúltimo emperador de la dinastía *Shang*. Carácter cíclico, segundo tallo.
歸	gui1	3617	Entregar una mujer para su matrimonio; el casamiento de una mujer; volver, regresar (porque el novio iba a buscar a su prometida para traerla de regreso a su propia casa).
妹	mei4	4410	Hermana más joven, doncella, hija, hija de la segunda esposa, niña que aún no alcanzó la madurez sexual, virgen.
其	qi2	0525	Su, suyo, suya, de ellos, de ellas; el, la, lo, las, los. Un pronombre posesivo y demostrativo.
君	jun1	1715	Señor, príncipe, gobernante, noble; hombre superior.
之	zhi1	0935	Pronombre personal: él, ella, ello; esto, esta, estos, etc. Frecuentemente es usado como un posesivo: tiene, tuvo, va a tener, suyo, suya; ir a.

La Muchacha que se Casa (283)

袂	mei4	4456	Manga/s (de una camisa, bata o vestido).
不	bu4	5379	No, adverbio de negación; sin, ninguno, nada, no lo haré, no lo necesito, no será.
如	ru2	3137	Así, de esta forma, como, igual que, parecido, si (condicional).
其	qi2	0525	Su, suyo, suya, de ellos, de ellas; el, la, lo, las, los. Un pronombre posesivo y demostrativo.
娣	di4	6202	Esposa secundaria, la cual estaba bajo la autoridad de la primera esposa; concubina.
之	zhi1	0935	Pronombre personal: él, ella, ello; esto, esta, estos, etc. Frecuentemente es usado como un posesivo: tiene, tuvo, va a tener, suyo, suya, ir a.
袂	mei4	4456	Manga/s (de una camisa, bata o vestido).
良	liang2	3941	Bueno, fino, excelente.
月	yue4	7696	La Luna, mes lunar.
幾	ji1	0409	Casi, por poco; acercarse; sutil, recóndito, escondido; señal sutil, casi imperceptible; la primer señal.
望	wang4	7043	Luna llena; el día 15 del calendario lunar; esperanza, expectación, imaginarse.
吉	ji2	0476	Ventura, buena suerte, buena fortuna, propicio, favorable.

Al tope un seis

La mujer presenta una cesta, pero ésta no contiene frutos.
El hombre acuchilla una oveja pero ésta no sangra.
Nada que sea favorable.

女	nu3	4776	Mujer, dama, doncella, muchacha, género femenino.
承	cheng2	0386	Ofrecer, presentar; soportar, sostener, asistir; servir; asistir; recibir, heredar.
筐	kuang1	3598	Cesto abierto, de forma cuadrada.
无	wu2	7173	No, negativa; sin, no tiene, carencia de.
實	shi2	5821	Lleno, real, sustancial, contenido, sustancia, sincero, auténtico, sólido; fruto.
士	shi4	5776	Hombre joven, soltero, hombre, caballero, guerrero, soldado, oficial.
刲	kui1	3642	Acuchillar, cortar; preparar para sacrificio (eviscerar).
羊	yang2	7247	Oveja, cabra, carnero.

无	wu2	7173	No, negativa; sin, no tiene, carencia de.
血	xue4	2901	Sangre, sangrar. El gráfico original es un dibujo de un vaso sacrificial con su contenido.
无	wu2	7173	No, negativa; sin, no tiene, carencia de.
攸	you1	7519	Meta, dirección, propósito; destino, lugar, el lugar donde; por lo cual; aquel que.
利	li4	3867	Favorable, propicio, conveniente, beneficioso, afortunado.

55 豐 *feng* – La Abundancia / La Plenitud

El Dictamen

La Abundancia tiene éxito. El rey se acerca.
No estés triste. Sé como el sol al mediodía.

豐	feng1	1897	Abundancia, plenitud, amplio, lujuriante, fructífero. Nombre de una antigua ciudad y un río.
亨	heng1	2099	Exito, logro, satisfacción, crecimiento, penetración; ofrenda, sacrificio.
王	wang2	7037	Rey, príncipe, soberano, regente, autoridad.
假	jia3	0599	Acercarse, ir a, viene, va, se acerca, alcanzar; lograr, conseguir. También significa falso, pretensión, ficción; préstamo.
之	zhi1	0935	Pronombre personal: él, ella, ello; esto, esta, estos, etc. Frecuentemente es usado como un posesivo: tiene, tuvo, va a tener, suyo, suya; ir a.
勿	wu4	7208	No. Negativa imperativa.
憂	you1	7508	Apenado, afligido, triste, sufriente.
宜	yi2	2993	Correcto, apropiado; sacrificio a la deidad de la tierra.
日	ri4	3124	El sol, un ciclo solar, día, un día, horas diurnas.
中	zhong1	1504	Centro, interior, dentro de, medio; acertarle al medio, acertarle al blanco; balanceado, central, correcto.

La Imagen

El Trueno y el Rayo llegan juntos: la imagen de la Abundancia.
Así el noble decide los casos legales y aplica los castigos.

雷	lei2	4236	Trueno: conmoción, aterrador, poder suscitativo que surge de la tierra.
電	dian4	6358	Rayo, iluminación súbita, claridad completa.
皆	jie1	0620	Todo, cada uno, todo el mundo, de acuerdo, completo, completamente.

至	zhi4	0982	Llegar, alcanzar el punto más alto o la cúspide, culminar; el extremo, lo más grande, muy.
豐	feng1	1897	Abundancia, plenitud, amplio, lujuriante, fructífero. Nombre de una antigua ciudad y un río.
君	jun1	1715	Señor, príncipe, gobernante, noble; hombre superior.
子	zi3	6939	Hijo/a, niño/a; descendencia, prole; posteridad; sufijo; oficial, amo, príncipe.
以	yi3	2932	Así, de esta manera; por, para; por medio de, con; instrumento, medio, método, uso (de), camino (a).
折	zhe2	0267	Cortar, quebrar, separar, doblar; destruir, ejecutar (matar), decidir, juzgar, decidir una causa, discriminar.
獄	yu4	7685	Juicio, casos criminales, proceso o fallo penal, litigación, pendencias; prisión.
致	zhi4	0984	Causar, producir, aplicar, presentar, entregar, enviar, transmitir, involucrar, implicar, llevar hasta las últimas consecuencias, un objetivo.
刑	xing2	2755	Castigo, disciplina, sanción.

Al comienzo un nueve

Encuentra el amo que es su igual.
Aunque pasen diez días no habrá error. Ir es honorable.

遇	yu4	7625	Encontrar, encontrarse con; pasar, suceder, ocurrir, casualidad; afortunada coincidencia, suerte.
其	qi2	0525	Su, suyo, suya, de ellos, de ellas; el, la, lo, las, los. Un pronombre posesivo y demostrativo.
配	pei4	5019	Complemento, el igual o el complemento de; semejante, colega, contraparte, consorte, merecedor, ser merecedor de, estar calificado.
主	zhu3	1336	Amo, señor, jefe; anfitrión, posadero.
雖	sui1	5519	Aunque, sin embargo, si bien, suponiendo que.
旬	xun2	2915	Semana de 10 días (a veces usado para 10 años); período completo.
无	wu2	7173	No, negativa; sin, no tiene, carencia de.
咎	jiu4	1192	Falta, error, defecto, culpa; poco propicio, infortunio, calamidad; mala suerte, mal augurio.
往	wang3	7050	Ir, ir hacia, ir a; partir, irse.
有	you3	7533	Poseer, tener, en posesión de, haber, existir.
尚	shang4	5670	Alto, ascender, admirable, superior, sobrepasar, estimado, reconocimiento, premio; todavía, por otra parte, en adición a.

LA ABUNDANCIA

Seis en el segundo puesto

La cortina tiene tal plenitud que al mediodía
se puede ver la Osa Mayor. Si avanza obtendrá desconfianza y odio.
Al demostrar su sincera simpatía tendrá ventura.

豐	feng1	1897	Abundancia, plenitud, amplio, lujuriante, fructífero. Nombre de una antigua ciudad y un río.
其	qi2	0525	Su, suyo, suya, de ellos, de ellas; el, la, lo, las, los. Un pronombre posesivo y demostrativo.
蔀	bu4	8001	Cortina, dosel, velo, estera colgante; cubrir, proteger, ocultar.
日	ri4	3124	El sol, un ciclo solar, día, un día, horas diurnas.
中	zhong1	1504	Centro, interior, dentro de, medio; acertarle al medio, acertarle al blanco; balanceado, central, correcto.
見	jian4	0860	Ver, visto, percibir, observar; revelar, aparecer, encontrado; entrevistar, visitar, encontrarse.
斗	dou3	6472	La Osa Mayor (una constelación de siete estrellas).
往	wang3	7050	Ir, ir hacia, ir a; partir, irse.
得	de2	6161	Conseguir, obtener, agarrar, ganar, ganancia, adquirir el objeto deseado, encontrar, lograr.
疑	yi2	2940	Dudar, sospechar, desconfiar, hesitar.
疾	ji2	0492	Enfermedad, daño, defecto, ansiedad; apuro; odio. Originalmente mostraba una flecha hiriendo a una persona.
有	you3	7533	Poseer, tener, en posesión de, haber, existir.
孚	fu2	1936	Verdad; confiable, sincero; inspirar confianza a otros.
發	fa1	1768	Desarrollar, expandir, abrir, descubrir, despertar.
若	ruo4	3126	Parecido, similar a; concordante; estar de acuerdo, conforme con, aprobar, como; como este; así.
吉	ji2	0476	Ventura, buena suerte, buena fortuna, propicio, favorable.

Nueve en el tercer puesto

El velo tiene tal plenitud que a mediodía
se pueden ver las estrellas menos brillantes.
El se rompe el brazo derecho. Sin defecto.

豐	feng1	1897	Abundancia, plenitud, amplio, lujuriante, fructífero. Nombre de una antigua ciudad y un río.
其	qi2	0525	Su, suyo, suya, de ellos, de ellas; el, la, lo, las, los. Un pronombre posesivo y demostrativo.

沛	pei4	5020	Cubierta, velo, oscurecido, abundante, densa lluvia, repentina lluvia.
日	ri4	3124	El sol, un ciclo solar, día, un día, horas diurnas.
中	zhong1	1504	Centro, interior, dentro de, medio; acertarle al medio, acertarle al blanco; balanceado, central, correcto.
見	jian4	0860	Ver, visto, percibir, observar; revelar, aparecer, encontrado; entrevistar, visitar, encontrarse.
沬	mei4	4412	Estrella *Mei*, tenue luz. No se sabe con certeza si es el nombre de una estrella o a cuál estrella se refiere.
折	zhe2	0267	Cortar, quebrar, separar, doblar; destruir, ejecutar (matar), decidir, juzgar, decidir una causa, discriminar.
其	qi2	0525	Su, suyo, suya, de ellos, de ellas; el, la, lo, las, los. Un pronombre posesivo y demostrativo.
右	you4	7541	Lado derecho, a la derecha; hacer las cosas correctas.
肱	gong1	3706	Brazo, especialmente referido a la parte superior del brazo, entre el codo y el hombro.
无	wu2	7173	No, negativa; sin, no tiene, carencia de.
咎	jiu4	1192	Falta, error, defecto, culpa; poco propicio, infortunio, calamidad; mala suerte, mal augurio.

Nueve en el cuarto puesto

La cortina tiene tal plenitud que a mediodía
se puede ver la Osa Mayor.
Se encuentra con el amo en secreto. Ventura.

豐	feng1	1897	Abundancia, plenitud, amplio, lujuriante, fructífero. Nombre de una antigua ciudad y un río.
其	qi2	0525	Su, suyo, suya, de ellos, de ellas; el, la, lo, las, los. Un pronombre posesivo y demostrativo.
蔀	bu4	8001	Cortina, dosel, velo, estera colgante; cubrir, proteger, ocultar.
日	ri4	3124	El sol, un ciclo solar, día, un día, horas diurnas.
中	zhong1	1504	Centro, interior, dentro de, medio; acertarle al medio, acertarle al blanco; balanceado, central, correcto.
見	jian4	0860	Ver, visto, percibir, observar; revelar, aparecer, encontrado; entrevistar, visitar, encontrarse.
斗	dou3	6472	La Osa Mayor (una constelación de siete estrellas).
遇	yu4	7625	Encontrar, encontrarse con; pasar, suceder, ocurrir, casualidad; afortunada coincidencia, suerte.

La Abundancia (289) 55

其	qi2	0525	Su, suyo, suya, de ellos, de ellas; el, la, lo, las, los. Un pronombre posesivo y demostrativo.
夷	yi2	2982	Ocultar, herir, suprimir, matar, oscurecer. Pacífico, parejo, ordinario; bárbaro.
主	zhu3	1336	Amo, señor, jefe; anfitrión, posadero.
吉	ji2	0476	Ventura, buena suerte, buena fortuna, propicio, favorable.

Seis en el quinto puesto

Llega el esplendor. Tendrá bendiciones y fama. Ventura.

來	lai2	3768	Venir, llegar; traer; volver.
章	zhang1	0182	Excelencia, esplendor, brillantez, talento; ornamento, decoración, composición, diseño; orden, estatuto; elegancia, emblema de distinción; tableta de jade, amuleto.
有	you3	7533	Poseer, tener, en posesión de, haber, existir.
慶	qing4	1167	Bendiciones, buena suerte, regocijarse, felicidad; congratular; recompensa, un regalo otorgado por gratitud o benevolencia.
譽	yu4	7617	Alabanza, elogio, fama, honor, renombre, prestigio, estima.
吉	ji2	0476	Ventura, buena suerte, buena fortuna, propicio, favorable.

Al tope un seis

Un abundante dosel oculta su casa.
El espía desde su puerta, silente y sin nadie a su lado.
No ve a nadie por tres años. Desventura.

豐	feng1	1897	Abundancia, plenitud, amplio, lujuriante, fructífero. Nombre de una antigua ciudad y un río.
其	qi2	0525	Su, suyo, suya, de ellos, de ellas; el, la, lo, las, los. Un pronombre posesivo y demostrativo.
屋	wu1	7212	Techo, dosel, cuarto, casa.
蔀	bu4	8001	Cortina, dosel, velo, estera colgante; cubrir, proteger, ocultar.
其	qi2	0525	Su, suyo, suya, de ellos, de ellas; el, la, lo, las, los. Un pronombre posesivo y demostrativo.
家	jia1	0594	Familia, clan (familia extendida), hogar, morada, casa, mantener una casa.
闃	kui1	3649	Espiar, mirar furtivamente, vistazo, ojeada.
其	qi2	0525	Su, suyo, suya, de ellos, de ellas; el, la, lo, las, los. Un pronombre posesivo y demostrativo.

戶	hu4	2180	Puerta, casa, familia. Es la puerta interior que da entrada a la casa, en tanto que 門 es la puerta exterior, que separa el patio de la calle.
闃	qu4	1627	Vivir solo, quieto, calmo, silencioso, solitario; abandonado.
其	qi2	0525	Su, suyo, suya, de ellos, de ellas; el, la, lo, las, los. Un pronombre posesivo y demostrativo.
无	wu2	7173	No, negativa; sin, no tiene, carencia de.
人	ren2	3097	Hombre, persona(s), otro(s), ser humano, individuo.
三	san1	5415	Tres, tercero, triple, tres veces.
歲	sui4	5538	Años, estaciones, cosechas.
不	bu4	5379	No, adverbio de negación; sin, ninguno, nada, no lo haré, no lo necesito, no será.
覿	di2	6230	Ver; tener una audiencia (ver cara a cara), ser visible.
凶	xiong1	2808	Desventura, malo, mala suerte, gran infortunio, peligro mortal, nefasto, malos augurios, caer en una trampa.

56 旅 lu – El Andariego

El Dictamen

El Andariego. Exito en pequeñas cosas.
La determinación del Andariego trae ventura.

旅	lu3	4286	Andariego, viajero; extranjero, permanecer lejos de casa; huésped; hospedarse; tropa, multitud.
小	xiao3	2605	Pequeño, común, humilde, mediocre, insignificante, sin importancia.
亨	heng1	2099	Exito, logro, satisfacción, crecimiento, penetración; ofrenda, sacrificio.
旅	lu3	4286	Andariego, viajero; extranjero, permanecer lejos de casa; huésped; hospedarse; tropa, multitud.
貞	zhen1	0346	Determinación (con el doble sentido de decisión y acción firme y continuada), constancia, perseverancia, firmeza; lealtad, devoción, pureza. Originalmente: determinación por adivinación.
吉	ji2	0476	Ventura, buena suerte, buena fortuna, propicio, favorable.

La Imagen

Arriba de la Montaña hay Fuego: la imagen del Andariego.
Así el noble aplica los castigos con claridad y cuidado
y no prolonga las pendencias.

山	shan1	5630	Montaña, colina, pico.
上	shang4	5669	Arriba, sobre, encima; ascender, subir, elevar, ir para arriba; más alto, superior; sobrepasar, primero.
有	you3	7533	Poseer, tener, en posesión de, haber, existir.
火	huo3	2395	Fuego, flama. El Fuego y el Brillo son símbolos del trigrama ☲: Lo Adherente.
旅	lu3	4286	Andariego, viajero; extranjero, permanecer lejos de casa; huésped; hospedarse; tropa, multitud.
君	jun1	1715	Señor, príncipe, gobernante, noble; hombre superior.
子	zi3	6939	Hijo/a, niño/a; descendencia, prole; posteridad; sufijo; oficial, amo, príncipe.

以	yi3	2932	Así, de esta manera; por, para; por medio de, con; instrumento, medio, método, uso (de), camino (a).
明	ming2	4534	Luz, brillo, brillante, claridad, claro, discernimiento, visión, percepción; pacto, contrato.
慎	shen4	5734	Cuidadoso, prudente.
用	yong4	7567	Usar, aplicar, emplear, implementar; aplicar el oráculo a situaciones reales; actuar; usar como ofrenda, ofrecer en sacrificio.
刑	xing2	2755	Castigo, disciplina, sanción.
而	er2	1756	Y, entonces, pero, sin embargo. Une y contrasta dos palabras.
不	bu4	5379	No, adverbio de negación; sin, ninguno, nada, no lo haré, no lo necesito, no será.
留	liu2	4083	Detener, prolongado, retrasos, quedarse, demorarse.
獄	yu4	7685	Juicio, casos criminales, proceso o fallo penal, litigación, pendencias; prisión.

Al comienzo un seis

Si el Andariego es demasiado quisquilloso,
eso sólo le acarreará desgracias.

旅	lu3	4286	Andariego, viajero; extranjero, permanecer lejos de casa; huésped; hospedarse; tropa, multitud.
瑣	suo3	5466	Quisquilloso, trivial, mezquino, molesto, irritante; pequeño, insignificante, fragmento(s), en fragmentos. El estar duplicado intensifica su significado.
瑣	suo3	5466	
斯	si1	5574	Entonces, luego, en consecuencia, así; hender, desgarrar.
其	qi2	0525	Su, suyo, suya, de ellos, de ellas; el, la, lo, las, los. Un pronombre posesivo y demostrativo.
所	suo3	5465	Asunto, manera, causa o lugar habitual, residencia, lugar de trabajo.
取	qu3	1615	Tomar una esposa, tomar, ir a buscar, obtener.
災	zai1	6652	Calamidad, desastre, daño, herida; desgracia provocada por causas fuera de nuestro control, quizás procedente del Cielo, como las inundaciones y el fuego.

El Andariego (293)

Seis en el segundo puesto

El Andariego llega a una hostería.
Mantiene a buen recaudo sus pertenencias.
Consigue un joven y leal sirviente.

旅	lu3	4286	Andariego, viajero; extranjero, permanecer lejos de casa; huésped; hospedarse; tropa, multitud.
卽	ji2	0495	Acercarse, avanzar hacia, venir a, ir a; enseguida.
次	ci4	6980	Tomar una posición, llegar a, detenerse, acampar, hospedarse, posada, choza; penoso, tambaleante o difícil avance; secuencia, orden, próximo, poner en orden.
懷	huai2	2233	Llevar, llevar sobre el pecho, guardar celosamente, atesorar, apreciar mucho, valorar; agarrar, abrazar, aferrarse, mantener.
其	qi2	0525	Su, suyo, suya, de ellos, de ellas; el, la, lo, las, los. Un pronombre posesivo y demostrativo.
資	zi1	6927	Propiedades, pertenencias, objetos de valor, riqueza, mercancía, provisiones, materiales.
得	de2	6161	Conseguir, obtener, agarrar, ganar, ganancia, adquirir el objeto deseado, encontrar, lograr.
童	tong2	6626	Niño, persona joven (de ambos sexos); alumno, paje, sirviente (niño o niña) de menos de 15 años; joven, virgen, incorrupto/a; animal joven que todavía no tiene cuernos.
僕	pu2	5401	Sirviente, criado, seguidor, empleado, esclavo; conductor de un carro de batalla.
貞	zhen1	0346	Determinación (con el doble sentido de decisión y acción firme y continuada), constancia, perseverancia, firmeza; lealtad, devoción, pureza. Originalmente: determinación por adivinación.

Nueve en el tercer puesto

El Andariego quema su refugio. Pierde a su joven sirviente.
La determinación es peligrosa.

旅	lu3	4286	Andariego, viajero; extranjero, permanecer lejos de casa; huésped; hospedarse; tropa, multitud.
焚	fen2	1866	Quemar, prender fuego, destruir.
其	qi2	0525	Su, suyo, suya, de ellos, de ellas; el, la, lo, las, los. Un pronombre posesivo y demostrativo.
次	ci4	6980	Tomar una posición, llegar a, detenerse, acampar, hospedarse, posada, choza; penoso, tambaleante o difícil avance; secuencia, orden, próximo, poner en orden.

喪	sang4	5429	Perder, dejar caer, dejar ir, desaparecer, perdido, pérdida, ruina, duelo.
其	qi2	0525	Su, suyo, suya, de ellos, de ellas; el, la, lo, las, los. Un pronombre posesivo y demostrativo.
童	tong2	6626	Niño, persona joven (de ambos sexos); alumno, paje, sirviente (niño o niña) de menos de 15 años; joven, virgen, incorrupto/a; animal joven que todavía no tiene cuernos.
僕	pu2	5401	Sirviente, criado, seguidor, empleado, esclavo; conductor de un carro de batalla.
貞	zhen1	0346	Determinación (con el doble sentido de decisión y acción firme y continuada), constancia, perseverancia, firmeza; lealtad, devoción, pureza. Originalmente: determinación por adivinación.
厲	li4	3906	Peligro, amenaza, opresivo, cruel, malvado, brutal, enfermedad, demonio malevolente; piedra de afilar áspera, afilar, machacar, triturar, disciplina.

Nueve en el cuarto puesto

El Andariego se establece en un lugar.
Consigue posesiones y un hacha. "Mi corazón no está contento".

旅	lu3	4286	Andariego, viajero; extranjero, permanecer lejos de casa; huésped; hospedarse; tropa, multitud.
于	yu2	7592	En (sobre, bajo, adentro, al lado, cerca de, por), a, hacia, ir hacia, hasta, de, como.
處	chu3	1407	Descansar, detenerse, quedarse en un lugar por un tiempo, alojarse.
得	de2	6161	Conseguir, obtener, agarrar, ganar, ganancia, adquirir el objeto deseado, encontrar, lograr.
其	qi2	0525	Su, suyo, suya, de ellos, de ellas; el, la, lo, las, los. Un pronombre posesivo y demostrativo.
資	zi1	6927	Propiedades, pertenencias, objetos de valor, riqueza, mercancía, provisiones, materiales.
斧	fu3	1934	Hacha; símbolo de poder para gobernar.
我	wo3	4778	Nosotros, yo, mi, mío, nuestro.
心	xin1	2735	Corazón, mente, afección, conciencia, deseo, intenciones, sentimientos, naturaleza moral; centro, núcleo.
不	bu4	5379	No, adverbio de negación; sin, ninguno, nada, no lo haré, no lo necesito, no será.
快	kuai4	3547	Contento, satisfecho, alegre.

El Andariego (295)

Seis en el quinto puesto

Le dispara a un faisán. Aunque la primera flecha falla, finalmente es alabado y le dan empleo.

射	she4	5703	Disparar con un arco; apuntar y acertarle al blanco; brotar, emitir, salir a borbotones.
雉	zhi4	0968	Faisán. Ave asociada con el trigrama *Li*, lo adherente, el fuego.
一	yi1	3016	Uno, número uno.
矢	shi3	5784	Flecha.
亡	wang2	7034	Desaparecer, irse, escapar; morir, perecer, fallar.
終	zhong1	1500	Fin, final, al final, completo, entero, término, final de un ciclo; llevar hasta la conclusión, consumación; muerte.
以	yi3	2932	Así, de esta manera; por, para; por medio de, con; instrumento, medio, método, uso (de), camino (a).
譽	yu4	7617	Alabanza, elogio, fama, honor, renombre, prestigio, estima.
命	ming4	4537	Destino, voluntad del cielo, autoridad más alta (ya sea celestial o terrena, como un rey o un gobierno), órdenes, directiva, mandato, investidura, voluntad, vida.

Al tope un nueve

El pájaro quema su nido. El Andariego primero ríe pero después llora y se lamenta. Pierde su vaca en *Yi*. Desventura.

鳥	niao3	4688	Pájaro.
焚	fen2	1866	Quemar, prender fuego, destruir.
其	qi2	0525	Su, suyo, suya, de ellos, de ellas; el, la, lo, las, los. Un pronombre posesivo y demostrativo.
巢	chao2	0253	Nido. Un nido en un árbol. Cubil, lugar predilecto, retiro.
旅	lu3	4286	Andariego, viajero; extranjero, permanecer lejos de casa; huésped; hospedarse; tropa, multitud.
人	ren2	3097	Hombre, persona(s), otro(s), ser humano, individuo.
先	xian1	2702	Antes, primero, delantero, ir adelante, guiar.
笑	xiao4	2615	Risa, sonrisa, buen humor, alegría.
後	hou4	2143	Atrás, después; tarde, venir después; seguir; descendientes; sucesor.
號	hao4	2064	Llorar; gritar, llamar, proclamar, ordenar.
咷	tao2	6152	Llorar, gemir, lamento.

喪	sang4	5429	Perder, dejar caer, dejar ir, desaparecer, perdido, pérdida, ruina, duelo.
牛	niu2	4737	Vaca, toro, buey.
于	yu2	7592	En (sobre, bajo, adentro, al lado, cerca de, por), a, hacia, ir hacia, hasta, de, como.
易	yi4	2952	Nombre de un lugar; cambio; versatilidad, desenvoltura, fácil.
凶	xiong1	2808	Desventura, malo, mala suerte, gran infortunio, peligro mortal, nefasto, malos augurios, caer en una trampa.

57 巽 *Xun* – Lo Suave / Lo Penetrante / El Viento

El Dictamen

Lo Suave. Exito en pequeñas cosas.
Es favorable tener un lugar adónde ir. Es propicio ver al gran hombre.

巽	xun4	5550	Obediente, dócil, sumiso, suave. Según Kunst y Rutt significa "ofrenda de comida".
小	xiao3	2605	Pequeño, común, humilde, mediocre, insignificante, sin importancia.
亨	heng1	2099	Exito, logro, satisfacción, crecimiento, penetración; ofrenda, sacrificio.
利	li4	3867	Favorable, propicio, conveniente, beneficioso, afortunado.
有	you3	7533	Poseer, tener, en posesión de, haber, existir.
攸	you1	7519	Meta, dirección, propósito; destino, lugar, el lugar donde; por lo cual; aquel que.
往	wang3	7050	Ir, ir hacia, ir a; partir, irse.
利	li4	3867	Favorable, propicio, conveniente, beneficioso, afortunado.
見	jian4	0860	Ver, visto, percibir, observar; revelar, aparecer, encontrado; entrevistar, visitar, encontrarse.
大	da4	5943	Grande, alto, excesivo, arrogante, estirarse y alcanzar por todos lados.
人	ren2	3097	Hombre, persona(s), otro(s), ser humano, individuo.

La Imagen

Vientos que se siguen el uno al otro: la imagen de Lo Suave.
Así el noble disemina sus comandos
y actúa para llevar adelante sus quehaceres.

隨	sui2	5523	Seguir, ir o venir después de, perseguir; seguidor, conformarse, acatar, obedecer, atender.
風	feng1	1890	Viento.
巽	xun4	5550	Obediente, dócil, sumiso, suave. Según Kunst y Rutt significa "ofrenda de comida".

Matriz de Significados del Libro de los Cambios

君	jun1	1715	Señor, príncipe, gobernante, noble; hombre superior.
子	zi3	6939	Hijo/a, niño/a; descendencia, prole; posteridad; sufijo; oficial, amo, príncipe.
以	yi3	2932	Así, de esta manera; por, para; por medio de, con; instrumento, medio, método, uso (de), camino (a).
申	shen1	5712	Extender, propagar, esparcir, exponer, explicar.
命	ming4	4537	Destino, voluntad del cielo, autoridad más alta (ya sea celestial o terrena, como un rey o un gobierno), órdenes, directiva, mandato, investidura, voluntad, vida.
行	xing2	2754	El significado original era camino, movilizar, en el *YiJing* usualmente significa moverse, ir, trasladarse de un lugar a otro, avanzar, actuar, hacer.
事	shi4	5787	Servir, servicio, asunto, cuestión, cosa, evento, negocio, actividad, quehacer, ocupación.

Al comienzo un seis

Avanzando y retirándose.
Es favorable la determinación de un guerrero.

進	jin4	1091	Avance, impulso para adelante, progreso; presentar, introducir, ofrecer consejo.
退	tui4	6568	Retirada, retroceso; declinar, rechazar.
利	li4	3867	Favorable, propicio, conveniente, beneficioso, afortunado.
武	wu3	7195	Militar, guerrero, marcial.
人	ren2	3097	Hombre, persona(s), otro(s), ser humano, individuo.
之	zhi1	0935	Pronombre personal: él, ella, ello; esto, esta, estos, etc. Frecuentemente es usado como un posesivo: tiene, tuvo, va a tener, suyo, suya; ir a.
貞	zhen1	0346	Determinación (con el doble sentido de decisión y acción firme y continuada), constancia, perseverancia, firmeza; lealtad, devoción, pureza. Originalmente: determinación por adivinación.

Nueve en el segundo puesto

Penetración bajo la cama.
Usar adivinos y chamanes en gran número trae ventura. Sin defecto.

巽	xun4	5550	Obediente, dócil, sumiso, suave. Según Kunst y Rutt significa "ofrenda de comida".
在	zai4	6657	Estar en, adentro, sobre, presente, situado, al lado, a través, involucrado; presencia, existencia, lugar.

Lo Suave (299)

牀	chuang2	1459	Cama, lecho, lugar para dormir, plataforma, sofá. Rutt dice que 牀 significa una plataforma sobre la cual descansan objetos tales como las ofrendas a los antepasados.
下	xia4	2520	Debajo de, abajo, descender.
用	yong4	7567	Usar, aplicar, emplear, implementar; aplicar el oráculo a situaciones reales; actuar; usar como ofrenda, ofrecer en sacrificio.
史	shi3	5769	Escriba, historiador, crónicas, anales; adivino, conjurador (de los espíritus) (Kunst).
巫	wu1	7164	Mago, chamán, hechicero/a.
紛	fen1	1859	Numeroso, muchos; mezclado; algarabía, alboroto.
若	ruo4	3126	Parecido, similar a; concordante; estar de acuerdo, conforme con, aprobar, como; como este; así.
吉	ji2	0476	Ventura, buena suerte, buena fortuna, propicio, favorable.
无	wu2	7173	No, negativa; sin, no tiene, carencia de.
咎	jiu4	1192	Falta, error, defecto, culpa; poco propicio, infortunio, calamidad; mala suerte, mal augurio.

Nueve en el tercer puesto

Penetración repetida. Humillación.

頻	pin2	5275	Repetido, incesante, repetidamente, urgente, apurado; al borde de.
巽	xun4	5550	Obediente, dócil, sumiso, suave. Según Kunst y Rutt significa "ofrenda de comida".
吝	lin4	4040	Arrepentimiento, humillación, vergüenza, angustia, aflicción, sufrimiento; mezquindad, avaricia.

Seis en el cuarto puesto

El arrepentimiento se desvanece.
Captura tres tipos de presas en la cacería.

悔	hui3	2336	Arrepentimiento, remordimiento, dolor y pesar por una culpa cometida; problemas.
亡	wang2	7034	Desaparecer, irse, escapar; morir, perecer, fallar.
田	tian2	6362	Campo, tierra arable, tierras de labranza; cazar. El carácter muestra un campo dividido en cuatro sectores.
獲	huo4	2412	Agarrar, capturar (una presa en la cacería), agarrar una idea o percepción (percibir, comprender); caza, cazar; presa, siervo, esclavo; ganar, recibir, obtener, triunfar, ser capaz de; dar en el blanco.

Matriz de Significados del Libro de los Cambios

三	san1	5415	Tres, tercero, triple, tres veces.
品	pin3	5281	Tipos, variedades, clases, categorías.

Nueve en el quinto puesto

La determinación es venturosa. El arrepentimiento se desvanece. Nada que no sea favorable. No hay principio, pero sí un final. Antes del séptimo día tres días, después del séptimo día, tres días. Ventura.

貞	zhen1	0346	Determinación (con el doble sentido de decisión y acción firme y continuada), constancia, perseverancia, firmeza; lealtad, devoción, pureza. Originalmente: determinación por adivinación.
吉	ji2	0476	Ventura, buena suerte, buena fortuna, propicio, favorable.
悔	hui3	2336	Arrepentimiento, remordimiento, dolor y pesar por una culpa cometida; problemas.
亡	wang2	7034	Desaparecer, irse, escapar; morir, perecer, fallar.
无	wu2	7173	No, negativa; sin, no tiene, carencia de.
不	bu4	5379	No, adverbio de negación; sin, ninguno, nada, no lo haré, no lo necesito, no será.
利	li4	3867	Favorable, propicio, conveniente, beneficioso, afortunado.
无	wu2	7173	No, negativa; sin, no tiene, carencia de.
初	chu1	1390	Al principio, comienzo, incipiente, primero.
有	you3	7533	Poseer, tener, en posesión de, haber, existir.
終	zhong1	1500	Fin, final, al final, completo, entero, término, final de un ciclo; llevar hasta la conclusión, consumación; muerte.
先	xian1	2702	Antes, primero, delantero, ir adelante, guiar.
庚	geng1	3339	Cambio; carácter cíclico, séptimo tronco (v.g.: una fecha en el calendario Chino). Sus otros significados no se aplican al *YiJing*.
三	san1	5415	Tres, tercero, triple, tres veces.
日	ri4	3124	El sol, un ciclo solar, día, un día, horas diurnas.
後	hou4	2143	Atrás, después; tarde, venir después; seguir; descendientes; sucesor.
庚	geng1	3339	Cambio; carácter cíclico, séptimo tronco (v.g.: una fecha en el calendario Chino). Sus otros significados no se aplican al *YiJing*

三	san1	5415	Tres, tercero, triple, tres veces.
日	ri4	3124	El sol, un ciclo solar, día, un día, horas diurnas.
吉	ji2	0476	Ventura, buena suerte, buena fortuna, propicio, favorable.

Al tope un nueve

Penetración bajo la cama. Pierde sus pertenencias y su hacha. La determinación es ominosa.

巽	xun4	5550	Obediente, dócil, sumiso, suave. Según Kunst y Rutt significa "ofrenda de comida".
在	zai4	6657	Estar en, adentro, sobre, presente, situado, al lado, a través, involucrado; presencia, existencia, lugar.
牀	chuang2	1459	Cama, lecho, lugar para dormir, plataforma, sofá. Rutt dice que 爿木 significa una plataforma sobre la cual descansan objetos tales como las ofrendas a los antepasados.
下	xia4	2520	Debajo de, abajo, descender.
喪	sang4	5429	Perder, dejar caer, dejar ir, desaparecer, perdido, pérdida, ruina, duelo.
其	qi2	0525	Su, suyo, suya, de ellos, de ellas; el, la, lo, las, los. Un pronombre posesivo y demostrativo.
資	zi1	6927	Propiedades, pertenencias, objetos de valor, riqueza, mercancía, provisiones, materiales.
斧	fu3	1934	Hacha; símbolo de poder para gobernar.
貞	zhen1	0346	Determinación (con el doble sentido de decisión y acción firme y continuada), constancia, perseverancia, firmeza; lealtad, devoción, pureza. Originalmente: determinación por adivinación.
凶	xiong1	2808	Desventura, malo, mala suerte, gran infortunio, peligro mortal, nefasto, malos augurios, caer en una trampa.

58 兌 *dui* – Lo Alegre / El Lago

El Dictamen

Lo Alegre. Exito. La determinación es favorable.

兌	dui4	6560	Felicidad, contento, alegría; franqueza, intercambio, transacciones voluntarias.
亨	heng1	2099	Exito, logro, satisfacción, crecimiento, penetración; ofrenda, sacrificio.
利	li4	3867	Favorable, propicio, conveniente, beneficioso, afortunado.
貞	zhen1	0346	Determinación (con el doble sentido de decisión y acción firme y continuada), constancia, perseverancia, firmeza; lealtad, devoción, pureza. Originalmente: determinación por adivinación.

La Imagen

Dos lagos juntos: la imagen de Lo Alegre.
Así el noble se junta con sus amigos para la discusión y el estudio.

麗	li4	3914	Juntar/se, congregar/se, atar; un par.
澤	ze2	0277	Lago, cuerpo de agua, charca, pantano; fertilizar, ungir, beneficiar, favorecer; húmedo, brillante, pulido; gracia, brillantez.
兌	dui4	6560	Felicidad, contento, alegría; franqueza, intercambio, transacciones voluntarias.
君	jun1	1715	Señor, príncipe, gobernante, noble; hombre superior.
子	zi3	6939	Hijo/a, niño/a; descendencia, prole; posteridad; sufijo; oficial, amo, príncipe.
以	yi3	2932	Así, de esta manera; por, para; por medio de, con; instrumento, medio, método, uso (de), camino (a).
朋	peng2	5054	Amigo, camarada, semejante, igual; dos tiras de cauríes (conchas usadas como dinero en la antigüedad China).
友	you3	7540	Compañero, amigo, asociado, pareja.
講	jiang3	0645	Conversación, explicación, sermón, discusión.
習	xi2	2499	Doble, duplicado, repetido, repetir, práctica, experiencia, ensayo. El movimiento rápido y frecuente de las alas al volar, de donde viene la idea de practicar, estudiar, costumbres, prácticas.

Lo Alegre (303) 58

Al comienzo un nueve

Alegría armoniosa. Ventura.

和	he2	2115	Armonía, paz, conciliación, ritmo, balance; sensible (a), que responde.
兑	dui4	6560	Felicidad, contento, alegría; franqueza, intercambio, transacciones voluntarias.
吉	ji2	0476	Ventura, buena suerte, buena fortuna, propicio, favorable.

Nueve en el segundo puesto

Alegría sincera. Ventura. El arrepentimiento se desvanece.

孚	fu2	1936	Verdad; confiable, sincero; inspirar confianza a otros.
兑	dui4	6560	Felicidad, contento, alegría; franqueza, intercambio, transacciones voluntarias.
吉	ji2	0476	Ventura, buena suerte, buena fortuna, propicio, favorable.
悔	hui3	2336	Arrepentimiento, remordimiento, dolor y pesar por una culpa cometida; problemas.
亡	wang2	7034	Desaparecer, irse, escapar; morir, perecer, fallar.

Seis en el tercer puesto

Va tras la alegría. Desventura.

來	lai2	3768	Venir, llegar; traer; volver.
兑	dui4	6560	Felicidad, contento, alegría; franqueza, intercambio, transacciones voluntarias.
凶	xiong1	2808	Desventura, malo, mala suerte, gran infortunio, peligro mortal, nefasto, malos augurios, caer en una trampa.

Nueve en el cuarto puesto

Regateando la alegría. Todavía no está en paz.
Después que limite su ansiedad tendrá felicidad.

商	shang1	5673	Regatear, discutir, consultar, calcular, estimar, dudar; comerciar, comerciante.
兑	dui4	6560	Felicidad, contento, alegría; franqueza, intercambio, transacciones voluntarias.
未	wei4	7114	Todavía no, antes. La octava de las 12 ramas terrestres. 13-15 hs.
寧	ning2	4725	Pacífico, paz, tranquilidad; sereno, descansar, paz de cuerpo y mente.

介	jie4	0629	Límite, restricción, borde, frontera, cota de malla; proteger, asistir, depender de; sólido, firme, determinado, grande.
疾	ji2	0492	Enfermedad, daño, defecto, ansiedad; apuro; odio. Originalmente mostraba una flecha hiriendo a una persona.
有	you3	7533	Poseer, tener, en posesión de, haber, existir.
喜	xi3	2434	Alegría, júbilo, regocijo, felicidad, complacido, gratificado, exultante.

Nueve en el quinto puesto

Quien confía en influencias degradantes correrá peligro.

孚	fu2	1936	Verdad; confiable, sincero; inspirar confianza a otros.
于	yu2	7592	En (sobre, bajo, adentro, al lado, cerca de, por), a, hacia, ir hacia, hasta, de, como.
剝	bo1	5337	Pelar, desollar, despellejar, hendir, cortar en mitades, degradar, desintegrar, causar la ruina, romper, remover, arrancar, pelar, desplumar, dejar desnudo.
有	you3	7533	Poseer, tener, en posesión de, haber, existir.
厲	li4	3906	Peligro, amenaza, opresivo, cruel, malvado, brutal, enfermedad, demonio malevolente; piedra de afilar áspera, afilar, machacar, triturar, disciplina.

Al tope un seis

Alegría seductora.

引	yin3	7429	Guiar, conducir, atraer, persuadir, inducir, tirar de, estirar; tensar el arco.
兌	dui4	6560	Felicidad, contento, alegría; franqueza, intercambio, transacciones voluntarias.

59  huan – La Dispersión

El Dictamen

Dispersión. Exito.
El rey se acerca a su templo.
Es favorable cruzar el gran río.
La determinación es favorable.

渙	huan4	2252	Dispersar, disolver, evaporar, fluir en direcciones dispersas; disipar malentendidos, ilusiones y miedos, relajarse; chorro, salpicaduras.
亨	heng1	2099	Exito, logro, satisfacción, crecimiento, penetración; ofrenda, sacrificio.
王	wang2	7037	Rey, príncipe, soberano, regente, autoridad.
假	jia3	0599	Acercarse, ir a, viene, va, se acerca, alcanzar; lograr, conseguir. También significa falso, pretensión, ficción; préstamo.
有	you3	7533	Poseer, tener, en posesión de, haber, existir.
廟	miao4	4473	Templo (ancestral), santuario, usado para honrar los dioses y los ancestros.
利	li4	3867	Favorable, propicio, conveniente, beneficioso, afortunado.
涉	she4	5707	Vadear o cruzar una corriente de agua; pasar a través o por encima.
大	da4	5943	Grande, alto, excesivo, arrogante, estirarse y alcanzar por todos lados.
川	chuan1	1439	Río, corriente de agua, inundación.
利	li4	3867	Favorable, propicio, conveniente, beneficioso, afortunado.
貞	zhen1	0346	Determinación (con el doble sentido de decisión y acción firme y continuada), constancia, perseverancia, firmeza; lealtad, devoción, pureza. Originalmente: determinación por adivinación.

La Imagen

El Viento se mueve por encima del Agua: la imagen de la Dispersión. Así los antiguos reyes ofrendaban al Señor Supremo y erigían templos.

風	feng1	1890	Viento.
行	xing2	2754	El significado original era camino, movilizar, en el *YiJing* usualmente significa moverse, ir, trasladarse de un lugar a otro, avanzar, actuar, hacer.
水	shui3	5922	Agua, río, corriente, flujo, líquido, fluido.
上	shang4	5669	Arriba, sobre, encima; ascender, subir, elevar, ir para arriba; más alto, superior; sobrepasar, primero.
渙	huan4	2252	Dispersar, disolver, evaporar, fluir en direcciones dispersas; disipar malentendidos, ilusiones y miedos, relajarse; chorro, salpicaduras.
先	xian1	2702	Antes, primero, delantero, ir adelante, guiar.
王	wang2	7037	Rey, príncipe, soberano, regente, autoridad.
以	yi3	2932	Así, de esta manera; por, para; por medio de, con; instrumento, medio, método, uso (de), camino (a).
享	xiang3	2552	Ofrenda sacrificial, consagrar, presentar una ofrenda a un dios o a un superior.
于	yu2	7592	En (sobre, bajo, adentro, al lado, cerca de, por), a, hacia, ir hacia, hasta, de, como.
帝	di4	6204	Emperador, soberano, suprema deidad.
立	li4	3921	Estar de pie, erguido, mantener la posición o el curso, resistir, durar; instituir, establecer.
廟	miao4	4473	Templo (ancestral), santuario, usado para honrar los dioses y los ancestros.

Al comienzo un seis

Usa la fuerza de un caballo para liberarlo. Ventura.

用	yong4	7567	Usar, aplicar, emplear, implementar; aplicar el oráculo a situaciones reales; actuar; usar como ofrenda, ofrecer en sacrificio.
拯	zheng3	0360	Alivio, ayuda, rescate; levantar. (la interpretación tradicional); castrar, remover (Kunst, Rutt).
馬	ma3	4310	Caballo.
壯	zhuang4	1453	Fuerza, potencia, robusto, grande, magnificente, completamente crecido, sano.
吉	ji2	0476	Ventura, buena suerte, buena fortuna, propicio, favorable.

La Dispersión (307)

Nueve en el segundo puesto

Dispersión. Corre hacia su soporte. El arrepentimiento se desvanece.

渙	huan4	2252	Dispersar, disolver, evaporar, fluir en direcciones dispersas; disipar malentendidos, ilusiones y miedos, relajarse; chorro, salpicaduras.
奔	ben1	5028	Corre, se apresura; correr rápido; huir.
其	qi2	0525	Su, suyo, suya, de ellos, de ellas; el, la, lo, las, los. Un pronombre posesivo y demostrativo.
机	ji1	0411	Soporte, taburete, banco o mesa de baja altura; artilugio, aparato.
悔	hui3	2336	Arrepentimiento, remordimiento, dolor y pesar por una culpa cometida; problemas.
亡	wang2	7034	Desaparecer, irse, escapar; morir, perecer, fallar.

Seis en el tercer puesto

Dispersa su persona. No hay arrepentimiento.

渙	huan4	2252	Dispersar, disolver, evaporar, fluir en direcciones dispersas; disipar malentendidos, ilusiones y miedos, relajarse; chorro, salpicaduras.
其	qi2	0525	Su, suyo, suya, de ellos, de ellas; el, la, lo, las, los. Un pronombre posesivo y demostrativo.
躬	gong1	3704	Uno mismo, cuerpo, persona, individuo.
无	wu2	7173	No, negativa; sin, no tiene, carencia de.
悔	hui3	2336	Arrepentimiento, remordimiento, dolor y pesar por una culpa cometida; problemas.

Seis en el cuarto puesto

Dispersa su grupo. Sublime ventura.
La Dispersión llega a la cima.
No es lo que se esperaría normalmente.

渙	huan4	2252	Dispersar, disolver, evaporar, fluir en direcciones dispersas; disipar malentendidos, ilusiones y miedos, relajarse; chorro, salpicaduras.
其	qi2	0525	Su, suyo, suya, de ellos, de ellas; el, la, lo, las, los. Un pronombre posesivo y demostrativo.
羣	qun2	1737	Grupo, rebaño, multitud, hueste, congregación, facción.
元	yuan2	7707	Sublime, elevado, preeminente, superior, el más grande, grande y originante, primordial, cabeza, líder, jefe.

吉	ji2	0476	Ventura, buena suerte, buena fortuna, propicio, favorable.
渙	huan4	2252	Dispersar, disolver, evaporar, fluir en direcciones dispersas; disipar malentendidos, ilusiones y miedos, relajarse; chorro, salpicaduras.
有	you3	7533	Poseer, tener, en posesión de, haber, existir.
丘	qiu1	1213	Colina, montículo, pequeña elevación, grande.
匪	fei3	1820	No, fuerte negativa.
夷	yi2	2982	Ocultar, herir, suprimir, matar, oscurecer (36). Pacífico, parejo, ordinario (59); bárbaro.
所	suo3	5465	Asunto, manera, causa o lugar habitual, residencia, lugar de trabajo.
思	si1	5580	Pensar, pensamiento, intenciones, propósitos, planes, deliberar, considerar.

Nueve en el quinto puesto

Edicto imperial, proclamado en voz alta, dispersado como sudor. Dispersa las posesiones del rey. No hay defecto.

渙	huan4	2252	Dispersar, disolver, evaporar, fluir en direcciones dispersas; disipar malentendidos, ilusiones y miedos, relajarse; chorro, salpicaduras.
汗	han4	2028	Transpiración, sudor. Combinado con el carácter previo: 渙汗, significa un edicto imperial.
其	qi2	0525	Su, suyo, suya, de ellos, de ellas; el, la, lo, las, los. Un pronombre posesivo y demostrativo.
大	da4	5943	Grande, alto, excesivo, arrogante, estirarse y alcanzar por todos lados.
號	hao4	2064	Llorar; gritar, llamar, proclamar, ordenar.
渙	huan4	2252	Dispersar, disolver, evaporar, fluir en direcciones dispersas; disipar malentendidos, ilusiones y miedos, relajarse; chorro, salpicaduras.
王	wang2	7037	Rey, príncipe, soberano, regente, autoridad.
居	ju1	1535	Quedarse, permanecer, descansar (en), morar, residir; ocupar una posición o lugar; presumido, arrogante, dominante.
无	wu2	7173	No, negativa; sin, no tiene, carencia de.
咎	jiu4	1192	Falta, error, defecto, culpa; poco propicio, infortunio, calamidad; mala suerte, mal augurio.

La Dispersión (309)

Al tope un nueve

Dispersa su sangre. Se va, se mantiene alejado. Sin defecto.

渙	huan4	2252	Dispersar, disolver, evaporar, fluir en direcciones dispersas; disipar malentendidos, ilusiones y miedos, relajarse; chorro, salpicaduras.
其	qi2	0525	Su, suyo, suya, de ellos, de ellas; el, la, lo, las, los. Un pronombre posesivo y demostrativo.
血	xue4	2901	Sangre, sangrar. El gráfico original es un dibujo de un vaso sacrificial con su contenido.
去	qu4	1594	Irse, salir(se); remover, apartar, librarse de, estar apartado de, eliminar.
逖	ti4	6265	Distante, lejano, removido, remover, mantener a distancia.
出	chu1	1409	Salir afuera, venir afuera; emerger, surgir, elevarse, generar, producir; abandonar, reducir, eliminar, expeler.
无	wu2	7173	No, negativa; sin, no tiene, carencia de.
咎	jiu4	1192	Falta, error, defecto, culpa; poco propicio, infortunio, calamidad; mala suerte, mal augurio.

60 節 *jie* – La Restricción

El Dictamen

Restricción. Exito.
Una restricción severa no se puede aplicar con persistencia.

節	jie2	0795	Nudos o junturas de bambú u otras plantas; de ahí los significados adicionales de división regular; juntura, circunstancia; moderar, economizar, restringir, regular, regir, ley; integridad moral; bastón, símbolo de autoridad.
亨	heng1	2099	Exito, logro, satisfacción, crecimiento, penetración; ofrenda, sacrificio.
苦	ku3	3493	Amargo, marcadamente irritante, sufrimiento; *Sonchus* (una hierba salvaje), *Lactuca* (lechuga).
節	jie2	0795	Nudos o junturas de bambú u otras plantas; de ahí los significados adicionales de división regular; juntura, circunstancia; moderar, economizar, restringir, regular, regir, ley; integridad moral; bastón, símbolo de autoridad.
不	bu4	5379	No, adverbio de negación; sin, ninguno, nada, no lo haré, no lo necesito, no será.
可	ke3	3381	Poder, ser capaz de, podría, posiblemente; permiso, aprobación; adecuado, satisfactorio.
貞	zhen1	0346	Determinación (con el doble sentido de decisión y acción firme y continuada), constancia, perseverancia, firmeza; lealtad, devoción, pureza. Originalmente: determinación por adivinación.

La Imagen

Encima del Lago hay Agua: la imagen de la Restricción.
Así el noble instituye el número y la medida
y delibera sobre la virtud y la conducta.

澤	ze2	0277	Lago, cuerpo de agua, charca, pantano; fertilizar, ungir, beneficiar, favorecer; húmedo, brillante, pulido; gracia, brillantez.
上	shang4	5669	Arriba, sobre, encima; ascender, subir, elevar, ir para arriba; más alto, superior; sobrepasar, primero.
有	you3	7533	Poseer, tener, en posesión de, haber, existir.

La Restricción (3ii)

水	shui3	5922	Agua, río, corriente, flujo, líquido, fluido.
節	jie2	0795	Nudos o junturas de bambú u otras plantas; de ahí los significados adicionales de división regular; juntura, circunstancia; moderar, economizar, restringir, regular, regir, ley; integridad moral; bastón, símbolo de autoridad.
君	jun1	1715	Señor, príncipe, gobernante, noble; hombre superior.
子	zi3	6939	Hijo/a, niño/a; descendencia, prole; posteridad; sufijo; oficial, amo, príncipe.
以	yi3	2932	Así, de esta manera; por, para; por medio de, con; instrumento, medio, método, uso (de), camino (a).
制	zhi4	0986	Hacer, crear, regular, gobernar, arreglar, adaptar, determinar, preparar; recortar, tallar.
數	shu3	5865	Número, contar, calcular, método, norma, regla, grado.
度	du4	6504	Medida (de longitud); ley, regla; límites; regular, calcular, considerar.
議	yi4	3006	Discutir, deliberar, negociar, considerar las opciones, planear para.
德	de2	6162	Virtud, poder espiritual, habilidad para seguir el curso correcto; cualidad, naturaleza, carácter, disposición.
行	xing2	2754	El significado original era camino, movilizar, en el *YiJing* usualmente significa moverse, ir, trasladarse de un lugar a otro, avanzar, actuar, hacer.

Al comienzo un nueve

No cruza la puerta para ir al patio. Sin defecto.

不	bu4	5379	No, adverbio de negación; sin, ninguno, nada, no lo haré, no lo necesito, no será.
出	chu1	1409	Salir afuera, venir afuera; emerger, surgir, elevarse, generar, producir; abandonar, reducir, eliminar, expeler.
戶	hu4	2180	Puerta, casa, familia. Es la puerta interior que da entrada a la casa, en tanto que 門 es la puerta exterior, que separa el patio de la calle.
庭	ting2	6405	Patio (de palacio), corte, cámara de audiencias; vestíbulo, entrada, mansión, casa de la familia.
无	wu2	7173	No, negativa; sin, no tiene, carencia de.
咎	jiu4	1192	Falta, error, defecto, culpa; poco propicio, infortunio, calamidad; mala suerte, mal augurio.

Nueve en el segundo puesto

No sale afuera del portón de su casa. Desventura.

不	bu4	5379	No, adverbio de negación; sin, ninguno, nada, no lo haré, no lo necesito, no será.
出	chu1	1409	Salir afuera, venir afuera; emerger, surgir, elevarse, generar, producir; abandonar, reducir, eliminar, expeler.
門	men2	4418	Portón de entrada, puerta; la puerta exterior que separa el patio de la calle, en tanto que 戶 es la puerta interior que da entrada a la casa.
庭	ting2	6405	Patio (de palacio), corte, cámara de audiencias; vestíbulo, entrada, mansión, casa de la familia.
凶	xiong1	2808	Desventura, malo, mala suerte, gran infortunio, peligro mortal, nefasto, malos augurios, caer en una trampa.

Seis en el tercer puesto

El que no sabe restringirse lo lamentará. Sin defecto.

不	bu4	5379	No, adverbio de negación; sin, ninguno, nada, no lo haré, no lo necesito, no será.
節	jie2	0795	Nudos o junturas de bambú u otras plantas; de ahí los significados adicionales de división regular; juntura, circunstancia; moderar, economizar, restringir, regular, regir, ley; integridad moral; bastón, símbolo de autoridad.
若	ruo4	3126	Parecido, similar a; concordante; estar de acuerdo, conforme con, aprobar, como; como este; así.
則	ze2	6746	Entonces, así, después, luego, además, consecuentemente, inmediatamente, por consiguiente, por lo tanto; ley, regla, patrón, causa.
嗟	jie1	0763	Lamento, suspiro, gemido, queja, una interjección o exclamación de lamento o pena.
若	ruo4	3126	Parecido, similar a; concordante; estar de acuerdo, conforme con, aprobar, como; como este; así.
无	wu2	7173	No, negativa; sin, no tiene, carencia de.
咎	jiu4	1192	Falta, error, defecto, culpa; poco propicio, infortunio, calamidad; mala suerte, mal augurio.

Seis en el cuarto puesto

Restricción tranquila. Exito.

安	an1	0026	Tranquilo, callado, en paz, asentado, sereno; paz, seguridad, quietud, satisfacción con lo que uno tiene, seguridad.

La Restricción (313) 60

節	jie2	0795	Nudos o junturas de bambú u otras plantas; de ahí los significados adicionales de división regular; juntura, circunstancia; moderar, economizar, restringir, regular, regir, ley; integridad moral; bastón, símbolo de autoridad.
亨	heng1	2099	Exito, logro, satisfacción, crecimiento, penetración; ofrenda, sacrificio.

Nueve en el quinto puesto

Dulce restricción. Ventura. Avanzar trae alabanzas.

甘	gan1	3223	Dulce, placentero, feliz, disfrutar.
節	jie2	0795	Nudos o junturas de bambú u otras plantas; de ahí los significados adicionales de división regular; juntura, circunstancia; moderar, economizar, restringir, regular, regir, ley; integridad moral; bastón, símbolo de autoridad.
吉	ji2	0476	Ventura, buena suerte, buena fortuna, propicio, favorable.
往	wang3	7050	Ir, ir hacia, ir a; partir, irse.
有	you3	7533	Poseer, tener, en posesión de, haber, existir.
尚	shang4	5670	Alto, ascender, admirable, superior, sobrepasar, estimado, reconocimiento, premio; todavía, por otra parte, en adición a.

Al tope un seis

Restricción severa. La determinación es ominosa.
El arrepentimiento se desvanece.

苦	ku3	3493	Amargo, marcadamente irritante, sufrimiento; *Sonchus* (una hierba salvaje), *Lactuca* (lechuga).
節	jie2	0795	Nudos o junturas de bambú u otras plantas; de ahí los significados adicionales de división regular; juntura, circunstancia; moderar, economizar, restringir, regular, regir, ley; integridad moral; bastón, símbolo de autoridad.
貞	zhen1	0346	Determinación (con el doble sentido de decisión y acción firme y continuada), constancia, perseverancia, firmeza; lealtad, devoción, pureza. Originalmente: determinación por adivinación.
凶	xiong1	2808	Desventura, malo, mala suerte, gran infortunio, peligro mortal, nefasto, malos augurios, caer en una trampa.
悔	hui3	2336	Arrepentimiento, remordimiento, dolor y pesar por una culpa cometida; problemas.
亡	wang2	7034	Desaparecer, irse, escapar; morir, perecer, fallar.

61 中孚 zhong fu
La Verdad Interior

El Dictamen

La Verdad Interior. Cerdos y peces. Ventura.
Es propicio cruzar el gran río. La determinación es favorable.

中	zhong1	1504	Centro, interior, dentro de, medio; acertarle al medio, acertarle al blanco; balanceado, central, correcto.
孚	fu2	1936	Verdad; confiable, sincero; inspirar confianza a otros.
豚	tun2	6600	Un pequeño cerdo que todavía es amamantado. *Shuowen* da como significado: carne de cerdo.
魚	yu2	7668	Pez. Símbolo de abundancia.
吉	ji2	0476	Ventura, buena suerte, buena fortuna, propicio, favorable.
利	li4	3867	Favorable, propicio, conveniente, beneficioso, afortunado.
涉	she4	5707	Vadear o cruzar una corriente de agua; pasar a través o por encima.
大	da4	5943	Grande, alto, excesivo, arrogante, estirarse y alcanzar por todos lados.
川	chuan1	1439	Río, corriente de agua, inundación.
利	li4	3867	Favorable, propicio, conveniente, beneficioso, afortunado.
貞	zhen1	0346	Determinación (con el doble sentido de decisión y acción firme y continuada), constancia, perseverancia, firmeza; lealtad, devoción, pureza. Originalmente: determinación por adivinación.

La Imagen

Encima del Lago está el Viento: la imagen de la Verdad Interior.
Así el noble discute los casos criminales y es leniente con la pena de muerte.

澤	ze2	0277	Lago, cuerpo de agua, charca, pantano; fertilizar, ungir, beneficiar, favorecer; húmedo, brillante, pulido; gracia, brillantez.

La Verdad Interior (315)

上	shang4	5669	Arriba, sobre, encima; ascender, subir, elevar, ir para arriba; más alto, superior; sobrepasar, primero.
有	you3	7533	Poseer, tener, en posesión de, haber, existir.
風	feng1	1890	Viento.
中	zhong1	1504	Centro, interior, dentro de, medio; acertarle al medio, acertarle al blanco; balanceado, central, correcto.
孚	fu2	1936	Verdad; confiable, sincero; inspirar confianza a otros.
君	jun1	1715	Señor, príncipe, gobernante, noble; hombre superior.
子	zi3	6939	Hijo/a, niño/a; descendencia, prole; posteridad; sufijo; oficial, amo, príncipe.
以	yi3	2932	Así, de esta manera; por, para; por medio de, con; instrumento, medio, método, uso (de), camino (a).
議	yi4	3006	Discutir, deliberar, negociar, considerar las opciones, planear para.
獄	yu4	7685	Juicio, casos criminales, proceso o fallo penal, litigación, pendencias; prisión.
緩	huan3	2242	Lento, indulgente, pausadamente; demorar, posponer.
死	si3	5589	Morir, muerte, condenado.

Al comienzo un nueve

Es auspicioso estar preparado. Si hay algo [otros] más no habrá paz.

虞	yu2	7648	Tomar precauciones, prever, estar preocupado; guardabosques.
吉	ji2	0476	Ventura, buena suerte, buena fortuna, propicio, favorable.
有	you3	7533	Poseer, tener, en posesión de, haber, existir.
他	ta1	5961	Daño, obstáculo, calamidad; otro.
不	bu4	5379	No, adverbio de negación; sin, ninguno, nada, no lo haré, no lo necesito, no será.
燕	yan4	7399	En paz, tranquilo, descansar; calmar, tranquilizar; golondrina.

Nueve en el segundo puesto

Una grulla llamando desde la sombra. Su polluelo le responde. Tengo una buena copa. La compartiré contigo.

鳴	ming2	4535	Chillido (llamada) de aves (u otro animal); sonido distintivo, voz; proclamar, expresar, anunciar.
鶴	he4	2131	Grulla (emblema de longevidad).

在	zai4	6657	Estar en, adentro, sobre, presente, situado, al lado, a través, involucrado; presencia, existencia, lugar.
陰	yin1	7444	Sombra, oscuridad; pendiente norte (sombreada) de una colina; nublado; principio oscuro. Este carácter representa al principio *Yin*.
其	qi2	0525	Su, suyo, suya, de ellos, de ellas; el, la, lo, las, los. Un pronombre posesivo y demostrativo.
子	zi3	6939	Hijo/a, niño/a; descendencia, prole; posteridad; sufijo; oficial, amo, príncipe.
和	he2	2115	Armonía, paz, conciliación, ritmo, balance; sensible (a), que responde.
之	zhi1	0935	Pronombre personal: él, ella, ello; esto, esta, estos, etc. Frecuentemente es usado como un posesivo: tiene, tuvo, va a tener, suyo, suya; ir a.
我	wo3	4778	Nosotros, yo, mi, mío, nuestro.
有	you3	7533	Poseer, tener, en posesión de, haber, existir.
好	hao3	2062	Bueno, atractivo; amor, amar, gustar de, estar aficionado a.
爵	jue2	1179	Copa, garrafa, jarra (de vino), copa para libaciones rituales con tapa en forma de pájaro. Una copa con tres pies y dos asas; gorrión; rango nobiliario.
吾	wu2	7188	Yo, forma de nominativo de la primera persona singular en masculino y femenino; nosotros, mi, nuestro.
與	yu3	7615	Con, y; acompañar, aliarse, compañeros, combinar, cooperar, interactuar, de acuerdo con.
爾	er3	1754	Tú (pron. person.), tu (adj. poses.)
靡	mi2	4455	Compartir; vaciar, consumir, esparcir, desperdiciar.
之	zhi1	0935	Pronombre personal: él, ella, ello; esto, esta, estos, etc. Frecuentemente es usado como un posesivo: tiene, tuvo, va a tener, suyo, suya; ir a.

Seis en el tercer puesto

Consigue un camarada
A veces toca el tambor, o bien se detiene, a veces llora, o bien canta.

得	de2	6161	Conseguir, obtener, agarrar, ganar, ganancia, adquirir el objeto deseado, encontrar, lograr.
敵	di2	6221	Camarada; enemigo, oponente, antagonista; uno que es capaz de competir en igualdad con otro.

La Verdad Interior

或	huo4	2402	Si acaso, si (condición o suposición en virtud de la cual un concepto depende de otro u otros), quizás, incierto, posible pero no seguro; alguno(s), alguna vez.
鼓	gu3	3479	Tambor, tocar el tambor.
或	huo4	2402	Si acaso, si (condición o suposición en virtud de la cual un concepto depende de otro u otros), quizás, incierto, posible pero no seguro; alguno(s), alguna vez.
罷	ba4	4841	Parar, cesar, cansado, exhausto, agotar, descansar.
或	huo4	2402	Si acaso, si (condición o suposición en virtud de la cual un concepto depende de otro u otros), quizás, incierto, posible pero no seguro; alguno(s), alguna vez.
泣	qi4	0563	Llanto, lágrimas, sollozo.
或	huo4	2402	Si acaso, si (condición o suposición en virtud de la cual un concepto depende de otro u otros), quizás, incierto, posible pero no seguro; alguno(s), alguna vez.
歌	ge1	3364	Cantar, canción, canto, cantar elegías.

Seis en el cuarto puesto

La luna está casi llena.
Un caballo de la yunta desaparece. Sin defecto.

月	yue4	7696	La Luna, mes lunar.
幾	ji1	0409	Casi, por poco; acercarse; sutil, recóndito, escondido; señal sutil, casi imperceptible; la primer señal.
望	wang4	7043	Luna llena; el día 15 del calendario lunar; esperanza, expectación, imaginarse.
馬	ma3	4310	Caballo.
匹	pi3	5170	Compañero, pareja, uno de un equipo (o una yunta de animales).
亡	wang2	7034	Desaparecer, irse, escapar; morir, perecer, fallar.
无	wu2	7173	No, negativa; sin, no tiene, carencia de.
咎	jiu4	1192	Falta, error, defecto, culpa; poco propicio, infortunio, calamidad; mala suerte, mal augurio.

Nueve en el quinto puesto

Sinceramente unidos. Sin defecto.

有	you3	7533	Poseer, tener, en posesión de, haber, existir.
孚	fu2	1936	Verdad; confiable, sincero; inspirar confianza a otros.

攣	luan2	4300	Conectar, atar, unir; continuar.
如	ru2	3137	Así, de esta forma, como, igual que, parecido, si (condicional).
无	wu2	7173	No, negativa; sin, no tiene, carencia de.
咎	jiu4	1192	Falta, error, defecto, culpa; poco propicio, infortunio, calamidad; mala suerte, mal augurio.

Al tope un nueve

El clamor del faisán sube hasta el cielo. La determinación es ominosa.

翰	han4	2042	Pluma de faisán; ala, alado; volar, remontar el vuelo.
音	yin1	7418	Sonido, tono, pronunciación de palabras, mensaje, ruido.
登	deng1	6167	Subir, ascender, trepar, montar; hacer madurar; elevar, alzar.
于	yu2	7592	En (sobre, bajo, adentro, al lado, cerca de, por), a, hacia, ir hacia, hasta, de, como.
天	tian1	6361	Cielo, firmamento, cosmos, celestial, divino.
貞	zhen1	0346	Determinación (con el doble sentido de decisión y acción firme y continuada), constancia, perseverancia, firmeza; lealtad, devoción, pureza. Originalmente: determinación por adivinación.
凶	xiong1	2808	Desventura, malo, mala suerte, gran infortunio, peligro mortal, nefasto, malos augurios, caer en una trampa.

62 小過 *xiao guo* – El Exceso de lo Pequeño

El Dictamen

El Exceso de lo Pequeño. Exito. La determinación es favorable. Pueden hacerse cosas pequeñas, no grandes. El pájaro vuelta soltando su grito. No es bueno ascender. Es bueno descender. Gran ventura.

小	xiao3	2605	Pequeño, común, humilde, mediocre, insignificante, sin importancia.
過	guo4	3730	Pasar, pasar a través, ir más allá, sobrepasar, exceder, exceso, preponderancia; demasiado, excesivamente; transgredir, falta.
亨	heng1	2099	Exito, logro, satisfacción, crecimiento, penetración; ofrenda, sacrificio.
利	li4	3867	Favorable, propicio, conveniente, beneficioso, afortunado.
貞	zhen1	0346	Determinación (con el doble sentido de decisión y acción firme y continuada), constancia, perseverancia, firmeza; lealtad, devoción, pureza. Originalmente: determinación por adivinación.
可	ke3	3381	Poder, ser capaz de, podría, posiblemente; permiso, aprobación; adecuado, satisfactorio.
小	xiao3	2605	Pequeño, común, humilde, mediocre, insignificante, sin importancia.
事	shi4	5787	Servir, servicio, asunto, cuestión, cosa, evento, negocio, actividad, quehacer, ocupación.
不	bu4	5379	No, adverbio de negación; sin, ninguno, nada, no lo haré, no lo necesito, no será.
可	ke3	3381	Poder, ser capaz de, podría, posiblemente; permiso, aprobación; adecuado, satisfactorio.
大	da4	5943	Grande, alto, excesivo, arrogante, estirarse y alcanzar por todos lados.
事	shi4	5787	Servir, servicio, asunto, cuestión, cosa, evento, negocio, actividad, quehacer, ocupación.
飛	fei1	1850	Volar, volando; ir rápidamente.
鳥	niao3	4688	Pájaro.

遺	yi2	2995	Transmitir; abandonar, dejar atrás, salir de; descuidar; perder, perdido por descuido.
之	zhi1	0935	Pronombre personal: él, ella, ello; esto, esta, estos, etc. Frecuentemente es usado como un posesivo: tiene, tuvo, va a tener, suyo, suya; ir a.
音	yin1	7418	Sonido, tono, pronunciación de palabras, mensaje, ruido.
不	bu4	5379	No, adverbio de negación; sin, ninguno, nada, no lo haré, no lo necesito, no será.
宜	yi2	2993	Correcto, apropiado; sacrificio a la deidad de la tierra.
上	shang4	5669	Arriba, sobre, encima; ascender, subir, elevar, ir para arriba; más alto, superior; sobrepasar, primero.
宜	yi2	2993	Correcto, apropiado; sacrificio a la deidad de la tierra.
下	xia4	2520	Debajo de, abajo, descender.
大	da4	5943	Grande, alto, excesivo, arrogante, estirarse y alcanzar por todos lados.
吉	ji2	0476	Ventura, buena suerte, buena fortuna, propicio, favorable.

La Imagen

Arriba de la Montaña está el Trueno:
la imagen de El Exceso de lo Pequeño.
Así el noble, en su conducta es excesivamente respetuoso;
en las honras fúnebres muestra excesivo pesar;
en sus gastos es excesivamente frugal.

山	shan1	5630	Montaña, colina, pico.
上	shang4	5669	Arriba, sobre, encima; ascender, subir, elevar, ir para arriba; más alto, superior; sobrepasar, primero.
有	you3	7533	Poseer, tener, en posesión de, haber, existir.
雷	lei2	4236	Trueno: conmoción, aterrador, poder suscitativo que surge de la tierra.
小	xiao3	2605	Pequeño, común, humilde, mediocre, insignificante, sin importancia.
過	guo4	3730	Pasar, pasar a través, ir más allá, sobrepasar, exceder, exceso, preponderancia; demasiado, excesivamente; transgredir, falta.
君	jun1	1715	Señor, príncipe, gobernante, noble; hombre superior.
子	zi3	6939	Hijo/a, niño/a; descendencia, prole; posteridad; sufijo; oficial, amo, príncipe.

EL EXCESO DE LO PEQUEÑO   (321)

以	yi3	2932	Así, de esta manera; por, para; por medio de, con; instrumento, medio, método, uso (de), camino (a).
行	xing2	2754	El significado original era camino, movilizar, en el *YiJing* usualmente significa moverse, ir, trasladarse de un lugar a otro, avanzar, actuar, hacer.
過	guo4	3730	Pasar, pasar a través, ir más allá, sobrepasar, exceder, exceso, preponderancia; demasiado, excesivamente; transgredir, falta.
乎	hu1	2154	Preposición. Partícula final de exclamación o interrogación; adentro, en, sobre, al lado de.
恭	gong1	3711	Respeto, reverencia, cortesía.
喪	sang4	5429	Perder, dejar caer, dejar ir, desaparecer, perdido, pérdida, ruina, duelo.
過	guo4	3730	Pasar, pasar a través, ir más allá, sobrepasar, exceder, exceso, preponderancia; demasiado, excesivamente; transgredir, falta.
乎	hu1	2154	Preposición. Partícula final de exclamación o interrogación; adentro, en, sobre, al lado de.
哀	ai1	0003	Pena, congoja, lamentación, estar de duelo. También tener compasión o pena por otra persona. Exclamación: ¡ay! ¡ay de mí!
用	yong4	7567	Usar, aplicar, emplear, implementar; aplicar el oráculo a situaciones reales; actuar; usar como ofrenda, ofrecer en sacrificio.
過	guo4	3730	Pasar, pasar a través, ir más allá, sobrepasar, exceder, exceso, preponderancia; demasiado, excesivamente; transgredir, falta.
乎	hu1	2154	Preposición. Partícula final de exclamación o interrogación; adentro, en, sobre, al lado de.
儉	jian3	0848	Ahorro, moderación, economía, restricción; una pobre cosecha.

Al comienzo un seis

El pájaro que vuela tendrá desventura.

飛	fei1	1850	Volar, volando; ir rápidamente.
鳥	niao3	4688	Pájaro.
以	yi3	2932	Así, de esta manera; por, para; por medio de, con; instrumento, medio, método, uso (de), camino (a).
凶	xiong1	2808	Desventura, malo, mala suerte, gran infortunio, peligro mortal, nefasto, malos augurios, caer en una trampa.

Seis en el segundo puesto

Sobrepasa a su antepasado, pero encuentra a su antepasada.
No llega hasta su príncipe, pero encuentra al ministro. Sin defecto.

過	guo4	3730	Pasar, pasar a través, ir más allá, sobrepasar, exceder, exceso, preponderancia; demasiado, excesivamente; transgredir, falta.
其	qi2	0525	Su, suyo, suya, de ellos, de ellas; el, la, lo, las, los. Un pronombre posesivo y demostrativo.
祖	zu3	6815	Antepasado, abuelo.
遇	yu4	7625	Encontrar, encontrarse con; pasar, suceder, ocurrir, casualidad; afortunada coincidencia, suerte.
其	qi2	0525	Su, suyo, suya, de ellos, de ellas; el, la, lo, las, los. Un pronombre posesivo y demostrativo.
妣	bi3	5082	Antecesora, finada madre o abuela.
不	bu4	5379	No, adverbio de negación; sin, ninguno, nada, no lo haré, no lo necesito, no será.
及	ji2	0468	Alcanzar, llegar hasta, extenderse hasta, acercarse a, dirigirse hacia.
其	qi2	0525	Su, suyo, suya, de ellos, de ellas; el, la, lo, las, los. Un pronombre posesivo y demostrativo.
君	jun1	1715	Señor, príncipe, gobernante, noble; hombre superior.
遇	yu4	7625	Encontrar, encontrarse con; pasar, suceder, ocurrir, casualidad; afortunada coincidencia, suerte.
其	qi2	0525	Su, suyo, suya, de ellos, de ellas; el, la, lo, las, los. Un pronombre posesivo y demostrativo.
臣	chen2	0327	Súbdito, sirviente, siervo, funcionario, ministro, asistente, vasallo.
无	wu2	7173	No, negativa; sin, no tiene, carencia de.
咎	jiu4	1192	Falta, error, defecto, culpa; poco propicio, infortunio, calamidad; mala suerte, mal augurio.

Nueve en el tercer puesto

Si no es excesivamente cuidadoso, quizás alguien lo siga
y lo asalte con violencia. Desventura

弗	fu2	1981	No (especialmente que no puede o que no quiere), negativa.
過	guo4	3730	Pasar, pasar a través, ir más allá, sobrepasar, exceder, exceso, preponderancia; demasiado, excesivamente; transgredir, falta.

El Exceso de lo Pequeño   (3·23)

防	fang2	1817	Prevenir, ser cuidadoso, alerta, en guardia; fortificar.
之	zhi1	0935	Pronombre personal: él, ella, ello; esto, esta, estos, etc. Frecuentemente es usado como un posesivo: tiene, tuvo, va a tener, suyo, suya; ir a.
從	cong2	6919	Seguir, seguir una doctrina, seguidor, adherirse, obedecer, perseguir; ocuparse de (negocios).
或	huo4	2402	Si acaso, si (condición o suposición en virtud de la cual un concepto depende de otro u otros), quizás, incierto, posible pero no seguro; alguno(s), alguna vez.
戕	qiang1	0673	Atacar, matar, ataque violento, lastimar.
之	zhi1	0935	Pronombre personal: él, ella, ello; esto, esta, estos, etc. Frecuentemente es usado como un posesivo: tiene, tuvo, va a tener, suyo, suya; ir a.
凶	xiong1	2808	Desventura, malo, mala suerte, gran infortunio, peligro mortal, nefasto, malos augurios, caer en una trampa.

Nueve en el cuarto puesto

    Sin defecto. Sin ir más allá él lo encuentra.
    Avanzar es peligroso. Uno debe estar en guardia.
    Determinación a largo plazo no debe emplearse.

无	wu2	7173	No, negativa; sin, no tiene, carencia de.
咎	jiu4	1192	Falta, error, defecto, culpa; poco propicio, infortunio, calamidad; mala suerte, mal augurio.
弗	fu2	1981	No (especialmente que no puede o que no quiere), negativa.
過	guo4	3730	Pasar, pasar a través, ir más allá, sobrepasar, exceder, exceso, preponderancia; demasiado, excesivamente; transgredir, falta.
遇	yu4	7625	Encontrar, encontrarse con; pasar, suceder, ocurrir, casualidad; afortunada coincidencia, suerte.
之	zhi1	0935	Pronombre personal: él, ella, ello; esto, esta, estos, etc. Frecuentemente es usado como un posesivo: tiene, tuvo, va a tener, suyo, suya; ir a.
往	wang3	7050	Ir, ir hacia, ir a; partir, irse.
厲	li4	3906	Peligro, amenaza, opresivo, cruel, malvado, brutal, enfermedad, demonio malevolente; piedra de afilar áspera, afilar, machacar, triturar, disciplina.
必	bi4	5109	Deber, tener que, necesariamente, inevitablemente.
戒	jie4	0627	Advertencia, precaución, límite; en guardia, desconfiado.

勿	wu4	7208	No. Negativa imperativa.
用	yong4	7567	Usar, aplicar, emplear, implementar; aplicar el oráculo a situaciones reales; actuar; usar como ofrenda, ofrecer en sacrificio.
永	yong3	7589	Constante, perpetuo, que fluye por siempre; largo, prolongar, que llega lejos.
貞	zhen1	0346	Determinación (con el doble sentido de decisión y acción firme y continuada), constancia, perseverancia, firmeza; lealtad, devoción, pureza. Originalmente: determinación por adivinación.

Seis en el quinto puesto

Hay densas nubes pero no lluvia de nuestra frontera occidental.
El príncipe dispara y captura al que está en la cueva.

密	mi4	4464	Denso, espeso; muy juntos; oculto, secreto, confidencial; silencioso.
雲	yun2	7750	Nubes.
不	bu4	5379	No, adverbio de negación; sin, ninguno, nada, no lo haré, no lo necesito, no será.
雨	yu3	7662	Lluvia, chaparrón, chubasco.
自	zi4	6960	De, desde, viniendo de, seguir, originar, a causa de, por; uno mismo, él mismo.
我	wo3	4778	Nosotros, yo, mi, mío, nuestro.
西	xi1	2460	Oeste, occidental. Corresponde al otoño.
郊	jiao1	0714	Suburbios, campo, periferia, páramo, frontera; altar suburbano y sacrificio.
公	gong1	3701	Príncipe, señor feudal, un noble de elevado rango, duque; público; imparcial, desinteresado, justo.
弋	yi4	3018	Disparar una flecha atada a una cuerda. Se usaba para cazar aves y peces, evitando la huida de la presa herida.
取	qu3	1615	Tomar una esposa, tomar, ir a buscar, obtener.
彼	bi3	5093	Ese, aquél, esos, aquellos, el otro.
在	zai4	6657	Estar en, adentro, sobre, presente, situado, al lado, a través, involucrado; presencia, existencia, lugar.
穴	xue2	2899	Hoyo, pozo, morada subterránea, cueva, agujero, tumba, bóveda.

EL EXCESO DE LO PEQUEÑO   (325)

Al tope un seis

Lo sobrepasa sin encontrarlo. El ave voladora lo abandona.
Desventura. Esto significa error y calamidad.

弗	fu2	1981	No (especialmente que no puede o que no quiere), negativa.
遇	yu4	7625	Encontrar, encontrarse con; pasar, suceder, ocurrir, casualidad; afortunada coincidencia, suerte.
過	guo4	3730	Pasar, pasar a través, ir más allá, sobrepasar, exceder, exceso, preponderancia; demasiado, excesivamente; transgredir, falta.
之	zhi1	0935	Pronombre personal: él, ella, ello; esto, esta, estos, etc. Frecuentemente es usado como un posesivo: tiene, tuvo, va a tener, suyo, suya; ir a.
飛	fei1	1850	Volar, volando; ir rápidamente.
鳥	niao3	4688	Pájaro.
離	li2	3902	Brillantez, resplandor; adherencia; nombre de un pájaro.
之	zhi1	0935	Pronombre personal: él, ella, ello; esto, esta, estos, etc. Frecuentemente es usado como un posesivo: tiene, tuvo, va a tener, suyo, suya; ir a.
凶	xiong1	2808	Desventura, malo, mala suerte, gran infortunio, peligro mortal, nefasto, malos augurios, caer en una trampa.
是	shi4	5794	Este, esta; esto; éstos, éstas; correcto.
謂	wei4	7079	Decir, llamar, significar.
災	zai1	6652	Calamidad, desastre, daño, herida; desgracia provocada por causas fuera de nuestro control, quizás procedente del Cielo, como las inundaciones y el fuego.
眚	sheng3	5741	Grave error, desastre, calamidad; infortunio, falta u ofensa debido a la ignorancia. Ceguera o falta de luz, un error de juicio.

63 既濟 *ji ji* – Después de la Consumación

El Dictamen

Después de la Consumación. Exito.
La determinación es favorable para pequeñas cosas.
Al principio ventura, al final caos.

既	ji4	0453	Consumado, completo, ha ocurrido, hecho, ya sucedió, después.
濟	ji4	0459	Vadear, cruzar una corriente de agua por una parte poco profunda; llevar a cabo, consumar; incrementar; ayudar.
亨	heng1	2099	Exito, logro, satisfacción, crecimiento, penetración; ofrenda, sacrificio.
小	xiao3	2605	Pequeño, común, humilde, mediocre, insignificante, sin importancia.
利	li4	3867	Favorable, propicio, conveniente, beneficioso, afortunado.
貞	zhen1	0346	Determinación (con el doble sentido de decisión y acción firme y continuada), constancia, perseverancia, firmeza; lealtad, devoción, pureza. Originalmente: determinación por adivinación.
初	chu1	1390	Al principio, comienzo, incipiente, primero.
吉	ji2	0476	Ventura, buena suerte, buena fortuna, propicio, favorable.
終	zhong1	1500	Fin, final, al final, completo, entero, término, final de un ciclo; llevar hasta la conclusión, consumación; muerte.
亂	luan4	4220	Desorden, confusión, rebelión, anarquía, caos, situación confusa y enredada.

La Imagen

El Agua sobre el Fuego: la imagen de Después de la Consumación.
Así el noble medita por anticipado sobre la calamidad, para prevenirla.

水	shui3	5922	Agua, río, corriente, flujo, líquido, fluido.
在	zai4	6657	Estar en, adentro, sobre, presente, situado, al lado, a través, involucrado; presencia, existencia, lugar.

Después de la Consumación (3²7)

火	huo3	2395	Fuego, flama. El Fuego y el Brillo son símbolos del trigrama ☲: Lo Adherente.
上	shang4	5669	Arriba, sobre, encima; ascender, subir, elevar, ir para arriba; más alto, superior; sobrepasar, primero.
既	ji4	0453	Consumado, completo, ha ocurrido, hecho, ya sucedió, después.
濟	ji4	0459	Vadear, cruzar una corriente de agua por una parte poco profunda; llevar a cabo, consumar; incrementar; ayudar.
君	jun1	1715	Señor, príncipe, gobernante, noble; hombre superior.
子	zi3	6939	Hijo/a, niño/a; descendencia, prole; posteridad; sufijo; oficial, amo, príncipe.
以	yi3	2932	Así, de esta manera; por, para; por medio de, con; instrumento, medio, método, uso (de), camino (a).
思	si1	5580	Pensar, pensamiento, intenciones, propósitos, planes, deliberar, considerar.
患	huan4	2240	Calamidad, infortunio, mala suerte, aflicción, problemas, sufrimiento, maldad.
而	er2	1756	Y, entonces, pero, sin embargo. Une y contrasta dos palabras.
豫	yu4	7603	Tomar precauciones; anticipación; entusiasmo, felicidad, alegría, entretenimiento.
防	fang2	1817	Prevenir, ser cuidadoso, alerta, en guardia; fortificar.
之	zhi1	0935	Pronombre personal: él, ella, ello; esto, esta, estos, etc. Frecuentemente es usado como un posesivo: tiene, tuvo, va a tener, suyo, suya; ir a.

Al comienzo un nueve

Frena sus ruedas y moja su cola. Sin defecto.

曳	yi4	3008	Arrastrar, tirar para atrás; tirar de.
其	qi2	0525	Su, suyo, suya, de ellos, de ellas; el, la, lo, las, los. Un pronombre posesivo y demostrativo.
輪	lun2	4254	Rueda/s.
濡	ru2	3149	Húmedo, humedecer, en remojo, mojado, sumergido, sumergir; brillante.
其	qi2	0525	Su, suyo, suya, de ellos, de ellas; el, la, lo, las, los. Un pronombre posesivo y demostrativo.
尾	wei3	7109	Cola, trasero, parte trasera; último.
无	wu2	7173	No, negativa; sin, no tiene, carencia de.
咎	jiu4	1192	Falta, error, defecto, culpa; poco propicio, infortunio, calamidad; mala suerte, mal augurio.

Seis en el segundo puesto

> La mujer pierde la cortina de su carruaje.
> No corras a buscarla, en siete días la conseguirás.

婦	fu4	1963	Mujer casada, esposa, una mujer.
喪	sang4	5429	Perder, dejar caer, dejar ir, desaparecer, perdido, pérdida, ruina, duelo.
其	qi2	0525	Su, suyo, suya, de ellos, de ellas; el, la, lo, las, los. Un pronombre posesivo y demostrativo.
茀	fu2	1989	Cortina del carruaje; ornamento vestido en la cabeza, horquilla para el pelo; peluca ornamental.
勿	wu4	7208	No. Negativa imperativa.
逐	zhu2	1383	Perseguir, seguir, expeler; en orden, en sucesión, uno por uno; competencia.
七	qi1	0579	Siete, séptimo.
日	ri4	3124	El sol, un ciclo solar, día, un día, horas diurnas.
得	de2	6161	Conseguir, obtener, agarrar, ganar, ganancia, adquirir el objeto deseado, encontrar, lograr.

Nueve en el tercer puesto

> Cuando el Eminente Antepasado atacó la Tierra del Demonio,
> tardó tres años en conquistarla.
> No deben ser utilizados hombres inferiores.

高	gao1	3290	Alto, elevado, exaltado, majestuoso, eminente, ilustre.
宗	zong1	6896	Clan; antepasado; templo ancestral (de un clan o familia).
伐	fa1	1765	Atacar, castigar rebeldes, subyugar; golpear, talar. El carácter "hombre" y "hacha de batalla",
鬼	gui3	3634	Tribu *gui* (enemigos de los *Zhou*), bárbaros; demonio, fantasma, espíritu, tramposo, siniestro, malvado.
方	fang1	1802	Cuadrado, directo, frontal, justo, correcto; repentino, rápido; lados, sobre todos los lados, en todos lados; barrio, región, lugar, dirección; tomar un lugar; sacrificar a los espíritus de los cuatro lados.
三	san1	5415	Tres, tercero, triple, tres veces.
年	nian2	4711	Año/s, estación/es, cosechas.
克	ke4	3320	Poder, ser capaz, llevar adelante; conquistar, dominar, prevalecer.

Después de la Consumación (329)

之	zhi1	0935	Pronombre personal: él, ella, ello; esto, esta, estos, etc. Frecuentemente es usado como un posesivo: tiene, tuvo, va a tener, suyo, suya; ir a.
小	xiao3	2605	Pequeño, común, humilde, mediocre, insignificante, sin importancia.
人	ren2	3097	Hombre, persona(s), otro(s), ser humano, individuo.
勿	wu4	7208	No. Negativa imperativa.
用	yong4	7567	Usar, aplicar, emplear, implementar; aplicar el oráculo a situaciones reales; actuar; usar como ofrenda, ofrecer en sacrificio.

Seis en el cuarto puesto

Tiene seda desgarrada y trapos. Sé precavido hasta el final del día.

繻	xu1	2845	Pieza de seda desgarrada, una de las cuales era dada como credencial y la otra retenida; gotera, vía de agua.
有	you3	7533	Poseer, tener, en posesión de, haber, existir.
衣	yi1	2989	Ropa, vestimenta; vestir.
袽	ru2	3140	Trapos, harapos, trapos para calafatear (el casco, para que no entre agua); hilo de seda.
終	zhong1	1500	Fin, final, al final, completo, entero, término, final de un ciclo; llevar hasta la conclusión, consumación; muerte.
日	ri4	3124	El sol, un ciclo solar, día, un día, horas diurnas.
戒	jie4	0627	Advertencia, precaución, límite; en guardia, desconfiado.

Nueve en el quinto puesto

El vecino del este que sacrifica a un buey
no recibe una bendición tan plena como el vecino del oeste
con su pequeña ofrenda.

東	dong1	6605	El Este.
鄰	lin2	4033	Vecino, vecindario, familia extendida, asociado, asistente.
殺	sha1	5615	Matar, debilitar, reducir.
牛	niu2	4737	Vaca, toro, buey.
不	bu4	5379	No, adverbio de negación; sin, ninguno, nada, no lo haré, no lo necesito, no será.
如	ru2	3137	Así, de esta forma, como, igual que, parecido, si (condicional).

西	xi1	2460	Oeste, occidental. Corresponde al otoño.
鄰	lin2	4033	Vecino, vecindario, familia extendida, asociado, asistente.
之	zhi1	0935	Pronombre personal: él, ella, ello; esto, esta, estos, etc. Frecuentemente es usado como un posesivo: tiene, tuvo, va a tener, suyo, suya; ir a.
禴	yue4	7498	Sacrificio *Yue* a los ancestros, realizado durante la primavera, cuando el alimento era escaso; pequeña ofrenda, un sacrificio ofrecido con pocos recursos.
祭	ji4	0465	Sacrificio, ofrenda, ofrenda a dioses o espíritus.
實	shi2	5821	Lleno, real, sustancial, contenido, sustancia, sincero, auténtico, sólido; fruto.
受	shou4	5840	Recibir, aceptar, soportar, aguantar.
其	qi2	0525	Su, suyo, suya, de ellos, de ellas; el, la, lo, las, los. Un pronombre posesivo y demostrativo.
福	fu2	1978	Felicidad, dicha, bendiciones, buena fortuna.

Al tope un seis

Se le moja la cabeza. Peligro.

濡	ru2	3149	Húmedo, humedecer, en remojo, mojado, sumergido, sumergir; brillante.
其	qi2	0525	Su, suyo, suya, de ellos, de ellas; el, la, lo, las, los. Un pronombre posesivo y demostrativo.
首	shou3	5839	La cabeza, líder, jefe, superior, primero, más importante.
厲	li4	3906	Peligro, amenaza, opresivo, cruel, malvado, brutal, enfermedad, demonio malevolente; piedra de afilar áspera, afilar, machacar, triturar, disciplina.

64 未濟 *wei ji* – Antes de la Consumación

El Dictamen

Antes de la Consumación. Exito.
Al pequeño zorro se le moja la cola
cuando está terminando de vadear el río.
Nada que sea favorable.

未	wei4	7114	Todavía no, antes. La octava de las 12 ramas terrestres. 13-15 hs.
濟	ji4	0459	Vadear, cruzar una corriente de agua por una parte poco profunda; llevar a cabo, consumar; incrementar; ayudar.
亨	heng1	2099	Exito, logro, satisfacción, crecimiento, penetración; ofrenda, sacrificio.
小	xiao3	2605	Pequeño, común, humilde, mediocre, insignificante, sin importancia.
狐	hu2	2185	Zorro.
汔	qi4	8006	Secarse, agua secándose; casi, por poco.
濟	ji4	0459	Vadear, cruzar una corriente de agua por una parte poco profunda; llevar a cabo, consumar; incrementar; ayudar.
濡	ru2	3149	Húmedo, humedecer, en remojo, mojado, sumergido, sumergir; brillante.
其	qi2	0525	Su, suyo, suya, de ellos, de ellas; el, la, lo, las, los. Un pronombre posesivo y demostrativo.
尾	wei3	7109	Cola, trasero, parte trasera; último.
无	wu2	7173	No, negativa; sin, no tiene, carencia de.
攸	you1	7519	Meta, dirección, propósito; destino, lugar, el lugar donde; por lo cual; aquel que.
利	li4	3867	Favorable, propicio, conveniente, beneficioso, afortunado.

La Imagen

El Fuego encima del Agua: la imagen de Antes de la Consumación. Así el noble es cuidadoso en la discriminación de las cosas, para que cada una ocupe su lugar.

火	huo3	2395	Fuego, flama. El Fuego y el Brillo son símbolos del trigrama ☲: Lo Adherente.
在	zai4	6657	Estar en, adentro, sobre, presente, situado, al lado, a través, involucrado; presencia, existencia, lugar.
水	shui3	5922	Agua, río, corriente, flujo, líquido, fluido.
上	shang4	5669	Arriba, sobre, encima; ascender, subir, elevar, ir para arriba; más alto, superior; sobrepasar, primero.
未	wei4	7114	Todavía no, antes. La octava de las 12 ramas terrestres. 13-15 hs.
濟	ji4	0459	Vadear, cruzar una corriente de agua por una parte poco profunda; llevar a cabo, consumar; incrementar; ayudar.
君	jun1	1715	Señor, príncipe, gobernante, noble; hombre superior.
子	zi3	6939	Hijo/a, niño/a; descendencia, prole; posteridad; sufijo; oficial, amo, príncipe.
以	yi3	2932	Así, de esta manera; por, para; por medio de, con; instrumento, medio, método, uso (de), camino (a).
慎	shen4	5734	Cuidadoso, prudente.
辨	bian4	5240	Discriminar, distinguir, discernir, identificar; dividir, distribuir; el marco que divide una cama de su soporte.
物	wu4	7209	Cosa/s, ser/es, objeto/s; el mundo físico, todas las cosas vivientes, la multitud, los otros.
居	ju1	1535	Quedarse, permanecer, descansar (en), morar, residir; ocupar una posición o lugar; presumido, arrogante, dominante.
方	fang1	1802	Cuadrado, directo, frontal, justo, correcto; repentino, rápido; lados, sobre todos los lados, en todos lados; barrio, región, lugar, dirección; tomar un lugar; sacrificar a los espíritus de los cuatro lados.

Al comienzo un seis

Se moja su cola. Humillación.

濡	ru2	3149	Húmedo, humedecer, en remojo, mojado, sumergido, sumergir; brillante.
其	qi2	0525	Su, suyo, suya, de ellos, de ellas; el, la, lo, las, los. Un pronombre posesivo y demostrativo.

Antes de la Consumación (333)

尾	wei3	7109	Cola, trasero, parte trasera; último.
吝	lin4	4040	Arrepentimiento, humillación, vergüenza, angustia, aflicción, sufrimiento; mezquindad, avaricia.

Nueve en el segundo puesto
Frena sus ruedas. La determinación es venturosa.

曳	yi4	3008	Arrastrar, tirar para atrás; tirar de.
其	qi2	0525	Su, suyo, suya, de ellos, de ellas; el, la, lo, las, los. Un pronombre posesivo y demostrativo.
輪	lun2	4254	Rueda/s.
貞	zhen1	0346	Determinación (con el doble sentido de decisión y acción firme y continuada), constancia, perseverancia, firmeza; lealtad, devoción, pureza. Originalmente: determinación por adivinación.
吉	ji2	0476	Ventura, buena suerte, buena fortuna, propicio, favorable.

Seis en el tercer puesto
Antes de la Consumación. Marchar trae desventura.
Es favorable vadear el gran río.

未	wei4	7114	Todavía no, antes. La octava de las 12 ramas terrestres. 13-15 hs.
濟	ji4	0459	Vadear, cruzar una corriente de agua por una parte poco profunda; llevar a cabo, consumar; incrementar; ayudar.
征	zheng1	0352	Marchar (iniciar una campaña). Castigar, disciplinar, atacar, invadir, conquistar; ir, venir, traer.
凶	xiong1	2808	Desventura, malo, mala suerte, gran infortunio, peligro mortal, nefasto, malos augurios, caer en una trampa.
利	li4	3867	Favorable, propicio, conveniente, beneficioso, afortunado.
涉	she4	5707	Vadear o cruzar una corriente de agua; pasar a través o por encima.
大	da4	5943	Grande, alto, excesivo, arrogante, estirarse y alcanzar por todos lados.
川	chuan1	1439	Río, corriente de agua, inundación.

Nueve en el cuarto puesto

La determinación es venturosa.
El arrepentimiento se desvanece.
Conmoción para conquistar la Tierra del Demonio.
En tres años recibirás un gran país como premio.

貞	zhen1	0346	Determinación (con el doble sentido de decisión y acción firme y continuada), constancia, perseverancia, firmeza; lealtad, devoción, pureza. Originalmente: determinación por adivinación.
吉	ji2	0476	Ventura, buena suerte, buena fortuna, propicio, favorable.
悔	hui3	2336	Arrepentimiento, remordimiento, dolor y pesar por una culpa cometida; problemas.
亡	wang2	7034	Desaparecer, irse, escapar; morir, perecer, fallar.
震	zhen4	0315	Conmoción, sacudida, lo suscitativo, trueno, terremoto, agitar mover, poder, vibración, aterrorizar, inspirador de temor y reverencia.
用	yong4	7567	Usar, aplicar, emplear, implementar; aplicar el oráculo a situaciones reales; actuar; usar como ofrenda, ofrecer en sacrificio.
伐	fa1	1765	Atacar, castigar rebeldes, subyugar; golpear, talar. El carácter "hombre" y "hacha de batalla".
鬼	gui3	3634	Tribu *gui* (enemigos de los *Zhou*), bárbaros; demonio, fantasma, espíritu, tramposo, siniestro, malvado.
方	fang1	1802	Cuadrado, directo, frontal, justo, correcto; repentino, rápido; lados, sobre todos los lados, en todos lados; barrio, región, lugar, dirección; tomar un lugar; sacrificar a los espíritus de los cuatro lados.
三	san1	5415	Tres, tercero, triple, tres veces.
年	nian2	4711	Año/s, estación/es, cosechas.
有	you3	7533	Poseer, tener, en posesión de, haber, existir.
賞	shang3	5672	Recompensa, premio, regalos.
于	yu2	7592	En (sobre, bajo, adentro, al lado, cerca de, por), a, hacia, ir hacia, hasta, de, como.
大	da4	5943	Grande, alto, excesivo, arrogante, estirarse y alcanzar por todos lados.
國	guo2	3738	Estado, país, nación, reino, una dinastía; capital de un estado.

Antes de la Consumación (335)

Seis en el quinto puesto

>La determinación es venturosa.
>No hay arrepentimiento.
>La gloria del noble es verdadera. Ventura.

貞	zhen1	0346	Determinación (con el doble sentido de decisión y acción firme y continuada), constancia, perseverancia, firmeza; lealtad, devoción, pureza. Originalmente: determinación por adivinación.
吉	ji2	0476	Ventura, buena suerte, buena fortuna, propicio, favorable.
无	wu2	7173	No, negativa; sin, no tiene, carencia de.
悔	hui3	2336	Arrepentimiento, remordimiento, dolor y pesar por una culpa cometida; problemas.
君	jun1	1715	Señor, príncipe, gobernante, noble; hombre superior.
子	zi3	6939	Hijo/a, niño/a; descendencia, prole; posteridad; sufijo; oficial, amo, príncipe.
之	zhi1	0935	Pronombre personal: él, ella, ello; esto, esta, estos, etc. Frecuentemente es usado como un posesivo: tiene, tuvo, va a tener, suyo, suya; ir a.
光	guang1	3583	Luz, brillo, iluminar, brillantez; gloria, esplendor.
有	you3	7533	Poseer, tener, en posesión de, haber, existir.
孚	fu2	1936	Verdad; confiable, sincero; inspirar confianza a otros.
吉	ji2	0476	Ventura, buena suerte, buena fortuna, propicio, favorable.

Al tope un nueve

>Se bebe vino en confianza. Sin defecto.
>Pero la confianza se perderá si moja su cabeza.

有	you3	7533	Poseer, tener, en posesión de, haber, existir.
孚	fu2	1936	Verdad; confiable, sincero; inspirar confianza a otros.
于	yu2	7592	En (sobre, bajo, adentro, al lado, cerca de, por), a, hacia, ir hacia, hasta, de, como.
飲	yin3	7454	Beber, tragar; bebida, dar de beber.
酒	jiu3	1208	Bebida, vino, licor, bebidas espirituosas.
无	wu2	7173	No, negativa; sin, no tiene, carencia de.
咎	jiu4	1192	Falta, error, defecto, culpa; poco propicio, infortunio, calamidad; mala suerte, mal augurio.

濡	ru2	3149	Húmedo, humedecer, en remojo, mojado, sumergido, sumergir; brillante.
其	qi2	0525	Su, suyo, suya, de ellos, de ellas; el, la, lo, las, los. Un pronombre posesivo y demostrativo.
首	shou3	5839	La cabeza, líder, jefe, superior, primero, más importante.
有	you3	7533	Poseer, tener, en posesión de, haber, existir.
孚	fu2	1936	Verdad; confiable, sincero; inspirar confianza a otros.
失	shi1	5806	Perder, dejar ir, descuidar, perder control.
是	shi4	5794	Este, esta; esto; éstos, éstas; correcto.

Concordancia

Los números adjuntos a cada sinograma indican su número en el diccionario de Mathews (Mathews' Chinese–English Dictionary), aunque los números mayores de 7999 no se encuentran en es diccionario.

La ubicación de los caracteres se indica agregando un punto y una letra o un número tras el número del hexagrama.

0   indica el Dictamen;
1 a 6 indican el número de línea;
7   indica el comentario para cuando mutan todas las líneas en los hexagramas 1 y 2;
X   indica la Imagen.

哀
0003: aparece 1 vez en: 62.X.

安
0026: aparece 4 veces en: 2.0, 6.4, 23.X y 60.4.

占
0125: aparece 1 vez en: 49.5.

戰
0147: aparece 1 vez en: 2.6.

章
0182: aparece 3 veces en: 2.3, 44.5 y 5.5.

張
0195: aparece 1 vez en: 38.6.

丈
0200: aparece 3 veces en: 7.0, 17.2 y 17.3.

長
0213: aparece 1 vez en: 7.5.

常
0221: aparece 1 vez en: 29.X.

邕
0232: aparece 1 vez en: 51.0.

朝
0233: aparece 1 vez en: 6.6.

昭
0236: aparece 1 vez en: 35.X.

照
0238: aparece 1 vez en: 30.X.

巢
0253: aparece 1 vez en: 56.6.

折
0267: aparece 5 veces en: 22.X, 30.6, 50.4, 55.3 y 55.X.

宅
0275: aparece 1 vez en: 23.X.

澤
0277: aparece 15 veces en: 10.X, 17.X, 19.X, 28.X, 31.X, 38.X, 41.X, 43.X, 45.X, 47.X, 49.X, 54.X, 58.X, 60.X y 61.X.

車
0280: aparece 4 veces en: 14.2, 22.1, 38.6 y 47.4.

掣
0282: aparece 1 vez en: 38.3.

枕
0308: aparece 1 vez en: 29.3.

振
0313: aparece 2 veces en: 18.X y 32.6.

震
0315: aparece 9 veces en: 51.0, 51.1, 51.2, 51.3, 51.4, 51.5, 51.6, 51.X y 64.4.

臣
0327: aparece 4 veces en: 33.3, 39.2, 41.6 y 62.2.

貞
0346: aparece 109 veces en: 1.0, 2.0, 2.3, 2.7, 3.0, 3.1, 3.2, 3.5, 4.0, 5.0, 5.5, 6.3, 6.4, 7.0, 7.5, 8.0, 8.2, 8.4, 9.6, 10.2, 10.5, 11.3, 11.6, 12.0, 12.1, 13.0, 15.2, 16.2, 16.5, 17.0, 17.1, 17.3, 17.4, 18.2, 19.0, 19.1, 20.2, 21.4, 21.5, 22.3, 23.1, 23.2, 25.0, 25.4, 26.0, 26.3, 27.0, 27.3, 27.5, 30.0, 31.0, 31.4, 32.0, 32.1, 32.3, 32.5, 33.0, 33.5, 34.0, 34.2, 34.3, 34.4, 35.1, 35.2, 35.4, 35.6, 36.0, 36.3, 36.5, 37.0, 37.2, 39.0, 40.2, 40.3, 41.0, 41.2, 41.6, 42.2, 44.1, 45.0, 45.5, 46.5, 46.6, 47.0, 49.0, 49.3, 49.6, 50.5, 52.1, 53.0, 54.2, 56.0, 56.2, 56.3, 57.1, 57.5, 57.6, 58.0, 59.0, 60.0, 60.6, 61.0, 61.6, 62.0, 62.4, 63.0, 64.2, 64.4 y 64.5.

正
0351: aparece 2 veces en: 25.0 y 50.X.

征
0352: aparece 19 veces en: 9.6, 11.1, 15.6, 24.6, 27.2, 30.6, 34.1, 41.2, 46.0, 47.2, 47.6, 49.2, 49.3, 49.6, 51.6, 53.3, 54.0, 54.1 y 64.3.

政
0355: aparece 1 vez en: 22.X.

拯
0360: aparece 3 veces en: 36.2, 52.2 y 59.1.

成
0379: aparece 4 veces en: 2.3, 6.3, 11.X y 16.6.

城
0380: aparece 1 vez en: 11.6.

稱
0383: aparece 1 vez en: 15.X.

懲
0384: aparece 1 vez en: 41.X.

承
0386: aparece 4 veces en: 7.6, 12.2, 32.3 y 54.6.

乘
0398: aparece 5 veces en: 3.2, 3.4, 3.6, 13.4 y 40.3.

箕
0402: aparece 1 vez en: 36.5.

幾
0409: aparece 4 veces en: 3.3, 9.6, 54.5 y 61.4.

机
0411: aparece 1 vez en: 59.2.

忌
0432: aparece 1 vez en: 43.X.

繼
0452: aparece 1 vez en: 30.X.

既
0453: aparece 5 veces en: 9.6, 19.3, 29.5, 63.0 y 63.X.

濟
0459: aparece 5 veces en: 63.0, 63.X, 64.0, 64.3 y 64.X.

躋
0461: aparece 1 vez en: 51.2.

齎
0464: aparece 1 vez en: 45.6.

祭
0465: aparece 2 veces en: 47.5 y 63.5.

及
0468: aparece 2 veces en: 43.X y 62.2.

汲
0472: aparece 1 vez en: 48.3.

吉
0476: aparece 142 veces en: 1.7, 2.0, 2.5, 3.4, 3.5, 4.2, 4.5, 5.0, 5.2, 5.5, 5.6, 6.0, 6.1, 6.3, 6.4, 6.5, 7.0, 7.2, 8.0, 8.1, 8.2, 8.4, 8.5, 9.1, 9.2, 10.2, 10.4, 10.6, 11.0, 11.1, 11.5, 12.1, 12.2, 12.5, 13.4, 14.5, 14.6, 15.1, 15.2, 15.3, 16.2, 17.1, 17.5, 18.1, 19.1, 19.2, 19.5, 19.6, 21.4, 22.3, 22.5, 24.1, 24.2, 25.1, 26.0, 26.4, 26.5, 27.0, 27.4, 27.5, 27.6, 28.4, 30.0, 30.2, 30.5, 31.0, 31.2, 31.4, 32.5, 33.3, 33.4, 33.5, 34.2, 34.4, 34.6, 35.1, 35.2, 35.5, 35.6, 36.2, 37.2, 37.3, 37.4, 37.5, 37.6, 38.0, 38.6, 39.0, 39.6, 40.0, 40.2, 40.5, 41.0, 41.5, 41.6, 42.1, 42.2, 42.5, 44.1, 45.0, 45.2, 45.4, 46.0, 46.1, 46.4, 46.5, 47.0, 47.6, 48.6, 49.2, 49.4, 49.6, 50.0, 50.2, 50.3, 50.6, 51.1, 52.6, 53.0, 53.2, 53.5, 53.6, 54.1, 54.5, 55.2, 55.4, 55.5, 56.0, 57.2, 57.5, 58.1, 58.2, 59.1, 59.4, 60.5, 61.0, 61.1, 62.0, 63.0, 64.2, 64.4 y 64.5.

擊
0481: aparece 2 veces en: 4.6 y 42.6.

棘
0486: aparece 1 vez en: 29.6.

疾
0492: aparece 9 veces en: 16.5, 24.0, 25.5, 33.3, 36.3, 41.4, 50.2, 55.2 y 58.4.

蒺
0494: aparece 1 vez en: 47.3.

即
0495: aparece 5 veces en: 3.3, 6.4, 43.0, 50.2 y 56.2.

積
0500: aparece 1 vez en: 46.X.

岐
0522: aparece 1 vez en: 46.4.

其
0525: aparece 90 veces en: 2.6, 3.5, 6.2, 9.1, 9.5, 10.6, 11.1, 11.3, 11.4, 12.1, 12.5, 13.3, 13.4, 14.4, 15.5, 18.6, 20.6, 22.1, 22.2, 24.0, 24.6, 25.0, 26.X, 27.4, 28.2, 28.5, 30.4, 30.6, 31.1, 31.2, 31.3, 31.5, 31.6, 32.3, 32.5, 34.3, 35.2, 35.6, 36.1, 36.3, 38.3, 40.0, 41.3, 41.4, 43.4, 44.3, 44.6, 47.3, 48.0, 48.3, 50.1, 50.3, 50.4, 51.6, 52.0, 52.1, 52.2, 52.3, 52.4, 52.5, 52.X, 53.4, 53.6, 54.5, 55.1, 55.2, 55.3, 55.4, 55.6, 56.1, 56.2, 56.3, 56.4, 56.6, 57.6, 59.2, 59.3, 59.4, 59.5, 59.6, 61.2, 62.2, 63.1, 63.2, 63.5, 63.6, 64.0, 64.1, 64.2 y 64.6.

期
0526: aparece 1 vez en: 54.4.

杞
0547: aparece 1 vez en: 44.5.

起
0548: aparece 1 vez en: 44.4.

器
0549: aparece 1 vez en: 45.X.

棄
0550: aparece 1 vez en: 30.4.

妻
0555: aparece 3 veces en: 9.3, 28.2 y 47.3.

泣
0563: aparece 2 veces en: 3.6 y 61.3.

戚
0575: aparece 1 vez en: 30.5.

七
0579: aparece 3 veces en: 24.0, 51.2 y 63.2.

嘉
0592: aparece 3 veces en: 17.5, 30.6 y 33.5.

家
0594: aparece 11 veces en: 4.2, 7.6, 26.0, 37.0, 37.1, 37.3, 37.4, 37.5, 37.X, 41.6 y 55.6.

假
0599: aparece 4 veces en: 37.5, 45.0, 55.0 y 59.0.

甲
0610: aparece 1 vez en: 18.0.

頰
0614: aparece 1 vez en: 31.6.

皆
0620: aparece 1 vez en: 55.X.

階
0625: aparece 1 vez en: 46.5.

解
0626: aparece 4 veces en: 40.0, 40.4, 40.5 y 40.X.

戒
0627: aparece 4 veces en: 11.4, 45.X, 62.4 y 63.4.

誡
0628: aparece 1 vez en: 8.5.

介
0629: aparece 3 veces en: 16.2, 35.2 y 58.4.

疆
0643: aparece 1 vez en: 19.X.

講
0645: aparece 1 vez en: 58.X.

疆
0668: aparece 1 vez en: 1.X.

戕
0673: aparece 1 vez en: 62.3.

交
0702: aparece 6 veces en: 11.X, 12.X, 14.1, 14.5, 17.1 y 38.4.

校
0706: aparece 2 veces en: 21.1 y 21.6.

郊
0714: aparece 4 veces en: 5.1, 9.0, 13.6 y 62.5.

教
0719: aparece 3 veces en: 19.X, 20.X y 29.X.

嗟
0763: aparece 4 veces en: 30.3, 30.5, 45.3 y 60.3.

藉
0767: aparece 1 vez en: 28.1.

節
0795: aparece 7 veces en: 27.X, 60.0, 60.3, 60.4, 60.5, 60.6 y 60.X.

接
0800: aparece 1 vez en: 35.0.

CONCORDANCIA

且
0803: aparece 5 veces en: 29.3, 38.3, 40.3, 43.4 y 44.3.

妾
0814: aparece 2 veces en: 33.3 y 50.1.

堅
0825: aparece 1 vez en: 2.1.

兼
0830: aparece 1 vez en: 52.X.

艱
0834: aparece 6 veces en: 11.3, 14.1, 21.4, 26.3, 34.6 y 36.0.

蹇
0843: aparece 8 veces en: 39.0, 39.1, 39.2, 39.3, 39.4, 39.5, 39.6 y 39.X.

儉
0848: aparece 2 veces en: 12.X y 62.X.

建
0853: aparece 4 veces en: 3.0, 3.1, 8.X y 16.0.

健
0854: aparece 1 vez en: 1.X.

見
0860: aparece 21 veces en: 1.2, 1.5, 1.7, 4.3, 6.0, 18.4, 38.1, 38.3, 38.6, 39.0, 39.6, 42.X, 44.1, 45.0, 46.0, 47.3, 52.0, 55.2, 55.3, 55.4 y 57.0.

戔
0866: aparece 1 vez en: 22.5.

薦
0872: aparece 2 veces en: 16.X y 20.0.

漸
0878: aparece 8 veces en: 53.0, 53.1, 53.2, 53.3, 53.4, 53.5, 53.6 y 53.X.

洊
0880: aparece 2 veces en: 29.X y 51.X.

牽
0881: aparece 2 veces en: 9.2 y 43.4.

謙
0885: aparece 7 veces en: 15.0, 15.1, 15.2, 15.3, 15.4, 15.6 y 15.X.

愁
0889: aparece 1 vez en: 54.4.

遷
0911: aparece 2 veces en: 42.4 y 42.X.

潛
0918: aparece 1 vez en: 1.1.

前
0919: aparece 3 veces en: 8.5, 26.X y 43.1.

知
0932: aparece 2 veces en: 19.5 y 54.X.

之
0935: aparece 63 veces en: 2.0, 5.6, 6.6, 8.1, 8.2, 8.3, 8.4, 8.6, 11.X, 12.0, 14.6, 16.X, 17.6, 18.1, 18.2, 18.3, 18.4, 18.5, 19.3, 19.5, 20.4, 23.3, 25.3, 25.5, 26.4, 26.5, 26.6, 29.3, 30.1, 30.3, 32.3, 33.2, 34.4, 36.4, 36.5, 38.6, 39.2, 40.6, 41.0, 41.1, 41.2, 41.5, 41.6, 42.2, 42.3, 42.6, 46.6, 49.1, 49.2, 53.5, 54.2, 54.5, 55.0, 57.1, 61.2, 62.0, 62.3, 62.4, 62.6, 63.3, 63.5, 63.X y 64.5.

址
0942: aparece 2 veces en: 11.5 y 12.4.

趾
0944: aparece 6 veces en: 21.1, 22.1, 34.1, 43.1, 50.1 y 52.1.

祇
0952: aparece 2 veces en: 24.1 y 29.5.

雉
0968: aparece 2 veces en: 50.3 y 56.5.

志
0971: aparece 2 veces en: 10.X y 47.X.

實
0976: aparece 1 vez en: 29.6.

至
0982: aparece 11 veces en: 2.1, 5.3, 19.0, 19.4, 24.6, 24.X, 29.X, 40.3, 40.4, 48.0 y 55.X.

致
0984: aparece 4 veces en: 5.3, 40.3, 47.X y 55.X.

制
0986: aparece 1 vez en: 60.X.

桎
0993: aparece 1 vez en: 4.1.

窒
0994: aparece 2 veces en: 6.0 y 41.X.

執
0996: aparece 3 veces en: 7.5, 31.3 y 33.2.

直
1006: aparece 1 vez en: 2.2.

治
1021: aparece 1 vez en: 49.X.

遲
1024: aparece 2 veces en: 16.3 y 54.4.

褫
1028: aparece 1 vez en: 6.6.

赤
1048: aparece 1 vez en: 47.5.

敕
1050: aparece 1 vez en: 21.X.

金
1057: aparece 6 veces en: 4.3, 21.4, 21.5, 44.1, 47.4 y 50.5.

晉
1088: aparece 6 veces en: 35.0, 35.1, 35.2, 35.4, 35.6 y 35.X.

進
1091: aparece 2 veces en: 20.3 y 57.1.

禽
1100: aparece 4 veces en: 7.5, 8.5, 32.4 y 48.1.

親
1107: aparece 1 vez en: 8.X.

侵
1108: aparece 1 vez en: 15.5.

經
1123: aparece 3 veces en: 3.X, 27.2 y 27.5.

敬
1138: aparece 2 veces en: 5.6 y 30.1.

驚
1140: aparece 1 vez en: 51.0.

井
1143: aparece 8 veces en: 48.0, 48.1, 48.2, 48.3, 48.4, 48.5, 48.6 y 48.X.

傾
1161: aparece 1 vez en: 12.6.

慶
1167: aparece 1 vez en: 55.5.

角
1174: aparece 3 veces en: 34.3, 35.6 y 44.6.

桷
1175: aparece 1 vez en: 53.4.

爵
1179: aparece 1 vez en: 61.2.

咎
1192: aparece 99 veces en: 1.3, 1.4, 2.4, 5.1, 7.0, 7.2, 7.4, 7.5, 8.0, 8.1, 9.1, 9.4, 10.1, 11.3, 12.4, 13.1, 14.1, 14.2, 14.4, 16.6, 17.0, 17.4, 18.1, 18.3, 19.3, 19.4, 19.6, 20.1, 20.5,

Concordancia

20.6, 21.1, 21.2, 21.3, 21.5, 22.6, 23.3, 24.0, 24.3, 25.4, 27.4, 28.1, 28.5, 28.6, 29.4, 29.5, 30.1, 30.6, 32.0, 35.1, 35.6, 38.1, 38.2, 38.4, 38.5, 40.1, 41.0, 41.1, 41.4, 41.6, 42.1, 42.3, 43.1, 43.3, 43.5, 44.2, 44.3, 44.6, 45.1, 45.2, 45.3, 45.4, 45.5, 45.6, 46.2, 46.4, 47.0, 47.2, 48.4, 49.2, 50.1, 51.6, 52.0, 52.1, 52.4, 53.1, 53.4, 55.1, 55.3, 57.2, 59.5, 59.6, 60.1, 60.3, 61.4, 61.5, 62.2, 62.4, 63.1 y 64.6.

九
1198: aparece 1 vez en: 51.2.

舊
1205: aparece 2 veces en: 6.3 y 48.1.

酒
1208: aparece 4 veces en: 5.5, 29.4, 47.2 y 64.6.

就
1210: aparece 1 vez en: 49.3.

丘
1213: aparece 3 veces en: 22.5, 27.2 y 59.4.

求
1217: aparece 5 veces en: 3.4, 4.0, 17.3, 27.0 y 29.2.

窮
1247: aparece 1 vez en: 19.X.

酌
1257: aparece 1 vez en: 41.1.

畫
1302: aparece 1 vez en: 35.0.

氎
1305: aparece 1 vez en: 48.4.

疇
1322: aparece 1 vez en: 12.4.

愁
1325: aparece 1 vez en: 35.2.

醜
1327: aparece 1 vez en: 30.6.

仇
1332: aparece 1 vez en: 50.2.

主
1336: aparece 5 veces en: 2.0, 36.1, 38.2, 55.1 y 55.4.

朱
1346: aparece 1 vez en: 47.2.

株
1348: aparece 1 vez en: 47.1.

諸
1362: aparece 1 vez en: 8.X.

逐
1383: aparece 5 veces en: 26.3, 27.4, 38.1, 51.2 y 63.2.

躅
1388: aparece 1 vez en: 44.1.

初
1390: aparece 5 veces en: 4.0, 36.6, 38.3, 57.5 y 63.0.

除
1391: aparece 1 vez en: 45.X.

處
1407: aparece 2 veces en: 9.6 y 56.4.

出
1409: aparece 17 veces en: 4.X, 5.4, 7.1, 9.4, 16.X, 17.1, 24.0, 30.5, 30.6, 35.X, 36.4, 37.X, 50.1, 52.X, 59.6, 60.1 y 60.2.

畜
1412: aparece 7 veces en: 7.X, 9.0, 9.X, 26.0, 26.X, 30.0 y 33.3.

觸
1416: aparece 2 veces en: 34.3 y 34.6.

川
1439: aparece 12 veces en: 5.0, 6.0, 13.0, 15.1, 18.0, 26.0, 27.5, 27.6, 42.0, 59.0, 61.0 y 64.3.

遄
1444: aparece 2 veces en: 41.1 y 41.4.

壯
1453: aparece 10 veces en: 34.0, 34.1, 34.3, 34.4, 34.X, 36.2, 43.1, 43.3, 44.0 y 59.1.

牀
1459: aparece 5 veces en: 23.1, 23.2, 23.4, 57.2 y 57.6.

垂
1478: aparece 1 vez en: 36.1.

隼
1487: aparece 1 vez en: 40.6.

終
1500: aparece 30 veces en: 1.3, 2.3, 5.2, 5.6, 6.0, 6.1, 6.3, 6.6, 8.1, 10.4, 15.0, 15.3, 16.2, 18.1, 22.5, 24.6, 29.4, 37.3, 37.6, 38.3, 43.6, 45.1, 47.4, 50.3, 53.5, 54.X, 56.5, 57.5, 63.0 y 63.4.

中
1504: aparece 23 veces en: 3.3, 6.0, 7.2, 7.X, 11.2, 15.X, 17.X, 24.4, 24.X, 26.X, 36.X, 37.2, 42.3, 42.4, 43.5, 46.X, 49.X, 55.0, 55.2, 55.3, 55.4, 61.0 y 61.X.

眾
1517: aparece 3 veces en: 7.X, 35.3 y 36.X.

崇
1528: aparece 1 vez en: 16.X.

憧
1529: aparece 1 vez en: 31.4.

寵
1534: aparece 1 vez en: 23.5.

居
1535: aparece 9 veces en: 3.1, 17.3, 27.5, 31.2, 43.X, 49.6, 53.X, 59.5 y 64.X.

拘
1542: aparece 1 vez en: 17.6.

懼
1560: aparece 2 veces en: 28.X y 51.X.

據
1563: aparece 1 vez en: 47.3.

履
1572: aparece 1 vez en: 21.1.

去
1594: aparece 2 veces en: 9.4 y 59.6.

驅
1602: aparece 1 vez en: 8.5.

衢
1611: aparece 1 vez en: 26.6.

取
1615: aparece 5 veces en: 4.3, 31.0, 44.0, 56.1 y 62.5.

闃
1627: aparece 1 vez en: 55.6.

勸
1662: aparece 1 vez en: 48.X.

泉
1674: aparece 2 veces en: 4.X y 48.5.

厥
1680: aparece 2 veces en: 14.5 y 38.5.

決
1697: aparece 1 vez en: 34.4.

瞿
1704: aparece 1 vez en: 51.6.

君
1715: aparece 79 veces en: 1.3, 1.X, 2.0, 2.X, 3.3, 3.X, 4.X, 5.X, 6.X, 7.6, 7.X, 9.6, 9.X, 10.3, 10.X, 12.0, 12.X, 13.0, 13.X, 14.X, 15.0, 15.1, 15.3, 15.X, 17.X, 18.X, 19.5, 19.X, 20.1, 20.5, 20.6, 22.X, 23.6, 24.6, 26.X, 27.X, 28.X, 29.X, 31.X, 32.X, 33.4, 33.X, 34.3, 34.X, 35.X, 36.1, 36.X, 37.X, 38.X, 39.X, 40.5, 40.X, 41.X, 42.X, 43.3, 43.X, 45.X, 46.X, 47.X, 48.X, 49.6, 49.X, 50.X, 51.X, 52.X, 53.X, 54.5, 54.X, 55.X, 56.X, 57.X, 58.X, 60.X, 61.X, 62.2, 62.X, 63.X, 64.5 y 64.X.

浚
1729: aparece 1 vez en: 32.1.

羣
1737: aparece 2 veces en: 1.7 y 59.4.

耳
1744: aparece 3 veces en: 21.6, 50.3 y 50.5.

二
1751: aparece 1 vez en: 41.0.

貳
1752: aparece 1 vez en: 29.4.

爾
1754: aparece 3 veces en: 27.1, 31.4 y 61.2.

而
1756: aparece 12 veces en: 6.2, 13.5, 20.0, 22.1, 30.3, 33.X, 36.X, 37.X, 38.X, 40.4, 56.X y 63.X.

法
1762: aparece 1 vez en: 21.X.

伐
1765: aparece 4 veces en: 15.5, 35.6, 63.3 y 64.4.

發
1768: aparece 2 veces en: 4.1 y 55.2.

罰
1769: aparece 1 vez en: 21.X.

反
1781: aparece 5 veces en: 9.3, 24.0, 39.3, 39.X y 54.3.

蕃
1798: aparece 1 vez en: 35.0.

藩
1800: aparece 3 veces en: 34.3, 34.4 y 34.6.

方
1802: aparece 12 veces en: 2.2, 8.0, 20.X, 24.X, 30.X, 32.X, 44.X, 47.2, 50.3, 63.3, 64.4 y 64.X.

防
1817: aparece 2 veces en: 62.3 y 63.X.

非
1819: aparece 1 vez en: 34.X.

匪
1820: aparece 13 veces en: 3.2, 4.0, 8.3, 12.0, 14.1, 14.4, 22.4, 25.0, 30.6, 38.6, 39.2, 45.5 y 59.4.

腓
1830: aparece 2 veces en: 31.2 y 52.2.

肥
1839: aparece 1 vez en: 33.6.

飛
1850: aparece 5 veces en: 1.5, 36.1, 62.0, 62.1 y 62.6.

忿
1854: aparece 1 vez en: 41.X.

紛
1859: aparece 1 vez en: 57.2.

焚
1866: aparece 3 veces en: 30.4, 56.3 y 56.6.

獯
1873: aparece 1 vez en: 26.5.

奮
1874: aparece 1 vez en: 16.X.

風
1890: aparece 10 veces en: 9.X, 18.X, 20.X, 32.X, 37.X, 42.X, 44.X, 57.X, 59.X y 61.X.

馮
1895: aparece 1 vez en: 11.2.

豐
1897: aparece 6 veces en: 55.0, 55.2, 55.3, 55.4, 55.6 y 55.X.

否
1902: aparece 8 veces en: 7.1, 12.0, 12.2, 12.5, 12.6, 12.X, 33.4 y 50.1.

缶
1905: aparece 3 veces en: 8.1, 29.4 y 30.3.

夫
1908: aparece 10 veces en: 4.3, 8.0, 9.3, 17.2, 17.3, 28.2, 28.5, 32.5, 38.4 y 53.3.

鮒
1927: aparece 1 vez en: 48.2.

父
1933: aparece 4 veces en: 18.1, 18.3, 18.4 y 18.5.

斧
1934: aparece 2 veces en: 56.4 y 57.6.

孚
1936: aparece 40 veces en: 5.0, 6.0, 8.1, 9.4, 9.5, 11.3, 11.4, 14.5, 17.4, 17.5, 20.0, 29.0, 34.1, 35.1, 37.6, 38.4, 40.4, 40.5, 41.0, 42.3, 42.5, 43.0, 44.1, 45.1, 45.2, 45.5, 46.2, 48.6, 49.0, 49.3, 49.4, 49.5, 55.2, 58.2, 58.5, 61.0, 61.5, 61.X, 64.5 y 64.6.

輔
1945: aparece 3 veces en: 11.X, 31.6 y 52.5.

富
1952: aparece 4 veces en: 9.5, 11.4, 15.5 y 37.4.

負
1956: aparece 2 veces en: 38.6 y 40.3.

膚
1958: aparece 5 veces en: 21.2, 23.4, 38.5, 43.4 y 44.3.

婦
1963: aparece 8 veces en: 4.2, 9.6, 28.5, 32.5, 37.3, 53.3, 53.5 y 63.2.

伏
1964: aparece 1 vez en: 13.3.

紱
1971: aparece 2 veces en: 47.2 y 47.5.

福
1978: aparece 4 veces en: 11.3, 35.2, 48.3 y 63.5.

輻
1980: aparece 1 vez en: 9.3.

弗
1981: aparece 10 veces en: 13.4, 14.3, 34.X, 41.2, 41.5, 41.6, 42.2, 62.3, 62.4 y 62.6.

茀
1989: aparece 1 vez en: 63.2.

復
1992: aparece 16 veces en: 6.4, 9.1, 9.2, 11.3, 11.6, 24.0, 24.1, 24.2, 24.3, 24.4, 24.5, 24.6, 24.X, 38.1, 40.0 y 53.3.

覆
1993: aparece 1 vez en: 50.4.

CONCORDANCIA

腹
1994: aparece 1 vez en: 36.4.

輹
1997: aparece 2 veces en: 26.2 y 34.4.

害
2015: aparece 1 vez en: 14.1.

含
2017: aparece 2 veces en: 2.3 y 44.5.

汗
2028: aparece 1 vez en: 59.5.

翰
2042: aparece 2 veces en: 22.4 y 61.6.

寒
2048: aparece 1 vez en: 48.5.

好
2062: aparece 2 veces en: 33.4 y 61.2.

號
2064: aparece 7 veces en: 13.5, 43.0, 43.2, 43.6, 45.1, 56.6 y 59.5.

亨
2099: aparece 46 veces en: 1.0, 2.0, 3.0, 4.0, 5.0, 9.0, 10.0, 11.0, 12.1, 12.2, 13.0, 14.0, 14.3, 15.0, 17.0, 17.6, 18.0, 19.0, 21.0, 22.0, 24.0, 25.0, 26.6, 28.0, 29.0, 30.0, 31.0, 32.0, 33.0, 45.0, 46.0, 46.4, 47.0, 49.0, 50.0, 51.0, 55.0, 56.0, 57.0, 58.0, 59.0, 60.0, 60.4, 62.0, 63.0 y 64.0.

恆
2107: aparece 10 veces en: 5.1, 16.5, 32.0, 32.1, 32.3, 32.5, 32.6, 32.X, 37.X y 42.6.

何
2109: aparece 5 veces en: 9.1, 17.4, 21.6, 26.6 y 38.5.

河
2111: aparece 1 vez en: 11.2.

和
2115: aparece 2 veces en: 58.1 y 61.2.

盍
2119: aparece 1 vez en: 16.4.

嗑
2120: aparece 2 veces en: 21.0 y 21.X.

曷
2122: aparece 1 vez en: 41.0.

鶴
2131: aparece 1 vez en: 61.2.

嗃
2134: aparece 1 vez en: 37.3.

侯
2135: aparece 6 veces en: 3.0, 3.1, 8.X, 16.0, 18.6 y 35.0.

後
2143: aparece 10 veces en: 2.0, 8.0, 12.6, 13.5, 18.0, 36.6, 38.6, 51.1, 56.6 y 57.5.

后
2144: aparece 3 veces en: 11.X, 24.X y 44.X.

厚
2147: aparece 2 veces en: 2.X y 23.X.

乎
2154: aparece 1 vez en: 62.X.

虎
2161: aparece 5 veces en: 10.0, 10.3, 10.4, 27.4 y 49.5.

戶
2180: aparece 3 veces en: 6.2, 55.6 y 60.1.

弧
2184: aparece 1 vez en: 38.6.

狐
2185: aparcce 2 veces en: 40.2 y 64.0.

穫
2207: aparece 1 vez en: 25.2.

華
2217: aparece 1 vez en: 28.5.

懷
2233: aparece 1 vez en: 56.2.

桓
2236: aparece 1 vez en: 3.1.

患
2240: aparece 1 vez en: 63.X.

緩
2242: aparece 1 vez en: 61.X.

渙
2252: aparece 7 veces en: 59.0, 59.2, 59.3, 59.4, 59.5, 59.6 y 59.X.

荒
2271: aparece 1 vez en: 11.2.

隍
2295: aparece 1 vez en: 11.6.

黃
2297: aparece 8 veces en: 2.5, 2.6, 21.5, 30.2, 33.2, 40.2, 49.1 y 50.5.

悔
2336: aparece 32 veces en: 1.6, 13.6, 16.3, 18.3, 24.1, 24.5, 31.4, 31.5, 32.2, 34.4, 34.5, 35.3, 35.5, 37.1, 37.3, 38.1, 38.5, 43.4, 45.5, 47.6, 49.0, 49.4, 50.3, 52.5, 57.4, 57.5, 58.2, 59.2, 59.3, 60.6, 64.4 y 64.5.

晦
2337: aparece 3 veces en: 17.X, 36.6 y 36.X.

惠
2339: aparece 1 vez en: 42.5.

彙
2349: aparece 2 veces en: 11.1 y 12.1.

徽
2354: aparece 1 vez en: 29.6.

撝
2356: aparece 1 vez en: 15.4.

婚
2360: aparece 5 veces en: 3.2, 3.4, 22.4, 38.6 y 51.6.

鴻
2386: aparece 6 veces en: 53.1, 53.2, 53.3, 53.4, 53.5 y 53.6.

火
2395: aparece 10 veces en: 13.X, 14.X, 22.X, 37.X, 38.X, 49.X, 50.X, 56.X, 63.X y 64.X.

或
2402: aparece 13 veces en: 1.4, 2.3, 6.3, 6.6, 7.3, 25.3, 32.3, 41.5, 42.2, 42.6, 53.4, 61.3 y 62.3.

獲
2412: aparece 7 veces en: 17.4, 30.6, 36.4, 40.2, 40.6, 52.0 y 57.4.

係
2424: aparece 5 veces en: 17.2, 17.3, 17.6, 29.6 y 33.3.

喜
2434: aparece 4 veces en: 12.6, 25.5, 41.4 y 58.4.

嘻
2436: aparece 1 vez en: 37.3.

哑
2456: aparece 2 veces en: 10.0 y 10.3.

繫
2458: aparece 3 veces en: 12.5, 25.3 y 44.1.

西
2460: aparece 7 veces en: 2.0, 9.0, 17.6, 39.0, 40.0, 62.5 y 63.5.

虩
2480: aparece 2 veces en: 51.0 y 51.1.

CONCORDANCIA

夕
2485: aparece 1 vez en: 1.3.

息
2495: aparece 3 veces en: 1.X, 17.X y 46.6.

習
2499: aparece 5 veces en: 2.2, 29.0, 29.1, 29.X y 58.X.

錫
2505: aparece 3 veces en: 6.6, 7.2 y 35.0.

遐
2517: aparece 1 vez en: 11.2.

下
2520: aparece 15 veces en: 4.X, 10.X, 18.X, 22.X, 23.X, 25.X, 27.X, 33.X, 38.X, 41.X, 43.X, 44.X, 57.2, 57.6 y 62.0.

享
2552: aparece 4 veces en: 41.0, 42.2, 47.2 y 59.X.

巷
2553: aparece 1 vez en: 38.2.

嚮
2561: aparece 1 vez en: 17.X.

相
2562: aparece 3 veces en: 11.X, 13.5 y 48.X.

祥
2577: aparece 1 vez en: 10.6.

小
2605: aparece 35 veces en: 3.5, 5.2, 6.1, 7.6, 9.0, 9.X, 11.0, 12.0, 12.2, 14.3, 17.2, 17.3, 18.3, 20.1, 21.3, 22.0, 23.6, 29.2, 33.0, 33.4, 33.X, 34.3, 38.0, 40.5, 45.3, 46.X, 49.6, 53.1, 56.0, 57.0, 62.0, 62.X, 63.0, 63.3 y 64.0.

笑
2615: aparece 5 veces en: 13.5, 45.1, 51.0, 51.1 y 56.6.

咸
2666: aparece 9 veces en: 19.1, 19.2, 31.0, 31.1, 31.2, 31.3, 31.5, 31.6 y 31.X.

賢
2671: aparece 1 vez en: 53.X.

閑
2679: aparece 2 veces en: 26.3 y 37.1.

莧
2686: aparece 1 vez en: 43.5.

險
2689: aparece 2 veces en: 29.2 y 29.3.

顯
2692: aparece 1 vez en: 8.5.

限
2696: aparece 1 vez en: 52.3.

先
2702: aparece 14 veces en: 2.0, 8.X, 12.6, 13.5, 16.X, 18.0, 20.X, 21.X, 24.X, 25.X, 38.6, 56.6, 57.5 y 59.X.

心
2735: aparece 8 veces en: 29.0, 36.4, 42.5, 42.6, 48.3, 52.2, 52.3 y 56.4.

信
2748: aparece 2 veces en: 43.4 y 47.0.

興
2753: aparece 1 vez en: 13.3.

行
2754: aparece 33 veces en: 1.X, 4.X, 6.X, 9.X, 11.2, 15.6, 16.0, 20.X, 24.4, 24.6, 24.X, 25.3, 25.6, 25.X, 26.X, 29.0, 29.X, 36.1, 37.X, 41.3, 42.3, 42.4, 43.3, 43.4, 43.5, 44.3, 50.3, 51.3, 52.0, 57.X, 59.X, 60.X y 62.X.

刑
2755: aparece 3 veces en: 4.1, 55.X y 56.X.

形
2759: aparece 1 vez en: 50.4.

休
2786: aparece 3 veces en: 12.5, 14.X y 24.2.

脩
2795: aparece 2 veces en: 39.X y 51.X.

羞
2797: aparece 2 veces en: 12.3 y 32.3.

凶
2808: aparece 57 veces en: 3.5, 6.0, 7.1, 7.3, 7.5, 8.0, 8.6, 9.6, 10.3, 16.1, 17.4, 19.0, 21.6, 23.1, 23.2, 23.4, 24.6, 27.1, 27.2, 27.3, 28.3, 28.6, 29.1, 29.6, 30.3, 31.2, 32.1, 32.5, 32.6, 34.1, 41.2, 42.3, 42.6, 43.3, 43.6, 44.1, 44.4, 47.2, 47.3, 48.0, 49.3, 49.6, 50.4, 51.6, 53.3, 54.0, 55.6, 56.6, 57.6, 58.3, 60.2, 60.6, 61.6, 62.1, 62.3, 62.6 y 64.3.

旴
2819: aparece 1 vez en: 16.3.

虛
2821: aparece 2 veces en: 31.X y 46.3.

徐
2841: aparece 2 veces en: 47.4 y 47.5.

需
2844: aparece 7 veces en: 5.0, 5.1, 5.2, 5.3, 5.4, 5.5 y 5.X.

繻
2845: aparece 1 vez en: 63.4.

須
2847: aparece 1 vez en: 22.2.

序
2851: aparece 1 vez en: 52.5.

恤
2862: aparece 6 veces en: 11.3, 35.5, 37.5, 43.2, 45.1 y 46.0.

玄
2881: aparece 1 vez en: 2.6.

鉉
2886: aparece 2 veces en: 50.5 y 50.6.

旋
2894: aparece 1 vez en: 10.6.

穴
2899: aparece 3 veces en: 5.4, 5.6 y 62.5.

血
2901: aparece 6 veces en: 2.6, 3.6, 5.4, 9.4, 54.6 y 59.6.

熏
2906: aparece 1 vez en: 52.3.

旬
2915: aparece 1 vez en: 55.1.

已
2930: aparece 1 vez en: 26.1.

以
2932: aparece 85 veces en: 1.X, 2.X, 3.X, 4.1, 4.X, 5.X, 6.X, 7.1, 7.X, 8.X, 9.5, 9.X, 10.X, 11.1, 11.4, 11.5, 11.X, 12.1, 12.X, 13.X, 14.2, 14.X, 15.5, 15.X, 16.X, 17.4, 17.X, 18.X, 19.X, 20.X, 21.X, 22.X, 23.1, 23.2, 23.4, 23.5, 23.X, 24.6, 24.X, 25.X, 26.X, 27.X, 28.X, 29.X, 30.X, 31.X, 32.X, 33.X, 34.X, 35.X, 36.X, 37.X, 38.X, 39.X, 40.X, 41.X, 42.X, 43.X, 44.5, 44.X, 45.X, 46.X, 47.X, 48.X, 49.X, 50.1, 50.X, 51.X, 52.X, 53.X, 54.1, 54.3, 54.X, 55.X, 56.5, 56.X, 57.X, 58.X, 59.X, 60.X, 61.X, 62.1, 62.X, 63.X y 64.X.

Concordancia

疑
2940: aparece 2 veces en: 16.4 y 55.2.

易
2952: aparece 3 veces en: 32.X, 34.5 y 56.6.

意
2960: aparece 1 vez en: 51.5.

頤
2969: aparece 7 veces en: 27.0, 27.1, 27.2, 27.3, 27.4, 27.6 y 27.X.

夷
2982: aparece 9 veces en: 36.0, 36.1, 36.2, 36.3, 36.4, 36.5, 36.X, 55.4 y 59.4.

洟
2986: aparece 1 vez en: 45.6.

衣
2989: aparece 1 vez en: 63.4.

依
2990: aparece 1 vez en: 42.4.

宜
2993: aparece 4 veces en: 11.X, 19.5, 55.0 y 62.0.

遺
2995: aparece 2 veces en: 11.2 y 62.0.

懿
2999: aparece 1 vez en: 9.X.

儀
3003: aparece 1 vez en: 53.6.

議
3006: aparece 2 veces en: 60.X y 61.X.

曳
3008: aparece 3 veces en: 38.3, 63.1 y 64.2.

異
3009: aparece 1 vez en: 38.X.

劓
3013: aparece 2 veces en: 38.3 y 47.5.

一
3016: aparece 4 veces en: 38.6, 41.3, 45.1 y 56.5.

乙
3017: aparece 2 veces en: 11.5 y 54.5.

弋
3018: aparece 1 vez en: 62.5.

亦
3021: aparece 1 vez en: 48.0.

邑
3037: aparece 9 veces en: 6.2, 8.5, 11.6, 15.6, 25.3, 35.6, 43.0, 46.3 y 48.0.

億
3042: aparece 1 vez en: 51.2.

翼
3051: aparece 1 vez en: 36.1.

益
3052: aparece 9 veces en: 15.X, 41.2, 41.5, 41.6, 42.0, 42.2, 42.3, 42.6 y 42.X.

然
3072: aparece 1 vez en: 30.1.

橈
3087: aparece 2 veces en: 28.0 y 28.3.

人
3097: aparece 55 veces en: 1.2, 1.5, 4.1, 5.6, 6.0, 6.2, 7.0, 7.6, 8.3, 8.5, 10.0, 10.2, 10.3, 12.0, 12.2, 12.5, 13.0, 13.1, 13.2, 13.5, 13.6, 13.X, 14.3, 20.1, 23.5, 23.6, 25.3, 30.X, 31.X, 32.5, 33.4, 33.X, 34.3, 36.1, 37.0, 37.3, 37.X, 38.1, 38.3, 39.0, 39.6, 40.5, 41.3, 45.0, 46.0, 47.0, 49.5, 49.6, 52.0, 54.2, 55.6, 56.6, 57.0, 57.1 y 63.3.

日
3124: aparece 18 veces en: 1.3, 16.2, 18.0, 24.0, 24.X, 30.3, 35.0, 36.1, 49.0, 49.2, 51.2, 55.0, 55.2, 55.3, 55.4, 57.5, 63.2 y 63.4.

若
3126: aparece 8 veces en: 1.3, 20.0, 30.5, 43.3, 45.1, 55.2, 57.2 y 60.3.

如
3137: aparece 17 veces en: 3.2, 3.3, 3.4, 3.6, 9.5, 14.5, 22.3, 22.4, 30.4, 35.1, 35.2, 35.4, 37.6, 45.3, 54.5, 61.5 y 63.5.

茹
3139: aparece 2 veces en: 11.1 y 12.1.

袽
3140: aparece 1 vez en: 63.4.

濡
3149: aparece 7 veces en: 22.3, 43.3, 63.1, 63.6, 64.0, 64.1 y 64.6.

入
3152: aparece 11 veces en: 3.3, 5.6, 17.X, 24.0, 29.1, 29.3, 36.4, 36.6, 36.X, 47.1 y 47.3.

肉
3153: aparece 2 veces en: 21.3 y 21.5.

戎
3181: aparece 4 veces en: 13.3, 43.0, 43.2 y 45.X.

改
3196: aparece 3 veces en: 42.X, 48.0 y 49.4.

開
3204: aparece 1 vez en: 7.6.

干
3211: aparece 1 vez en: 53.1.

甘
3223: aparece 2 veces en: 19.3 y 60.5.

敢
3229: aparece 1 vez en: 22.X.

乾
3233: aparece 4 veces en: 1.0, 1.3, 21.4 y 21.5.

幹
3235: aparece 4 veces en: 18.1, 18.2, 18.3 y 18.5.

坎
3245: aparece 6 veces en: 29.0, 29.1, 29.2, 29.3, 29.5 y 29.X.

衎
3252: aparece 1 vez en: 53.2.

亢
3273: aparece 1 vez en: 1.6.

康
3278: aparece 1 vez en: 35.0.

告
3287: aparece 5 veces en: 4.0, 11.6, 42.3, 42.4 y 43.0.

誥
3288: aparece 1 vez en: 44.X.

高
3290: aparece 5 veces en: 13.3, 18.6, 40.6, 46.X y 63.3.

膏
3296: aparece 2 veces en: 3.5 y 50.3.

考
3299: aparece 3 veces en: 10.6, 16.X y 18.1.

革
3314: aparece 8 veces en: 33.2, 49.0, 49.1, 49.2, 49.3, 49.6, 49.X y 50.3.

克
3320: aparece 10 veces en: 4.2, 6.2, 6.4, 13.4, 13.5, 14.3, 24.6, 41.5, 42.2 y 63.3.

CONCORDANCIA

客
3324: aparece 1 vez en: 5.6.

艮
3327: aparece 8 veces en: 52.0, 52.1, 52.2, 52.3, 52.4, 52.5, 52.6 y 52.X.

庚
3339: aparece 1 vez en: 57.5.

耕
3343: aparece 1 vez en: 25.2.

歌
3364: aparece 2 veces en: 30.3 y 61.3.

葛
3377: aparece 1 vez en: 47.6.

可
3381: aparece 11 veces en: 2.3, 12.X, 18.2, 25.4, 27.5, 36.3, 41.0, 48.3, 53.6, 60.0 y 62.0.

姤
3422: aparece 3 veces en: 44.0, 44.6 y 44.X.

媾
3426: aparece 5 veces en: 3.2, 3.4, 22.4, 38.6 y 51.6.

口
3434: aparece 1 vez en: 27.0.

寇
3444: aparece 7 veces en: 3.2, 4.6, 5.3, 22.4, 38.6, 40.3 y 53.3.

故
3455: aparece 1 vez en: 39.2.

股
3467: aparece 2 veces en: 31.3 y 36.2.

孤
3470: aparece 2 veces en: 38.4 y 38.6.

蠱
3475: aparece 7 veces en: 18.0, 18.1, 18.2, 18.3, 18.4, 18.5 y 18.X.

鼓
3479: aparece 2 veces en: 30.3 y 61.3.

谷
3483: aparece 2 veces en: 47.1 y 48.2.

梏
3484: aparece 1 vez en: 4.1.

枯
3492: aparece 2 veces en: 28.2 y 28.5.

苦
3493: aparece 2 veces en: 60.0 y 60.6.

瓜
3504: aparece 1 vez en: 44.5.

寡
3517: aparece 1 vez en: 15.X.

括
3519: aparece 1 vez en: 2.4.

夬
3535: aparece 5 veces en: 10.5, 43.0, 43.3, 43.5 y 43.X.

快
3547: aparece 2 veces en: 52.2 y 56.4.

官
3552: aparece 1 vez en: 17.1.

貫
3566: aparece 1 vez en: 23.5.

盥
3569: aparece 1 vez en: 20.0.

關
3571: aparece 1 vez en: 24.X.

觀
3575: aparece 10 veces en: 20.0, 20.1, 20.2, 20.3, 20.4, 20.5, 20.6, 20.X, 27.0 y 27.1.

光
3583: aparece 3 veces en: 5.0, 20.4 y 64.5.

筐
3598: aparece 1 vez en: 54.6.

圭
3609: aparece 1 vez en: 42.3.

歸
3617: aparece 9 veces en: 6.2, 11.5, 53.0, 54.0, 54.1, 54.3, 54.4, 54.5 y 54.X.

龜
3621: aparece 3 veces en: 27.1, 41.5 y 42.2.

簋
3633: aparece 2 veces en: 29.4 y 41.0.

鬼
3634: aparece 3 veces en: 38.6, 63.3 y 64.4.

刲
3642: aparece 1 vez en: 54.6.

闚
3649: aparece 2 veces en: 20.2 y 55.6.

虧
3650: aparece 1 vez en: 50.3.

睽
3660: aparece 4 veces en: 38.0, 38.4, 38.6 y 38.X.

饋
3669: aparece 1 vez en: 37.2.

坤
3684: aparece 2 veces en: 2.0 y 2.X.

困
3688: aparece 9 veces en: 4.4, 47.0, 47.1, 47.2, 47.3, 47.4, 47.5, 47.6 y 47.X.

功
3698: aparece 1 vez en: 17.1.

攻
3699: aparece 1 vez en: 13.4.

公
3701: aparece 6 veces en: 14.3, 40.6, 42.3, 42.4, 50.4 y 62.5.

躬
3704: aparece 4 veces en: 4.3, 39.2, 51.6 y 59.3.

宮
3705: aparece 2 veces en: 23.5 y 47.3.

肱
3706: aparece 1 vez en: 55.3.

恭
3711: aparece 1 vez en: 62.X.

鞏
3718: aparece 1 vez en: 49.1.

恐
3721: aparece 1 vez en: 51.X.

過
3730: aparece 11 veces en: 28.0, 28.6, 28.X, 40.X, 42.X, 62.0, 62.2, 62.3, 62.4, 62.6 y 62.X.

果
3732: aparece 2 veces en: 4.X y 23.6.

國
3738: aparece 7 veces en: 7.6, 8.X, 15.6, 20.4, 24.6, 42.4 y 64.4.

臘
3763: aparece 1 vez en: 21.3.

來
3768: aparece 24 veces en: 5.6, 8.0, 8.1, 11.0, 12.0, 24.0, 29.3, 30.4, 31.4, 39.1, 39.3, 39.4, 39.5, 39.6, 40.0, 47.2, 47.4, 48.0, 51.0, 51.1, 51.2, 51.5, 55.5 y 58.3.

勞
3826: aparece 2 veces en: 15.3 y 48.X.

老
3833: aparece 2 veces en: 28.2 y 28.5.

里
3857: aparece 1 vez en: 51.0.

利
3867: aparece 99 veces en: 1.0, 1.2, 1.5, 2.0, 2.2, 2.7, 3.0, 3.1, 3.4, 4.0, 4.1, 4.3, 4.6, 5.0, 5.1, 6.0, 7.5, 12.0, 13.0, 14.6, 15.4, 15.5, 15.6, 16.0, 17.0, 17.3, 18.0, 19.0, 19.2, 19.3, 20.2, 20.4, 21.0, 21.4, 22.0, 23.0, 23.5, 24.0, 25.0, 25.2, 25.6, 26.0, 26.1, 26.3, 27.3, 27.6, 28.0, 28.2, 30.0, 31.0, 32.0, 32.1, 33.0, 33.6, 34.0, 34.6, 35.5, 36.0, 36.5, 37.0, 39.0, 39.6, 40.0, 40.6, 41.0, 41.2, 41.6, 42.0, 42.1, 42.4, 43.0, 44.2, 45.0, 45.2, 45.3, 46.2, 46.6, 47.2, 47.5, 49.0, 50.1, 50.5, 50.6, 52.1, 53.0, 53.3, 54.0, 54.2, 54.6, 57.0, 57.1, 57.5, 58.0, 59.0, 61.0, 62.0, 63.0, 64.0 y 64.3.

藜
3877: aparece 1 vez en: 47.3.

禮
3886: aparece 1 vez en: 34.X.

履
3893: aparece 12 veces en: 2.1, 10.0, 10.1, 10.2, 10.3, 10.4, 10.5, 10.6, 10.X, 30.1, 34.X y 54.1.

離
3902: aparece 6 veces en: 12.4, 30.0, 30.2, 30.3, 30.X y 62.6.

厲
3906: aparece 27 veces en: 1.3, 6.3, 9.6, 10.5, 18.1, 21.5, 24.3, 26.1, 27.6, 33.1, 33.3, 34.3, 35.4, 35.6, 37.3, 38.4, 43.0, 44.3, 49.3, 51.2, 51.5, 52.3, 53.1, 56.3, 58.5, 62.4 y 63.6.

泣
3912: aparece 1 vez en: 36.X.

麗
3914: aparece 1 vez en: 58.X.

立
3921: aparece 4 veces en: 28.X, 32.X, 42.6 y 59.X.

歷
3931: aparece 1 vez en: 49.X.

良
3941: aparece 2 veces en: 26.3 y 54.5.

兩
3953: aparece 1 vez en: 30.X.

列
3984: aparece 1 vez en: 52.3.

洌
3987: aparece 1 vez en: 48.5.

連
4009: aparece 1 vez en: 39.4.

漣
4012: aparece 1 vez en: 3.6.

林
4022: aparece 1 vez en: 3.3.

臨
4027: aparece 8 veces en: 19.0, 19.1, 19.2, 19.3, 19.4, 19.5, 19.6 y 19.X.

鄰
4033: aparece 5 veces en: 9.5, 11.4, 15.5, 51.6 y 63.5.

吝
4040: aparece 20 veces en: 3.3, 4.1, 4.4, 11.6, 13.2, 18.4, 20.1, 21.3, 22.5, 28.4, 31.3, 32.3, 35.6, 37.3, 40.3, 44.6, 45.3, 47.4, 57.3 y 64.1.

陵
4067: aparece 3 veces en: 13.3, 51.2 y 53.5.

靈
4071: aparece 1 vez en: 27.1.

雷
4083: aparece 1 vez en: 56.X.

樂
4129: aparece 2 veces en: 5.X y 16.X.

漏
4152: aparece 1 vez en: 48.2.

廬
4158: aparece 1 vez en: 23.6.

陸
4191: aparece 3 veces en: 43.5, 53.3 y 53.6.

祿
4196: aparece 2 veces en: 12.X y 43.X.

鹿
4203: aparece 1 vez en: 3.3.

亂
4220: aparece 2 veces en: 45.1 y 63.0.

囍
4235: aparece 1 vez en: 47.6.

雷
4236: aparece 15 veces en: 3.X, 16.X, 17.X, 21.X, 24.X, 25.X, 27.X, 32.X, 34.X, 40.X, 42.X, 51.X, 54.X, 55.X y 62.X.

羸
4240: aparece 4 veces en: 34.3, 34.4, 44.1 y 48.0.

類
4244: aparece 1 vez en: 13.X.

綸
4252: aparece 1 vez en: 3.X.

輪
4254: aparece 2 veces en: 63.1 y 64.2.

隆
4255: aparece 1 vez en: 28.4.

龍
4258: aparece 6 veces en: 1.1, 1.2, 1.5, 1.6, 1.7 y 2.6.

旅
4286: aparece 8 veces en: 24.X, 56.0, 56.1, 56.2, 56.3, 56.4, 56.6 y 56.X.

律
4297: aparece 1 vez en: 7.1.

攣
4300: aparece 2 veces en: 9.5 y 61.5.

馬
4310: aparece 11 veces en: 2.0, 3.2, 3.4, 3.6, 22.4, 26.3, 35.0, 36.2, 38.1, 59.1 y 61.4.

莽
4354: aparece 1 vez en: 13.3.

茅
4364: aparece 3 veces en: 11.1, 12.1 y 28.1.

繹
4387: aparece 1 vez en: 29.6.

妹
4410: aparece 7 veces en: 11.5, 54.0, 54.1, 54.3, 54.4, 54.5 y 54.X.

沬
4412: aparece 1 vez en: 55.3.

門
4418: aparece 4 veces en: 13.1, 17.1, 36.4 y 60.2.

悶
4420: aparece 1 vez en: 28.X.

蒙
4437: aparece 7 veces en: 4.0, 4.1, 4.2, 4.4, 4.5, 4.6 y 4.X.

迷
4450: aparece 2 veces en: 2.0 y 24.6.

靡
4455: aparece 1 vez en: 61.2.

袂
4456: aparece 1 vez en: 54.5.

密
4464: aparece 2 veces en: 9.0 y 62.5.

廟
4473: aparece 3 veces en: 45.0, 59.0 y 59.X.

眇
4476: aparece 2 veces en: 10.3 y 54.2.

滅
4483: aparece 5 veces en: 21.1, 21.2, 21.6, 28.6 y 28.X.

蔑
4485: aparece 2 veces en: 23.1 y 23.2.

面
4497: aparece 1 vez en: 49.6.

民
4508: aparece 7 veces en: 7.X, 10.X, 11.X, 18.X, 19.X, 20.X y 48.X.

冥
4528: aparece 2 veces en: 16.6 y 46.6.

明
4534: aparece 16 veces en: 17.4, 21.X, 22.X, 30.X, 35.X, 36.0, 36.1, 36.2, 36.3, 36.4, 36.5, 36.6, 36.X, 48.3, 49.X y 56.X.

鳴
4535: aparece 4 veces en: 15.2, 15.6, 16.1 y 61.2.

命
4537: aparece 12 veces en: 6.4, 7.2, 7.6, 11.6, 12.4, 14.X, 44.X, 47.X, 49.4, 50.X, 56.5 y 57.X.

莫
4557: aparece 4 veces en: 33.2, 42.6, 43.2 y 53.5.

幕
4559: aparece 1 vez en: 48.6.

謀
4578: aparece 1 vez en: 6.X.

茂
4580: aparece 1 vez en: 25.X.

母
4582: aparece 2 veces en: 18.2 y 35.2.

拇
4584: aparece 2 veces en: 31.1 y 40.4.

木
4593: aparece 7 veces en: 28.X, 46.X, 47.1, 48.X, 50.X, 53.4 y 53.X.

目
4596: aparece 1 vez en: 9.3.

納
4607: aparece 2 veces en: 4.2 y 29.4.

乃
4612: aparece 8 veces en: 3.2, 17.6, 45.1, 45.2, 46.2, 47.5, 49.0 y 49.2.

南
4620: aparece 5 veces en: 2.0, 36.3, 39.0, 40.0 y 46.0.

難
4625: aparece 1 vez en: 12.X.

囊
4627: aparece 1 vez en: 2.4.

能
4648: aparece 5 veces en: 10.3, 34.6, 50.2, 54.1 y 54.2.

柅
4659: aparece 1 vez en: 44.1.

泥
4660: aparece 3 veces en: 5.3, 48.1 y 51.4.

鳥
4688: aparece 4 veces en: 56.6, 62.0, 62.1 y 62.6.

鮑
4700: aparece 1 vez en: 47.6.

年
4711: aparece 5 veces en: 3.2, 24.6, 27.3, 63.3 y 64.4.

寧
4725: aparece 2 veces en: 8.0 y 58.4.

凝
4732: aparece 1 vez en: 50.X.

牛
4737: aparece 8 veces en: 25.3, 26.4, 30.0, 33.2, 38.3, 49.1, 56.6 y 63.5.

內
4766: aparece 1 vez en: 8.2.

女
4776: aparece 9 veces en: 3.2, 4.3, 20.2, 28.2, 31.0, 37.0, 44.0, 53.0 y 54.6.

我
4778: aparece 11 veces en: 4.0, 9.0, 20.3, 20.5, 27.1, 42.5, 48.3, 50.2, 56.4, 61.2 y 62.5.

惡
4809: aparece 3 veces en: 14.X, 33.X y 38.1.

遏
4812: aparece 1 vez en: 14.X.

罷
4841: aparece 1 vez en: 61.3.

八
4845: aparece 1 vez en: 19.0.

拔
4848: aparece 2 veces en: 11.1 y 12.1.

敗
4866: aparece 1 vez en: 24.6.

班
4889: aparece 3 veces en: 3.2, 3.4 y 3.6.

磐
4904: aparece 2 veces en: 3.1 y 53.2.

包
4937: aparece 7 veces en: 4.2, 11.2, 12.2, 12.3, 44.2, 44.4 y 44.5.

苞
4941: aparece 1 vez en: 12.5.

保
4946: aparece 1 vez en: 19.X.

豹
4954: aparece 1 vez en: 49.6.

北
4974: aparece 2 veces en: 2.0 y 39.0.

白
4975: aparece 3 veces en: 22.4, 22.6 y 28.1.

百
4976: aparece 2 veces en: 6.2 y 51.0.

帛
4979: aparece 1 vez en: 22.5.

背
4989: aparece 1 vez en: 52.0.

貝
5005: aparece 1 vez en: 51.2.

配
5019: aparece 2 veces en: 16.X y 55.1.

沛
5020: aparece 1 vez en: 55.3.

賁
5027: aparece 8 veces en: 22.0, 22.1, 22.2, 22.3, 22.4, 22.5, 22.6 y 22.X.

奔
5028: aparece 1 vez en: 59.2.

CONCORDANCIA

朋
5054: aparece 10 veces en: 2.0, 11.2, 16.4, 24.0, 31.4, 39.5, 40.4, 41.5, 42.2 y 58.X.

彭
5060: aparece 1 vez en: 14.4.

匕
5076: aparece 1 vez en: 51.0.

比
5077: aparece 8 veces en: 8.0, 8.1, 8.2, 8.3, 8.4, 8.5, 8.6 y 8.X.

妣
5082: aparece 1 vez en: 62.2.

閉
5092: aparece 1 vez en: 24.X.

彼
5093: aparece 1 vez en: 62.5.

鼻
5100: aparec e 1 vez en: 21.2.

敝
5101: aparece 2 veces en: 48.2 y 54.X.

必
5109: aparece 1 vez en: 62.4.

匹
5170: aparece 1 vez en: 61.4.

辟
5172: aparece 1 vez en: 12.X.

辨
5240: aparece 4 veces en: 10.X, 13.X, 23.2 y 64.X.

變
5245: aparece 2 veces en: 49.5 y 49.6.

翩
5249: aparece 1 vez en: 11.4.

賓
5259: aparece 2 veces en: 20.4 y 44.2.

頻
5275: aparece 2 veces en: 24.3 y 57.3.

牝
5280: aparece 2 veces en: 2.0 y 30.0.

品
5281: aparece 1 vez en: 57.4.

冰
5283: aparece 1 vez en: 2.1.

並
5292: aparece 1 vez en: 48.3.

瓶
5301: aparece 1 vez en: 48.0.

平
5303: aparece 3 veces en: 11.3, 15.X y 29.5.

跛
5317: aparece 2 veces en: 10.3 y 54.1.

剝
5337: aparece 8 veces en: 23.0, 23.1, 23.2, 23.3, 23.4, 23.6, 23.X y 58.5.

陂
5345: aparece 1 vez en: 11.3.

幡
5351: aparece 1 vez en: 22.4.

逋
5373: aparece 1 vez en: 6.2.

不
5379: aparece 96 veces en: 1.X, 2.2, 3.2, 3.3, 3.4, 4.0, 4.3, 4.6, 5.6, 6.0, 6.1, 6.2, 6.4, 8.0, 8.5, 9.0, 10.0, 11.2, 11.3, 11.4, 12.0, 12.X, 13.3, 14.6, 15.4, 15.5, 16.2, 16.5, 18.2, 18.6, 19.2, 20.0, 23.0, 23.5, 23.6, 24.1, 24.6, 24.X, 25.0, 25.2, 26.0, 27.5, 28.2, 28.X, 29.5, 29.6, 30.3, 32.3, 32.X, 33.6, 33.X, 34.4, 34.6, 35.5, 36.1, 36.3, 36.6, 39.0, 40.6,

43.0, 43.1, 43.4, 44.2, 45.1, 45.X, 46.6, 47.0, 47.1, 47.3, 48.0, 48.1, 48.3, 50.2, 50.3, 50.6, 51.0, 51.6, 52.0, 52.2, 52.X, 53.3, 53.5, 54.5, 55.6, 56.4, 56.X, 57.5, 60.0, 60.1, 60.2, 60.3, 61.1, 62.0, 62.2, 62.5 y 63.5.

僕
5401: aparece 2 veces en: 56.2 y 56.3.

三
5415: aparece 21 veces en: 4.0, 5.6, 6.2, 6.6, 7.2, 8.5, 13.3, 18.0, 29.6, 35.0, 36.1, 40.2, 41.3, 47.1, 49.3, 53.5, 55.6, 57.4, 57.5, 63.3 y 64.4.

桑
5424: aparece 1 vez en: 12.5.

喪
5429: aparece 12 veces en: 2.0, 34.5, 38.1, 48.0, 51.0, 51.2, 51.5, 56.3, 56.6, 57.6, 62.X y 63.2.

塞
5446: aparece 1 vez en: 50.3.

索
5459: aparece 1 vez en: 51.6.

所
5465: aparece 4 veces en: 6.1, 40.0, 56.1 y 59.4.

瑣
5466: aparece 1 vez en: 56.1.

蘇
5488: aparece 1 vez en: 51.3.

素
5490: aparece 1 vez en: 10.1.

愬
5494: aparece 1 vez en: 10.4.

俗
5497: aparece 1 vez en: 53.X.

夙
5502: aparece 1 vez en: 40.0.

速
5505: aparece 1 vez en: 5.6.

餗
5506: aparece 1 vez en: 50.4.

雖
5519: aparece 1 vez en: 55.1.

隨
5523: aparece 7 veces en: 17.0, 17.3, 17.4, 17.X, 31.3, 52.2 y 57.X.

遂
5530: aparece 4 veces en: 34.6, 37.2, 47.X y 51.4.

歲
5538: aparece 5 veces en: 13.3, 29.6, 47.1, 53.5 y 55.6.

損
5548: aparece 7 veces en: 41.0, 41.1, 41.2, 41.3, 41.4, 41.6 y 41.X.

巽
5550: aparece 5 veces en: 57.0, 57.2, 57.3, 57.6 y 57.X.

訟
5558: aparece 5 veces en: 6.0, 6.2, 6.4, 6.5 y 6.X.

斯
5574: aparece 2 veces en: 40.4 y 56.1.

思
5580: aparece 5 veces en: 19.X, 31.4, 52.X, 59.4 y 63.X.

死
5589: aparece 3 veces en: 16.5, 30.4 y 61.X.

巳
5590: aparece 3 veces en: 41.1, 49.0 y 49.2.

CONCORDANCIA

祀
5592: aparece 2 veces en: 47.2 y 47.5.

四
5598: aparece 2 veces en: 30.X y 44.X.

沙
5606: aparece 1 vez en: 5.2.

殺
5615: aparece 1 vez en: 63.5.

山
5630: aparece 17 veces en: 4.X, 15.X, 17.6, 18.X, 22.X, 23.X, 26.X, 27.X, 31.X, 33.X, 39.X, 41.X, 46.4, 52.X, 53.X, 56.X y 62.X.

善
5657: aparece 3 veces en: 14.X, 42.X y 53.X.

上
5669: aparece 29 veces en: 5.X, 8.X, 9.X, 10.X, 14.X, 16.X, 19.X, 20.X, 23.X, 31.X, 34.X, 35.X, 38.X, 39.X, 40.6, 43.X, 45.X, 48.X, 50.X, 53.X, 54.X, 56.X, 59.X, 60.X, 61.X, 62.0, 62.X, 63.X y 64.X.

尚
5670: aparece 6 veces en: 9.6, 11.2, 18.6, 29.0, 55.1 y 60.5.

裳
5671: aparece 1 vez en: 2.5.

賞
5672: aparece 1 vez en: 64.4.

商
5673: aparece 2 veces en: 24.X y 58.4.

舍
5699: aparece 3 veces en: 3.3, 22.1 y 27.1.

赦
5702: aparece 1 vez en: 40.X.

射
5703: aparece 3 veces en: 40.6, 48.2 y 56.5.

舌
5705: aparece 1 vez en: 31.6.

涉
5707: aparece 13 veces en: 5.0, 6.0, 13.0, 15.1, 18.0, 26.0, 27.5, 27.6, 28.6, 42.0, 59.0, 61.0 y 64.3.

設
5711: aparece 1 vez en: 20.X.

申
5712: aparece 1 vez en: 57.X.

身
5718: aparece 3 veces en: 39.X, 52.0 y 52.4.

慎
5734: aparece 3 veces en: 27.X, 56.X y 64.X.

生
5738: aparece 6 veces en: 20.3, 20.5, 20.6, 28.2, 28.5 y 46.X.

牲
5739: aparece 1 vez en: 45.0.

告
5741: aparece 6 veces en: 6.2, 24.6, 25.0, 25.6, 51.3 y 62.6.

省
5744: aparece 3 veces en: 20.X, 24.X y 51.X.

升
5745: aparece 7 veces en: 13.3, 46.0, 46.1, 46.3, 46.5, 46.6 y 46.X.

勝
5754: aparece 3 veces en: 33.2, 43.1 y 53.5.

尸
5756: aparece 2 veces en: 7.3 y 7.5.

師
5760: aparece 12 veces en: 7.0, 7.1, 7.2, 7.3, 7.4, 7.5, 7.X, 11.6, 13.5, 15.6, 16.0 y 24.6.

筮
5763: aparece 2 veces en: 4.0 y 8.0.

噬
5764: aparece 7 veces en: 21.0, 21.2, 21.3, 21.4, 21.5, 21.X y 38.5.

豕
5766: aparece 3 veces en: 26.5, 38.6 y 44.1.

施
5768: aparece 3 veces en: 15.X, 43.X y 44.X.

史
5769: aparece 1 vez en: 57.2.

使
5770: aparece 1 vez en: 41.4.

始
5772: aparece 1 vez en: 6.X.

士
5776: aparece 2 veces en: 28.5 y 54.6.

時
5780: aparece 3 veces en: 25.X, 49.X y 54.4.

矢
5784: aparece 3 veces en: 21.4, 40.2 y 56.5.

事
5787: aparece 12 veces en: 2.3, 6.1, 6.3, 6.X, 18.6, 29.X, 38.0, 41.1, 42.3, 51.5, 57.X y 62.0.

視
5789: aparece 5 veces en: 10.3, 10.6, 27.4, 51.6 y 54.2.

世
5790: aparece 1 vez en: 28.X.

是
5794: aparece 2 veces en: 62.6 y 64.6.

勢
5799: aparece 1 vez en: 2.X.

失
5806: aparece 5 veces en: 8.5, 17.2, 17.3, 35.5 y 64.6.

十
5807: aparece 5 veces en: 3.2, 24.6, 27.3, 41.5 y 42.2.

食
5810: aparece 14 veces en: 5.5, 5.X, 6.3, 11.3, 23.6, 26.0, 27.X, 36.1, 47.2, 48.1, 48.3, 48.5, 50.3 y 53.2.

石
5813: aparece 2 veces en: 16.2 y 47.3.

碩
5815: aparece 2 veces en: 23.6 y 39.6.

鼫
5816: aparece 1 vez en: 35.4.

實
5821: aparece 4 veces en: 27.0, 50.2, 54.6 y 63.5.

識
5825: aparece 1 vez en: 26.X.

收
5837: aparece 1 vez en: 48.6.

首
5839: aparece 6 veces en: 1.7, 8.6, 30.6, 36.3, 63.6 y 64.6.

受
5840: aparece 4 veces en: 31.X, 35.2, 48.3 y 63.5.

狩
5845: aparece 1 vez en: 36.3.

CONCORDANCIA

數
5865: aparece 1 vez en: 60.X.

鼠
5871: aparece 1 vez en: 35.4.

庶
5874: aparece 2 veces en: 22.X y 35.0.

束
5891: aparece 1 vez en: 22.5.

衰
5908: aparece 1 vez en: 15.X.

帥
5909: aparece 1 vez en: 7.5.

霜
5919: aparece 1 vez en: 2.1.

水
5922: aparece 11 veces en: 6.X, 7.X, 8.X, 29.X, 39.X, 47.X, 48.X, 59.X, 60.X, 63.X y 64.X.

順
5935: aparece 2 veces en: 14.X y 46.X.

說
5939: aparece 6 veces en: 4.1, 9.3, 26.2, 33.2, 38.6 y 47.5.

大
5943: aparece 57 veces en: 1.2, 1.5, 2.2, 3.5, 5.0, 6.0, 7.6, 10.3, 11.0, 12.0, 12.2, 12.5, 13.0, 13.5, 14.0, 14.2, 14.X, 15.1, 16.4, 18.0, 18.3, 19.5, 24.6, 26.0, 26.X, 27.5, 27.6, 28.0, 28.X, 30.3, 30.X, 34.0, 34.4, 34.X, 36.3, 37.4, 39.0, 39.5, 39.6, 42.0, 42.1, 44.3, 45.0, 45.4, 46.0, 46.1, 46.X, 47.0, 49.5, 50.6, 57.0, 59.0, 59.5, 61.0, 62.0, 64.3 y 64.4.

他
5961: aparece 1 vez en: 61.1.

帶
6005: aparece 1 vez en: 6.6.

泰
6023: aparece 2 veces en: 11.0 y 11.X.

眈
6028: aparece 1 vez en: 27.4.

坦
6057: aparece 1 vez en: 10.2.

道
6136: aparece 5 veces en: 9.1, 10.2, 11.X, 17.4 y 24.0.

咷
6152: aparece 2 veces en: 13.5 y 56.6.

得
6161: aparece 26 veces en: 2.0, 11.2, 16.4, 17.3, 21.4, 21.5, 23.6, 25.3, 28.2, 28.5, 29.2, 29.6, 35.5, 36.3, 40.2, 41.3, 41.6, 48.0, 50.1, 51.2, 53.4, 55.2, 56.2, 56.4, 61.3 y 63.2.

德
6162: aparece 19 veces en: 2.X, 4.X, 6.3, 9.6, 9.X, 12.X, 16.X, 18.X, 26.X, 29.X, 32.3, 32.5, 35.X, 39.X, 42.5, 43.X, 46.X, 53.X y 60.X.

登
6167: aparece 2 veces en: 36.6 y 61.6.

羝
6195: aparece 2 veces en: 34.3 y 34.6.

地
6198: aparece 16 veces en: 2.X, 7.X, 8.X, 11.X, 12.X, 15.X, 16.X, 19.X, 20.X, 23.X, 24.X, 35.X, 36.6, 36.X, 45.X y 46.X.

弟
6201: aparece 1 vez en: 7.5.

娣
6202: aparece 3 veces en: 54.1, 54.3 y 54.5.

帝
6204: aparece 5 veces en: 11.5, 16.X, 42.2, 54.5 y 59.X.

敵
6221: aparece 1 vez en: 61.3.

覿
6230: aparece 2 veces en: 47.1 y 55.6.

涕
6250: aparece 2 veces en: 30.5 y 45.6.

稊
6252: aparece 1 vez en: 28.2.

惕
6263: aparece 4 veces en: 1.3, 6.0, 9.4 y 43.2.

逖
6265: aparece 1 vez en: 59.6.

臲
6314: aparece 1 vez en: 30.3.

渫
6318: aparece 1 vez en: 48.3.

顚
6337: aparece 3 veces en: 27.2, 27.4 y 50.1.

電
6358: aparece 2 veces en: 21.X y 55.X.

天
6361: aparece 23 veces en: 1.5, 1.X, 5.X, 6.X, 9.X, 10.X, 11.X, 12.X, 13.X, 14.3, 14.6, 14.X, 25.X, 26.6, 26.X, 33.X, 34.X, 36.6, 38.3, 43.X, 44.5, 44.X y 61.6.

田
6362: aparece 5 veces en: 1.2, 7.5, 32.4, 40.2 y 57.4.

頂
6390: aparece 1 vez en: 28.6.

鼎
6392: aparece 8 veces en: 50.0, 50.1, 50.2, 50.3, 50.4, 50.5, 50.6 y 50.X.

定
6393: aparece 1 vez en: 10.X.

庭
6405: aparece 5 veces en: 36.4, 43.0, 52.0, 60.1 y 60.2.

多
6416: aparece 2 veces en: 15.X y 26.X.

朵
6419: aparece 1 vez en: 27.1.

它
6439: aparece 2 veces en: 8.1 y 28.4.

沱
6442: aparece 1 vez en: 30.5.

斗
6472: aparece 2 veces en: 55.2 y 55.4.

度
6504: aparece 1 vez en: 60.X.

毒
6509: aparece 1 vez en: 21.3.

獨
6512: aparece 3 veces en: 24.4, 28.X y 43.3.

瀆
6515: aparece 1 vez en: 4.0.

塗
6525: aparece 1 vez en: 38.6.

徒
6536: aparece 1 vez en: 22.1.

突
6540: aparece 1 vez en: 30.4.

兌
6560: aparece 7 veces en: 58.0, 58.1, 58.2, 58.3, 58.4, 58.6 y 58.X.

對
6562: aparece 1 vez en: 25.X.

退
6568: aparece 3 veces en: 20.3, 34.6 y 57.1.

敦
6571: aparece 3 veces en: 19.6, 24.5 y 52.6.

遯
6586: aparece 8 veces en: 28.X, 33.0, 33.1, 33.3, 33.4, 33.5, 33.6 y 33.X.

屯
6592: aparece 4 veces en: 3.0, 3.2, 3.5 y 3.X.

豚
6600: aparece 1 vez en: 61.0.

臀
6602: aparece 3 veces en: 43.4, 44.3 y 47.1.

東
6605: aparece 3 veces en: 2.0, 39.0 y 63.5.

棟
6607: aparece 3 veces en: 28.0, 28.3 y 28.4.

動
6611: aparece 1 vez en: 47.6.

同
6615: aparece 7 veces en: 13.0, 13.1, 13.2, 13.5, 13.6, 13.X y 38.X.

童
6626: aparece 6 veces en: 4.0, 4.5, 20.1, 26.4, 56.2 y 56.3.

災
6652: aparece 4 veces en: 24.6, 25.3, 56.1 y 62.6.

載
6653: aparece 4 veces en: 2.X, 9.6, 14.2 y 38.6.

在
6657: aparece 16 veces en: 1.2, 1.4, 1.5, 7.2, 14.X, 17.4, 24.X, 26.X, 34.X, 37.2, 57.2, 57.6, 61.2, 62.5, 63.X y 64.X.

再
6658: aparece 1 vez en: 4.0.

裁
6664: aparece 1 vez en: 11.X.

簪
6679: aparece 1 vez en: 16.4.

臧
6704: aparece 1 vez en: 7.1.

則
6746: aparece 10 veces en: 4.0, 14.1, 25.2, 30.3, 34.6, 38.6, 41.3, 42.X, 43.X y 60.3.

昃
6755: aparece 1 vez en: 30.3.

惻
6758: aparece 1 vez en: 48.3.

左
6774: aparece 4 veces en: 7.4, 11.X, 36.2 y 36.4.

作
6780: aparece 5 veces en: 6.X, 16.X, 30.X, 40.X y 42.1.

錯
6793: aparece 1 vez en: 30.1.

祖
6815: aparece 2 veces en: 16.X y 62.2.

足
6824: aparece 2 veces en: 23.1 y 50.4.

族
6830: aparece 1 vez en: 13.X.

罪
6860: aparece 1 vez en: 40.X.

摧
6866: aparece 1 vez en: 35.1.

萃
6880: aparece 5 veces en: 45.0, 45.1, 45.3, 45.5 y 45.X.

樽
6886: aparece 1 vez en: 29.4.

宗
6896: aparece 3 veces en: 13.2, 38.5 y 63.3.

從
6919: aparece 6 veces en: 2.3, 6.3, 17.6, 31.4, 42.4 y 62.3.

叢
6921: aparece 1 vez en: 29.6.

咨
6923: aparece 1 vez en: 45.6.

資
6927: aparece 3 veces en: 56.2, 56.4 y 57.6.

笛
6932: aparece 1 vez en: 25.2.

茲
6935: aparece 1 vez en: 35.2.

子
6939: aparece 86 veces en: 1.3, 1.X, 2.0, 2.X, 3.2, 3.3, 3.X, 4.2, 4.X, 5.X, 6.X, 7.5, 7.X, 9.2, 9.X, 10.X, 12.0, 12.X, 13.0, 13.X, 14.3, 14.X, 15.0, 15.1, 15.3, 15.X, 17.2, 17.3, 17.X, 18.1, 18.X, 19.X, 20.1, 20.5, 20.6, 22.X, 23.6, 26.X, 27.X, 28.X, 29.X, 31.X, 32.5, 32.X, 33.4, 33.X, 34.3, 34.X,
35.X, 36.1, 36.5, 36.X, 37.3, 37.X, 38.X, 39.X, 40.5, 40.X, 41.X, 42.X, 43.3, 43.X, 45.X, 46.X, 47.X, 48.X, 49.6, 49.X, 50.1, 50.X, 51.X, 52.X, 53.1, 53.X, 54.X, 55.X, 56.X, 57.X, 58.X, 60.X, 61.2, 61.X, 62.X, 63.X, 64.5 y 64.X.

字
6942: aparece 1 vez en: 3.2.

肺
6950: aparece 1 vez en: 21.4.

自
6960: aparece 15 veces en: 1.X, 5.4, 8.2, 9.0, 9.1, 11.6, 14.6, 27.0, 29.4, 35.X, 37.X, 38.1, 43.0, 44.5 y 62.5.

次
6980: aparece 5 veces en: 7.4, 43.4, 44.3, 56.2 y 56.3.

外
7001: aparece 1 vez en: 8.4.

萬
7030: aparece 2 veces en: 8.X y 25.X.

亡
7034: aparece 23 veces en: 11.2, 12.5, 31.4, 32.2, 34.4, 35.3, 35.5, 37.1, 38.1, 38.5, 43.4, 45.5, 49.0, 49.4, 52.5, 56.5, 57.4, 57.5, 58.2, 59.2, 60.6, 61.4 y 64.4.

妄
7035: aparece 6 veces en: 25.0, 25.1, 25.3, 25.5, 25.6 y 25.X.

王
7037: aparece 26 veces en: 2.3, 6.3, 7.2, 8.5, 8.X, 16.X, 17.6, 18.6, 20.4, 20.X, 21.X, 24.X, 25.X, 30.6, 35.2, 37.5, 39.2, 42.2, 43.0, 45.0, 46.4, 48.3, 55.0, 59.0, 59.5 y 59.X.

望
7043: aparece 3 veces en: 9.6, 54.5 y 61.4.

罔
7045: aparece 2 veces en: 34.3 y 35.1.

往
7050: aparece 50 veces en: 2.0, 3.0, 3.3, 3.4, 4.1, 10.1, 11.0, 11.3, 12.0, 14.2, 18.4, 22.0, 23.0, 24.0, 25.0, 25.1, 25.2, 26.3, 26.X, 28.0, 31.3, 31.4, 32.0, 33.1, 35.5, 36.1, 38.5, 38.6, 39.1, 39.3, 39.4, 39.6, 40.0, 41.0, 41.1, 41.6, 42.0, 43.0, 43.1, 44.1, 45.0, 45.1, 45.3, 48.0, 51.5, 55.1, 55.2, 57.0, 60.5 y 62.4.

威
7051: aparece 2 veces en: 14.5 y 37.6.

爲
7059: aparece 8 veces en: 4.6, 10.3, 42.1, 42.4, 43.1, 45.1, 48.3 y 53.6.

惟
7066: aparece 1 vez en: 3.3.

維
7067: aparece 4 veces en: 17.6, 29.0, 35.6 y 40.5.

謂
7079: aparece 1 vez en: 62.6.

衛
7089: aparece 1 vez en: 26.3.

違
7093: aparece 3 veces en: 6.X, 41.5 y 42.2.

尾
7109: aparece 7 veces en: 10.0, 10.3, 10.4, 33.1, 63.1, 64.0 y 64.1.

未
7114: aparece 6 veces en: 48.0, 49.5, 58.4, 64.0, 64.3 y 64.X.

位
7116: aparece 3 veces en: 45.5, 50.X y 52.X.

文
7129: aparece 1 vez en: 9.X.

問
7141: aparece 1 vez en: 42.5.

聞
7142: aparece 1 vez en: 43.4.

甕
7151: aparece 1 vez en: 48.2.

握
7161: aparece 1 vez en: 45.1.

渥
7162: aparece 1 vez en: 50.4.

巫
7164: aparece 1 vez en: 57.2.

无
7173: aparece 150 veces en: 1.3, 1.4, 1.7, 2.2, 2.3, 2.4, 3.3, 3.4, 4.3, 5.1, 6.2, 6.3, 7.0, 7.2, 7.4, 7.5, 8.0, 8.1, 8.6, 9.4, 10.1, 11.3, 12.4, 13.1, 13.6, 14.1, 14.2, 14.4, 14.6, 15.4, 15.5, 16.6, 17.0, 18.1, 18.3, 19.2, 19.3, 19.4, 19.6, 19.X, 20.1, 20.5, 20.6, 21.1, 21.2, 21.3, 21.5, 22.6, 22.X, 23.3, 23.5, 24.0, 24.1, 24.3, 24.5, 25.0, 25.1, 25.3, 25.4, 25.5, 25.6, 25.X, 27.3, 27.4, 28.1, 28.2, 28.5, 28.6, 28.X, 29.4, 29.5, 30.1, 30.6, 31.5, 32.0, 32.1, 32.4, 33.6, 34.5, 34.6, 35.1, 35.5, 35.6, 37.2, 38.1, 38.2, 38.3, 38.4, 40.0, 40.1, 40.6, 41.0, 41.1, 41.4, 41.6, 42.1, 42.3, 43.3, 43.4, 43.5, 43.6, 44.2, 44.3, 44.4, 44.6, 45.1, 45.2, 45.3, 45.4, 45.5, 45.6, 46.2, 46.4, 47.0, 47.2, 47.X, 48.0, 48.1, 48.4, 49.2, 50.1, 50.6, 51.3, 51.5, 51.6, 52.0, 52.1, 52.4, 53.1, 53.4, 54.0, 54.6,

55.1, 55.3, 55.6, 57.2, 57.5, 59.3, 59.5, 59.6, 60.1, 60.3, 61.4, 61.5, 62.2, 62.4, 63.1, 64.0, 64.5 y 64.6.

吾
7188: aparece 1 vez en: 61.2.

武
7195: aparece 2 veces en: 10.3 y 57.1.

勿
7208: aparece 26 veces en: 1.1, 3.0, 4.3, 7.6, 11.3, 11.6, 16.4, 25.5, 27.3, 29.3, 33.1, 35.5, 37.5, 38.1, 42.5, 42.6, 43.2, 44.0, 45.1, 46.0, 48.6, 51.2, 55.0, 62.4, 63.2 y 63.3.

物
7209: aparece 6 veces en: 2.X, 13.X, 15.X, 25.X, 37.X y 64.X.

甈
7211: aparece 1 vez en: 47.6.

屋
7212: aparece 1 vez en: 55.6.

牙
7214: aparece 1 vez en: 26.5.

啞
7226: aparece 2 veces en: 51.0 y 51.1.

羊
7247: aparece 5 veces en: 34.3, 34.5, 34.6, 43.4 y 54.6.

揚
7259: aparece 2 veces en: 14.X y 43.0.

楊
7261: aparece 2 veces en: 28.2 y 28.5.

野
7314: aparece 2 veces en: 2.6 y 13.0.

夜
7315: aparece 1 vez en: 43.2.

言
7334: aparece 15 veces en: 5.2, 6.1,
7.5, 26.X, 27.X, 36.1, 37.X, 43.4, 47.0, 49.3, 51.0, 51.1, 51.6, 52.5 y 53.1.

嚴
7347: aparece 1 vez en: 33.X.

宴
7364: aparece 2 veces en: 5.X y 17.X.

燕
7399: aparece 1 vez en: 61.1.

音
7418: aparece 2 veces en: 61.6 y 62.0.

殷
7423: aparece 1 vez en: 16.X.

夤
7427: aparece 1 vez en: 52.3.

引
7429: aparece 2 veces en: 45.2 y 58.6.

陰
7444: aparece 1 vez en: 61.2.

飲
7454: aparece 4 veces en: 5.X, 27.X, 53.2 y 64.6.

盈
7474: aparece 2 veces en: 8.1 y 29.5.

約
7493: aparece 1 vez en: 29.4.

禴
7498: aparece 3 veces en: 45.2, 46.2 y 63.5.

藥
7501: aparece 1 vez en: 25.5.

躍
7504: aparece 1 vez en: 1.4.

幽
7505: aparece 3 veces en: 10.2, 47.1 y 54.2.

牅
7507: aparece 1 vez en: 29.4.

憂
7508: aparece 2 veces en: 19.3 y 55.0.

由
7513: aparece 2 veces en: 16.4 y 27.6.

攸
7519: aparece 32 veces en: 2.0, 3.0, 4.3, 14.2, 19.3, 22.0, 23.0, 24.0, 25.0, 25.2, 25.6, 26.3, 27.3, 28.0, 32.0, 32.1, 33.1, 34.6, 36.1, 37.2, 40.0, 41.0, 41.6, 42.0, 43.0, 44.1, 45.0, 45.3, 54.0, 54.6, 57.0 y 64.0.

有
7533: aparece 129 veces en: 1.6, 2.0, 2.3, 3.0, 4.3, 5.0, 5.2, 5.6, 6.0, 6.1, 7.5, 7.6, 7.X, 8.1, 8.X, 9.4, 9.5, 11.3, 12.4, 14.0, 14.2, 14.X, 15.0, 15.3, 15.X, 16.3, 16.4, 16.6, 17.1, 17.3, 17.4, 17.X, 18.1, 18.3, 18.X, 19.0, 19.X, 20.0, 22.0, 22.X, 23.0, 24.0, 24.6, 25.0, 25.2, 25.5, 25.6, 26.1, 26.3, 27.X, 28.0, 28.4, 29.0, 29.2, 30.6, 31.X, 32.0, 33.1, 33.3, 33.X, 34.1, 36.1, 37.1, 37.5, 37.6, 37.X, 38.3, 39.X, 40.0, 40.5, 41.0, 41.4, 41.6, 41.X, 42.0, 42.3, 42.5, 42.X, 43.0, 43.2, 43.3, 43.6, 44.1, 44.2, 44.5, 44.X, 45.0, 45.1, 45.5, 47.0, 47.4, 47.5, 47.6, 48.6, 48.X, 49.3, 49.4, 49.5, 49.X, 50.2, 50.X, 51.5, 51.6, 52.5, 53.1, 53.X, 54.4, 54.X, 55.1, 55.2, 55.5, 56.X, 57.0, 57.5, 58.4, 58.5, 59.0, 59.4, 60.5, 60.X, 61.1, 61.2, 61.5, 61.X, 62.X, 63.4, 64.4, 64.5 y 64.6.

宥
7536: aparece 1 vez en: 40.X.

友
7540: aparece 2 veces en: 41.3 y 58.X.

右
7541: aparece 2 veces en: 11.X y 55.3.

祐
7543: aparece 1 vez en: 14.6.

容
7560: aparece 2 veces en: 7.X y 19.X.

用
7567: aparece 55 veces en: 1.1, 3.0, 4.1, 4.3, 5.1, 7.6, 8.5, 11.2, 11.6, 14.3, 15.1, 15.5, 15.6, 17.6, 18.5, 20.4, 21.0, 24.6, 27.3, 28.1, 29.3, 29.4, 29.6, 30.6, 33.1, 33.2, 34.3, 35.0, 35.6, 36.2, 36.X, 40.6, 41.0, 42.1, 42.2, 42.3, 42.4, 44.0, 45.0, 45.2, 46.0, 46.2, 46.4, 47.2, 47.5, 48.3, 49.1, 53.6, 56.X, 57.2, 59.1, 62.4, 62.X, 63.3 y 64.4.

墉
7578: aparece 2 veces en: 13.4 y 40.6.

榮
7582: aparece 1 vez en: 12.X.

永
7589: aparece 9 veces en: 2.7, 6.1, 8.0, 22.3, 42.2, 45.5, 52.1, 54.X y 62.4.

于
7592: aparece 71 veces en: 2.6, 3.3, 5.1, 5.2, 5.3, 5.4, 5.5, 5.6, 10.3, 11.2, 11.3, 11.6, 12.5, 13.0, 13.1, 13.2, 13.3, 13.6, 14.3, 16.2, 17.5, 17.6, 19.0, 20.4, 22.5, 24.6, 27.2, 29.1, 29.3, 29.6, 30.X, 34.1, 34.4, 34.5, 35.2, 36.1, 36.2, 36.3, 36.4, 36.6, 38.2, 40.5, 40.6, 42.2, 43.0, 43.1, 43.3, 44.1, 46.4, 46.6, 47.1, 47.2, 47.3, 47.4, 47.5, 47.6, 51.2, 51.6, 53.1, 53.2, 53.3, 53.4, 53.5, 53.6, 56.4, 56.6, 58.5, 59.X, 61.6, 64.4 y 64.6.

豫
7603: aparece 7 veces en: 16.0, 16.1, 16.3, 16.4, 16.6, 16.X y 63.X.

畬
7606: aparece 1 vez en: 25.2.

與
7615: aparece 4 veces en: 6.X, 13.X, 25.X y 61.2.

譽
7617: aparece 6 veces en: 2.4, 18.5, 28.5, 39.1, 55.5 y 56.5.

輿
7618: aparece 8 veces en: 7.3, 7.5, 9.3, 23.6, 26.2, 26.3, 34.4 y 38.3.

遇
7625: aparece 11 veces en: 13.5, 21.3, 38.2, 38.4, 38.6, 43.3, 55.1, 55.4, 62.2, 62.4 y 62.6.

渝
7635: aparece 3 veces en: 6.4, 16.6 y 17.1.

於
7643: aparece 4 veces en: 5.X, 23.X, 43.X y 45.X.

虞
7648: aparece 3 veces en: 3.3, 45.X y 61.1.

語
7651: aparece 1 vez en: 27.X.

羽
7658: aparece 1 vez en: 53.6.

雨
7662: aparece 7 veces en: 9.0, 9.6, 38.6, 40.X, 43.3, 50.3 y 62.5.

禦
7665: aparece 2 veces en: 4.6 y 53.3.

玉
7666: aparece 1 vez en: 50.6.

裕
7667: aparece 2 veces en: 18.4 y 35.1.

魚
7668: aparece 4 veces en: 23.5, 44.2, 44.4 y 61.0.

欲
7671: aparece 2 veces en: 27.4 y 41.X.

獄
7685: aparece 5 veces en: 21.0, 22.X, 55.X, 56.X y 61.X.

育
7687: aparece 4 veces en: 4.X, 18.X, 25.X y 53.3.

曰
7694: aparece 2 veces en: 26.3 y 47.6.

月
7696: aparece 4 veces en: 9.6, 19.0, 54.5 y 61.4.

刖
7697: aparece 1 vez en: 47.5.

元
7707: aparece 27 veces en: 1.0, 2.0, 2.5, 3.0, 6.5, 8.0, 10.6, 11.5, 14.0, 17.0, 18.0, 19.0, 24.1, 25.0, 26.4, 30.2, 38.4, 41.0, 41.5, 42.1, 42.5, 45.5, 46.0, 48.6, 49.0, 50.0 y 59.4.

淵
7723: aparece 1 vez en: 1.4.

原
7725: aparece 1 vez en: 8.0.

園
7731: aparece 1 vez en: 22.5.

遠
7734: aparece 2 veces en: 24.1 y 33.X.

Concordancia

雲
7750: aparece 4 veces en: 3.X, 5.X, 9.0 y 62.5.

隕
7756: aparece 1 vez en: 44.5.

允
7759: aparece 2 veces en: 35.3 y 46.1.

孕
7765: aparece 2 veces en: 53.3 y 53.5.

慍
7766: aparece 1 vez en: 43.3.

蹢
8000: aparece 1 vez en: 44.1.

蔀
8001: aparece 3 veces en: 55.2, 55.4 y 55.6.

窨
8002: aparece 2 veces en: 29.1 y 29.3.

牿
8003: aparece 1 vez en: 26.4.

脢
8004: aparece 1 vez en: 31.5.

肇
8005: aparece 1 vez en: 6.6.

汔
8006: aparece 2 veces en: 48.0 y 64.0.

頯
8007: aparece 1 vez en: 43.3.

顜
8008: aparece 1 vez en: 20.0.

繘
8009: aparece 1 vez en: 48.0.

亶
8010: aparece 1 vez en: 3.2.

嬬
8011: aparece 1 vez en: 54.3.

Pronunciación PinYin

Para indicar la pronunciación de los caracteres chinos se utiliza la romanización *PinYin*, que es la transcripción en caracteres latinos de los sonidos de los caracteres chinos. Como los sonidos no son iguales que en castellano se muestran a continuación las equivalencias:

- b   como la p de papá
- p   más abierta, como put en inglés
- m   como en castellano
- f   como en castellano
- d   como la t en castellano
- t   más abierta, como tea en inglés
- n   como en castellano
- l   como en castellano
- g   como la c de corazón
- k   más abierta, como key en inglés
- h   aspirada
- j   como una ch un poco aspirada
- q   el sonido ch en castellano
- x   bastante semejante al castellano
- z   como en italiano, algo como ts
- c   un sonido algo semejante, más sostenido
- s   como el castellano en sal
- zh como la ch en muchacho
- ch como la ch de church en inglés
- sh con cierta semejanza al sonido inglés
- r   muy suave, como la de loro en castellano

Las vocales son a, i, o, u, que se pronuncian igual que en castellano; e, que se pronuncia colocando la boca entre la e y la o del castellano, y ü o u1 que es un sonido entre el de i y el de u.

Además, el chino es un idioma con 4 tonos, que se indican con acentos o números, como muestran los siguientes ejemplos:

Primer tono	alto y sostenido ma1
Segundo tono	ascendente ma2
Tercer tono	descendente-ascendente ma3
Cuarto tono	descendente ma4

El ejemplo más común para ilustrar la importancia de los tonos y la multiplicidad de significados para la misma sílaba *PinYin*, es el del sonido ma: con primer tono significa 妈, mamá o 抹, limpiar, con el segundo 吗, preguntar o 麻, cáñamo, o 蟆, rana, con el tercero 马, caballo y con el cuarto 骂, insultar o 杩, cabecera de la cama. En todos los casos el contexto aclara el significado.

Indice

Prefacio		5
1	Lo Creativo	9
2	Lo Receptivo	13
3	La Dificultad Inicial	19
4	La Necedad Juvenil	25
5	La Espera	31
6	El Conflicto / El Pleito	36
7	El Ejército	42
8	La Solidaridad	47
9	La Fuerza Domesticadora de lo Pequeño	52
10	Pisar / El Comportamiento	57
11	La Prosperidad	62
12	El Estancamiento / La Decadencia	68
13	La Comunidad con los Hombres	73
14	La Posesión de lo Grande	78
15	La Modestia	83
16	La Satisfacción	87
17	El Seguimiento	92
18	El Trabajo en lo Echado a Perder / La Corrupción	97
19	El Liderazgo	102
20	La Contemplación	106
21	La Mordedura Tajante	110
22	La Elegancia / Decoración	114

23	La Desintegración	118
24	El Retorno	122
25	Sin expectaciones / Sin defecto / Espontaneidad	128
26	La Fuerza Domesticadora de lo Grande / Gran Acumulación	134
27	La Alimentación / Las Mandíbulas	139
28	El Exceso de lo Grande / Sobrecarga	144
29	Lo Abismal / El Agua	149
30	Lo Adherente / El Fuego	155
31	El Influjo / El Cortejo	160
32	La Duración	164
33	La Retirada	168
34	El Poder de lo Grande	172
35	El Progreso	177
36	El Oscurecimiento de la Luz	182
37	La Familia / El Clan	188
38	El Antagonismo	192
39	El Impedimento	198
40	La Liberación	202
41	La Merma	207
42	El Aumento	213
43	La Resolución	219
44	El Ir al Encuentro	225
45	La Reunión	230
46	La Subida	236
47	La Opresión	240
48	El Pozo	247
49	La Revolución	252
50	El Caldero	257
51	Lo Suscitativo / La Conmoción	262
52	El Aquietamiento / La Montaña	268
53	Avance Gradual	273
54	La Muchacha que se Casa	279

Índice

55	La Abundancia / La Plenitud	285
56	El Andariego	291
57	Lo Suave / Lo Penetrante / El Viento	297
58	Lo Alegre / El Lago	302
59	La Dispersión	305
60	La Restricción	310
61	La Verdad Interior	314
62	El Exceso de lo Pequeño	319
63	Después de la Consumación	326
64	Antes de la Consumación	331
Concordancia		337
Pronunciación *PinYin*		373
Tabla de Trigramas y Hexagramas		378

Tabla de Trigramas y Hexagramas

Superior ▶ / Inferior ▼	Quian ☰	Zhen ☳	Kan ☵	Gen ☶	Kun ☷	Xun ☴	Li ☲	Dui ☱
Quian ☰	1	34	5	26	11	9	14	43
Zhen ☳	25	51	3	27	24	42	21	17
Kan ☵	6	40	29	4	7	59	64	47
Gen ☶	33	62	39	52	15	53	56	31
Kun ☷	12	16	8	23	2	20	35	45
Xun ☴	44	32	48	18	46	57	50	28
Li ☲	13	55	63	22	36	37	30	49
Dui ☱	10	54	60	41	19	61	38	58

Si disfrutó de la *Matriz de significados del Libro de los Cambios*, posiblemente también le interese el libro cuya tapa mostramos abajo.

Este libro refleja el *Libro de los Cambios*, tal como lo veían Cheng Yi (1033-1107) y Zhu Xi (1130-1200), e incluye la primera traducción al español de sus comentarios, que se convirtieron en la interpretación estándar del *YiJing* en China desde la dinastía *Ming* hasta la dinastía *Qing*.

Este libro puede encontrarse en Amazon.com
y otras tiendas de Internet.

www.ingramcontent.com/pod-product-compliance
Lightning Source LLC
Chambersburg PA
CBHW061743070526
44585CB00025B/2791